U0126514

中國學術史研究

胡楚生 著

臺灣學生書局印行

自敘

傳統學術文化的發展，源遠而流長，論其起源，始於先秦兩漢，歷隋唐宋元明清，以至於當代，亙續而不斷，各時代有各時代的學術重點，精神面貌，各時代有各時代的傑出人物，思想特色，綜合而成為涵泓廣大的學術巨流，滋潤著中華民族的茁壯與成長。

面對著文化學術的歷史長河，心中總不免時時忻慕著前輩們能夠書寫出那麼有深度而又體系嚴謹的學術史與思想史的著作，去闡釋著歷代先聖先賢們不朽的學說。

這次收集的二十多篇拙稿，也同樣是在此一心情下的嘗試之作，對於學術史作全面的研究，個人自知力有未逮，在這冊小書中，也只能作出一些重點方面的探索，希望在浩瀚的學海中，貢獻出一些自己的心力，而且，各篇論文，寫作的時間，有些也相差相很久，文章的體式，也不甚一律，還請讀者諸君，多予鑒諒，多加指正是幸。

此書承蒙學生書局惠允印行，而製版印刷等事項，則煩勞陳蕙文學棣費心甚多，於此一併附誌謝忱。

中華民國九十八年六月十日胡楚生識於明道大學國學研究所

中國學術史研究

目次

壹、先秦儒學「剛健之德」的形成及其影響

一、引言

先秦儒家思想，以孔子學說為代表，孔子學說，又以「仁」為中心，然後衍生出許多不同的道德德目，如忠、恕、孝、悌、禮、義、誠、信等等，孔子以此為教授弟子的重點，所以說，「子以四教，文行忠信」（《論語．述而》），又說，「孔門四科」，德行、言語、政事、文學（《論語．先進》），然後配合弟子們各自不同的稟賦，而陶鑄出弟子們許多不同的人格類型。

在孔門的弟子中，像子路，「片言可以折獄」（《論語．顏淵》），「暴虎馮河，死而無

悔」（《論語・述而》），自然是一種勇者的類型；像閔子騫，「人不間于其父母昆弟之言」（《論語・先進》），則是一種順應的類型；像顏回，「一簞食，一瓢飲，在陋巷，人不堪其憂，回也不改其樂」（《論語・雍也》），則是一種恒毅的類型；像曾子，主張「士不可以不弘毅，任重而道遠」（《論語・泰伯》），主張「自反而縮，雖千萬人吾往矣」（《孟子・公孫丑上》），則是一種剛健的類型。因此，在孔子的學說中，道德德目，品德類型，包含極廣，並不偏執於某一方面，不過，仍然要以剛健弘毅的類型，最能符合孔門的人格精神。但是，由於孔子本身是一位恂恂然的儒者，是一位「溫、良、恭、儉、讓」（《論語・學而》）的儒雅形象的代表，因此，人們便往往以為儒學思想中只有溫柔敦厚的一面，而缺少了弘毅剛健的特質，尤其是經過許慎在《說文解字》中對於「儒」字作出了「柔也，術士之稱」的解釋以後，世人對於儒學的印象，更是流於儒弱舒緩、謙虛退讓，幾乎等同於道家立身處世的標準型態，這對於儒學所締造的人格形象而言，無疑是不夠全面，而有所偏頗的看法。

二、剛健之德的形成

在先秦的思想家中，道家的老子主張「柔弱勝剛強」（《老子》三十六章），以為柔弱是人生最理想的德行，儒家則不然。雖然，在儒學思想中，包涵了眾多的道德成分，也以為人生應該具有剛柔不同的各種德行，但是，在原始儒家思想中，最重要的，卻是以「剛健」作為人生主要的道德目標。

《尚書》是儒學的原始記錄，《尚書・洪範》中所提到的「沉潛剛克」，正是儒學中剛健之德的原始根源。

《周易》一書，是原始儒家的重要典籍，其中《彖傳》及《象傳》的部分，一般也認為是孔子的言論，像《周易・乾・彖辭》說：「君子終日乾乾，夕惕若，厲無咎。」《象辭》說：「天行健，君子以自強不息。」《周易》推天道以明人事，在《乾》卦中，主張君子的行為，要效法天體的運行，剛健不息，自強不已，又如《周易・大有・彖辭》說：「其德剛健而文明，應乎天而時行，是以元亨。」在《大有》卦中，主張君子應該具備剛健與光明的德行，才能順應天然的法則，而得到亨通的善果，又如《周易・大畜・彖辭》說：「大畜剛健，篤實光輝，日新其德。」在《大畜》卦中，主張君子應該具備篤實剛健的德行，才能光輝外現，使自己的道德，日新又新，精進不已，又如《周易・需・彖辭》說：「剛健不陷，其義不困窮矣。」在《需》卦中，主張君子應該具備剛健的品德，才能在遭遇困頓之時，不陷溺於危難，不屈服於艱險，而能堅持自己的理想，《周易》一書，分析宇宙萬象的構成，雖然認為含有陽陰剛柔等許多成分，但是，在鼓勵君子修德立業方面，卻強調了陽剛弘毅光明篤實的一面，認為那才是君子行為中最為可貴的特質。

在《論語》中，孔子曾經將人格的類型，分為「中行」與「狂」、「狷」三者，孔子說：「不得中行而與之，必也狂狷乎？狂者進取，狷者有所不為也。」（《論語・子路》）孔子以為，一個人的行為舉措，能夠依乎中庸之道，無過與不及的地方，則可以稱為「中行」，但是，舉目斯世，行為合於「中行」標準之人，極為罕見，因此，迫不得已，退求其次，才提出「狂者」與「狷者」兩種人格的類型，以供世人作為實踐效法的對象，「狂者進取」，是志向遠大、努力求進的人，「狷者有所不為」，是堅守原則、不輕易退縮的人，「狂者」和「狷者」，雖然不像「中行」之人，發而皆能中節，但卻能使大多數的人們，易於遵循，而邁入德行之門，成為孔子心目中的「健者」。孔子告誡子夏說：「女為君子儒，毋為小人儒。」（《論語・雍也》）便是要子夏行為合於道義，而不可追求私利，才足以成為君子之行的儒者。孔子又提到，「志士仁人，無求生以害仁，有殺身以成仁」（《論語・衛靈公》），「知者不惑，仁者不憂，勇者不懼」，「三軍可奪帥也，匹夫不可奪志也」（《論語・子罕》），這些話，也都是在人格的特質上，告試誡弟子，要從事剛毅果敢的行為。

在孔子之後，孟子對於儒學中剛健的人格特質，也作出了繼承性的說明。孟子說：「居天下之廣居，立天下之正位，行天下之大道，得志，與民由之，不得志，獨行其道。富貴不能淫，貧賤不能移，威武不能屈，此之謂大丈夫。」（《孟子．滕文公上》）又說：「古之人，得志，澤加於民，不得志，修身見於世，窮則獨善其身，達則兼善天下。」（《孟子．盡心上》）孟子提出了一種「大丈夫」的人格典型，這種典型的人格，所具備的特質，在內涵方面，是能夠居守仁義的正道，在行事方面，是能夠堅持自己的理想，不因外在環境的影響而有所改變，也不因形勢利害的逼迫，而接受屈辱。這種理想的人格，將原始儒學中「剛健之德」的人格特質，作出了更為明確的闡釋。

孔子之後，另外一位儒學的代表人物荀子，在《荀子．儒效》篇中，常常提到「大儒之效」，他以為「君子務修其內而讓之於外，務積德於身而處之以遵道」，「君子無爵而貴，無祿而富，不言而信，不怒而威，窮處而榮，獨居而樂」，他以為，儒者之行，「雖窮困凍餒，必不以邪道為貪，無置錐之地，而明於持社稷之大義」，他以為，「彼大儒者，雖隱於窮閻漏屋，無置錐之地，而王公不能與之爭名」，這些主張，也規劃出了一種以「剛毅」為本的儒者人格的特質。

《禮記》中有〈儒行〉一篇，篇中大義，記述孔子對魯哀公之間，而陳述了儒者道德行為的規範，其內容則區分為十五項，用以表明儒者人格方面剛毅之德的特質。《禮記》一書，輯自孔門後學之手❶，〈儒行〉一篇，撰成的時代，大約在孟子以後，《韓非子》與《呂氏春秋》成書以前，亦即秦統一天下之前。其中所記孔子之言，雖不必即出於孔子之口，按其大義，則與《論語》中所記孔子的言論，多數都能相符相合，應當是儒家後學所記推闡孔孟思想學說的重要言論❷。

〈儒行〉篇中曾經記載：「儒有不寶金玉，而忠信以為寶，不祈土地，立義以為土地，不祈多積，多文以為富，難得而易祿也，易祿而難畜也，非時不見，不亦難得乎？非義不會，不亦難畜乎？先勞而後祿，不亦易祿乎？其近人有如此者。」主張儒者的行為，應該以忠信、立義、多文，作為自身內以修己的目標，內足於己，然後向外以求有所作為。因此，非時不見，非義不會，也正表示了儒者堅持理念，不為苟且之行的立場。

〈儒行〉篇又記：「儒有委之以貨財，淹之以樂好，見利不虧其義，劫之以眾，沮之以兵，見死不更其守，鷙蟲攫搏，不程勇者，引重鼎，不程其力，往者不悔，來者不豫，過言不再，流言不極，不斷其威，不習其謀，其特立有如此者。」主張儒者的行為，應該以道義為依歸，既不受利祿的引誘，也不畏威嚇和協迫，而行為果敢，有俠士的風格，所以才能與眾不同，有所自立。〈儒行〉篇又記：「儒有可親而不可劫也，可近而不可迫也，可殺而不可辱也，其居處不淫，其飲食不溽，其過失可微辨而不可面數也，其剛毅有如此者。」主張儒者的行為，在與人交往之時，既能尊重對方的意見，也能嚴守自己的立場，維護本身的尊嚴，表現出剛毅的特質。

〈儒行〉篇又記：「儒有忠信以為甲冑，禮義以為干櫓，戴仁而行，抱義而處，雖有暴政，不更其所，其自立有如此者。」主張儒者的行為，尤其在非常時期，更應該堅守道義的原則，正視苦難的來臨，雖處在變局之中，也當以廣結同道，力謀改革，共挽沉淪，拯救黎庶為職志。

〈儒行〉篇又記：「儒有今人與居，古人與稽，今世行之，後世以為楷，適弗逢世，上弗援，下弗推，讒諂之民，有比党而危之者，身可危也，而志不可奪也，雖危起居，竟信其志，猶將不忘百姓之病也，其憂思有如此者。」主張儒者的行為，應該要懷抱憂世濟民之念，心繫生民，考察古今的善道，端正己身的行為，作為世人的楷法，堅守理想，而不應委屈自己的心志與抱負。

---

❶《漢書．藝文志．六藝略》禮類有《記百三十一篇》，班固注云：「七十子後學者所記也。」

❷筆者撰有〈儒行考證〉一文，載一九八五年《書目季刊》十八卷四期。對〈儒行〉篇撰成之時代，思想之大要，曾有考證，可資參考。

〈儒行〉篇一共舉出了十五種儒者行為的準則，從以上所舉的幾種準則中，可以窺知，其規範的儒者行為，都是以剛健弘毅作為人格的基調。熊十力先生曾經評論〈儒行〉篇說：「嘉節傳行之提倡，〈儒行〉一篇，觸處皆是，是則有知識而無志節者，亦未得襲取儒名也。」❸郭斌龢先生也曾評論〈儒行〉篇說：「全篇所述，光明峻偉，剛而無虐，與儒家所提示之理想人格，大體不甚相違，斷為孔子學說中應有之義蘊，七十子相傳之遺訓，則可無疑耳。」❹因此，《儒行》一篇，所記載的，大體而言，多能契合並發揚孔孟儒學思想中剛健自強的要旨，而尤於孔門中「狂」、「狷」之一脈，最相接近。❺要之，儒學思想中，本自有其剛健篤實一脈的傳統，此一傳統，對於歷代社會中人們人格典型的陶鑄上，曾經產生過重要的影響，此一傳統，也格外值得人們去加以珍視。

三、剛健之德的影響

孔子思想中最重要的德目是「仁」，而實踐「仁」道的方法，卻是「忠恕」。孔子曾經一再提到「恕」道的重要，他說：「己所不欲，勿施於人。」（《論語・顏淵》）又說：「夫仁者，己欲立而立人，己欲達而達人。」（《論語・雍也》）因此，加強「恕」道的教育，使人們能夠深切地了解推己及人、將心比心的重要，在行事時，除了想到自己，也應多為他人設身處地考慮，能夠如此，自然對於社會上人們以自我為本位的想法，有矯正的作用。

孔子曾經說道：「富而可求也，雖執鞭之士，吾亦為之，如不可求，從吾所好。」（《論語・述而》）又說：「富與貴，是人之所欲也，不以其道得之，不處也，貧與賤，是人之所惡也，不以其道得之，不去也。」（《論語・里仁》）孟子也說：「養心莫善于寡欲。」（《孟子・盡心下》）因此，加強「道義」的教育，正視人生的價值，提升生命的境界，對於人們人格教育的推動，應該是有著正面的作用。

孔子也曾經說過：「克己復禮為仁，一日克己復禮，天下舊仁焉。」（《論語・顏淵》）又說：「君子博學於文，約之以禮，亦可以弗畔矣夫。」（《論語・雍也》）有子也說：「其為人也孝悌，而好犯上者鮮矣，不好犯上，而好作亂者，未之有也。」（《論語・學而》）孔子希望人們能夠提升自己知識的水準，從而理解禮制的重要，以便能從根本上袪除社會上的

---

❸ 見熊先生所著《讀經示要》第二講，臺北，明文書局，一九八七年。

❹ 見郭氏所撰〈讀儒行〉，載《思想與時代》十一期。

❺ 《明儒學案》卷六十《東林學案》記顧涇凡說：「學問須從狂狷起腳，然後能從中行歇腳，近日之好為中行，而每每墮入鄉愿窠臼者，只因起腳時，便要做歇腳事也。」

暴戾之氣。有子也強調，孝悌的實踐，對於冒犯親長的無禮行為，自然也有消弭的作用。

儒學思想中「剛健之德」所顯現的人格特質，並不是暴虎憑河、剛猛易怒，也不是咄咄逼人、逞強鬥狠。「剛健之德」所形成的人生態度，應該是體魄雄健、意志堅定，能夠面對艱困，迎接挑戰。因此，「剛健之德」所形成的人格特質，應該是具有健康的、樂觀的、進取的、光明的、篤實的特質。

這種「剛健之德」，經過先秦儒家的努力，逐漸形成之後，也逐漸成為傳統社會中理想人格的典型，在歷史的演進中，更逐漸地成為中華民族民族性的根本主軸，從而影響到每一個國民的人格特質。

四、結語

儒學是中華文化思想中的主流，儒學思想對於傳統社會的影響，也最為巨大，儒學中的「剛健之德」形成之後，在歷史的長河中，與時俱進，也不斷地影響到每一個中華兒女的道德判斷、人格特質，形成一種弘毅果決的民族性格，這種民族性格，分析而言，也逐漸發展成為包涵了剛毅不撓的意志、頂天立地的氣概、光風霽月的人格、超脫凡俗的眼光、道濟天下的抱負、優入聖城的理想，這些人格的特質，這種民族性格的特質，也推動著中華民族，不斷地勇往直前，而邁向未來。

（此文原刊載於《紀念孔子誕辰二五五〇周年國際學術討論會論文集》，國際文化出版公司，二〇〇〇年出版）

貳、釋老子「天地聖人不仁」義

一、引言

老子經常以「正言若反」❶的語言方式，去表達他的哲學思想，但是，看在世人眼中，這些語言，卻往往與俗情不侔，例如他所謂的「絕聖棄智，民利百倍」❷，「大道廢，有仁義，慧智出，有大偽」❸，「絕學無憂」❹，「古之善為道，非以明民，將以愚之」❺等，

---

❶ 王弼：《老子注》，第七十八章，臺北，廣文書局，民國五十九年，下引並同。

❷ 同注❶，第十九章。

❸ 同注❶，第十八章。

❹ 同注❶，第二十章。

❺ 同注❶，第六十五章。

都是這種情形，然而，老子之言，最足以震世駭俗的，卻要推他那「天地聖人不仁，芻狗萬物百姓」的說法。

固然，老子崇尚自然，順應大道，但又何至於要主張天地聖人不仁，又視萬物百姓為芻狗呢？這未免啟人疑竇，這也是本文想要探討的問題。

二、釋老子「芻狗」義

《老子》第五章云：

天地不仁，以萬物為芻狗，聖人不仁，以百姓為芻狗，天地之間，其猶橐籥乎！虛而不屈，動而愈出，多言數窮，不如守中。

芻狗之義，各家說亦不同，王弼《老子注》以「芻狗」為二物，而解釋云：

地不為獸生芻而獸食芻，不為人生狗而人食狗。

河上公注此章，所解與王弼同，《老子章句》云：

天地生萬物，人最為貴，天地視之，如芻草狗畜，聖人視百姓，如芻草狗畜。❻

王弼解老，妙得玄旨，而此章所釋「芻狗」之義，卻不盡適當，也許，王弼之注，精於意象，卻疏於名物吧？而河上公之注，其誤也與王弼相同（今本河上公章句，當出王弼注本之後）。王弼河上公之說，近人已有駁正者，馬敘倫《老子校詁》云：

倫案范應元曰：「譬如結芻狗以祭祀，此說是也，《莊子・天運篇》曰：「芻狗之未陳也，盛以篋衍，巾以文繡，尸祝齋戒以將之，及其已陳也，行者踐其首脊，蘇者取而爨之。」即此芻狗之義，王弼河上公注以芻草狗畜二物說之，非也。❼

蔣錫昌《老子校詁》也云：

---

❻ 河上公：《老子章句》，臺北，五洲出版社，民國六十九年。

❼ 馬敘倫：《老子校詁》，北京，古籍出版社，一九五六年。

《韓詩外傳》七：「吾聞上古醫曰弟父，弟父之為醫也，以莞為席，以蒭為狗，北面而祝之，發十言耳，諸扶輿而來者，皆平復如故。」《魏志・周宣傳》：「芻狗者，祭神之物……祭祀既訖，則芻狗為車所轢……芻狗既車轢之後，必載以為樵。」是芻狗者，乃結草為狗，古代巫祝於禱求或治病時，用以祭神者也。但既用之後，則委而去之，無復顧惜之焉……王弼以芻狗分解，非是。❽

馬蔣二人之說，應得其實，「芻狗」二字，本不當分別解釋之，古籍中凡「芻狗」連言者，率指束草為狗形以供祭祀之用者，《禮記・檀弓》云：「塗車芻靈。」鄭玄注：「芻靈，束茅為人馬。」芻狗者，實亦芻靈之類，祭天解厭之物，始用終棄者，故吳澄《道德經注》云：「芻狗，縛草為狗之形，禱雨所用也，既禱則棄之，無復有顧惜之意。」❾所釋最為簡單明確，而王弼與河上公之解，並不可從。

三、釋老子「不仁」義

以上釋「芻狗」之義，此下當更釋老子以天地聖人為「不仁」之義，也即所以明老子以芻狗視萬物百姓之義。《老子》「天地不仁，以萬物為芻狗，聖人不仁，以百姓為芻狗」一節，句讀點斷，自來並無異議，獨清代于鬯，所斷句讀不同，所持見解亦殊。

于鬯《香草續校書》云：

> 此文當各以十字句，「天地不仁以萬物為芻狗」者，謂以萬物為芻狗，天地以為不仁也；「聖人不仁以百姓為芻狗」者，謂以百姓為芻狗，聖人以為不仁也：實倒裝之法耳，猶《孟子・盡心篇》云：「仲子不義與之齊國。」亦謂與之齊國，仲子以為不義也。……芻狗者，不過言實物耳，老子之意，謂天地以萬物為空虛而非實物，聖人以百姓為空虛而非實物，以萬物百姓為實物，不仁之道也，故下云，「天地之間，其猶橐籥乎」，橐籥則空空洞洞矣。❿

于鬯此說，曲折過甚，必不可取，《老子》書中，也無此種句法者，以之與《孟子》文句相

❽ 蔣錫昌：《老子校詁》，上海，商務印書館，民國二十六年

❾ 吳澄：《道德經解》，臺北，廣文書局，民國五十四年。

❿ 于鬯：《香草續校書》，上海，古籍出版社，一九五七年。

牽附，並不恰當。況且萬物百姓，也非空虛之物；芻狗萬物百姓，天地聖人以為不仁，則並此非老子思想，而近乎儒家之說（說詳後），故于氏之解，絕非老子本義可知，而持說與此意相類者，亦復多有。

魏源《老子本義》云：

此老子知己道不行，憫世亂之不救，而思遺世隱處，獨善其身之言也，聖人，斥當世之君，予聖自雄者，結芻為狗，用之祭祀，既畢事則棄而踐之，老子見亂世民命如寄，故感而言曰，悲哉天地有時而不仁乎，乃視萬物如土苴而聽其生死也，聖人其不重仁乎，乃視斯民如草芥而無所顧惜也，諉之於天地，尊之為聖人，蓋悲天憫人，無所歸咎之詞。⓫

劉師培《老子斠補》云：

老子此旨曰，天地之於萬物，聖人之於百姓，均始用而旋棄，故以芻狗為喻，而斥為不仁。⓬

魏氏劉氏之義，與于鬯之意相近，蓋並自儒學立論，而非深會於老氏之旨者。

另外，胡適之先生《中國哲學史大綱》釋《老子》此章云：

> 仁即是「人」的意思，〈中庸〉說「仁者人也」，《孟子》說「仁也者人也」，劉熙《釋名》說「人，仁也，仁，生物也」。不仁便說不是人，不和人同類。古代把天看作有意志，有知識，能喜怒的主宰，是把天看作人同類，這叫做天人同類說（Anthropomorphism），老子的天地不仁說，似乎也含有天地不與人同性的意思，人性之中，以慈愛為最普遍，故說天地不與人同類，即是說天地無有恩意。老子這一個觀念，打破古代天人同類的謬說，立下後來自然哲學的基礎。⑬

胡先生之意，謂老子以前，世人皆以天乃是有意志、能喜怒、能作威福之主宰，而老子以為，天若有知，不當目睹紛爭大亂之慘而無動於中，乃主天道無知之說。因而以為老子此說

---

⑪ 魏源：《老子本義》，臺北，漢京文化公司，民國六十九年。

⑫ 劉師培：《老子斠補》，臺北，大新書局，民國五十四年。

⑬ 胡適：《中國哲學史大綱》，上海，商務印書館，民國十五年。

為能打破古代天人同類繆說，而立自然哲學基礎，故擬老子為思想之革命家。但在當時，鍾泰已不以胡先生之說為然，鍾泰於所撰《中國哲學史》云：

> 夫胡氏以仁為人，其所引以為據者，則〈中庸〉「仁者人也」，《孟子》「仁也者人也」二言，不知此二人字，皆言人之所以為人，非便指人身而言，以今邏輯諭之，則二人字乃抽象名詞非具體名詞也。故以人為仁之訓則可，而以人易仁則不可，然則老子曰天地不仁，豈得引此為說，而謂不仁即不是人乎？且果如胡氏之意，亦只得云非仁，不得云不仁，非字之與不字，其意固有以殊矣，況下文云：「聖人不仁，以百姓為芻狗」，以天地不仁為不是人，亦可謂聖人不仁為不是人乎？⓮

鍾泰之說甚是，仁之訓人，亦僅釋作為人之道而已，並非指仁即相等於人，則「不仁」之解，與「非人」之義，實不宜妄為牽合。實則，《老子》此章疏釋，仍以王弼所注，最能得其真義，王弼解云：

> 天地任自然，無為無造，萬物自相治理，故不仁也；仁者必造立施化，有恩有為；造

立施化，則物失其真，有恩有為，則物不具存，物不具存，則不足以備載矣……無為於萬物而萬物各適其所用，則莫不贍矣，若慧由己樹，未足任也。

造立施化，則萬物多失其原始之真，有恩有為，則必有不盡受恩者，故物不具存，不具存則爭端勢起，皆非老子任守自然無為之旨；故天地無為於萬物，而萬物各適其用，各相治理。天地無為於萬物，自一偏視之，天地不造立施化，似乎無恩於萬物，實則正所以成就萬物之自然，故無為無造，若必持慧由己樹，則墮於一隅，不能備載萬物，而天地之中，本具自然之和諧，順此自然，運之行之，則萬物自然安適，如必強為之謀，代大匠斲，則摧壞自然，和諧將失，萬物也將失其制節，又焉得為仁，所以老子思想，一任自然，既無意煦煦為仁，也無意孑孑為不仁，遠離造作，雖似不仁，正所以成其為「大仁」與「至仁」。河上公之說，與王弼相似，《老子章句》云：

天施地化，不以仁恩，任自然也……聖人愛養萬民，不以仁恩，法天地，行自然也。

⓮ 鍾泰：《中國哲學史》，臺北，商務印書館，民國五十六年。

其後，歷代學者，亦多沿王氏此旨，而加衍申。唐代李榮《老子注》云：

仁，愛也，有愛則有憎，天地無心，絕於憎愛，以無愛故，故曰不仁。⓯

長短相形，是非相對，乃理之自然，故老氏去彼取此。宋人董思靖《道德真經集解》云：

所謂不仁者，不滯於仁，猶上德不德之義也，蓋天地之常以其心普萬物而無心，聖人常以其情順萬事而無情，所以不係累於當時，不留情於既往，如束芻為狗，祭祀之儀，適時而用，已事而棄，豈容心哉，此無私之極，仁之至也。⓰

宋人蘇轍《道德真經注》云：

天地無私，而聽萬物之自然，故萬物自生自死，死非吾虐之，生非吾仁之也……聖人之於民亦然，特無以害之，特無以害之，則民全其性，死生得喪，吾無與焉，雖未嘗仁之，而仁亦大矣。⓱

元人吳澄《道德經注》云：

> 天地無心於萬物，而任其自生自成，聖人無心於愛民，而任其自作自息，故以芻狗為喻，蓋聖人之心虛而無所倚著，若有心於愛民，則心不虛矣。

天地之道，既以自然為宗，而聖人者，「與天地合其德」（王弼注），故以天地之心為心，故聖人體此道以博愛，其於百姓，也如天地之於萬物，輔其自然而不害之，此正屬聖人推天道以明人事之道理。

總之，老子「不仁」之說，實本於其任守自然，清淨無為之意，縱觀《老子》全書，也無非此「自然」「無為」之意的發揮，故求之老子之言，皆能若合符節，證成此意。

四、釋老子「橐籥」及「守中」義

⑮ 李榮：《老子注》，嚴靈峰先生輯校本，臺北，藝文印書館，民國五十四年。

⑯ 董思靖：《道德真經集解》，引見焦竑《老子翼》，臺北，廣文書局，民國五十一年。

⑰ 蘇轍：《道德真經注》，引見焦竑《老子翼》，臺北，廣文書局，民國五十一年。

對於老子「天地聖人不仁」之義，本文上節，已加闡釋，則《老子》第五章中，所謂「橐籥」「守中」之義，也可附帶加以說明。《老子》第五章云：

> 天地之間，其猶橐籥乎，虛而不屈，動而愈出。

王弼《注》曰：

> 橐，排橐也，籥，樂籥也，橐籥之中，空洞無情無為，故虛而不得窮屈，動而不可竭盡也，天地之中，蕩然任自然，故不可得而窮，猶若橐籥也。

王弼所釋「虛而不屈，動而愈出」之義，與《老子》前文「天地不仁」之義，適相應合，其說甚是，而分釋橐籥為兩物，又以籥為樂籥，則恐非是。吳澄《道德經注》云：

> 橐籥，冶鑄所用，噓風熾火之器也，為函以周罩於外者橐也，為轄以鼓扇於內者籥也，天地間猶橐籥者，橐象太虛，包含周遍之體，籥象元氣，絪緼流行之用。

蔣錫昌《老子校詁》云：

> 橐籥為物，中空含氣，順其物性，徐徐鼓動，一噓一吸，其用無窮，若有意煽動，則愈吹愈出，愈吹愈出，則終有橐破籥壞之一日，而不足以供吹者之求也，橐籥有似天地之無為而生，聖人之無為而治，故取以為譬。

又云：

> 虛而不屈，謂天地空虛無為，而萬物猶生化不竭也；動而愈出，謂天地若有意使萬物動作生長，則萬物愈出愈多，愈出愈多，則其結果必至相害而不能並生矣，此二句承「天地不仁」言。

吳澄與蔣錫昌二人，對於「橐籥」為一物之解釋，以及「橐籥」之功能，在《老子》此句中之譬喻作用，說明得極為清楚。《老子》第五章又云：

多言數窮，不如守中。

王弼《注》云：

愈為之則愈失之矣，物樹其惡（陶鴻慶《讀老子札記》，謂惡當為慧字之誤，慧與惠同），事錯其言，不濟不言不理，必窮之數也，橐籥而守數中，則無窮盡，棄己任物，則莫不理，若橐籥有意於為聲也，則不足以供吹者之求也。

吳澄《道德經注》云：

數猶速也，窮謂氣乏，人而多言，則其氣耗損，是速其匱竭也，不如虛心固守其所，使外物不入，內神不出，則其虛也無涯矣，中謂橐之內，籥所湊之處也。

蔣錫昌《老子校詁》云：

此「中」乃老子自謂其中正之道，即無為之道也。三十七章：「道常無為而無不為，侯王若能守之，萬物將自化。」「守之」即「守道」，亦即此文「守中」。「多言數窮，不如守中」，言人君有為則速窮，故不如守清靜之道之為愈也，此二句承「聖人不仁」言。

考程大昌《易老通言》云：「老氏務成一家之言，凡六經紀道之名，悉已易而他之，六經之謂中者，即老氏命以為善者也，通一書固未嘗言中也，然則此之謂中，如域中弓中環中，皆命物而名其地也，非如〈中庸〉之中，造極而命其理也。」[18]程大昌之此言甚是，儒道二家，時代之背景與思想之體系，皆有不同，則其所用之詞語，名相同而實多相異，此老子守中之「中」，自不宜與儒家「中庸」、「中行」之義相淆，然則老子所謂之中，究何所指？嚴復曰：「夫中者何？道要而已。」（《老子評點》）老子道要，不過清靜無為自然而已。另外，高亨《老子正詁》曾解中為「簿書」[19]，朱謙之《老子校釋》解守中為「司契」[20]，則

[18] 程大昌：《易老通言》，嚴靈峰：《無求備齊老子集成》本，臺北，藝文印書館，民國五十四年。

[19] 高亨：《老子正詁》，臺北，開明書局，民國六十年。

[20] 朱謙之：《老子校釋》，臺北，里仁書局，民國七十四年。

不免意遠而迂闊。

五、兼釋莊子「不仁」義

老子為道家之祖，而莊子者，「其學無所不闚，然其要本歸於老子之言」㉑，且「老文簡而其旨幽玄，則莊子實為之註疏」，「老之有莊，如孔之有孟」㉒，所以，老莊二家，其義實多近似之處，老子既持守「不仁」之說，而《莊子》書中，也有與此義相應者，以下，即取之以印證老子此意。《莊子・齊物論》云：

> 夫大道不稱，大辯不言，大仁不仁，大廉不嗛，大勇不忮。㉓

郭象《莊子注》云：

> 無愛而自存也，物無常愛，而常愛必不周。㉔

莊子以為，人有常愛，必不能周遍，其愛不能周遍，即不能為大愛，則又何必煦煦然強調仁愛？唯有大仁者，玄同彼我，忘愛釋知，不挾親情，而愛反能周遍萬物，故能為大仁。《莊子・天運》云：

> 請問至仁，莊子曰，至仁無親。

成玄英《莊子義疏》云：

> 夫至仁者，忘懷絕慮，與太虛而同體，混萬物而為一，何親疏之可論乎，泊然無心，而順天下之親疏也。㉕

㉑ 司馬遷：《史記・老莊申韓列傳》，臺北，鼎文書局，民國八十年。

㉒ 釋德清：《老子憨山註》，臺北，建康書局，民國五十二年。

㉓ 郭慶藩：《莊子集釋》，臺北，世界書局，民國六十年。

㉔ 同注㉓。

㉕ 同注㉓。

莊子以為，唯有至仁者，能理於自然，順天下之親疏，故也無親疏之可論，無親疏之可論，才能與天下相忘，而進於至仁之境地。《莊子・大宗師》云：

利澤施乎萬世，不為愛人，故樂通物，非聖人也，有親，非仁也。

王先謙《莊子集解》云：

自仁義行，非行仁義，不求通物，而物情自通，為聖人。至仁則無私親。㉖

莊子以為，聖人之心，有如懸鏡，物來可照，不迎不將，故有樂有親，反偏於小仁小愛，皆非至道。《莊子・秋水》云：

是故大人之行，不出乎害人，不多仁恩。

王先謙《莊子集解》云：

固不害人，亦不以仁恩自多。

莊子以為，聖人無意而任乎天然，故能行其自然之道，雖不多仁恩，而不害於萬物之生長，其恩更加廣大。《莊子・天道》云：

整萬物而不為戾，澤及萬物而不為仁。

成玄英《莊子義疏》云：

仁者偏愛之跡也，言大開闔，天地造化蒼生，慈澤無窮，而不偏，故不為仁。

要之，莊子說義，多承老子，皆主張持守自然之本，而不多造作人為，故也不主張有意施恩為仁，反陷於小仁小愛之私。

㉖ 王先謙：《莊子集解》，臺北，世界書局，民國五十四年。

六、老子「不仁」與其形上思想之關係

老子「不仁」之義，本於其「任守自然」，「清靜無為」之思想，然此「自然」「無為」之思想，則又根於老子對天道形上觀念之基本認識，《老子》第二十五章云：

> 有物混成，先天地生，寂兮寥兮，獨立不改，周行而不殆，可以為天下母，吾不知其名，字之曰道，強為之名曰大。

有物混成，此物即道，天地萬物，無不由之而出，生生不窮，故可以為天下母，而道之為物，既無法形容，又未有其名，乃姑且字之曰道，又見其包羅萬有，故強為之名曰大而已。《老子》第二十一章云：

> 道之為物，惟恍惟惚，惚兮恍兮，其中有象，恍兮惚兮，其中有物，窈兮冥兮，其中有精，其精甚真，其中有信，自古及今，其名不去，以閱眾甫，吾何以知眾甫之狀哉，以此。

道本無形也，故恍惚窈冥，象不可識，雖然未嘗有形，而萬物之理，已存乎其中，故無中之有，其道不去，故能據之以了解萬物之根源。《老子》第十四章云：

> 視之不見名曰夷，聽之不聞名曰希，搏之不得名曰微，此三者不可致詰，故混而為一，其上不皦，其下不昧，繩繩不可名，復歸於無物，是謂無狀之狀，無物之象，是謂惚恍。

老子以為，大道之存，似有似無，不可名狀，不可窮究，故混而為一，此「一」者，猶「無」也，「道」也，故其用不窮，故老子也以為，「道，冲而用之，或不盈，淵兮似萬物之宗。」（第四章）即是其義。《老子》第二十五章云：

> 故道大天大地大王亦大，域中有四大而人居其一焉，人法地，地法天，天法道，道法自然。

王弼《老子注》云：

人不違地，乃得全安，法地也；地不違天，乃得全載，法天也；天不違道，乃得全覆，法道也；道不違自然，乃得其性；法自然者，在方而法方，在圓而法圓，於自然無所違也。

老子以為，「域中有四大，人居其一焉」，而人之所以能與天地道三者比肩，共稱為大，乃以人能效法天地及道之精神，順應自然之故，故嚴復在《老子評點》中說：「道即自然。」吳澄《道德經注》也說：「道之所以大，以其自然，故曰法自然，非道之外，別有自然也。」蔣錫昌《老子校詁》也說：「人法地，地法天，天法道，非謂人地天道四者，先後互法，乃謂人地天三者皆法道也。」而唐人李約《道德真經新注》，謂當以「王法地地，法天天，法道道，法自然」斷句，以為「法地地，如地之無私載，法天天，如天之無私覆，法道道，如道之無私生」㉗，雖然擅移句讀，不可為訓。但他以人為主的詮釋精神，卻是可取的。

要之，老子的形上思想，其根本即在於「道」之一義，而道又本之「自然」，由此自然之義，推之於天地聖人，莫不效之法之。由此形上思想，進而引領人生趨向，指導人生途轍，故老子對於天地萬物，皆由其「自然」精神，加以對待，而無所偏私，也不特加仁惠，而一歸之於大道，故下視天地萬物，乃視之如芻狗，也似若不仁。故「天地不仁，以萬物為芻狗，聖人不仁，以百姓為芻狗」，實即天地聖人效法道之自然之行為。㉘

七、結語

老子思想，以自然為宗，以無為為本，蔑視造作，其於「道」之一義，推之極高，故於「仁」之一義，則視之稍卑，《老子》書中，如所謂「大道廢，有仁義」（十八章），「失道而後德，失德而後仁，失仁而後義，失義而後禮」（三十八章）皆是此義，甚者且欲「絕仁棄義」（十九章），俾復孝慈。

語言是根源於思想的，同時，語言也是表達思想的工具，有怎樣的思想方向，就會有怎樣的語言表達方向，因此，語言表達思想，語言之與思想，兩者之間的關係，是密不可分的。

㉗ 李約：《道德真經新注》，引見焦竑：《莊子翼》，臺北，廣文書局，民國五十一年。

㉘ 胡楚生：〈從「形上」到「形下」——老子「道論」發微〉，載《中國學術年刊》第十二期，民國八十年。

老子的時代，大約與孔子同時，不過，兩家學說在當時社會上的流通情形，卻大不相同，老子雖然是道家的始祖，但是，在當時的思想界中，真正的主流，並不是老子所代表的道家，而是孔子所代表的儒家與稍後出現由墨翟所代表的墨家，《韓非子・顯學篇》說：「世之顯學，儒墨也。」㉙正是這種情形的寫照，至於《史記・老莊申韓列傳》上所說的，「世之學老子者，則絀儒學，儒學亦絀老子」，那已經是儒道兩家後學末流彼此相爭的情形了，所以，太史公也才說是「世之學老子者」，與儒家後學的「道不同，不相為謀」，因此，儒道兩家相提並論、分庭抗禮的情形，在老子當時，是不曾出現過的。

在當時的社會上，人們既然已經受到儒家思想極多的影響，儒家思想的剛健精神，也已進入到人們的內心深處，根深柢固，而形成一股被認為是理所當然的觀念，人們在心目之中，也多數都已經承認儒家思想為人生是非判斷、價值觀念的標準，因此，對於其他不同的思想，往往也自然採取了懷疑的態度，有意無意地加以拒斥，因此，在這種情況之下，老子想要表示一些他所領悟得到的清虛自然的人生理想，傳達一些他所體會出來的弱道哲學，自然是不易為世人所接受，老子曾說：「正言若反。」（七十八章），在他自己而言，雖然是以嚴肅的心情，表達出嚴正的思想，可是，世人礙於傳統的俗見，卻往往以為老子的議論，恰恰與俗情相反，而不願加以接受，另外，老子也曾說道：「吾言甚易知，甚易行，而世人莫能知，莫能行。」（七十章）在那種環境之下，可以想見，老子的這些話語，含具了不少淒涼的心情與無奈的感覺，他又曾說：「人之迷，其日固久。」（五十八章），又說：「知我者希，則我者貴，是以聖人被褐懷玉。」（七十章）又說：「上士聞道，勤而行之，中士聞道，若存若亡，下士聞道，大笑之，不笑不足以為道。」（四十一章）老子自身辛勤所體悟出來的道理，以熾熱的心情，希望貢獻於世，有益人生，但是，人們卻不屑予以一顧，甚且嗤而笑之，面對著這種種的際遇，老子只得從天道形上的領會中，尋覓出另外一種思想傳達的方式──「反者道之動」（四十章）。

因此，在表達自己的思想時，老子往往採取所謂「遮詮」的方式，從負面去表示道理的「非」的一面，而不盡採取所謂的「表詮」的方式，從正面去表示道理的「是」的一面。㉚要之，如果我們能夠體諒到老子的處境，了解到老子那種特別加強負面語氣的表達方式，自然不會認為老子在語言文字中所要傳達的思想，就真是那種以偏概全的說辭了。苟能有著如此的體諒與了解，我們也將更能去領悟出老子思想在人生日用中某些程度的真理、某

㉙ 陳奇猷：《韓非子集釋》，臺北，世界書局，民國五十二年。

㉚ 「表詮」與「遮詮」，是佛學的用語，「表詮」的方式是直顯其真，「遮詮」的方式是遣其所非，例如說鹽是鹹是表詮，說鹽不淡是遮詮。

些程度的價值。要之，老子所主張的「天地不仁」、「聖人不仁」，既不是肯定天地聖人都是「不仁」的支持者，也不是否定儒家「仁愛」的理想與懇摯之心，而是提升了「愛」的層次，將之提升到「道」的理想境界，超越了儒家「仁」的境界，關懷到「愛」的更高更大的領域。

老子的思想，在語言表達的方式上，希望從「否定」的語氣，達到肯定的效果，從「不仁」的表示，達到「至仁」的用意，但是，由於「用反」的原因，確實有其「言過其實」、「以偏概全」、「矯枉過正」，以至於「違反俗情」的「瑕疵」，在對後世的影響上，也有著易於產生不良後果的「缺失」，但是，如果我們深入地了解到老子的處境與心情，了解到他那用「反言」以表達「正言」的苦心以後，則對於老子的思想，或將可以加以曲諒，而不致有太多的誤會。㉛

（此文原刊載於《慶祝高仲華教授六秩壽辰論文集》，民國五十七年出版，此次重新改寫，更動之處較多）

㉛ 胡楚生：〈試析王船山所論老子思想的基本瑕疵〉，載《書目季刊》二十五卷三期，民國八十年十二月出版。

參、《莊子・逍遙遊篇》「往見四子」釋義

——兼論〈逍遙遊〉中的一處錯簡

《莊子・逍遙遊篇》中有段文字，提到堯曾經前往姑射山去會見「四子」的事情，這段文字說道：

> 堯治天下之民，平海內之政，往見四子藐姑射之山，汾水之陽，窅然喪其天下焉。❶

這段文字的「四子」，究何所指？歷代學者們的解釋，頗不相同。陸德明《經典釋文》說：

❶ 此據臺北世界書局排印，郭慶藩《莊子集釋》本，民國六十年，下引並同。

司馬、李云：「王倪、齧缺、被衣、許由。」❷

司馬彪和李頤所說的「四子」，只有許由一人，曾見於〈逍遙遊篇〉中此段文字之前，其他三人，則未曾出現在〈逍遙遊〉全篇之中；另外，在《莊子》內篇的〈應帝王篇〉中，曾經提到齧缺、王倪、蒲衣子三人之名，卻無許由、被衣二人（有人以為蒲衣子即被衣），而在外篇的〈天地篇〉中，則曾提到「堯之師曰許由，許由之師曰齧缺，齧缺之師曰王倪，王倪之師曰被衣」，也曾提到「堯治天下」的一些情形。

今本《莊子》三十三篇，分為內外雜篇，是晉代郭象的注本，根據《漢書・藝文志》的記載，漢代的《莊子》，還有五十二篇本，根據《經典釋文》的記載，在郭象的注本前後，還有崔譔、向秀、司馬彪、李頤、孟氏的注本。只是，各家注本，都已亡佚，只有郭象的注本獨存於今，而陸德明在《經典釋文》之中，則還保留了一些司馬彪等各家對於《莊子》的注釋而已。

第一，我們依據現今通行的郭象注本❸。來檢討〈逍遙遊篇〉司馬彪及李頤對於「四子」的注釋，在正常的情形下，如果〈逍遙遊篇〉在前段文字之中，曾經提到了「王倪、齧缺、被衣、許由」，則在後段文字之中，再提到四人時，而省稱為「四子」，那到是很自然的，但是，「王倪、齧缺、被衣、許由」等四人，在郭象注本中，既未曾出現在〈逍遙遊篇〉的前段文字之中，卻在後段文字之中，直稱為「四子」，則四子之稱，前無所承，便十分突兀了，因此，以現今通行的郭象注本而言，在〈逍遙遊篇〉中，以「王倪、齧缺、被衣、許由」等四人去注解「四子」，司馬彪和李頤的看法，是無法令人接受的。

第二，在郭象注本《莊子》外篇的〈天地篇〉中，曾經提到「堯之師曰許由，許由之師曰齧缺、齧缺之師曰王倪、王倪之師曰被衣」，這一段文字，在司馬彪及李頤的《莊子》注本中，是否可能出現在〈逍遙遊篇〉前段的文字之中呢？司馬彪和李頤既然都以「王倪、齧缺、被衣、許由」去注釋「四子」，也許，在他們的注本中，必有所據，他們才如此作注，因此，由司馬彪及李頤對於「四子」的注釋，是否可以反證〈天地篇〉中「堯之師曰許由」等等那段文字，就確實原本在他們所注的〈逍遙遊〉前段文字之中呢？但是，我們檢視一下郭象注本〈天地篇〉的內容，就會發現，〈天地篇〉的每段之間，意義多不聯屬，而所記「堯治天下」一段文字，在〈天地篇〉中，與「堯之師曰許由」一段文字，意義並無關係，

---

❷ 此據通志堂經解本。

❸ 同注❶。

而這兩段文字所表達的意義，與〈逍遙遊篇〉的大義，也毫無關涉。因此，從意義的關係上去察看，我們很難想像，天地篇中「堯治天下」及「堯之師曰許由」那兩段文字，原本應該是存在於〈逍遙遊〉的篇章之中。

第三，我們再從《經典釋文》的記載去作檢討，《經典釋文》記《莊子》有關的書籍，有以下幾種：

《崔譔注》十卷，二十七篇，內篇七，外篇二十。

《向秀注》二十卷，二十六篇，一作二十七，一作二十八篇，亦無雜篇。

《司馬彪注》二十一卷，五十二篇，內篇七，外篇二十八，雜篇十四，解說三。

《郭象注》三十三卷，三十三篇，內篇七，外篇十五，雜篇十一。

《李頤集解》三十卷，三十篇，一作三十五篇。

《孟氏注》十八卷，五十二篇。

《王叔之義疏》三卷。

《李軌音》一卷。

《徐邈音》三卷。

從以上的記載，可以知道，《莊子》的內篇七篇，崔譔注本、司馬彪注本、郭象注本，數目都相同，推其內容，也應相近，所以，陸德明在《經典釋文》中說道：「《漢書・藝文志》，《莊子》五十二篇，即司馬彪孟氏所注是也，言多詭誕，或似《山海經》，或類占夢書，故注者以意去取，其內篇眾家並同，自餘或有外而無雜，唯子玄所注，特會莊生之旨，故為世所貴，徐仙民李弘範作音，皆依郭本，以郭為主。」因此，《莊子》的內七篇，不但是崔譔、司馬彪、郭象三家的注本，在篇數內容上相同，而且，「其內篇眾家並同」，三家之外，各家的篇數內容，也都相同；那麼，就〈逍遙遊〉一篇而言，則司馬彪注本的內容既然與郭象的注本相同，〈天地篇〉中的「堯治天下」及「堯之師曰許由」那兩段文字，自然也就不會出現在司馬彪注本的〈逍遙遊篇〉中，可以斷言，因此，「王倪、齧缺、被衣、許由」四人之名，自然也就不會出現在〈逍遙遊篇〉的前段文字之中，然則，「四子」之義，司馬彪與李頤的解釋，恐怕就不足採信了，也許，司馬彪與李頤對「四子」的解釋，是將〈天地篇〉中的四人之名，因聯想而轉移到〈逍遙遊篇〉中，也未可知。

因此，今天閱讀《莊子》，既然只有郭象的三十三篇本具存，我們也只能依據郭象注本去討論《莊子》的內容了。

對於〈逍遙遊篇〉「四子」的解釋，郭象《莊子注》說：

四子者，蓋寄言，以明堯之不一於堯耳，夫堯實冥矣，其跡則堯也，自跡觀冥，內外異域，未足怪也，世徒見堯之為堯，豈識其冥哉！故將求四子於海外，而據堯於所見，因謂與物同波者，失其所以逍遙也。

成玄英《莊子疏》說：

四子者，四德也，一本，二跡，三非本非跡，四非非本跡也。言堯反照心源，洞見道境，超茲四句，故言往見四子也。❹

郭象與成玄英的莊子注疏，是從玄理的角度，以「四德」去解釋「四子」，所以李楨說，「四子本無其人，徵名以實之，則鑿矣」（引見郭慶藩《莊子集釋》），從玄理的立場而論，他們也許都能言之成理，但是，從《莊子》本文的立場而言，他們的解釋，則未免過於虛玄。

另外，陳壽昌《南華真經正義》說：

四子，水火金木也。山、土也，五行以土為歸，張紫陽所謂四象交加戊己中也。❺

陳氏以水火金木釋「四子」，說法雖然新穎，衡諸〈逍遙遊篇〉的上下文義，則是很難作出適當的配合。蔣錫昌莊子〈逍遙遊校釋〉說：

> 四子者，謂姑射四神人，不必若司馬、李云：「王倪、齧缺、被衣、許由」也。❻

王叔岷先生《莊子校詮》也說：

> 堯所見者，乃姑射四子，非前所稱之姑射神人也。❼

蔣王二位先生，都以為「四子」是四位神人，此外，高享《莊子新箋》則說：

---

❹ 同注❶。

❺ 此據新天地出版社影印本。

❻ 此據文星書店影印本。

❼ 此據中央研究院歷史語言研究所專刊本。

四，疑當作「是」，聲近而誤，是子，即指前文藐姑射之山之神人也，前文云：「藐姑射之山，有神人居焉」，此處云：「往見是子藐姑射之山」，辭正相應，其山既為一，則堯往見者，即其山之神人，明甚，故知「四」為「是」字之誤。❽

〈逍遙遊篇〉中「四子」一語，各家所作詮解，異說頗多，以上僅就所知，枚舉出一些內容差異較大的說法，略作示例，至於各種說法，孰為近真，個人以為，則應該配合〈逍遙遊〉全篇的篇章結構，義理歸趨，才能求得較為近乎真相的答案。

古書在形式上通常不分段落，但是，在義理的結構上，卻往往形成自然的段落，《莊子・逍遙遊篇》，一般上，約可分為六個段落，而由六個段落組成義理的系統如下：

1.自「北冥有魚，其名為鯤」，至「聖人無名」，為第一段。
2.自「堯讓天下於許由」，至「尸祝不越樽俎而代之矣」，為第二段。
3.自「肩吾問於連叔」，至「將猶陶鑄堯舜者也，孰肯以物為事」，為第三段。
4.自「宋人資章甫而適諸越」，至「窅然喪其天下焉」，為第四段。
5.自「惠子謂莊子曰，魏王貽我大瓠之種」，至「則夫子猶有蓬之心也夫」，為第五段。
6.自「惠子謂莊子曰，吾有大樹，人謂之樗」，至「無所可用，安所困苦哉」，為第六段。

第一段，是〈逍遙遊〉全篇的總綱，在此段之中，莊子以鯤鵬的「大」而能「化」，對照出鵬鳥及蜩與學鳩之間的「小大之辯」，再從「物」在形體上的小大對比，牽引出四種不同的「人」在心量上的大小差異，而歸結到只有「無己」「無功」「無名」的「至人」「神人」「聖人」，才真正能夠超越形骸的限制，開拓出無限遼闊的精神領域，而獲致心靈上的逍遙自在。

第二段，莊子藉著「堯讓天下於許由」，而許由，「無所用天下為」的寓言，以印證第一段之末「聖人無名」的意義，從而彰明只有拋棄世俗的名聞，不受名聞的拘束，才能成為悟道的聖人。

第三段，莊子藉著「肩吾問於連叔」的寓言，指出「神人」的「孰肯以物為事」，以印證第一段之末「神人無功」的意義，從而說明只有遠離人間的功利，不受功利的束縛，才能成為悟道的神人。

第四段，莊子藉著「宋人資章甫而適諸越」，以及堯「窅然喪其天下」的寓言，指出宋人及堯的不能無己，因而為己見所蒙蔽，以反證第一段之末「至人無己」的意義，從而表明

---

❽ 此據臺灣中華書店排印本。

只有超越自己的偏執，不受私意的誤導，才能成為悟道的至人。

第五段，莊子藉著惠子擁有大瓠而憂其無所可用，因而印證了惠子之不能「無己」，以致被自己的成見蒙蔽而不自知。

第六段，莊子藉著惠子擁有大樹而憂其無所可用，同樣也印證了惠子之不能「無己」，以致於被自己的成見所蒙蔽，同時也點出了「大」的用處，也點出了「逍遙」的要旨，以與本篇的篇題相呼應。

對於〈逍遙遊〉一篇的段落大意，篇章組織，義理結構，以上的分析，大致被許多學者所接受，所以，像林雲銘的《莊子因》，屈復的《南華通》，陳壽昌的《南華真經正義》，馬其昶的《莊子故》，王叔岷先生的《莊子校詮》，便都是採取這樣的分析方式。當然，也有一些學者們，對於〈逍遙遊〉一篇的分析，稍為有著與此不同的看法，像宣穎的《莊子南華經解》，便是以第二段印證「聖人無名」，以第三段及第四段印證「神人無功」，而以第五第六兩段印證「至人無己」。

〈逍遙遊〉一篇的義理結構，如果依據前述的分析，再去檢視一下關於「四子」的解釋，那麼，我們覺得，〈逍遙遊〉本身的章句，在前述的第三段和第四段之中，可能有錯簡的地方，而要加以訂正，才能使得〈逍遙遊〉一篇的義理結構，更加謹嚴地呈現出來。以下，先節錄出〈逍遙遊〉三、四兩段的文字。

肩吾問於連叔曰：「吾聞言於接輿，大而無當，往而不反；吾驚怖其言，猶河漢而無極也，大有逕庭，不近人情焉。」連叔曰：「其言謂何哉？」曰：「藐姑射之山，有神人居焉，肌膚若冰雪，淖約若處子，不食五穀，吸風飲露，乘雲氣，御飛龍，而遊乎四海之外，其神凝，使物不疵癘而年穀熟，吾以是狂而不信也。」連叔曰：「然，瞽者無以與乎文章之觀，聾者無以與乎鐘鼓之聲，豈唯形骸有聾盲哉？夫知亦有之，是其言之也，猶時女也。之人也，之德也，將旁礴萬物以為一，世蘄乎亂，孰弊弊焉以天下為事？之人也，物莫之傷，大浸稽天而不溺，大旱金石流土山焦而不熱，是其塵垢粃糠，將猶陶鑄堯舜者也，孰肯以物為事！」

宋人資章甫而適諸越，越人斷髮文身，無所用之。堯治天下之民，平海內之政，往見四子藐姑射之山，汾水之陽，窅然喪其天下焉。

對於〈逍遙遊篇〉中三、四兩段的文句，筆以以為，從義理的結構方面去作檢覈，覺得似有錯簡的存在，因此，綜合三、四、五、六等各段文字，將之訂正如下：

肩吾問於連叔曰：「……之人也，之德也，將旁礴萬物以為一，世蘄乎亂，孰弊弊焉以天下為事？之人也，物莫之傷，大浸稽天而不溺，大旱金石流土山焦而不熱，是其塵垢粃糠，將猶陶鑄堯舜者也，孰肯以物為事！堯治天下之民，平海內之政，往見四（是）子藐姑射之山，汾水之陽，窅然喪其天下焉。」

宋人資章甫而適諸越，越人斷髮文身，無所用之。惠子謂莊子曰：「魏王貽我大瓠之種，我樹之成而實五石，以盛水漿，其堅不能自舉也，剖之以為瓢，則瓠落無所容，非不呺然大也，吾為其無用而掊之。」莊子曰：「夫子固拙於用大矣……則夫子猶有蓬之心也夫。」惠子謂莊子曰：「吾有大樹，人謂之樗，其大本擁腫而不中繩墨，其小枝卷曲而不中規矩，立之塗，匠者不顧，今子之言，大而無用，眾所同去也。」莊子曰：「子獨不見狸狌乎……彷徨乎無為其側，逍遙乎寢臥其下，不夭斤斧，物無害者」，無所可用，安所困苦哉！

筆者校正的意見是，首先，將〈逍遙遊篇〉第四段中「堯治天下之民，平海內之政，往見四子藐姑射山，汾水之陽，窅然喪其天下焉」一節文字，視為是錯簡，移置在第三段之末，而總合成為第三段。其次，將〈逍遙遊篇〉中第五、第六兩段文字，全部依序移接在第四段中

「宋人資章而適諸越、越人斷髮文身，無所用之」一節文字之下，總合成為第四段。如此，則在第三段中，前節說道，「藐姑射之山，有神人居焉」，後節也因而說道，「堯治天下之民，平海內之政，往見四（是）子藐姑射之山」，藐射姑之山，前後正相呼應。

另外，從義理結構上去作審視，第三段既然是用來印證「神人無功」的意義，強調「神人」的不以「天下為事」，因此，將第四段中「堯治天下之民」一節，承接上來，用以反證堯的「治天下之民，平海內之政」，正是「以天下為事」，正是有心去為政，而不能作到「神人」的逍遙境界，因此，堯在見到「神人」之後，了解到「神人」的逍遙境界，才會深深地覺得自己「失其有天下之尊」（王先謙《莊子集解》語），才會「忽然頓有所悟，才知天下原乃身外之物，實是不足為治，更不值得戀戀的」（張默生《莊子新釋》語），才會「自覺逍遙而忘其天下」（陳啟天《莊子淺說》語）。如此訂正，意義才算完整無缺。同時，此段文中，前後兩次提到的「藐姑射之山」的「神人」與「四子」，理當即是一人，而不應當是「四人」，因此，堯「往見四子」中「四子」的解釋，也當如高享先生所說，應該是「是子」之誤，「是」「四」是正假字，方才妥切。

另外，第四段中「宋人資章甫而適諸越，越人斷髮文身，無所用之」一節，語義未完，如果加上「惠子謂莊子曰，魏王貽我大瓠之種」一段，再加上，「惠子謂莊子曰，吾有大樹，人謂之樽」一段，總合成為一大段，才能適當地說明「無用之用」以及「大必有用」的意義，才能夠點明「大而逍遙」的主題，才能夠印證「至人無己」，不以主觀成見私意蒙蔽自己的要旨。

同時，從「宋人資章甫而適諸越」到「越人斷髮文身，無所用之」；從「大瓠之種」，「樹之成而實五石」，到「憂其瓠落無所容」；從「人謂之樽」的大樹，到「無所可用」；三者文義一貫，都是「拙於用大」的例子，都正是人們以主觀成見私意蒙蔽自己心靈，不能「無己」，「猶有蓬之心」的例子，也都正是「至人無己」的反面證據。

當然，對於〈逍遙遊〉一篇文句的訂正，在版本以及異文的比對上，筆者並不能提出堅強的證據，從前，陳援庵先生撰寫《元典章校補釋例》一書，後易名為《校勘學釋例》，曾經提出了「校法四例」，他提出了對校、本校、他校、理校等四種四法，他以為，「對校法，即以同書之祖本或別本對讀」，「本校法，以本書前後互證」，「他校法，以他書校本書」，而理校法，則是「遇無他本可據，或數本互異，而無以適從之時，必須用此法，此法須通識為之，否則，鹵莽滅裂，以不誤為誤，而糾紛愈甚矣。故最高妙者此法，最危險者亦此法」❾。筆者對於〈逍遙遊篇〉前述文句的校訂，勉強說，只能算是採取了一種「理校」的方法，從義理結構上去校訂〈逍遙遊篇〉的文句，這種校訂的方法，正如陳援庵先生所說，是最危險的，至於能否稱得上是最高妙，則筆者自然是不敢祈望的。

因此，如果將〈逍遙遊篇〉第四段中「堯治天下之民，平海內之政，往見四子藐姑射之山，汾水之陽，窅然喪其天下焉」一節文字，視為是錯簡，移往第三段之末，又釋「四子」是「是子」，然後將第五、六兩段，合併於第四段，則〈逍遙遊〉一篇，可以分析為四大段落：

首段為總綱，自「北冥有魚」開始，而歸結到「至人無己」、「神人無功」、「聖人無名」等三個綱領。

次段為分論，以「堯讓天下於許由」的寓言，去印證首段中「聖人無名」的那一綱領。

三段為分論，從「肩吾問於連叔」，到「窅然喪其天下焉」的寓言，去印證首段中「神人無功」的那一綱領。

四段為分論，從「宋人資章甫而適諸越」，到「無所可用，安所困苦哉」，去印證首段中「至人無己」的那一綱領。

從以上的四大段落，去分析〈逍遙遊〉全篇的篇章組織，義理結構，應該是較為合理

---

❾ 此據香港中華書局排印本。

的。這種分析，與前述幾家的分析，都有所不同。

以前，嚴靈峰先生曾撰有〈莊子逍遙遊篇錯簡異文之校訂〉❿一文，在該文中，嚴先生對〈逍遙遊〉一篇的文句，作出了大幅度的校訂更易，只是，嚴先生在該文中的用心，「本係大膽嚐試」，因而對於莊子原文，移易增刪甚多，實則是一種「新編」的工作，也是一種「節本」或「類纂」的工作，此與拙著此文，用意或不相同，因此，嚴先生的意見，此文中就不再加以援引了。

筆者在拙著《老莊研究》⓫一書之中，對〈逍遙遊〉一篇的義理結構，是採取前文所述的六個段落的分析方法，而此文之作，則是採取了四個段落的分析方法，這一改變，是否得當，還請同好之士，多加批評。

（此文原刊載於輔仁大學《王靜芝先生八秩壽慶論文集》，民國八十四年出版）

❿ 此文先收入嚴先生所撰《老莊研究》書中，民國六十八年出版，稍後，又收入所纂《道家四子新編》一書之中。

⓫ 胡楚生《老莊研究》，民國八十一年，臺灣學生書局出版。

肆、釋《淮南子》中「道」的意義與「道」的應用

一、引言

《淮南子》是漢代淮南王劉安集門下客所撰寫而成之書，此書初名《鴻烈》，《漢書・藝文志》在〈諸子略〉雜家中著錄《淮南內》二十一篇，《隋書・經籍志》在子部中，才改稱為《淮南子》。

劉安之父劉長，為漢高祖劉邦之幼子，劉長有子四人，劉安居長，漢文帝六年（西元前一七四年），劉長被誣以謀反之罪，被廢徙蜀，在道中絕食而死，文帝十六年（西元前一六四年），封劉安為淮南王。

劉安生於文帝元年（西元前一七九年），武帝元狩元年（西元前一二二年），以劉安「有詐偽心，以亂天下，營惑百姓」，「當伏法」❶，劉安乃自殺身亡，得年五十九歲。

高誘《淮南鴻烈解・敘》曾說：「初，安為辨達善屬文，皇帝為從父，數上書，召見，孝武皇帝甚重之，詔使為《離騷傳》，自旦受詔，日早食已，上愛而祕之，天下方術之士，多往歸焉，於是遂與蘇飛、李尚、左吳、田由、雷被、毛被、伍被、晉昌等八人，及諸儒大山、小山之徒，共講論道德，總統仁義，而著此書，其旨近老子，淡泊無為，蹈虛守靜，出入經道，言其大也，則燾天載地，說其細也，則淪於無垠，及古今治亂，有亡禍福，世間詭異瓌奇之事，其義也著，其文也富，物事之類，無所不載，然其大較，歸之於道，號曰《鴻烈》，鴻，大也，烈，明也，以為大明道之言也，故夫學者不論《淮南》，則不知大道之深也。」❷因此，《淮南子》一書，實由淮南王劉安鳩集門下諸客，綜合各家思想，撰輯而成之書，其書內容，雖極駁雜，後人歸之於雜家，而書中大旨，則與老子思想，最為接近，重在彰明「道」之意義，故其全書，皆以闡述大道之要旨，為其依歸。

《淮南子・要略》說：「夫作為書論者，所以綱紀道德，經緯人事，上考之天，下揆之地，中通諸理，雖未能抽引玄妙之中才，繁然足以觀終始矣，總要舉凡，而語不剖判純樸，靡散大宗，懼為人之惽惽然，弗能知也，故多為之辭，博為之說，又恐人之離本就末也，故言道而不言事，則無以與世浮沉，言事而不言道，則無以與化遊息。」因此，《淮南子》雖為彰明大道之書，但是，它不僅闡明天道，也闡述人事，不僅敘說大道之理，也以人事情況，多方取譬，以為印證之資，是以《淮南子》書中，往往以「形上」之道，指引「形下」之事，也往往以人世間的各種不同事況，去佐證「形上」之道理，交相為輔，而多歸之於政治方面的實際應用。

以下，先論《淮南子》中「道」之形上原理，然後再論「道」的形下效用。

二、道的意義

高誘說《淮南子》「其旨近老子」，在《老子》書中，對於「道」的闡釋，只作出簡潔扼要的陳述，而在《淮南子》中，卻對於「道」作出了繁密而華麗的鋪陳，一方面，這是由於《淮南子》對於《老子》「道」的意義，作出了更為詳密的發揮，另一方面，則由於劉安

❶ 見《漢書．淮南王傳》，此據鼎文書局影印新校本《漢書》，民國八十四年九月七版，下引《漢書》並同。

❷ 此據河洛圖書出版社影印之《淮南鴻烈解》，民國六十五年三月初版，下引《淮南子》並同。

的性喜辭賦，受到漢賦排比鋪張風氣的影響，因此，《淮南子》在論及「道」的意義時，也更多出了一些文學性質的成份，也因此，在形式上，對於「道」的闡釋，《淮南子》的繁密與《老子》的簡約，是不相同的，至於對「道」的闡釋，《淮南子・原道訓》則說：

夫道者，覆天載地，廓四方，柝八極，高不可際，深不可測，包裹天地，稟受無形，原流泉浡，沖而徐盈，混混滑滑，濁而徐清，故植之而塞於天地，橫之而彌於四海，施之無窮，而無所朝夕，舒之幎於六合，卷之不盈於一握。

〈原道訓〉以為，「道」是無所不包、無所不在的，它覆蓋上天，承載大地，廣闊至於四面八方，高深不可測度，「道」能包攬天地，賦生萬物，它也像是涓涓細流，由沖虛而逐漸充盈，又像是滾滾洪流，由混濁而逐漸澄清，它既能充塞於天地之間，也能橫布於四海之外，它的功效，可以應用無窮，它能舒展而籠罩一切，也能收縮於一手之內，變化不盡，《老子》說：「有物混成，先天地生，寂兮寥兮，獨立而不改，周行而不殆，可以為天母。」（二十五章）❸，〈原道訓〉中對於「道」的闡釋，無疑是受到《老子》的影響，只是，老子論「道」，文辭簡練，《淮南子》卻是文采鋪衍，對於「道」的意義，多方形容描述，不厭其詳。《淮南子・原道訓》又說：

> 道者，一立而萬物生矣，是故一之理，施四海，一之解，際天地，其全也，純兮若樸，其散也，混兮若濁，濁而徐清，沖而徐盈，澹兮其若深淵，泛兮其若浮雲，若無而有，若亡而存，萬物之總，皆閱一孔，百事之根，皆出一門，其動無形，變化若神，其行無跡，常後而先。

《原道訓》以為，萬物都是從「道」而產生，因此，「一」既然是「道」的代稱，那麼，「一」產生之後，萬物便左之而生，所以，「一」的道理，可以施行至於四海之外，「一」的推廣，可以達到天地之遠，因此，當「道」在渾全之時，它好像是純樸的玉器，當「道」在擴散之際，它又好像是瀰漫在宇宙之間。它可以由混濁而逐漸澄清，由空虛而逐漸盈滿，它平靜時像是深淵之水，飄流時像是天邊的之雲，似有似無，似存似亡，而一切萬物的總歸趨，卻集中在「道」的機括之中，萬事的根本，也都出之於「道」的門戶，「道」雖然無形

---

❸ 此據廣文書局影印王弼注本《老子》，民國五十年初版，下引《老子》並同。

無色，卻變化多端，有如神靈，雖然無痕無跡，卻包羅萬象而引領萬象。《老子》說：「道，沖而用之，或不盈，淵兮似萬物之宗……吾不知誰之子，象帝之先。」（四章）又說：「迎之不見其首，隨之不見其後。」（十四章）又說：「萬物作焉而不辭。」（二章）老子所形容的「道」的特徵，與〈原道訓〉中所形容的，十分相似，而只是有詳略的差異而已。《淮南子・原道訓》又說：

> 夫太上之道，生萬物而不有，成化象而弗宰……累之而不高，墮之而不下，益之而不衆，損之而不寡，斫之而不薄，殺之而不殘，鑿之而不深，填之而不淺。忽兮怳兮，不可為象兮，怳兮忽兮，用不屈兮，幽兮冥兮，應無形兮，遂兮洞兮，不虛動兮，與剛柔卷舒兮，與陰陽俯仰兮。

〈原道訓〉以為，宇宙間最高原理的「道」，它雖然產生萬物，卻不據為己有，雖然化成萬象，卻不去主宰它們，這與《老子》所說的「生而不有，為而不恃，長而不宰」（五十一章），「萬物恃之而生而不辭，功成而不有，衣養萬物而不為主」（三十四章），意義是相近的。〈原道訓〉又以為，「道」的變化莫測，它積累而不見其高，傾圮而不見其低，增益而不見其多，損減而不見其少，斬斫而不見其薄，殺伐而不見其傷，挖鑿而不見其深，填塞而不見其淺，它的形象，恍忽難知，它的效用，卻應用不竭，它幽深冥暗，似無形貌，而卻運動有恆，經常存在，因此，「道」與剛柔一起屈伸，舉陰陽一起升降，《老子》說：「道之為物，惟恍惟惚，惚兮恍兮，其中有象，恍兮惚兮，其中有物，窈兮冥兮，其中有精，其精甚真，其中有信，自古及今，其名不去，以閱眾甫。」（二十一章）老子所敘述的「道」的特徵，實為〈原道訓〉所繼承與推衍。《淮南子・原道訓》又說：

所謂無形者，一之謂之，所謂一者，無匹合於天下者也，卓然獨立，塊然獨處，上通九天，下毋九野，員不中規，方不中矩，大渾而為一，葉累而無根，懷囊天地，為道關門，穆忞隱閔，純德獨行，布施而不既，用之而不勤，是故視之不見其形，聽之不聞其聲，循之不得其身，無形而有形生焉，無聲而五音鳴焉，無味而五味形焉，無色而五色成焉，是故有生於無，實出於虛。

〈原道訓〉以為，大道是無形的，它也可以稱之為「一」，所以要稱它為「一」，是由於「道」在天地之間，是唯一的最先存在，卓然獨立，默然獨處，並無任何事物，可以和它相提並論，它向上可以通達至於九天，往下可以貫通到九野，它變化無常，雖圓而不中規，能方而不合矩，它渾淪天地，卻積累而無根荄，包羅天地，卻堅守著「道」的門戶，它無影無形，純任德性，能賦生萬物，而應用不盡，它無形可視，無聲可聞，無身可拊，但是，它卻於無形之處可以有形體呈現，於無聲之處可以有五音鳴奏，於無味之處可以有五味可嚐，於無色之處可以有五色可見，這只是說明，萬物有「有」，是出之於「道體」之「無」，萬物之「實」，是出之於「道體」之「虛」。《老子》說：「天下萬物生於有，有生於無。」（四十章）又說：「視之不見名曰夷，聽之不聞名曰希，搏之不得名曰微，此三者不可致詰，故混而為一，其上不皦，其下不昧，繩繩不可名，復歸於無物，是謂無狀之狀，無物之象，是謂惚恍。」（十四章）又說：「谷神不死，是謂玄牝，玄牝之門，是謂天地根，緜緜若存，用之不勤。」（六章）《淮南子》所「道」的要義，確是受到《老子》的影響而加以推衍，是無可致疑的。《淮南子・精神訓》也說：

夫天地運而相通，萬物總而為一，而知一，則無一之不知也，不能知一，則無一之能知也。

〈精神訓〉以為，天地運行，相互關連，萬物總合，皆出於「道」，人們如果能夠了解了「道」，把握住「道」，則萬物之眾，皆能掌握其變化，否則，不能了解「道」，知曉「道」的規律原理，則萬物之眾，將一無所知。《老子》說：「執古之道，以御今之有，能知古始，是謂道紀。」（十四章）又說：「自古及今，其名不去，以閱眾甫，吾何比知眾甫之狀哉？以此。」（二十一章）〈精神訓〉之說，與《老子》相近。《淮南子‧說山訓》也說：

> 魄問於魂曰：「道何以為體？」曰：「以無有為體。」魄曰：「無有有形乎？」魂曰：「無有。」（魄曰）：「何得而聞也？」魂曰：「吾道有所遇之耳，視之無形，聽之無聲，謂之幽冥，幽冥者，所以喻道，而非道也。」

〈說山訓〉中，假託魄與魂的對話，彰顯了「大道」是以「無」為本體，「道」也是無形、無聲，幽微窈冥，深不可測的。《老子》說：「無，名天地之始，有，名萬物之母。」（一章）同樣指出了「道」是以「無」為本體的。《淮南子‧繆稱訓》也說：

> 道，至高無上，至深無下，平乎準，直乎繩，圓乎規，方乎矩，包裹宇宙，而無裏，洞同覆載而無所礙。

〈繆稱訓〉以為，「道」是至高無上的，也是至深無下的，它與水一樣平準，與繩一樣筆直，與規一樣渾圓，與矩一樣方正，「道」包容了宇宙而不分內外，貫通承載萬物而無所阻礙。

要之，要宇宙的本體方面，《淮南子》書中所論，與《老子》之義，極為相似，都以為「道」是宇宙產生的根源，是宇宙一切萬物產生的基本力量，也是宇宙中一切事物發展演進的最高原理。

至於在論及宇宙萬物產生的過程方面，《淮南子・天文訓》說：

> 天地未形，馮馮翼翼，洞洞灟灟，故曰太昭，道始虛霩，虛霩生宇宙，宇宙生氣，氣有涯垠，清陽者薄靡而為天，重濁者凝滯而為地，清妙之合專易，重濁之凝竭難，故天先成而地後定，天地之襲精為陰陽，陰陽之專精為四時，四時之散精為萬物。

〈天文訓〉以為，在天地尚未形成以前，宇宙之間，是混沌一片，迷茫不清，可稱之為「太昭」的景象，在虛無空霩中，大道由是產生，宇宙的根源也由是產生，宇宙形成之後，產生了「氣」，「氣」是有際限的，清陽之氣，輕浮而上化為天，混濁之氣，沉重而下化為地，清妙之氣，容易聚合，重濁之氣，難於凝結，所以，天因之在先形成，而地乃在後形成。天地之精氣，變而為陰陽，陰陽之氣聚合，化成四時，四時之氣渙散，變而成為萬物。因此，宇宙之間，由「道」而生「氣」，由「氣」而生陰陽，由陰陽而生萬物，宇宙產生的過程，便是由「道」和「氣」作主宰的。《淮南子．精神訓》也說：

> 古未有天地之時，惟象無形，窈窈冥冥，芒芠漠閔，澒濛鴻洞，莫知其門。有二神混生，經天營生，孔乎莫知其所終極，滔乎莫知其所止息，於是乃別為陰陽，離為八極，剛柔相成，萬物乃形，煩氣為蟲，精氣為人。

〈精神訓〉以為，在上古未有天地之時，宇宙間只是存在著一種無形的形象，幽深冥暗，混沌不分，廣大無際，及至後來，陰陽二神，由混沌中產生，它們經營天地，逐漸形成了廣大無際的宇宙，於是才逐漸地分為天地、八極，剛柔相濟，而逐漸產生了萬物，於是雜亂之氣，形成了昆蟲，精明之氣，形成了人類。這便是宇宙萬物，由無到有，由有天地以至於有人類的過程。《淮南子・天文訓》也說：

> 道曰規，始於一，一而不生，故分而為陰陽，陰陽合和而萬物生，故曰，一生二，二生三，三生萬物。

〈天文訓〉以為，大道從「一」開始，由於「一」的存在，所以分為陰陽，陰與陽結合，相互激盪，萬物便因之而產生，所以說，由一生二，由二生三，由三產生萬物，這與《老子》所說的「道生一，一生二，二生三，生生萬物」（四十二章），完全是一樣的，在〈天文訓〉中，《淮南子》已經完全接受了老子的這種宇宙生成觀念。《淮南子・詮言訓》也說：

> 洞同天地，渾屯為樸，未造而成物，謂之「太一」，同出於「一」，所為各異，有鳥有魚有獸，謂之分物。方以類別，物以群分，性命不同，皆形於有，隔而不通，分而為萬物，莫能及（反）宗，故動而謂之生，死而謂之窮，皆為物矣，非不物而物物者也，物物者，亡乎萬物之中。

〈詮言訓〉以為，當宇宙之間，尚在渾沌不分之時，只有質樸的元氣，充塞其中，卻並無任何事物的出現，這種情形，可稱之為「太一」的境界，由於「太一」，逐漸產生萬物，是以萬物都由「太一」而出，而形相卻各不相同，因而才有了魚蟲鳥獸等物的分別，宇宙至此，才由無形逐漸成為有形，而萬物在宇宙之間，當其活動之時，稱之為生，當其死亡之時，稱之為窮，而萬物由「物物」的「道」而產生，無形的「道」，產生了萬物之後，卻散處在有形的萬物之中。《淮南子．俶真訓》也說：

> 道出一原，通九門，散六衢，設於無垓坫之宇，寂漠以虛無，非有為於物也，物以有為於己也，是故舉事而順於道者，非道之所為也，道之所施也。

〈俶真訓〉以為，「道」是從同一個根源產生，向上可以通達到九天之眾門，往下可以散布在六衢的大路，它可以廣存於無邊無際的宇宙之中，它的性質，寂靜虛無，並不主宰萬物，萬物卻受到它的影響，所以，萬事萬物都順應大道，而大道也只是自然演化而已。

要之，《淮南子》書中，所論宇宙以及萬物產生的過程，意義實多承襲自《老子》「道生一，一生二，二生三，三生萬物」的思想，卻在不同的篇章之內，反覆地推衍舖陳，目的是在作出更加圓融周到的敘述，去彰明「道」的真正涵義。高誘在《淮南鴻裂解・敘》中指出，《淮南子》一書，「講論道德」，「其旨近老子」，書中要義，「歸之於道」，同時指出，「學者不論《淮南》，則不知大道之深也。」可見《淮南子》一書，與《老子》一書，關係的密切。

三、道的效用

《漢書・藝文志》在〈諸子略〉雜家類的〈小序〉中，曾經說到：「雜家者流，蓋出於議官，兼儒、墨，合名、法，知國體之有此，見王治之無不貫，此其所長也。」顏師古注說：「治國之體，亦當有此雜家之說，王者之治，於百家之道，無不貫綜。」因此，雜家的學說，是採取了儒、墨、名、法各家思想的精華，綜合而成，而又必歸之於政治上的實際運用，才是最高的理想，所以，《淮南子・氾論訓》也說：「百川異源，而皆歸於海，百家殊業，而皆務於治。」《淮南子》中，既以「道」為宇宙萬事萬物演進的最高原理，而此原理，卻又必需落實到政治效應，人倫日用之間，才是最切實的行為。

《淮南子》中，關於「道」之效用方面的論述，多見之於〈道應訓〉中，《淮南子・要略》說：「道應者，攬掇遂事之蹤，追觀往古之跡，察過福利害之反，考驗乎老莊之術，而以合得失之勢者也。」因此，在〈道應訓〉篇中，往往舉出許多歷史的事件，然後引用老子莊子之言，以相印證，以見出「道」在人情事況中的應用效果，以作為形上之道，在形下事件中的驗證。例如〈道應訓〉說：

> 魏武侯問於李克曰：「吳之所以亡者，何也？」李克對曰：「數戰而數勝。」武侯曰：「數戰數勝，國之福，其獨以亡，何故也？」對曰：「數戰則民罷，數勝則主憍，以憍主使罷民，而國不亡者，天下鮮矣，憍則恣，恣則極物，罷則怨，怨則極慮，上下俱極，吳之亡猶晚矣，夫差之所以自剄於干遂也。」故老子曰：「功成名遂身退，天之道也。」

在此則史事中，《淮南子》藉著魏武侯與李克的對話，而彰顯出驕主疲民的足以亡國，並以夫差滅亡之事，印證老子「功成名遂身退」之言，乃是最符合「天之道」的原則。又如〈道應訓〉說：

秦皇帝得天下，恐不能守，發邊戍，築長城，修關梁，設障塞，具傳車，置邊吏，然劉氏奪之，若轉閉錘。昔武王代紂，破之牧野，乃封比干之墓，表商容之閭，柴箕子之門，朝成湯之廟，發鉅橋之粟，散鹿臺之錢，破鼓折枹，施弓絕弦，去舍露宿，以示平易，解劍帶笏，以示無仇，於此天下歌謠而樂之，諸侯執幣相朝，三十四世不奪。故老子曰：「善閉者，無關鍵而不可開也，善結者，無繩約而不可解也。」

在此則史事中，《淮南子》藉著秦始皇失天下、武王安天下之事，以為佐證，然後引用老子之言，以見能守其成者，乃能無所喪失之理。又如〈道應訓〉說：

昔者司城子罕相宋，謂宋君曰：「夫國家之安危，百姓之治亂，在君行賞罰，夫爵賞賜予，民之所好也，君自行之，殺戮刑罰，民之所怨也，臣請當之。」宋君曰：「善，寡人當其美，子受其怨，寡人自知不為諸侯笑矣。」國人皆知殺戮之專制在子罕也，大臣親之，百姓畏之，居不至期年，子罕遂劫宋君，而專其政，故老子曰：「魚不可脫於淵，國之利器，不可以示人。」

在此則史事中，《淮南子》藉著子罕獻策於宋君，請宋君行其爵賞賜予，而自任其殺戮刑罰，終至劫持宋君，而奪其政之事，以印證老子所謂「國之利器，不可以示人」之原理。又如〈道應訓〉說：

> 狐丘丈人謂孫叔敖曰：「人有二怨，子知之乎？」孫叔敖曰：「何謂也？」對曰：「爵高者士妒之，官大者主惡之，祿厚者怨處之。」孫叔敖曰：「吾爵益高，吾志益下，吾官益大，吾心益小，吾祿益厚，吾施益博，是以免三怨，可乎？」故老子曰：「貴必以賤為本，高必以下為基。」

在此則史事中，《淮南子》藉著孫叔敖之爵益高，志益下，官益大，心益小，祿益厚，施益薄，以為佐證，以見老子所謂「貴必以賤為本，高必以下為基」之原理。又如〈道應訓〉說：

> 趙簡子死，未葬，中牟入齊，已葬五日，襄子起兵攻圍之，未合，而城自壞者十丈，襄子擊金而退之，軍吏諫曰：「君誅中牟之罪，而城自壞，是天助我，何故去之？」

襄子曰：「吾聞之叔向曰，君子不乘人於利，不迫人於險，使之治城，城治而後攻之。」中牟聞其義，乃請降，故老子曰：「夫唯不爭，故天下莫能與之爭。」

在此則史事中，《淮南子》藉著趙襄子「不乘人於利，不迫人於險」，不乘中牟城壞而攻之，而中牟反因之請降之事，以為佐證，以見老子所謂「夫唯不爭，故天下莫能與之爭」的原理。又如〈道應訓〉：

越王勾踐與吳戰而不勝，國破身亡，困於會稽，忿心張膽，氣如涌泉，選練甲卒，赴火若滅，然而請身為臣，妻為妾，親執戈為吳兵先馬，果擒之於干遂，故老子曰：「柔之勝剛也，弱之勝強也，天下莫不知，而莫之能行」越王親之，故霸中國。

在此則史事中，《淮南子》藉著越王勾踐失利於吳，請身為臣，妻為妾，親執戈為吳兵先馬，而終於能勝吳國之事，以印證老子柔弱勝剛強的原理。又如〈道應訓〉說：

晉伐楚，三舍而止，大夫請擊之，莊王曰：「先君之時，晉不伐楚，及孤之身，而晉伐楚，是孤之過也，若何其辱。」群大夫曰：「先臣之時，晉不伐楚，今臣之身，而晉伐楚，此臣之罪也，請王擊之。」王俛而泣涕沾襟，起而拜群大夫，晉人聞之，曰：「君臣爭以過為在己，且輕下其臣，不可伐也。」夜還師而歸，故老子曰：「能受國之垢，是謂社稷主。」

在此則史事中，《淮南子》藉著楚莊王群臣爭以過為在己，晉不敢伐之事，以印證老子所謂「受國之垢，是謂社稷主」的原理。又如〈道應訓〉說：

宋景公之時，熒惑在心，公懼，召子韋而問焉，曰：「熒惑在心，何也？」子韋曰：「熒惑，天罰也，心，宋分野，禍且當君，雖然，可移於宰相。」公曰：「宰相，所使治國家也，而移死焉，不祥。」子韋曰：「可移於民。」公曰：「民死，寡人誰為君乎？寧獨死耳。」子韋曰：「可移於歲。」公曰：「歲，民之命，歲饑，民必死矣，為人君，而欲殺其民以自活也，其誰以我為君者乎，是寡人之命，固已盡矣，子韋無復言矣。」子韋還走，北面再拜，曰：「敢賀君，天之處高而聽卑，君有君人之言三，天必三賞君，今夕星必徙三舍，君延年二十一歲。」公曰：「子奚以知之？」

對曰：「君有君人之言三，故有三賞，星必三徙舍，星行七里，三七二十一，故君延年二十一歲，臣請伏於陛下以伺之，星不徙，臣請死之。」公曰：「可。」是夕也，星果三徙舍，故老子曰：「能受國之不祥，是謂天下王。」

在此則史事中，《淮南子》藉著宋景公不願移禍於臣民，星果三徙舍之事，以印證老子所謂「受國之不祥，是謂天下王」的原理。

從以上幾則史事的印證中，可以見出，這種以事證理的方式，最重要的，是說明了「道」不僅僅是產生萬物的原動力，不僅僅是抽象地虛存於萬物之中，「道」也是一切事物發展的指導原理，在人情事況之中，這種原理，隨時可以應用，隨時可以作為指示行事的軌則，《淮南子・繆稱訓》說：「道者，萬物之所道也。」正是說明「道」在指引萬事萬物發展方面的功能，《淮南子・原道訓》說：「大道坦坦，去身不遠，求之近者，往而復返，迫則能應，感則能動。」也是說明了「道」不遠人，「去身不遠」，能夠作為人們行事的準則，《淮南子・覽冥訓》說：「夫道者，無私就也，無私去也，能者有餘，拙者不足，順之則利，逆之則凶。」也是說明凡人行事，能夠順應大道，則能無往不利，反之，違反大道，則將遭受凶咎的意義。

總之，大道不離人事，「道」在宇宙之中，不僅是抽象虛冥的原理，其原理也能實際地見諸行事，應用在人情事況之中，而產生實質的效果。

四、結語

根據《漢書．淮南王傳》記載，淮南王劉安是漢高祖少子劉長之子，漢高祖八年（西元前一九九年）時，高祖領兵徵討韓王信，經過趙國，趙王張敖獻美人，得幸而有身孕，稍後，趙王之相貫高，意欲謀反，事覺，遂盡捕趙王家族，而所獻美人，也在被捕之列，美人因獄吏稟告高祖，已有身孕，而高祖時方恚怒趙王謀反之事，未及加以理會。美人之弟趙兼，因托辟陽侯審食其轉報呂后，而呂后也因嫉妒美人，不肯代為轉報高祖，辟陽侯也並未多加爭取，美人已生劉長，恚恨自殺，高祖聞之，十分後悔，乃令呂后照養劉長。

高祖十一年（西元前一九六年），淮南王黥布謀反，高祖率兵擊滅黥布之後，便立劉長為淮南王，劉長因呂后的照顧，得以長大，然心中常懷恨辟陽侯。

文帝即位以後，劉長自以為與文帝親屬兄弟，「驕蹇，數不奉法」，常稱文帝為「大兄」，「入朝，甚橫」，劉長有材力，力能扛鼎，後往見辟陽侯，出袖中金椎，椎殺辟陽侯，而往闕下謝罪，文帝心傷其志，加以赦免，劉長「以此歸國，益恣，不用漢法，出入警蹕，稱制，自作法令，數上書不孫順」，文帝六年（西元前一七四年），遂誣劉長以謀反之罪，廢而徙蜀，劉長乃絕食而死。

劉長死後，文帝封劉長之子四人，劉安、劉勃、劉賜、劉良，皆為列侯，文帝十六年（西元前一六四年），又封劉安為淮南王。

景帝三年（西元前一五四年）時，吳楚等七國謀反，吳使者至淮南，劉安曾欲發兵響應，以事不果。

淮南王劉安，「為人好書，鼓琴，不喜弋獵狗馬馳，亦欲以行陰德，拊循百姓，流名譽，招致賓客方術之士數千人，作為《內書》二十一篇，《外書》甚眾，又有《中篇》八卷，言神仙黃白之術，亦二十餘萬言。時武帝方好藝文，以安屬為諸父，辯博善為文辭，甚尊重之」。

劉安初入朝時，武安侯田蚡迎於霸上，與語說：「方今上無太子，王，親高皇帝孫，行仁義，天下莫不聞，宮中一日晏駕，非王尚誰立者。」淮南王因之大喜，「愈益治攻戰具，積金錢賂遺郡國」，以待有變。

淮南王太子劉遷，喜學劍，強與郎中雷被戲，被誤中太子，太子怒，雷被恐，亡走長安，願從軍奮擊匈奴，上書自明，事下廷尉，欲逮淮南太子，劉安與后共計，欲毋遣太子，「遂發兵」，「漢公卿請逮捕治王，王恐，欲發兵」，公卿益議淮南王罪，帝皆不許，遂削二封縣，以儆之，淮南王自以行仁義而見削地，甚以為恥，「為反謀益甚」，「日夜與左吳等按輿地圖，部署兵所從入」，以為「上無太子，宮車即晏駕」，「吾可以無備乎」，「於是王銳欲發，乃令宮奴入宮中，作皇帝璽，丞相、御史大夫，將軍、吏中二千石、都官令、丞印，及旁郡太守、都尉印，漢使節法冠」，後為伍被告發，遂於武帝元狩元年（西元前一二二年），以謀反之罪，與列侯、豪傑數千人，皆以罪輕重受誅，淮南王劉安，自殺而死。

由於淮南王劉安在身世的際遇上、心理的影響上，都充滿著不平之意，對於朝廷的措施，也不時流露出深重的危機之感，因此，當他召集門下賓客，纂輯《淮南子》之時，不僅希望在書中留存著治國的理想，也顯示出迫切實用的意圖，因此，《淮南子》雖然是雜家之書，「兼儒、墨，合名、法」，「其旨近於老子」，但是，在「綱紀道德」，闡釋宇宙中最高原理之餘，也不忘記「經緯人事」，以求切近事情，能夠取得實用的效果。

因此，在《淮南子》中，除了對「道」的形上意義，作出了許多詳密的闡釋之外，對於「道」落實在形下的應用方面，也多方加以引證史事，比況事類，以求取得實質上應用的效果。本文之作，嘗試從《淮南子》這兩方面的意義，加以闡發，以求能夠彰顯出書中的要旨。

（此文原刊載於國立中興大學《文史學報》二十七期，民國八十六年十月出版）

伍、《淮南子·主術訓》中儒道法三家思想之合流與互補

一、引言

《淮南子》為漢代淮南王劉安（西元前一七九年—一二二年）集門下客所撰成。《漢書·藝文志》於雜家列《淮南》內二十一篇，《淮南》外三十三篇，顏師古注云：「內篇論道，外篇雜說。」《漢書·淮南王傳》云：「（淮南王安）招致賓客方術之士數千人，作為《內書》二十一篇，《外書》甚眾，又有《中篇》八卷，言神仙黃白之術，亦二十餘萬言。」❶高誘

❶ 班固：《漢書》，臺北，鼎文書局影印新校本，民國八十年。

《淮南鴻烈解・敘》云：「於是遂與蘇飛、李尚、左吳、雷被、毛被、伍被、晉昌等八人及諸儒大山、小山之徒，共講論道德，總統仁義，而著此書。其旨近《老子》，淡泊無為，蹈虛守靜，出入經道。言其大也，則燾天載地，說其細也，則淪於無垠，及古今治亂存亡禍福，世間詭異瓌奇之事。其義也著，其文也富，物事之類，無所不載，然其大較，歸之於道，號曰《鴻烈》，鴻，大也，烈，明也，以為大明道之言也。」❷高氏之言，對於《淮南子》一書之要旨，闡釋頗為詳明。

《淮南子・要略》云：「〈主術〉者，君人之事也，所以因任督責，使群臣各盡其能也。明攝權操柄，以制群下，提名責實，考之參伍，所以使人主秉數持要，不妄喜怒也。其數直施而正邪，外私而立公，使百官條通而輻湊，各務其業，人致其功，此主術之明也。」❸也已將〈主術訓〉一篇之重點，大略說明。

今考〈主術訓〉中，發揮儒道法三家政治思想之精蘊者，為數頗多，推論其原因，當是漢帝國統一之後，鑑於秦王朝滅亡之原因，又深感先秦諸子政治學說內涵之豐富，故擷取諸家君道之優點，從而會通，以求互濟其理，俾用於治國，以求國泰民安，國祚綿延，故〈主術訓〉中，實兼涵儒道法三家政治思想的精華。

二、先秦時代儒道法三家之政治思想

先秦儒家思想，以孔子為代表，孔子的思想，以「仁」為中心，發展出一套道德倫理的學說，其中的德目，以孝弟、忠恕、禮樂、信義為最重要，作為人生行為的準則。

在儒家的政治思想中，則以「老者安之，朋友信之，少者懷之」（《論語・公治長》）為最高的理想，以「己欲立而立人，己欲達而達人」（《論語・雍也》）為追求的目標。在施政方面，孔子強調「德治」，所謂「為政以德，譬如北辰，居其所而眾星拱之」（《論語・為政》），所謂「政者正也，子帥以正，孰敢不正？」（《論語・顏淵》），所謂「道之以德，齊治以禮，有恥且格」（《論語・為政》）。同時，也強調「正名」，所謂「君君臣臣，父父子子」（《論語・顏淵》），所謂「名不正則言不順，言不順則事不成，事不成則刑罰不中，刑罰不中則民無所措手足」（《論語・子路》）。而在政治理想方面，則推崇堯舜禹湯文武周公為代表人物，為理想的政治境域。

---

❷ 張雙棣：《淮南子校釋》，北京大學出版社，一九九七年，下引並同。

❸ 同注❷。

先秦道家思想，以老子為代表，老子的思想，以「道」為中心，上推至宇宙的產生，人生的順應，而發展出一套「清虛以自守，卑弱以自恃」（《史記・老子列傳》）的虛靜哲學，作為人們遵循效法的準則。

在道家的政治思想中，則以「太上，不知有之」（《老子》十七章）為最高的理想，以「小國寡民」，「甘其食，美其服，安其居，樂其俗，鄰國相望，雞犬之聲相聞，民至老死不相往來」（《老子》八十章）為追求的目標。在施政方面，老子強調清靜無為，主張「為道日損，損之又損，以至於無為，無為而無不為」（《老子》四十八章），主張「我無為而民自化，我好靜而民自正，我無事而民自富，我無欲而民自樸」（《老子》五十七章），強調「聖人無常心，以百姓心為心」（《老子》四十九章），以百姓的幸福為依歸，而自身卻不願居有其功，所以他說，「生而不有，為而不恃，長而不宰」（《老子》五十一章），又說，「功成，事遂，百姓皆謂我自然」（《老子》十七章）。

先秦法家思想，以韓非子為能集其大成，在韓非之前，其較重要者，有商鞅之「尚法」，申不害之「尚術」，慎到之「尚勢」，（《漢書・藝文志》以《管子》著錄於道家，而不在法家之中）至於韓非，遂得集法術勢之大成，而成為法家之代表。

在法家的政治思想中，實兼具法術勢之運用，在「法」與「術」的方面，《韓非子・定法》說：「今申不害言術，而公孫鞅為法。術者，因任而授官，循名而責實，操殺生之柄，課群臣之能者也，此人主之所執也。法者，憲令著於官府，刑罰必於民心，賞存乎慎法，而罰加乎姦令者也，此臣之所師也。君無術則弊於上，臣無法則亂於下，此不可一無，皆帝王之具也。」❹則是指明君王治國，必當法術並用，缺一不可。至於在「勢」的方面，《韓非子·功名》說：「夫有材而無勢，雖賢，不能制不肖，故立尺材於高山之上，則臨千仞之谿，材非長也，位高也。桀為天子，能制天下，非賢也，勢重也；堯為匹夫，不能正三家，非不肖也，位卑也。千鈞得船則浮，錙銖失船則沉，非千鈞輕錙銖重也，有勢之與無勢也。」同時，韓非子也格外注重君王所擁有的權柄，《韓非子·二柄》說：「明主之所道制其臣者，二柄而已矣，二柄者，刑德也，何謂刑德？曰，殺戮之謂刑，慶賞之謂德，為人臣者，畏誅罰而利慶賞，故人主自用其刑德，則群臣畏其威而歸其利矣。」法家的政治思想，主要離不開這些重點的運用。

《漢書·藝文志》於「雜家類」〈小序〉說：「兼儒墨，合名法，知國體之有此，見王治之無不貫。」所以，《淮南子·主術訓》在討論「君人之事」時，自然兼取了各家之長，

---

❹ 陳奇猷：《韓非子集釋》，臺北，世界書局，民國五十二年，下引並同。

綜合儒道法的「君道」優點，而作出截長補短的應用之途。

三、〈主術訓〉中儒家「君道」之特色

《淮南子・主術訓》中蘊涵了不少儒家的「君道」思想，例如〈主術道〉曰：

人主貴正而尚忠，忠正在上位，執正營事，則讒佞奸邪無由進矣。

在為君之道方面，《淮南子》首先提出一個「正」字，這仍然是儒家思想「政者正也，子帥以正，孰敢不正」（《論語・顏淵》），「其身正，不令而行，其身不正，雖令不從」（《論語・子路》）的觀點，強調君王的道德行為，以作臣民百姓的表率，為其要務，〈主術訓〉又曰：

使人主執正持平，如從繩準高下，則群臣以邪來者，猶以卵投石，以火投水。故靈王好細腰，而民有殺食自飢也，越王好勇，而民皆處危爭死也。

由於人君的道德行為能執「正」而持其「平」，臣民百姓才能在行為處事上，有所準繩，有所遵循，然後使奸邪之臣，不敢輕舉妄作，而君王也得以擇選良臣，為國圖治。〈主術訓〉曰：

> 故人主誠正，則直士任事，而奸人伏匿矣；人主不正，則邪人得志，忠者隱蔽矣。

又曰：

> 是故聖人得志而在上位，讒佞奸邪而欲犯主者，譬猶雀之見鸇，而鼠之遇狸也，亦必無餘命矣。是故人主之一舉也，不可不慎也。所任者得其人，則國家治，上下和，群臣親，百姓附。所任非其人，則國家危，上下乖，群臣怨，百姓亂。故一舉而不當，終身傷，得失之道，權要在主。

君主由於己身行為道德能持守其「正」，然後，才能舉用賢才，蔚為國用，使國家向化，上下和諧，反之，如果君主在上，其身不正，而使奸佞之臣，得窺伺其隙，以遂其私，則朝廷所任非人，必致使上下乖離，百姓怨亂，故朝政得失之關鍵，實繫於君主之能否執守其「正」而已。〈主術訓〉曰：

> 人主之居也，如日月之明也，天下之所同側目而視，側耳而聽，延頸舉踵而望也。是故非澹薄無以明德，非寧靜無以致遠，非寬大無以兼覆，非慈厚無以懷眾，非平正無以制斷。

人君在上，除了己身行為得「正」之外，在內心方面，也特別注重「寧靜」、「淡薄」的修養，「寬大」、「慈厚」的胸懷，才能關切民瘼、痌瘝在抱，急民之所急，苦民之所苦，而如日月之明，不受奸佞之蒙亂。〈主術訓〉又曰：

> 人主者，以天下之目視，以天下之耳聽，以天下之智慮，以天下之力爭，是故號令能下究，而臣情得上聞，百官修通，群臣輻湊。喜不以賞賜，怒不以罪誅，是故威嚴立而不廢，聰明先而不蔽，法令察而不苛，耳目達而不闇，善否之情，日陳於前而無所逆。是故賢者盡其智，而不肖者竭其力，德澤兼覆而不偏，群臣勸務而不怠，近者安

其性，遠者懷其德，所以然者何也？得用人之道，而不任己之才者也。

君王一人，居高在上，必須廣聽博視，以天下百姓之眼為己所視，以天下百姓之耳為己所聽，方能明察秋毫，分辨賢否，方能集中天下才智之力，造福民眾，而任才得盡其能。〈主術訓〉又曰：

> 古者天子聽朝，公卿正諫，博士誦詩，瞽箴師誦，庶人傳語，史書其過，宰徹其膳，猶以為未足也。故堯置敢諫之鼓，舜立誹謗之木，湯有司直之人，武王立戒慎之鞀，過若毫厘，而既已備之也。夫聖人之於善也，無小而不舉，其於過也，無微而不改。堯舜禹湯文武王，皆坦然天下而南面焉。

《淮南子》認為，人君除卻任用賢能，更應廣納諫言，以開拓自己的視聽，以減少自己犯錯的機會。〈主術訓〉又曰：

> 食者民之本也，民者國之本也，國者君之本也。是故人君者，上因天時，下盡地財，

中用人力，是以群生遂長，五穀蕃殖，教民養育六畜，以時種樹；務修田疇，滋植桑麻，肥墝高下，各因其宜；丘陵阪險不生五穀者，以樹竹木。春伐枯槁，夏取果蓏，秋畜疏食，冬伐薪蒸，以為民資。是故生無乏用，死無轉尸。

國家以人民為根本，君王在上，發號施令，必也使百姓生活富足，衣食無虞，才能號令必行，人民信服，因此，「足食足兵，民信之矣」（《論語・顏淵》），確實是君王理應關注的焦點。〈主術訓〉曰：

故古之君人者，其慘怛於民也，國有飢者，食不重味，民有寒者，而冬不披裘，歲登民豐，乃始懸鐘鼓，陳干戚，君臣上下，同心而樂之，國無哀人。

又曰：

夫天地之大，計三年耕而餘一年之食，率九年而有三年之畜，十八年而有六年之積，二十七年而有九年之儲。雖涔旱災害之殃，民莫困窮流亡也。故國無九年之畜，謂之

> 不足，無六年之積，謂之閔急，無三年之畜，謂之窮乏。故有仁君明王，其取下有節，自養有度，則得承受於天地，而不離飢寒之患矣。

故明君在上，必須使國家備有諸糧，民眾生活富足，不虞饑寒交迫之患，才能號令必行，貫澈君王領導的方針，而君王本身，也應力行儉約，戒絕浮華，方能使百姓信服。〈主術訓〉又曰：

> 堯之有天下也，非貪萬民之富，而安人主之位也，以為百姓力征，強凌弱，眾暴寡。於是堯乃身服節儉之行，而明相愛之仁，以和輯之。是故茅茨不翦，采椽不斲，大路不畫，越席不緣，大羹不和，粢食不毀，巡狩行教，勤勞天下，周流五嶽，豈其奉養不足樂哉？舉天下而以為社稷，非有利焉。

只有為君者，自身奉行儉樸，作為萬民的榜樣，才能使人民信從，心中無所怨懟，所以，〈主術訓〉也特別強調，「君人之道，處靜以修身，儉約以率下，靜則下不擾矣，儉則民不怨矣」，儉約寧靜，以此自守，確實也是儒家「君道」的根本原則。

四、〈主術訓〉中道家「君道」之特色

《淮南子・主術訓》中也蘊涵了不少道家的「君道」思想，例如〈主術訓〉曰：

> 人主之術，處無為之事，而行不言之教，清靜而不動，一度而不搖，因循而任下，責成而不勞。是故心知規而師傅諭導，口能言而行人稱辭，足能行而相者先導，耳能聽而執正進諫，是故慮無失策，謀無過事，言為文章，行為儀表於天下。進退應時，動靜循理，不為醜美好憎，不為賞罰喜怒。名各自名，類各自類，事猶自然，莫出於己。故古之王者，冕而前旒，所以蔽明也；黈纊塞耳，所以掩聰；天子外屏，所以自障。故所理者遠，則所在者邇，所治者大，則所守者小。夫目妄視則淫，耳妄聽則惑，口妄言則亂。夫三關者，不可不慎守也。

《淮南子》認為，人主統理天下，為君之道，其首要者，在於「處無為之事，行不言之教」，以「無為」的態度，清虛寧靜的心情，去處理國政，自己儘量隱身幕後，而使臣下代任其勞，因此，君王心雖善知，而卻使大臣代任宣達之責，口雖善言，卻使大臣代任陳辭之

事，以至於其他各種行動事為，皆使大臣分別擔任，而君王才能寧靜自持，順應自然，掌握國事的重心，而不為瑣屑雜事所分散精神，而使國政自然推行，這與《老子》十七章所說的「太上，不知有之」，以至於「功成，事遂，百姓皆謂我自然」的境域，是道理相同的，所以，也才主張，為人君者，應該要垂旒人、塞耳、掩聽，以維持心中的安寧靜謐。〈主術訓〉又曰：

> 而君人者，不下廟堂之上，而知四海之外者，因物以識物，因人以知人也，故積力之所舉，則無不勝也，眾智之所為，則無不成也。

又曰：

> 是故不出戶而知天下，不窺牖而知天道，乘眾人之智，則天下之不足有也，專用其心，則獨身不能保也，是故人主覆之以德，不行其智，而因萬人之所利。

《淮南子》主張，為人君者，應善假他人之力，以為己力，善用他人之智，以為己智，方能以簡馭繁，清靜自然，就像《老子》四十七章所說的，「不出戶，知天下，不窺牖，見天道」，六十八章所說的，「善用人者為之下」，「是謂用人之力，是謂配天之極」，道理相同。〈主術訓〉曰：

夫人主之聽治也，虛心而弱志，清明而不闇。是故群臣輻湊並進，無愚智賢不肖，莫不盡其能者，則君得所以制臣，臣得所以事君，治國之道明矣。

《淮南子》以為，人君治國，應該虛心寧靜，內心清明，方能善用群臣之力，使群臣各司其事，多途並進，使國家大治。〈主術訓〉又曰：

主道員者，運轉而無端，化育如神，虛無因循，常後而不先也。臣道方者，運轉而無方，論是而處當，為事先倡，守職分明，以立成功也。是故君臣異道則治，同道則亂。各得其宜，處其當，則上下有以相使也。

君臣為治，其道不同，以方圓為喻，君道似圓，運轉無端，周而復始，化民如神，而臣道似方，言論必需正確無誤，行事必然措施妥貼，分工雖異，功成則同，這與《老子》四十八章所說，「為學日益，為道日損，損之又損，以至於無為，無為而無不為」，道理十分相同，皆主張君王無為，臣下有為，故分別從事，而有方圓、損益之不同。

在行政措方面，〈主術訓〉記載：

> 蘧伯玉為相，子貢往觀之，曰：「何以治國？」曰：「以弗治治之。」

「以弗治治之」，正是道家所主張的「無為之治」，以清虛無為、寧靜自然的方針去導正國政。〈主術訓〉又曰：

> 無為者，道之宗，故得道之宗，應物無窮。任人之才，難以至治。湯武，聖主也，而不能與越人乘幹舟而浮於江湖。伊尹，賢相也，而不能與胡人騎騵馬而服騊駼。孔墨博通，而不能與山居者入榛薄險阻也。由此觀之，則人知之物也淺矣，而欲以遍照海內，存萬方，不因道之數，而專己之能，則其窮不達矣。故智不足以治天下也。

《淮南子》強調，「無為」是「道」的根本，而「道」卻是宇宙萬物行事的準則，由於人之才智，各有偏勝，即使聖人如湯武，賢才如伊尹，博學如孔子墨翟，在施用上也各有限制，因此，君王為治，只有把握大道，慎守律則，才能無所不治，無所不理。所以，道家為政，力主清虛自守，而不以苛察繳擾為務。〈主術訓〉曰：

> 是以上多故則下多詐，上多事則下多態，上煩擾則下不定，上多求則下交爭，不直之於本，而事之於末，譬猶揚堁而弭塵，抱薪以救火也。故聖人事省而易治，求寡而易澹，不施而仁，不言而信，不求而得，不為而成，塊然保真，抱德推誠，天下從之，如響之應聲，景之像形，其所修者本也。刑罰不足以移風，殺戮不足以禁奸，唯神化為貴，至精為神。

道家主張，國君行政，必需清靜無為，以不擾民為要，《老子》五十八章所說，「其政悶悶，其民醇醇，其政察察，其民缺缺」，以及六十五章所說，「故以智治國，國之賊，不以智治國，國之福」，道理相同，故五十七章借聖人之口吻說，「我無為而民自化，我好靜而民自正，我無事而民自富，我無欲而民自樸」，所以，省刑去罰，寧靜自然，才是道家為政的理想境界。

五、〈主術訓〉中法家「君道」之特色

《淮南子・主術訓》中也蘊涵了不少法家的「君道」思想，例如〈主術訓〉曰：

> 法者，天下之度量，而人主之準繩也。縣法者，法不法也；設賞者，賞當賞也。法定之後，中程者賞，缺繩者誅。尊貴者不輕其罰，而卑賤者不重其刑。犯法者雖賢必誅，中度者雖不肖必無罪，是故公道通而私道塞矣。

《淮南子》以為，法律是君王治理天下的準繩及尺度，法律訂定之後，合於法律者加以賞賜，違背法律者予以刑戮，法律規章，既定之後，貴賤之人，共同遵守，法律也不因地位高貴者犯罪而故意輕予懲罰，也不因地位低賤者違規而故意加重其刑責，因此，罰有過而賞有功，乃成為君主治理天下的重要依據。〈主術訓〉又曰：

法生於義，義生於眾適，眾適合於人心，此治之要也。

又曰：

法者非天墮，非地生，發於人間，而反以自正。是故有諸己不非諸人，無諸己不求諸人。所立於下者，不廢於上；所禁於民者，不行於身。

《淮南子》指出，法律的出現，是依據道義而產生，合於道義的事，又必然經過適於人心人情的鍛鍊，這與法律緣於道理，道理生於人情，所謂「情理法」的合一，有著極度的相似，同時，《淮南子》又指出，法律出之人間，故人君立法，也當以法律自反，依法律而行於正道，先有諸己，然後才要求民眾百姓，一體遵行，所以〈主術訓〉才說：「是故人主之立法，先自為檢式儀表，故令行於天下。」又說：「故法律度量者，人主之所以執下，釋之而不用，是猶無轡而馳也，群臣百姓，反弄其上。」所以，「法」在君王的治國方術中，佔據了極為重要的地位。

至於在君王執行法律之時，則強調無論大臣與百姓，都必需嚴格遵守，平等看待，不能有所出入，在群臣方面，〈主術訓〉曰：

> 言事者必究於法，而為行者必治於官，上操其名，以責其實，臣守其業，以效其功，言不得過其實，行不得逾其法，群臣輻湊，莫敢專君。事不在法律中，而可以便國佐治，必參五行之，陰考以觀其歸，並用周聽，以察其化。不偏一曲，不黨一事，是以中立而遍，運照海內。群臣公正，莫敢為邪，百官述職，務致其公跡也。主精明於上，官勸力於下，奸邪滅跡，庶功日進。

《淮南子》以為，大臣行政，必以法律為依歸，在上之君主，然任既命官員，必需循其爵名，要求履行其實，群臣也必需各守其職，以效其功，如此，上下君臣，皆以法律為治國立政之準繩，即使有法律涵蓋不及之處，也宜多方參考比較，然後尋覓可行之道，如此，君王立於中正不偏之地，凡事皆以法律為斷，群臣自然守法循規，不敢為非，如此，上下同力，而國必大治，反之，不循法規，必然國有亂政，加速危亡，對此，〈主術訓〉曰：

> 亂國則不然，有眾咸譽者，無功而賞；守職者，無罪而誅。主上闇而不明，群臣黨而

不忠，說談者游於辯，修行者競於仕。主上出令，則非之以與；法令所禁，則犯之以邪。為治者務於巧詐，為勇者務於鬥爭。大臣專權，下吏持勢，朋黨比周，以弄其上。國雖若存，古之人曰亡矣。

《淮南子》提出，如果君王不重法律，行事失卻準則，無功者妄賞，無罪者妄誅，君王不能分辨群臣之賢愚，大臣結黨營私，蔑視國君之政令，專權恃勢，則國家危亡，君王喪權失政，可以立待。

除了注重法律規章之外，〈主術訓〉中，也特別強調君臣之關係，以及君王駕馭群臣之道，〈主術訓〉曰：

夫臣主之相與也，非有父子之厚、骨肉之親也，而竭力殊死，不辭其軀者何也？勢有使之然也。

又曰：

> 君臣之施者，相報之勢也。是故臣盡力死節以與君，君計功垂爵以與臣。是故君不能賞無功之臣，臣亦不能死無德之君。君德不下流於民，而欲用之，如鞭蹄馬矣，是猶不待雨而求熟稼，必不可之數也。

君王與大臣，本來並無骨肉之親，君王與大臣的關係，完全建立在「勢」的情形上，爵祿權位，造成一種「勢」的情形，吸引大臣為之投效，為之盡心盡忠，因此，君王與大臣的關係，實際上，只是一種相互報答的情形，各取所需，各盡所能，所以，「人主」在位，如果失去「權柄」之勢，自然無法要求群臣的回報，〈主術訓〉曰：

> 權勢者，人主之車輿；爵祿者，人臣之轡銜也。是故人主處權勢之要，而持爵祿之柄，審緩急之度，而適取予之節，是以天下盡力而不倦。

又曰：

> 聖主之治也，其猶造父之御，齊輯之於轡銜之際，而急緩之於唇吻之和，正度於胸臆

之中，而執節於掌握之間，內得於心中，外合於馬志，是故能進退履繩，而旋曲中規，取道致遠，而氣力有餘，誠得其術也。是故權勢者，人主之車輿也；大臣者，人主之駟馬也。體離車輿之安，而手失駟馬之心，而能不危者，古今未有也。

賞與罰，是君王持以範圍臣下的「二柄」，擁有「二柄」，才構成君王駕馭群臣的「權勢」與「方術」，故《淮南子》一再地以造父之善馭，與良馬之善馳，作為君臣之間的譬喻關係，所以，〈主術訓〉中，也特別強調，「是故有術則制人，無術則制於人」，人主對於賞罰權勢，豈能不加以措心？

六、〈主術訓〉中儒道法三家思想之互補

先秦時期，諸子之學，百家爭鳴，百花齊放，《漢書・藝文志》於〈諸子略〉曰：「諸子十家，其可觀者，九家而已，皆起於王道既微，諸侯力政，時君世主，好惡殊方，是以九家之術，蠭出並作，各引一端，崇其所善，以此馳說，取合諸侯，其言雖殊，辟猶水火，相滅亦相生也，仁之與義，敬之與和，相反而皆相成也。」又曰：「使其人遭明王聖主，得其

所折中，皆股肱之材已。」又於「雜家類」曰：「雜家者流，蓋出於議官，兼儒、墨，合名法，知國體之有此，見王治之無不貫，此其所長也。」❺所論先秦諸子九流十家，皆可相互並濟，用為治術，其言極為通達，而雜家所長，尤貴於兼綜取材，蔚為國用。

西元前二四六年，秦始皇統一六國，重用李斯，採法家治術，強調尊君與集權，以成一代之暴政。

西元前二〇六年，漢高祖入關中，登帝位，約法三章，以治天下，而秦之苛法，也繼續施用。

惠帝呂后之後，文帝景帝在位，（西元前一七九年至一四二年）崇尚黃老，與民休息，道家之學清靜無為，為時近四十年。

武帝（西元前一四〇年至八十七年）繼立，武功特盛，雖罷黜百家，獨尊儒術，而其他諸子各家之長，也未嘗棄絕。

淮南王劉安，於武帝建元二年，（西元前一四一年），獻上《淮南子》一書，以為武帝致治之用，其於〈主術訓〉一篇之中，實兼取儒道法三家之長，而棄其所短，尤為「君道」秉

---

❺ 同注❶。

政之要。

儒家之「君道」思想，所長在強調人君之道德人格，以崇尚「德治」為主，故期待聖君賢相之出現，以共臻於至治之境，而以堯舜為理想之君王。至其所短，在偏重「人治」，苟無聖君賢相，則理想之政治，不易推行。

道家之「君道」思想，所長在強調人君之清靜無為，功成不居，而使萬物自化，其民淳樸自然。至其所短，在偏向消極，苟遇暴虐之世，亂賊橫行，則勢必束手無法以對。

法家之「君道」思想，所長在嚴刑峻法，令出必行，循名責實，效率迅捷。至其所短，在罔顧人情，慘覈寡恩，以至入於酷虐之途。

在《淮南子・主術訓》中，既已綜取儒道法三家之長，會合其流，至於在「君道」互補方面，則以儒家之「德治」、「正己」，道家之「寬柔」、「寧靜」，補法家之「苛察繳擾」，權勢策謀」。以法家之「刑賞必究」，補道家之「清虛」、「無為」，補儒家之「人治」、「任賢」。綜舉其要，大略如此，細加分析，則不能盡數。

要之，儒道法三家之「君道」思想，其在先秦，分之為三，各守其藩籬，互不為謀，而在〈主術訓〉中，會合其流，以求相互彌補，俾得截長去短，以求有裨於國政，有用於「君道」，此則〈主術訓〉一篇撰著之用意，當可斷言。

七、結語

先秦諸子，學說思想，各引一端，各具所長，故百家爭鳴，百花齊放，不相統攝，也不免各有缺失存在。

秦祚短暫，漢代統一天下之後，所形成之大漢帝國，其國家形態，學說思想，與先秦之自由論述，各自發揮者，又全然不同。因此，在治國君民方面，人君所採取之策略，自然也與先秦時代之規模氣度，不必相同。

儒道法三家之原始思想，各自皆有其一定之價值，然而，時移世異，三家之「主術」，也不易獨自踐行其理想，大漢帝國之思想家，則綜取三家「君道」之所長，以形成一「合流」與「互補」之方向，其所得之理論，不僅在漢代可以實踐於當時，其在後世，也足以影響於歷代君王行政之方針者甚巨，對於治國君民之「方略」，也必然形成一不可或缺之理想之「君道」，而為後世君王所參酌所遵循，此則為《淮南子・主術訓》一篇之貢獻所在，也為劉安之貢獻所在。

陸、太史公筆下所見周公孔子與六經之關係

一、引言

在中國傳統的歷史上，周公（西元前一一八〇至一〇二八）及孔子（西元前五五一至四七九），都是聖賢型態的人物，但是，在經學發展的過程中，由於今古文經學的差異，周公及孔子，在與六經的關係上，便也各自顯現出不同的形貌。

在古文經學家的看法中，周公是集大成的聖人，六藝都是周公致太平的政典，而孔子只是述而不作的賢者。❶在今文經學家的觀點中，孔子是受命的素王，六經都是經過孔子的刪

❶ 例如章學誠：《文史通義．內篇．經解下》（臺北，漢聲出版社，一九六二年，頁三一）云：「六藝皆周公之政典，故立為經。」《文史通義，內篇．原道上》云：「周公集群聖之大成。」（同上，頁三四）

削手訂，而周公只是制禮作樂的政治家。❷

一般討論周公與六經之關係，最重要的文獻是《尚書》及《詩經》，討論孔子與六經之關係，最重要的文獻是《論語》和《春秋》。

司馬遷博覽群書，網羅載籍，在《史記》之中，討論周公孔子二人涉及六經的關係時，不但引述過《尚書》、《詩經》、《論語》、《春秋》等文獻，也更廣泛地蒐集了其他相關的資料❸，作出比較全面的敘述，因此，在司馬遷的筆下，周公及孔子，各自與六經，到底有著怎樣的關係，似乎也可作出比較形式的探索。

司馬遷雖然是董仲舒的弟子，董仲舒又是今文經學的大師，司馬遷對於經學的觀點，自然不免會傾向於今文經學家的看法，但是，在《史記》中，尤其是在對於《尚書》的引述中，司馬遷卻保存了許多古文經學家的看法❹。要之，司馬遷對於今古文經學，大體而言，仍採取了比較持平的態度。

司馬遷是重要的史學家，《史記》更是第一部「正史」，因此，以《史記》的記述作為平臺，去考察周公及孔子各自與六經的關係，應該也是一種可行的途徑。

以下，即專就《史記》書中，所引述的周公孔子各自與六經的關係，作出印證，以見異同；但是，《史記》中記述周公與六經關係的資料較少，故本文乃儘量予以蒐尋引述，《史記》中記述孔子與六經關係的資料似乎較多，故本文乃擇要加以引述，俾對周孔二人之與六經的關係，作一比較。

二、周公與六經之關係

在《史記》之中，記述周公與六經之關係，份量最多的要數《尚書》，其次則是《詩經》，至於其他幾部經書，似乎關係較少。以下，即分別加以討論：

㈠周公與《尚書》之關係

❷ 例如皮錫瑞：《經學歷史．經學開闢時代》云：「經學開闢時代，斷自孔子刪定六經為始，孔子以前，不得有經。」（臺北，河洛圖書出版社，一九七四年，頁一九）

❸ 參賴明德：《司馬遷之學術思想》（臺北，洪氏出版社，一九八三年）第二章論及「司馬遷所讀過的書籍和文獻」。

❹ 參古國順：《史記述尚書研究》（臺北，文史哲出版社，一九八五年）第一章曾論及「史記與今古文尚書」。又參陳桐生：《史記與今古文經學》（陝西，人民教育出版社，一九九五年）第八章曾論及「史記今古文經說對後世的影響」。

《史記》中記述周公與《尚書》有關聯性的資料，為數甚多，例如《史記·周本紀》云：

> 成王少，周初定天下，周公恐諸侯畔周，公乃攝行政當國，管叔、蔡叔群弟疑周公，與武庚作亂，畔周，周公奉成王命，伐誅武庚、管叔，放蔡叔，以微子開代殷後，國於宋，……，三年而畢定，故初作〈大誥〉、次作〈微子之命〉、次〈歸禾〉，次〈嘉禾〉，次〈康誥〉、〈酒誥〉、〈梓材〉，其事在周公之篇。[5]

《尚書》傳本篇目，有今文《尚書》二十九篇，古文《尚書》十六篇（已佚），偽古文《尚書》二十五篇之異。今考《史記·周本紀》記述，周公所作之〈大誥〉、〈康誥〉、〈酒誥〉、〈梓材〉，皆見於今傳今文《尚書》之中，而〈微子之命〉，則見於偽古文之《尚書》之中，而〈歸禾〉、〈嘉禾〉，則見於今傳《書序》所記。《史記·周本紀》又云：

> 成王在豐，使召公復營洛邑，如武王之意，周公復卜申視，卒營築，居九鼎焉，曰：「此天下之中，四方入貢道里均。」作〈召誥〉、〈洛誥〉。成王既遷殷遺民，周公

> 以王命告，作〈多士〉、〈無佚〉。召公為保，周公為師，東伐淮夷，殘奄，遷其君薄姑，成王自奄歸，在宗周，作〈多方〉。既絀殷命，襲淮夷，歸在豐，作〈周官〉。

今考《史記・周本紀》記述周公所作之〈召誥〉、〈洛誥〉、〈無佚〉、〈多方〉，皆見於今傳之今文《尚書》之中，而〈周官〉則見於古文《尚書》之中。又如《史記・魯周公世家》云：

> 周公歸，恐成王壯，治有所淫佚，乃作〈多士〉，作〈毋逸〉。……以誡成王。成王在豐，天下已安，周之官政未次序，於是周公作〈周官〉，官別其宜。作〈立政〉，以便百姓，百姓說。❻

❺ 司馬遷：《史記》（臺北，河洛圖書出版社，一九七九年，下引並同），頁二九。

❻ 同注❺，頁九九七。

今考〈多士〉、〈毋逸〉、〈立政〉，與〈周官〉，分別見於今文《尚書》與古文《尚書》之中。《史記・衛康叔世家》云：

> 周公旦懼康叔齒少，乃申告康叔曰：「必求殷之賢人君子長者，問其先殷所以興，所以亡，而務愛民。」告以紂所以亡者，以淫於酒，酒之失，婦人是用，故紂之亂自此始。為〈梓材〉，示君子可法則，故謂之〈康誥〉、〈酒誥〉、〈梓材〉以命之，康叔之國，既以此命，能和集其民，民大說。❼

《史記・宋微子世家》云：

> 武王崩，成王少，周公旦代行政當國，管、蔡疑之，乃與武庚作亂，欲襲成王、周公，周公既承成王命，誅武庚，殺管叔，放蔡叔，乃命微子開代殷後，奉其先祀，作〈微子之命〉以申之，國于宋。❽

《史記・燕召公世家》云：

其在成王時，召公為三公，自陝以西，召公主之，自陝以東，周公主之。成王既幼，周公攝政，當國踐祚，召公疑之，作〈君奭〉，〈君奭〉，不說周公。周公乃稱，「湯時有伊尹，假于皇天；在太戊時，則有若伊陟、臣扈，假于上帝，巫咸治王家；在祖乙時，則有若巫賢；在武丁時，則有若甘般；率維茲有陳，保乂有殷。」於是召公乃說。❾

今考前引《史記》所述，〈梓材〉、〈康誥〉、〈酒誥〉、〈微子之命〉，多指為周公所作，至於〈君奭〉一篇，雖不謂為周公所作，但此篇開始，即引「周公若曰」之言，以勉召公，是其事也與周公有密切之關係。

要之，《史記》之中，引述今古文《尚書》之文頗多，正可佐證周公與《尚書》之關係，十分密切。

---

❼ 同注❺，頁一〇三七。

❽ 同注❺，頁一〇四七。

❾ 同注❺，頁一〇一三。

(二)周公與《詩經》之關係

《史記》中引述《詩經》資料，足以說明周公與《詩經》之關係者，為數不多，《史記・魯周公世家》云：

> 武王既崩，成王少，在強葆之中，周公恐天下聞武王崩而畔，周公乃踐阼，代成王攝行政當國，管叔及其群弟流言於國曰：「周公將不利於成王。」……管、蔡、武庚等果率淮夷而反，周公乃奉成王命，興師東伐，作〈大誥〉，遂誅管叔，殺武庚，放蔡叔，……東土以集，周公歸報成王，乃為詩貽王，命之曰〈鴟鴞〉，王亦未敢訓周公。

《史記》明指〈鴟鴞〉之詩，乃是周公所作，今〈鴟鴞〉詩見於《詩經・豳風》之中，〈詩序〉也云：「〈鴟鴞〉，周公救亂也，成王未知周公之志，公乃為詩以遺王，名之曰鴟鴞焉。」⑩與《史記》所述相同。

在《史記》之中，未指明《詩經》中之某詩，為周公所作，但是，在《詩經》之中，有些詩篇，卻明顯與周公有其關係，例如《詩經・豳風》中有數首詩篇，《詩序》皆以為所詠之事，與周公有關，例如《詩序》云：

《七月》，陳王業也。周公遭變，故陳后稷先公風化之所由，致王業之艱難也。⑪

〈鴟鴞〉，周公救亂也。成王未知周公之志，公乃為詩以遺王，名之曰鴟鴞焉。⑫

〈東山〉，周公東征也。周公東征，三年而歸，勞歸士，大夫美之，故作是詩也。⑬

〈破斧〉，美周公也。周大夫以惡四國焉。⑭

〈伐柯〉，美周公也。周大夫刺朝廷之不知也。⑮

〈狼跋〉，美周公也。周公攝政，遠則四國流言，近則王不知，周大夫美其不失聖也。⑯

⑩ 孔穎達：《毛詩注疏》（臺北，藝文印書館，一九九三年），頁二九二。

⑪ 同注⑩，頁二七六。

⑫ 同注⑩，頁二九二。

⑬ 同注⑩，頁二九四。

⑭ 同注⑩，頁三〇〇。

⑮ 同注⑩，頁三〇一。

⑯ 同注⑩，頁三〇三。

《詩序》雖然認為《豳風》中的這些詩篇，與周公有關，且就詩篇文字的內涵而言，也大致可以與周公之事，有所關涉，但是，本文之作，是以《史記》的記述為主，故於《詩序》解釋詩篇之說，暫不取為佐證。

(三)周公與禮樂之關係

《史記》中有關周公制禮作樂的記載，並不多見，《史記・周本紀》云：

> 成王在豐，使召公復營洛邑，如武王之意，周公復卜申視，卒營築，居九鼎焉，……興正禮樂，度制於是改，而民和睦，頌聲興。⑰

這是《史記》中少見的述及周公與禮樂關係之處，《史記・封禪書》云：

> 《周官》曰：「冬日至，祀天於南郊，迎長日之至，夏日至，祭地祇，皆用樂舞，而神乃可得而禮也。天子祭天下名山大川，五嶽視三公，四瀆視諸侯，諸侯祭其疆內名山大川。」……周公既相成王，郊祀后稷以配天，宗祀文王於明堂以配上帝。⑱

〈封禪書〉中所引述的這段文字，與偽古文《尚書》中的〈周官〉一篇，文字記述，並不相同，而與今傳《周禮》（亦稱《周官》）中《春官・大司樂》之文字內容，約略近似，文中言及「禮」、「樂」，又涉及周公，似可加以注意。《史記・六國年表》云：

> 《禮》曰：「天子祭天地，諸侯祭其域內名山大川。」今秦雜戎翟之俗，先暴戾，後仁義，位在藩臣而臚於郊祀，君子懼焉。⑲

比對《史記》中上述〈六國年表〉及〈封禪書〉兩段引文，則《周官》與《禮》，似乎都是近於「禮經」一類內容的書籍。但《周禮》是否即為周公所作，後世學者討論，也尚未有定論，而《史記・禮書》之內，則未見有記載周公「制禮」之事件。

至於「樂」的方面，《史記・樂書》云：

---

⑰ 同注⑤，頁二九。

⑱ 同注⑤，頁九二三。

⑲ 同注⑤，頁三八七。

凡作樂者，所以節樂，君子以謙退為禮，以損減為樂，樂其如此也，以為州異國殊，情習不同，故博采風俗，協比聲律，以補短移化，助流政教，天子躬於明堂臨觀，而萬民咸蕩滌邪穢，斟酌飽滿，以飾厥性，故云〈雅〉、〈頌〉之音理而民正，嘄嗷之聲興而士奮，鄭衛之曲動而心淫。⑳

又引孔子之言云：

夫〈武〉，始而北出，再成而滅商，三成而南，四成而南國是疆，五成而分陝，周公左，召公右，六成復綴，以崇天子。……散軍而郊射，左射〈貍首〉，右射〈騶虞〉，而貫革之射息也。

又引師乙之言云：

寬而靜，柔而正者，宜歌〈頌〉，廣大而靜，疏達而信者，宜歌〈大雅〉，恭儉而好禮者，宜歌〈小雅〉，正直清廉而謙者，宜歌〈風〉，肆直而慈愛者，宜歌〈商〉，溫良而能斷者，宜歌〈齊〉。⑳

《史記・樂書》中提到的，主要是樂教的問題，而〈風〉、〈雅〉、〈頌〉的詩類，〈武〉、〈貍首〉、〈騶虞〉的詩篇，卻都是配合音律而演奏的樂章，〈武〉篇，見於《詩經・周頌》，〈騶虞〉篇，見於《詩經・召南》，〈貍首〉篇，不見於《詩經》，為逸詩。在敘說〈武〉詩篇後，《史記・樂書》方略為述及了與周公的關係。

制禮作樂，為周公最為重要的貢獻，但是，在《史記》書中，卻極少見及此類的記載，不免使人詫異，在錢穆先生所譯、日人林泰輔所著的《周公》㉑一書之中，有專節討論到「禮樂的制作」，但是，該書所引述最重要的文獻，卻是《尚書大傳》所說的「周公攝政六年，制禮作樂」，而未曾見到《史記》有類似的敘述被徵引。至於《尚書大傳》，舊稱漢人伏勝所撰，據鄭玄所撰序文，乃伏勝之遺說，而由其弟子張生、歐陽生等所纂錄者，時間亦與司馬遷相近。

---

⑳ 同注❺，頁八四九。

㉑ 林泰輔著，錢穆譯：《周公》（臺北，商務印書館，一九六五年）。

四周公與《易經》之關係

《史記》在記述《易經》與周人的關係時，往往強調是文王與《易經》的關聯，例如《史記・周本紀》云：

西伯蓋即位五十年，其囚羑里，蓋益《易》之八卦為六十四卦。㉒

《史記・日者列傳》云：

自伏羲作八卦，周文王演三百八十四爻而天下治。㉓

《史記・太史公自序》云：

昔西伯拘羑里，演《周易》。㉔

前引《史記》所述，皆僅言文王演八卦為六十四卦，而未言及周公與《易經》之關係，唐代孔穎達在《周易正義》卷一之中，曾經討論到「卦辭爻辭誰作」㉕的問題，他以為，此問題有兩種說法，其一，是以卦辭爻辭並是文王所作，其二，是以卦辭為文王所作，爻辭是周公所作。以爻辭為周公所作，主要的證據，是《左傳》昭公二年曾經記載，韓宣子適魯，見《易》象與魯《春秋》，而曰：「周禮盡在魯矣，吾乃今知周公之德，與周之所以王也。」㉖周公如與《易經》完全無關，何以韓宣子要以《易》象與周公並舉？只是，《易經》之卦爻象，與爻辭，並非一事，孔穎達之此說，仍未能盡釋人疑。（孔穎達又論及《易》歷三聖，時歷三古，以為三聖多指伏羲畫卦，文王重卦，孔子作〈十翼〉，不數周公者，乃世人「以父統子業故也」。）

(五)周公與《春秋》之關係

㉒ 同注❺，頁二九。
㉓ 同注❺，頁一九三三。
㉔ 同注❺，頁一九七五。
㉕ 孔穎達：《周易注疏》（臺北，藝文印書館，一九九三年），頁六。
㉖ 孔穎達：《左傳注疏》（臺北，藝文印書館，一九九三年），頁七一八。

《春秋》一經，仿自魯史，但是，在《史記》的〈周本紀〉、〈魯周公世家〉、〈太史公自序〉等篇章之內，卻並未見到周公制作魯史《春秋》之事，雖然，在《周禮．春官．宗伯》之中，曾經提到有「太史」、「小史」、「內史」、「外史」等職務，史官也必然當有撰史的權責，但是，《周禮》一書，在撰著的時間上，在書籍的真偽上，卻又有著不少的爭議㉗，關於魯史《春秋》的記載，較早的文獻，是《左傳》及《孟子》，《左傳》昭公二年，記韓宣子適魯，觀書於太史氏，見《易》象與魯《春秋》，乃曰：「周禮盡在魯矣，吾乃今知周公之德，與周之所以王也」㉘。《孟子．離婁下》云：「王者之跡熄而《詩》亡，《詩》亡然後《春秋》作，晉之《乘》，楚之《檮杌》，魯之《春秋》，一也；其事則齊桓晉文，其文則史，孔子曰，其義則丘竊取之矣。」㉙因此，在司馬遷以前，《左傳》及《孟子》，已經明確地提出了「魯」國史書《春秋》之事，司馬遷撰寫《史記》，在涉及春秋史事方面，大量取材於《左傳》，在撰寫〈孟子荀卿列傳〉時，自言「余讀《孟子》書」㉚，可是，在太史公的筆下，卻未見其論及周公與「魯史《春秋》」之事，這不免令人覺得費解。

要之，在《史記》的記述中，周公與《尚書》的關係，有作有述，最為密切，其次，則為《詩經》，至於其他各經，則似不明顯。

三、孔子與六經之關係

孔子與六經的關係，在《史記》的記述中，著墨較多，以下，即依前節所述六經的次第，擇其尤為重要者，加以說明如下：

㈠孔子與《尚書》之關係

《史記・孔子世家》云：

㉗ 關於《周禮》的作者與成書時代，自古即有許多不同的說法，例如，在東漢，鄭玄以為《周禮》是周公所作（見《周禮注》），何休以為是「六國陰謀之書」（引見賈公彥《周禮注疏》），其後，洪邁《容齋續筆》，康有為《新學偽經考》，都以為是劉歆偽造。至於近代，錢穆先生〈周官著作時代考〉，主張《周禮》著成於戰國末期，史景成教授〈周禮成書時代考〉，主張《周禮》著成於戰國末期，徐復觀教授《周官成立之時代及其思想性格》，也主張《周禮》成於王莽、劉歆之手。

㉘ 同注㉗，頁七一八。

㉙ 孫奭：《孟子注疏》（臺北，藝文印書館，一九九三年），頁一四一。

㉚ 同注❺，頁一四四一。

> 孔子之時，周室微而禮樂廢，詩書缺，追跡三代之禮，序《書》傳，上紀唐虞之際，下至秦繆，編次其事，曰，夏禮，吾能言之，杞不足徵也，殷禮，吾能言之，宋不足徵也，足，則吾能徵之矣。觀殷夏所損益，曰，後雖百世，可知也，以一文一質，周監二代，郁郁乎文哉，吾從周。故《書》傳，《禮》記，自孔氏。[31]

在太史公的筆下，很清楚地記載了孔子之時，因周室衰微，《詩》與《書》，已多有缺漏，故孔子整理《尚書》，重加編纂，用以彰明前代之典章制度，以供後世之人，據以了解典制沿承之事，《史記．儒林列傳》云：

> 夫周室衰而〈關雎〉作，幽厲微而禮樂壞，諸侯恣行，政由強國，故孔子閔王路廢而邪道興，於是論次《詩》、《書》，修起禮樂。[32]

同樣也記述了孔子論次《尚書》的用意，在撥正邪道，以返於康衢。《史記．儒林列傳》又曰：「伏生者，濟南人也，故為秦博士，孝文帝時，欲求能治《尚書》者，天下無有，乃聞伏生能治，欲召之，是時伏生年九十餘，老，不能行，於是詔太常使掌故朝錯往受之，秦時焚書，伏生壁藏之，其後兵大起，流亡，漢定，伏生求其書，亡數十篇，獨得二十九篇，即以教于齊魯之間。」㉝漢代伏生所得《尚書》二十九篇，後世視之為今文經，雖不得為孔子論次之全，也可窺見孔子所訂《尚書》之精要，及其寓義之方式。

(二)孔子與《詩經》之關係

《史記・孔子世家》云：

古者，詩三千餘篇，及至孔子，去其重，取可施於禮義，上采后稷，中述殷周之盛，至幽厲之缺，始於衽席，故曰，〈關雎〉之亂，以為風始，〈鹿鳴〉為小雅始，〈文王〉為大雅始，〈清廟〉為頌始。三百五篇，孔子皆弦歌之，以求合韶武雅頌之音，禮樂自此可得而述，以備王道，成六藝。

㉛ 同注❺，頁一二〇五。
㉜ 同注❺，頁一八七五。
㉝ 同注❺，頁一八七五。

又云：

孔子語魯太師，樂其可知也，始作翕如，縱之純如，皦如，繹如也。吾自衛返魯，然後樂正，雅頌各得其所。㉞

根據以上記載，古詩有三千餘篇，經孔子刪去重複，僅得三百零五篇，是為今傳之《詩經》，《詩經》又有國風、大小雅、及三頌之別，十五國風，多出於民間歌謠，大小雅，則係朝會宴饗之樂，周魯商三頌，則係祭祀頌神之樂章。要之，《史記》記載，詩三千餘篇，經孔子刪削重複之後，所得三百零五篇，已經孔子別賦用意，別具義蘊，而成為孔子之「經」，而具有典範常則之意義及理想存在。

㈢孔子與《禮》、《樂》之關係

《史記・儒林列傳》云：

夫周室衰而〈關雎〉作，幽厲微而禮樂壞，諸侯恣行，政由強國，故孔子閔王路廢而邪道興，於是論次《詩》、《書》，修起禮樂。[35]

此言周幽王、厲王之時，禮樂崩壞，孔子深心憫痛，故起而修訂禮樂，以求撥亂返正，《史記・孔子世家》云：

> 孔子之時，周室微而禮樂廢，《詩》、《書》缺，追跡三代之禮，序《書》傳，上紀唐虞之際，下至秦繆，編次其事，曰，夏禮，吾能言之，杞不足徵也，殷禮，吾能言之，宋不足徵也，足，則吾能徵之矣。觀夏殷所損益，曰，後雖百世，可知也，以一文一質，周監二代，郁郁乎文哉！吾從周，故《書》傳、《禮》記，自孔子。

又云：

---

34 同注5，頁一二〇五。

35 同注5，頁一八七五。

> 孔子以《詩》、《書》、《禮》、《樂》教弟子，蓋三千焉，身通六藝者，七十有二人。[36]

太史公所記，孔子當周室衰微，禮樂荒廢之時，而特別修訂禮樂，以之教授弟子，而得身通六藝之士，有七十二人，因而擴大禮樂傳播之功能，以化民成俗。考《漢書・藝文志》六藝略，有《禮古經》五十六卷，《經》七十篇，又曰：「漢興，魯高堂生傳《士禮》十七篇。」[37]今傳《儀禮》十七篇，或孔子以《禮古經》五十六卷教弟子，而刪省為十七篇。

(四)孔子與《易經》之關係

《易》有經傳之分，《史記》載孔子說《易》，多著重在《易傳》方面，《史記・孔子世家》云。

> 孔子晚而喜《易》，序〈彖〉、〈繫〉、〈象〉、〈說卦〉、〈文言〉。讀《易》，韋編三絕，曰，假我數年，若是，我於《易》，則彬彬矣。[38]

據此而言，《易》之卦爻符號及卦爻辭，雖係傳自古代，而孔子喜《易》，為撰〈十翼〉，則是信而有徵。《史記．田敬仲世家》云：

> 蓋孔子晚而喜《易》，《易》之為術，幽明遠矣，非通人達才，孰能注意焉。㊴

其所敘述，也與《孔子世家》所載相同，蓋《易》本為卜筮而作，世傳伏羲畫卦，文王重卦，並撰卦爻之辭，及至孔子，乃撰〈十翼〉，以羽翼《易經》，說以義理，故《易》有「人更三聖，世歷三古」之說，《史記．司馬相如列傳．贊》曰：「《春秋》推見至隱，《易》本隱之以顯。」㊵此言《春秋》之作，乃依人事而言天道，而《易》之為書，則係假天道以明人事之律則。

㊱ 同注❺，頁一二〇五。
㊲ 班固：《漢書》（臺北，鼎文書局，一九九一年），頁一七〇一。
㊳ 同注❺，頁一二〇五。
㊴ 同注❺，頁一一九一。
㊵ 同注❺，頁一八二五。

以上所述，足見孔子與《易經》之關係，極為密切。

(五)孔子與《春秋》之關係

《春秋》本係魯國史書之名，經孔子刪訂之後，別賦寓義，始得列之為「經」，《史記・太史公自序》云：

上大夫壺遂曰，昔孔子何為而作《春秋》哉？太史公曰，余聞董生曰，周道衰廢，孔子為魯司寇，諸侯害之，大夫壅之，孔子知言之不用，道之不行也，是非二百四十二年之中，以為天下儀表，貶天子，退諸侯，討大夫，以達王事而已矣。子曰，我欲載之空言，不如見之行事之深切著明也。夫《春秋》，上明三王之道，下辨人事之紀，別嫌疑，明是非，定猶豫，善善惡惡，賢賢賤不肖，存亡國，繼絕世，補敝起廢，王道之大者也。㊶

記述孔子之作《春秋》，用意乃在藉春秋二百四十二年間之史事，定之以是非之標準，以作為天下後世之儀型表率。《史記・儒林列傳》云：

> 世混濁莫能用，是以仲尼干七十餘君無所遇，曰，苟有用我者，期月而已矣。西狩獲麟，曰，吾道窮矣。故因史記作《春秋》，以當王法，其辭微而指博，後世學者多錄焉。㊷

所記孔子《春秋》，其用意，乃是為天下制儀則，欲是非有定準，故曰，以當王法也。《史記・十二諸侯年表》云：

> 孔子明王道，干七十餘君，莫能用，故西觀周室，論史記舊聞，興於魯，而次《春秋》，上記隱，下至哀之獲麟，約其辭文，去其煩重，以制義法，王道備，人事浹，七十子之徒，口受其傳指，為有所刺譏褒諱挹損之文辭，不可以書見也。㊸

記述孔子作《春秋》，為有所刺譏褒諱挹損，故不可以文辭書見，而以口授弟子，及至後

㊶ 同注❺，頁一九七五。

㊷ 同注❺，頁一八七五。

㊸ 同注❺，頁二一七。

世，著於竹帛，故研索《春秋》，不得不假途三《傳》，尤以《公羊傳》，最能闡明《春秋》之要旨。《史記．孔子世家》云：

魯哀公十四年，春，狩大野，叔孫氏車子鉏商獲獸，以為不祥，仲尼視之，曰，麟也，取之。……子曰，弗乎弗乎，君子病沒世而名不稱焉，吾道不行矣，吾何以自見於後世哉！乃因史記作《春秋》，上至隱公，下訖哀公十四年，十二公，據魯，親周，故殷，運之三代，約其文辭而指博。……孔子在位聽訟，文辭有可與人共者，弗獨有也，至於為《春秋》，筆則筆，削則削，子夏之徒，不能贊一辭，弟子受《春秋》，孔子曰，後世知丘者以《春秋》，而罪丘者亦以《春秋》。[44]

所記孔子因魯史而作《春秋》之用意，以及《春秋》一經之意旨，尤為清晰而明確。其實，遠在《史記》之前，《孟子．滕文公》已曰：「世衰道微，邪說暴行有作，臣弒其君者有之，子弒其父者有之，孔子懼，作《春秋》，《春秋》，天子之事也，是故孔子曰，知我者其惟《春秋》乎，罪我者其惟《春秋》乎。」[45]《孟子．離婁》曰：「王者之迹熄而《詩》作，《詩亡》，然後《春秋》作，晉之《乘》，楚之《檮杌》，魯之《春秋》，一也，其事則齊桓晉文，其文則史，孔子曰，其義，則丘竊取之矣。」㊻已記述孔子作《春秋》，為天下立儀法，等同天子所為之事，也記述孔子作《春秋》，雖取之魯史舊文，齊桓晉文等舊事，而其真正所重，乃在賦予其中之新義也。而孟子之說，則已為太史公所引述而益加發揮。

要之，《史記》中所記述孔子與六經之關，十分詳細，也十分明確，故太史公在《史記・封禪書》中云：「繆公立三十九年而卒，其後百餘年，而孔子論述六藝。」㊼在《史記・太史公自序》中云：「周室既衰，諸侯恣行，仲尼悼禮廢樂崩，追修經術，以達王道，匡亂世，反之於正，見其文辭，為天下制儀法，垂六藝之統記於後世。」㊽在《史記・孔子世家》中云：「孔子布衣傳十餘世，學者宗之，自天子王侯，中國言六藝者，折中於夫子，可謂至聖矣。」㊾原始的六藝材料，在孔子之前，雖已舊有存在，但是，經過孔子加以「論述」，加以「折中」，加以「為天下制儀法」的工作，六藝已經成為孔子的新典，已經成為

㊹ 同注❺，頁一二〇五。

㊺ 孫奭：《孟子注疏》（臺北，藝文印書館，一九九三年），頁一一六。

㊻ 同注㊻，頁一四一。

㊼ 同注❺，頁九二三。

㊽ 同注❺，頁一九七五。

㊾ 同注❺，頁一二〇五。

孔子賦予常道之「六經」，也因此，孔子才被司馬遷尊以「至聖」的稱號。

四、結語

周公生於殷周之際，孔子生於周代晚期，二人相距，約六百年。當司馬遷撰《史記》之時，雖然博采百家傳記，古典載籍，但是，許多地下文物，鐘鼎彝器，尚未出土，故時代愈早的人物，太史公之記載，反愈簡略，也是必然的現象。

近代地下文物，大批出土，甲骨銅器，簡牘帛書，相繼發現，後代學者，研究之憑藉愈多，在二重證據的佐助下，所獲知前人之史事，也越益清晰。像黃彰健先生便利利用了青銅器諸如〈令彝〉的資料，考明了不少關於周公的史事，寫成了《周公孔子研究》㊿一書，獲得了新穎的成果，即是一例。

王國維〈殷周制度論〉一文，曾經指出：「中國政治與文化之變革，莫劇於殷周之際。」又云：「欲觀周之所以定天下，必自其制度始矣，周人制度之大異於商者，一曰立子立嫡之制，由是而生宗法及喪服之制，並由是而封建子弟之制，君天子臣諸侯之制。二曰廟數之制。三曰同姓不婚之制。此數者，皆周之所以綱紀天下，其旨則在納上下於道德，而合天子諸侯卿大夫士庶民，以成一道德之團體，周公制體之本意，實在於此。」又曰：「是故有立子之制，而君位定；有封建子弟之制，而異姓之勢弱，天子之位尊；有嫡庶之制，於是有宗法；有服術，而自國以至天下，合為一家；有卿大夫不世之制，而賢才得以進；有同姓不婚之制，而男女之別嚴。且異姓之國，非宗法所能統者，以婚媾甥舅之誼通之，於是天下之國，大都王之兄弟甥舅，而諸國之間，亦皆有兄弟甥舅之親，周人一統之策，實存於是，此種制度，固亦由時勢之所趨，然手定此者，實惟周公。原周公所以能定此制者，以公於舊制，本有可以為天子之道，其時又躬握天下之權，而顧不嗣位而居攝，又由居攝而致政，其無利天下之心，昭昭然為天下所共見，故其所設施，人人知為安國家定民人之大計，一切制度，遂推行而無所阻矣。」又曰：「欲知周公之聖，與周之所以王，必於是乎觀之矣。」51 觀堂先生所論周代典制之奠立，與周公制定典禮之大功，可謂委曲而詳盡。

當代學者劉起釪〈周公事跡大略〉52 一文，曾經枚舉出周公對周代重要的貢獻，共有六項：一、第一次建立由中央王朝分封全境侯衛各國的統一的天下。二、確立了君位的傳子制

50 參黃彰健：《周公孔子研究》（臺北，中央研究院歷史語言研究所專刊之九十八，一九九七年）。

51 王國維：〈殷周制度論〉，見《觀堂集林》（臺北，河洛圖書出版社，一九七五年），卷十，頁四五一。

52 劉起釪：《周公事跡大略》，載《古史續辨》（北京，中國社會科學院出版社，一九九一年），頁三三七。

度。三、確立了完整嚴密的宗法制度。四、由宗法制度產生有關禮制，主要是喪服之制和宗廟之制。五、建立官制。六、在意識形態方面，提出了「明德慎刑」的思想。

王劉二位先生對於周公訂立典禮制度的貢獻，都作了明確的肯定，但是，在他們的敘述中，都未曾提到周公與六經關係的說明。

立足於當今而言，純據《史記》所述，以觀周公，不必即能見出「周公」史事的全貌；同樣地，純據《史記》所述，以觀孔子，也不必即能見出「孔子」史事的全貌。但是，我們相信，司馬遷在撰寫《史記》之時，對於他所能夠蒐集得到的文獻資料，應該都會儘量地網羅，同時，在撰寫周公與孔子的史事時，在史料的取捨上，在觀點的把握上，相信也能做到平允公正而不致有太多偏宕的成見存在。

因此，以《史記》的記述作為平臺，從而去了解周公及孔子各自與六經的關係，雖然不是一條唯一的道路，卻仍然不失為是一條可以嘗試的道路。

在《史記》的記述中，我們試為比較了周公孔子各自與六經的關係，我們得到的了解是：

在太史公筆下所見到的，周公是一位制禮作樂，建立周代典制的聖人，他與六經的關係，與《尚書》中〈周書〉各篇的撰著或記錄，關係尤為密切；與《詩經》中〈豳風〉各篇的撰著或記錄，關係也非常密切；至於禮、樂與後來的《禮》、《樂》，自然有相當的關聯性，但是，在《史記》中，卻不曾透露這一重關係的訊息；對於與《易經》、《春秋》的關係，則更不明朗。而對整個六藝或六經形成的推動，也不見有明顯的記錄。

在太史公筆下所見到的，孔子是一位整理六經的哲人，而進行了刪《詩》、《書》，訂《禮》、《樂》，贊《易傳》，作《春秋》的工作，因而被加以「至聖」的尊稱。

要之，從《史記》的記述而觀，則章學誠所說的，「周公集群聖之大成」，固然有其道理，而皮錫瑞所說的，「孔子以前，不得有經」，便也不易加以否定了。

（此文原刊載於佛光大學《第一屆世界漢學中史記學術研討會論文集》，民國五十七年五月出版）

柒、王符思想中一基本觀念「人道曰為」之解析

一、引言

王符是東漢時代的思想家❶，在他所著的《潛夫論》中，曾經對於知識、道德、鬼神、命相等問題，抒發了他的見解，也曾對於當時的政治、社會、刑法、邊患等方面，提出了他

❶《後漢書・王符傳》云：「王符字節信，安定臨涇人也，少好學，有志操，與馬融、竇章、張衡、崔瑗等友善，安定俗鄙庶孽，而符無外家，為鄉人所賤，自和安之後，世務游宦，當塗者更相薦引，而符獨耿介不同於俗，以此遂不得升進，志意蘊憤，乃隱居著書三十餘篇，以譏當時得失，不欲章顯其名，故號曰《潛夫論》。」

的批評。然而，在王符的思想中，「人道曰為」，卻是一個最基本的觀念。

「人道曰為」這一觀念的提出，與王符對於宇宙發展的見解，有著密切的關係，《潛夫論・本訓篇》說：

上古之世，太素之時，元氣窈冥，未有形兆，萬精合并，混而為一，莫制莫御，若斯久之，翻然自化，清濁分別，變成陰陽，陰陽有體，實生兩儀，天地壹鬱，萬物化淳，和氣生人，以統理之，是故天本諸陽，地本諸陰，人本中和，三才異務，相待而成，各循其道，和氣乃臻，機衡乃平，天道曰施，地道曰化，人道曰為。❷

照王符的看法，上古太素之時，是一種元氣充塞的情況，等到這種情況，「若斯久之」，窈冥的元氣，「翻然自化」，元氣自行分化，逐漸地「清濁分別」，才變成了陰陽，等到陰陽產生形體，判分天地，而天地絪蘊交感，萬物而後醇然化生，同時，在天地陰陽交感之中，而產生出一種「和氣」，人類便是由這種「和氣」所生，人生之後，乃能統御萬物，所以說，「和氣生人，以統理之」。

這一套宇宙生成的理論，很明顯的，是受了道家「道生一，一生二，二生三，三生萬物」（《老子》四十二章）的影響❸。而與儒家的「易有太極，是生兩儀，兩儀生四象，四象生八卦」（《易・繫辭上傳》）的發生方法，反而距離較遠❹。老子以為在一之上，還有「道」的存在，王符也同樣認為，在「氣」之上，還有「道」的存在，所以他說：「道者氣之根也，氣者道之使也，必有其根，其氣乃生，必有其使，變化乃成。」氣只是道的作用（用），道才是氣的根本（體），因此，自然界一切變化云為，都是「氣」的作用，也都根源於「道」之本體。

宇宙的發展，等到天地人都產生之後，「三才」之用，才大體完成，而「三才」在宇宙中的作用，又各不相同，「天道曰施，地道曰化，人道曰為」，天之作用，如風霜雨露，滋

---

❷ 此據商務印書館影印《四部叢刊》本，下引並同。又〈本訓〉篇「天道曰施，地道曰化，人道曰為」，三曰字，本作日，此據汪繼培《潛夫論箋》校改。

❸ 《老子》二十一章：「孔德之容，惟道是從，道之為物，惟恍惟惚，惚兮恍兮，其中有象，恍兮惚兮，其中有物，窈兮冥兮，其中有精。」又二十五章：「有物混成，先天地生，寂兮寥兮，獨立不改，周行而不殆，可以為天下母。」王弼注：「混然不可得而知，而萬物由之以成，故曰混成也。」王符所謂元氣窈冥，未有形兆，萬物合并，與老子「道之為物，惟恍惟惚」數句義近，所謂混而為一，與老子「有物混成，可以為天下母」之義相近，所謂莫制莫御，與老子「獨立不改，周行不殆」之義相近。

❹ 《四庫提要》以為《潛夫論》「列之儒家，斯為不愧」，但王氏的思想，宗本雖在儒家，其兼揉了道家法家的成分，卻是不容否認的。

潤大地，日月星辰，普照寰宇，都是一種「施惠」的表現。地之作用，如土壤田園，長養植物，川澤山藪，涵育動物，都是一種「化育」的表現。人之作用，則在輔相天地，將天施地化之作用，廣為推動，以發揮積極主動之功能，進而統御萬物，宰制萬物，以謀求宇宙間的生生不息，積健不已，以完成「三才」的大用，這便是一種「作為」的表現。所以，王符說，「和氣生人，以統理之」，「三才異務，相待而成」，便是這個道理。

「三才」的說法，並非創自王符，早在王氏之前，已有「三才」之名的出現，只是，各人立說的內容，卻不盡相同，《易・說卦傳》云：「立天之道，曰陰與陽，立地之道，曰柔與剛，立人之道，曰仁與義，兼三才而兩之。」《春秋繁露・天道施第八十二》云：「天道施，地道化，人道義。」又〈人副天數第五十六〉云：「天德施，地德化，人德義。」不論是「仁義」也好，是「義」也好，畢竟偏重在道德方面，（義者宜也，其應用雖不限於道德，但仍是偏於靜態方面。）王符承前人「三才」之說，而移異其內容，他易「仁義」及「義」為「為」，他說：「為者，蓋所謂感通陰陽而致珍異也。」（〈本訓〉）他以為，人生在宇宙之中，不僅要統理萬物，而且要感通天地陰陽，「以和天氣，以臻其功」，因為，天地雖能施化，但是，「天呈其兆，人序其勳」（〈本訓〉），實際輔助天地，推動萬物日進不已的，卻仍然是人類，因此，王符以為：「天地之所貴者人也」（〈讚學〉），只有人類積極地行動作為，才能達到「天工，人其代之」❺的目標，因此，也只有積極地行動作為，才能感通陰陽，召致祥和瑞應，所以，人在天地之中，雖為天地所覆載、所施化，但一切主動作為之權，則仍操之在人，所以王符說：「人行之動天地，譬猶車上御駟馬，蓬中櫂舟船，雖為所覆載，然亦在我何所之耳。」❻（《本訓》）便是相同的道理。

所以，王符這一「為」字的改易，不僅將人生大道，從「仁義」及「義」的道德方面，轉易為事功方面，將其靜態意義，轉易為動態意義，更重要的是，自西漢以來，社會上被一些天人感應、陰陽五行、讖緯術數、機祥災異等所構成的「命定」思想所籠罩、所支配，王符雖仍承認有「天」和「天命」（這是時代限制了他），但卻特別強調了行動作為對於人生的重要意義，因此，當他提出了「為」字作為人生的指標時，也因而更將人生的大道，從消極與被動，轉易為積極和主動了。實際上，王符所以會有「人道曰為」（王符思想開展的根荄）這一命題，主要也是針對當時「命定」思想所提出的一種對治的方法，一種簇新的挑戰。因

❺「天工，人其代之」，語出《尚書・皋陶謨》，《潛夫論》中，屢加引用，在王氏思想中，實形成一極重要之觀念。

❻語見《潛夫論・本訓》，文中「舟船」，本作「自照」，「耳」本作「可」，據汪繼培《潛夫論箋》校改。

此，這種積極行動作為，以代天工，以臻祥和的觀念，在王符其他各部門的思想中，也都隨處貫串而可見了。

二、解析（上）

以下，我們先分析王符對於知識、道德、鬼神、命相等方面的見解。

㈠知識方面

在知識方面，王符並不承認聖人生知之說，他說：「雖有至聖，不生而智，雖有至材，不生而能。」（〈讚學〉，此節引文並同）他以為，即使是一般世人心目中的聖人，如黃帝顓頊、堯舜禹湯、文武周孔等，也都「猶待學問，其智乃博，其德乃碩」，何況於凡人呢，因此，「工欲善其事，必先利其器，士欲宣其義，必先讀其書」，因此，在知識的獲取方面，他主張由後天的經驗學習，加以積累增進，他說：「君子之性，未必盡照，及學也，聰明無蔽，心智無滯。」又說：「人之情性，未能相百，而其明智，有相萬也，此非其真性之材也，必有假以致之也。」他以為，善學的人，往往能藉他人之長，以彌補己短，藉他人之智，以充實己智，這就好比：「造父疾趨，百步而廢，自託乘輿，坐致千里，水師泛軸，解維則溺，自託舟楫，坐濟江河。」又如：「中穽深室，幽黑無見，及設盛燭，則百物彰矣。」這都是「君子者，性非絕世，善自託於物」的道理。

要之，在知識論方面，王符的思想，與荀子非常接近，他首先否定有生知的聖人，以為聖人雖稟天命，也需積學而後有成，其次，便強調人力積極的作為，能夠積學不怠，則人人皆可以「往合聖心」、「德近於聖」了。

(二)道德方面

在道德方面，王符以為，在先天上，人性是相近的，人性之中，有善有不善的成分，人之所以會有為善與為惡之分，主要便在於後天的習染教化，他說：「性相近而習相遠，是故賢愚在心，不在貴賤，信欺在性，不在親疏。」（〈本政〉）又說：「人之善惡，不必世族，性之貪鄙，不必世俗。」（〈論榮〉）因此，他特別注重道德的教化，以趨人為善，他說：「上智與下愚之民少，而中庸之民多，中民之生世也，猶鑠金之在鑪也，從篤變化，唯冶所為，方圓厚薄，隨鎔制耳。」（〈德化〉）教化的方法，最重要的，便是恪遵「恕」「平」「恭」「守」四本，謹守義利之判，他說：「夫恕者，仁之本也，平者，義之本也，恭者，禮之本也，守者，信之本也，四者並立，四行乃具，四行具存，是謂真賢，四本不立，四行不成，四行無一，是謂小人。」（〈交際〉）又說：「自古及今，上以天子，下至庶人，蔑有好利而不亡者，好義而不彰者也。」（〈遏利〉）人能恪遵四本，分別義利，然後行善去惡，積德累行，便能漸成真賢，他說：「有布衣焉，積善不怠，必致顏閔之賢，積惡不止，必致桀跖之名。」又說：「積善多者，雖有一惡，是為過失，未足以亡。積惡多者，雖有一善，是為誤中，未足以存。」（〈慎微〉）因此，他以為人們先天之性中，雖有可善可不善的成分，但趨善違惡，仍然需靠人們積極的行動作為，去接受習染教化，才能成為真正的賢人君子。

(三)鬼神方面

對於鬼神的看法，王符說：「天地開闢有神民。」（〈卜列〉）他認為，在開闢之初，鬼神便與人類同時存在，因為「鬼神有尊卑，天地山川，社稷五祀，百辟卿士，有功於民者，天子諸侯，所命祀也」（〈巫列〉），人死為鬼（《說文》：「鬼，人所歸為鬼。」），其人設有功於民者，死後，人民祀之為神，這不過是初民崇功報德、慎終追遠的意思罷了，並不完全屬於迷信。不過，人類但見吉凶禍福的難於測度，以為是鬼神在從中作宰，及至後世，有賢者出，因勢利導，以為「吉凶之期，天難諶斯；聖賢雖察不自專，故立卜筮，以質神靈」（〈卜列〉），以行教化之實，以明吉凶之趨，以敬事鬼神，以感通靈明，俾能「兆告其象，卜底其思，以成其吉」（《卜列》）。

不過，王符雖不否認鬼神的存在，但卻並不迷信鬼神的力量，他也並不主張事事向鬼神祈福，他說：「聖人甚重卜筮，然不疑之事，亦不問也，甚敬祭祀，（然）非禮之祈，亦不為也，故曰，聖人不煩卜筮，敬鬼神而遠之。」（〈卜列〉）他尤其反對那些將鬼神之道附會到人倫日用身家道德方面的行為，諸如「傳姓於五音，設五宅之符第」，「商家之宅，宜西出門」（〈卜列〉）等一類以五音定五宅五姓的事情，他認為那都是「虛」「誣」不切之事，因為，「今一宅也，同姓相代，或吉或凶，一官也，同姓相代，或遷或免，一宮也，成康居之日以興，幽厲居之日以衰」（〈卜列〉），「由此觀之，吉凶興衰，不在宅明矣」（〈卜列〉），在這方面，王符無疑是比較富有科學的實驗精神。

另一方面，他更以為，「鬼神與人，殊氣異務，非有事故，何奈於我」，「天之有此神也，皆所以奉成陰陽而利物也，若人治之，有牧守令長矣，向之何怒，背之何怨」（〈卜列〉），因此，在庶民方面，他以為，「人無釁焉，妖不自作」（〈巫列〉），「人不可多忌，多忌妄畏，實致妖祥」（〈巫列〉），人們如果能夠「審己知道」，「德義茂美」（〈巫列〉），才可以「修身慎行以迎福」（〈卜列〉）；在君主方面，他以為，「人君身修正，賞罰明者，國治而民安，民安樂者，天悅喜而增歷數」（〈巫列〉）；要之，他雖不否認鬼神的存在，但卻處處強調了人為修德的價值。

㈣命相方面

至於命相方面，王符並不否認「天命」的存在，但他卻強調了人為德行的重要，他說：「凡人吉凶，以行為主，以命為決，行者，己之質也，命者，天之制也，在於己者，固可為也，在於天者，不可知也。」（〈巫列〉）因此，他以為，人當致力在於己而力所能勉的德行修省，因此，他對於當時人們所迷信的命相骨法，也表示了他的意見，他雖然承認人的「身體形貌，皆有象類，骨法角肉，各有分部，以著性命之期，顯貴賤之表」，「骨法為祿相表，氣色為吉凶侯」，「面部欲溥平潤澤，手足欲深細明直，行步欲安穩覆載，聲音欲溫和中宮，頭面手足，身形骨節，皆欲相副稱」（〈相列〉）的說法，但他也以為，「凡相者，能期其所極，不能使之必至」（〈相列〉），這就好像「十種之地，膏壤雖肥，弗耕不穫，千里之馬，骨法雖具，弗策不致」（〈相列〉）的道理一樣，「人為」的力量，仍然是最重要的，所以，他強調「天題厥象，人實奉成」（〈敘錄〉）的道理，強調「智者見祥，修善迎之，其有憂色，修行改尤」（〈相列〉），「人之吉凶，相之氣色，無問善惡，常恐懼修省，以德迎之，乃逢其吉」（〈夢列〉）的修持態度，他以為「弗修其行，福祿不臻」（〈敘錄〉），人們如果要獲得福祿，仍然要靠人為的行動去敦品勵行，修德以致，所以，「福由善來，禍由德痛，吉凶之應，與行相須」（〈敘錄〉），便是最好的說明。

三、解析（下）

王符大約出生於東漢章帝末年或和帝初年，卒於桓帝延熹八年以前，約當西元九十至一百六十五年之間⑦，在那一段時間之內，東漢的政治逐漸紊亂，社會益趨浮華，刑法隳弛，邊患頻仍，王符目擊那種情況，發為議論，在《潛夫論》中，提出了許多重要的批評，所以，范曄說他，「指訐時短，討讁物情，足以見當時風政。」（《後漢書・王符傳》）以下，我們再分析王符對於政治、社會、刑法、邊患等方面的見解。

⑦ 詳金發根先生所撰「〈王符生卒年歲的考證及潛夫論寫定時間的推論〉」一文，載中央研究院《歷史語言研究所集刊》第四十本下冊。

㈠政治方面

在政治方面，王符所主張的是民本主義，他說：「天之所甚愛者民也。」（〈忠貴〉）又說：「天以民為心，民安樂則天心順。」（〈本政〉）又說：「民之所欲，天必從之。」（〈遏利〉）因此，他以為君主的職務，只是代天安民而已，他說：「天之立君，非私此人也以役民，蓋以誅暴除害，利黎元也。」（〈班祿〉）又說：「天下本以民不能相治，故為立王者以統治之，天子在於奉天威命，共行賞罰。」（〈述赦〉）君主既是上天的代表，而「世之善否，俗之薄厚，皆在於君」（〈德化〉），君主便有責任要使政治清明，人民樂業；要使政治清明，主要便需任用賢人，所以說，「國以賢興，以諂衰」（〈實貢〉），而欲任用賢人，最重要的，便是善用考績，拔選真才，他批評漢代雖然有許多求賢掄才的法令制度，但都不過是些「虛造空美」（〈實貢〉）的具文而已，當時的情形是，「群僚舉士者，或以頑魯應茂才，以桀逆應至孝，以貪饕應廉吏，以狡猾應方正，以諛諂應直言，以輕薄應敦厚，以空虛應有道，以嚚闇應明經，以殘酷應寬博，以怯弱應武猛，以愚頑應治劇，名實不相副，求貢不相稱」（〈考績〉），賢才登進的途徑既已杜塞，小人道長，君子道消的結果，極其所敝，可能真像王莽篡漢時的情形一樣，當時朝廷「大小之官，且十萬人」，「惟安眾侯劉崇、東郡太守翟義，思事君之禮，義勇奮發，欲誅莽」，「夫以十萬之計，其能奉義（義字據拙著《潛夫論集釋》補）報恩，二人而已」（〈本政〉），那確是可笑復可悲的事實。

因此，王符主張，賢才的登庸，最主要的，便是審慎選擇，崇實務法，公平不倚，他說：「選舉實則忠賢進，選虛偽則邪黨貢，選以法令為本，法令正則選舉實，法令詐則選虛偽，法以君為主，君信法則法順行，君欺法則法委棄。」（〈本政〉）選舉關係賢才，賢才關係國脈，所以說，「國家存亡之本，治亂之機，在於明選而已」（〈本政〉），在這裡，他雖然承認君主是上天所命的代表，但並不主張君主一切依天而行，消極順從，他仍然以為，國家應以人民為本，因此，君主不僅要自身修德，而且，政治的隆污，也仍然繫於君主的選用賢才、善加考績的人為力量，去代替天工。

㈡社會方面

在社會問題上，東漢自和帝以後，外戚貴族，擅權專政，驕奢淫佚，潛越主上，不僅「衣服飲食，車輿文飾廬舍，皆過王制」（〈浮侈〉），而且婚喪禮儀的糜費逾節，更是驚人，在位者既屬如此，上行下效之餘，社會上的民眾，也多不務正業，競相「奢衣服，侈飲食，事口舌而習調欺，以相詐紿」（〈浮侈〉），以致浮華成風，虛偽不實，「富貴競欲相過，貧者恥不逮及」（〈浮侈〉），誇奢鬪靡的結果，往往「一饗之所費，破終身之本業」（〈浮侈〉）者，也大有人在。

王符看到這種現象，痛心之餘，提出了他的批評，他首先從根本上否認那些外戚貴族們世襲封爵的「命定」意識，他說：「高祖定漢，與群臣約，自非劉氏不得王，非有武功不得侯，孝文皇帝，始封外祖，因為典式，行之至今，孝武皇帝，封爵丞相，以褒有德，後亦承之。」（〈三式〉）因此，他以為分封外戚，本已不合高祖之約，至於世代襲爵，祿及無功，那更是不合理的事情，因為，「先王之制繼體立諸侯，以象賢也，子孫雖有食舊德之義，於封疆立國，不為諸侯，張官置吏，不為大夫，必有功於民，乃得保位」（〈三式〉），因此，他以為，「未有得以無功而祿者也」（〈三式〉），反之，外戚貴族們如果是無德可象，無功於民者，便當去位奪爵，他以為，「當今列侯，率皆襲先人之爵，因祖考之位，其身無功於漢，無德於民，專國南面，臥食重祿，下殫百姓，富有國家，此素餐之甚者也」（〈三式〉），至於外戚，「皇后兄弟，主婿外孫，年雖童妙，未脫桎梏，由藉此官職，功不加民，澤不被下，多受茅土，又不得治民效能，以報百姓，虛食重祿，素餐尸位，而但事淫侈，坐作驕奢」（〈思賢〉），因此，對於那些竊居高位的貴族外戚們，他主張嚴加考核，「其尸位素餐，無進治之效，無忠善之言者，使從渥刑」（〈三式〉），「其懷姦藏惡，尤無狀者，削土奪國」（〈三式〉），他更大膽地批評朝廷，「世主欲無功之人而彊富之，則是與天鬬也，使無德況之人，與皇天鬬，而欲久立，自古以來，未之嘗有也」（〈思賢〉）。

王符不僅消極地批評，另一方面，他更積極地鼓勵人民有德有能者，便可取而代之，他先提出了「君子」「小人」的分別，他以為君子小人的分別，完全在於德行方面，是「定於志行，勿以遭命」（〈論榮〉）的，他以為，君子的標準是：「守志篤固，秉節不虧，寵祿不能固，威勢不能移」（〈遏利〉），人能如此，「則雖有天下，不足以為重，無所用，不足以為輕，處隸圉，不足以為恥，撫四海，不足以為榮」（〈論榮〉），因此，他提出「君子未必富貴，小人未必貧賤」（〈論榮〉）的看法，以為在朝者未必便是君子，在野者未必便是小人，但他並不消極地主張「君子固窮」，他主張，小人不當在位，以免危害國家，只有君子在位，才能造福民眾。他雖然不以「富貴」「貧賤」作為衡量君子小人的標準，但他卻主張君子應居有富貴，因為，只有君子得居富貴，身在高位，方能發揮才具，為民為國，作出貢獻，所以他說：「所謂賢人君子者，非高位厚祿富貴榮華之謂也，此則君子之所宜有，而非其所以為君子者也；所謂小人者，非必貧賤凍餒困辱阨窮之謂也，此則小人之所宜處，而非其所以為小人者也。」（〈論榮〉）他率直地提出富貴高位為君子之「所宜有」。對於傳統儒家的「罕言利」、「何必曰利」來說，這是一種多麼敢作敢為、勇於自任的擔當精神。

在東漢那種門閥森嚴的社會中，王符身受其害之餘❽，他一方面提出「人之善惡，不必世族，性之賢鄙，不必世俗」（〈論榮〉），「賢愚在心，不在貴賤，信欺在性，不在親疏」（〈本政〉）的主張；一方面向當朝君主大聲疾呼，要他們在任用賢才時，要「苟得其人，不患貧賤，苟得其材，不嫌名跡」（〈本政〉），他不僅要君主們任用賢才，而且要君主們不必以賢人君子之出身貧賤為羞，只要是真能為國服務的賢才，君主們都應該不次拔擢，逕致高位。

另一方面，他鼓勵那些不在其位的賢人君子們，不應有著命定消極的態度，他說，「仁重而勢輕，位辱而義榮」（〈論榮〉），「富貴未必可重，貧賤未必可輕」（〈交際〉），德行具身，自有可重者在，說大人則藐之，勿視其巍巍然，衣敝緼袍，與衣狐貉者立，本不必引以為恥，而且更鼓勵他們去積極地參預政事，只要有真才具，獲取高位，才能為民為國，多作貢獻，他說：「陳平韓信，楚俘也，而高祖以為藩輔，實平四海，安漢室，衛青霍去病，平陽之私人也，而武帝以為司馬，實攘北狄，郡河西，惟其任也，何卑遠之有。」（〈論榮〉）這種鄙夷門禁，蔑視命定，強調人為力量，去爭取公平待遇的言論，對於那些被抑壓在森嚴閥閱下的有道德有才能的人們而言，又該是一種多麼親切而積極的鼓舞！

㈢刑法方面

在刑法方面，王符反對西漢以來的赦贖制度，所謂赦，大抵在新君即位，或是敉平叛亂之後，對有罪者加以寬赦；所謂贖，是犯罪之人，可以縑帛錢財等物，入官以贖罪。赦與贖，都只該是偶一行之的權宜之計，而不當用為法律的常經，王符說：「古者唯始受命之君，承大亂之極」，「故得一赦，繼體以下，則無違焉。」（〈述赦〉）但在東漢，赦贖之行，未免太過頻繁，太赦罪惡的結果，受痛苦的，反而是善良的人民，王符說：「今日賊良民之甚者，莫大於數赦，赦贖數，則惡人昌而善人傷矣。」（〈述赦〉）赦贖過多，無疑也就變相地鼓勵了奸民為非作歹，因為，「凡民之所以輕為盜賊，吏之所以易作姦慝者，以赦贖數而有僥望也」（〈述赦〉），因之，過多的赦贖，其結果也必造成社會的不安，吏治的敗壞，所以，「洛陽至有主諧合殺人者，謂之會任之家，受人十萬，謝客數千，又重饋部吏，吏與通姦，利入深重，幡黨盤牙」（〈述赦〉），因此，王符以為，「大惡之資，終不可化，雖歲赦之，適勸姦耳」（〈述赦〉），因此，他以為，「立法之大要，必令善人勸其德而樂其政，邪人痛其禍而悔其行」（〈斷訟〉），他主張要改革吏治，安定社會，應該要「賞重而

---

❽ 參見注❶。

信，罰痛而必」（〈三式〉），要「表顯有行，痛誅無狀」（〈斷訟〉），所以說，「凡欲變風改俗者，其行賞罰也，必使足驚心破膽，民乃易視」（〈三式〉），他甚至提出「以誅歲殺，以刑禦殘」（〈衰制〉）的大膽主張，因為，他以為，「凡立王者，將以誅邪惡而養正善」（〈述赦〉），「故一人伏正罪而萬家蒙乎福者，聖主行之不疑」（〈斷訟〉），不過，這畢竟已經入於法家嚴刑峻法的堂塗了。

當時，有人認為赦贖之道，是上體天心的行為，王符卻不以為然，他說：「或云（云，本作之，據汪校改），三辰有候，天氣當赦，故人主順之而施德焉，未必然也。」（〈述赦〉），他甚至拆穿一些倒果為因的傳言，他說：「俗人又曰，先世欲赦，常先遣馬，分行市里，聽於路隅，咸云當赦，以知天之教也，乃因施德，若使此言而信，則殆過矣，夫民之性，固好意度者也，見久陰則稱將水，見久陽則稱將旱，見米貴則言將飢，見米賤則言將穰，然或信或否，由此觀之，民之所言，未必天下。」（兩米字本作小，據汪校改）又說：「或抱罪之家，僥倖蒙恩，故宣此言，以自悅喜，誡令仁君聞此，以為天教而輒從之，誤莫甚焉。」（〈述赦〉）他雖然並沒有否認上天能「故見瑞異，感戒人主」（〈述赦〉），但卻強調了「人君配乾而仁，順育萬物，以成大功」（〈述赦〉）的人為意義，從而否定了那些假託天命的虛妄無稽。

(四)邊患方面

東漢一代，邊患頻仍，最嚴重的，便是羌亂，最大的一次羌亂，是安帝永初元年至元初五年（西元一〇七－一一八年），共十三年，耗費二百四十億，王符是西北邊郡人士，親歷災患，對於羌亂，自然提出了極其深刻的批評意見。❾

在邊患初起的時候，羌人的勢力並不龐大，「前羌始叛，草創新起，器械未備，或持銅鏡以象兵，或負板案以類楯，惶懼擾攘，未能相持，誠易制爾」（誠，本作一城，拙著《潛夫論集釋》有說），但是，「將帥皆怯劣軟弱，不敢討擊，但坐調文書，以欺朝廷」（〈實邊〉），卻並不「憂國之大計，哀民之死亡」（〈實邊〉），因此，遂致羌勢坐大，「掃滌并涼，內犯司隸，東寇趙魏，西鈔蜀漢，五州殘破，六郡削跡」（〈勸將〉），而公卿大臣，「內不傷士民滅沒之痛，外不慮久兵之禍」，「苟以己不被傷，故競削國家之地以與敵，殺主上之民以餧羌」（〈邊議〉），因此，在退讓避寇的原則下，「爭徙（徙字據王紹蘭說補）郡縣以內遷」（〈實邊〉），「而云邊不可守」（〈救邊〉），而且，又因為朝廷「放散錢穀，殫盡府庫，乃

---

❾ 金發根先生也推論《潛夫論》中〈勸將〉、〈救邊〉、〈邊議〉、〈實邊〉等四篇，即為此次羌亂期中所寫定者。

復從民假貸，彊奪財貨」，「至遣吏兵，發民禾稼，發徹屋室，夷其營壁，破其生業，彊劫驅掠，與其內人」（〈實邊〉），以致邊郡百姓，「亡失財貨，奪土遠移」，「萬民怨痛，泣血叫號」（〈實邊〉），加之「不習風俗，不便水土，類多滅門，少能還者」，「其為酷痛，甚於逢虜」（〈實邊〉），那種慘狀，真不啻是一幅流民遷徙的血淚圖了。反之，公卿大臣們，卻只是「會坐朝堂」，「轉相顧望」，「日晏時移，議無所定」（〈救邊〉），終以他們自己是「內郡之士，不被殃者」（〈救邊〉），所以「咸云當且放縱，以待天時」（〈救邊〉），「尚云不當救助，且待天時」（〈邊議〉）。

王符目擊那種悲慘的景象，他大聲疾呼，「地不可無邊，無邊亡國」，「失涼州，則三輔為邊，三輔內入，則弘農為邊，弘農內入，則洛陽為邊，推此以相況，雖盡東海，猶有邊也」（〈救邊〉），他認為「救邊乃無患，邊無患，中國乃得安寧」（〈邊議〉），是千真萬確的真理，因此，他強調積極抵抗的策略，他發出「脣亡齒寒，體傷心痛」，「折衝安民，要在任賢，不在促境」（〈救邊〉），「是故諸有寇之郡守令長，不可以不曉兵」（〈勸將〉）的呼吁，他提出「今虜新擅邊地，未敢自安，易震盪也，百姓新離舊壤，思慕未衰，易獎勵也」（〈救邊〉）的觀點，也提出「今諸言邊可不救而安者，宜試以其身若子弟，補邊太守令長丞尉，然後是非之情乃定」（〈邊議〉）的方法，更提出鼓勵向邊郡移民的「實邊」政策，這些都是切實可行的見地。

王符批評那些作戰不力，放棄邊郡，毆民內徙的將帥們說：「原禍所起，皆吏過爾。」（〈實邊〉）「此非天之災，長吏過爾。」（〈勸將〉）他更嚴厲地批評那些主張避寇促境，以待「天時」的公卿大臣們說，「用意若此，豈人心哉」（〈救議〉），「用意若此，豈人也哉」（〈邊議〉），那真是極沉痛也極大膽的呼聲了，要之，在天命與人為之間，很明顯的，他是強調了後者的力量。

四、結語

在中國古代的思想中，大體而論，似不免有偏重天命，而輕忽人為的傾向，像《尚書》中所說的「先王有服，恪謹天命」（〈盤庚〉），《詩經》中所說的「天命靡常」（〈大雅・文王〉），孔子所說的「畏天命」（《論語・季氏》），子夏所說的「死生在命，富貴有天」（《論語・顏淵》），墨子所說的「立天之志以為儀法」（《墨子・天志下》），孟子所說的「存其心，養其性，所以事天也，殀壽不貳，修身以俟之，所以立命也」（《孟子・盡心》）等等，都不免偏重在「天命」一面，因此，也就不免缺代諸如西洋文藝復興時期所謂的那種

「人的覺醒」、「人的發現」的精神特徵，自覺到人在宇宙之間，那種「個人尊嚴的思想」，「一方面表現於對於個人價值的尊重，另方面表現於對於個人發展的期許」❿，同時，「覺悟到人『本身』是有其獨立的價值的，他天賦的『本能』，如果給以適當的培養，能夠發揮其無限威力，來完成他在世的使命」⓫，直到荀子，才提出「天行有常，不為堯存，不為桀亡」，「彊本而節用，則天不能貧，養備而動時，則天不能病，修道而不貳，則天不能禍」（〈天論〉），以至於「唯聖人為不求知天」的主張，他以為一切星墜木鳴等怪異，都不過是宇宙一種自然現象，人們見了，「怪之可也，而畏之非也」，因此，他否定了一切「天命」的權威，他雖然承認「天」有「生成」（施、化）的力量，但那種「生成」是自然的，無意志的，因此，他提出積極的「制天」思想，以為「大天而思之，孰與物畜而制之，從天而頌之，孰與制天命而用之，望時而待之，孰與應時而使之」（〈天論〉），他以為人謀不臧的「人祆」，才真是可畏之極，所以，他提出「君子敬其在己者，而不慕其在天者，是以日進也」的剛健觀念，直到這裡，中國歷史上，才真正發現了「人」的價值與力量。⓬

荀子在〈天論〉篇中，曾經說到：「天有其時，地有其財，人有其治。」這三句話，對於王符，卻產生了很大的影響，王符所謂的「天道曰施，地道曰化，人道曰為」，基本上，可以說是荀子這三句話的轉化，尤其是「人道曰為」，「為」字的意義，不僅與「治」字的意義相應合，而且，較「治」字更加積極，更加強調了「人」「為」的力量，因此，在某種意義上，王符已經把荀子「人治」的思想，更往前推進了一步。

不過，受到時代的限制，王符還不能完全脫離迷信的色彩，他還不能完全擺脫董仲舒的「天人感應」的影響，他還不能完全否定天命的存在⑬，但是，比起時代較他略早的王充的「徹底的命定論」⑭來，他確已漸能扭開命定論的枷鎖，而步向以人為本位的層次了，他那

⑩ 見王德昭先生所著《文藝復興》第一冊第一四九頁，國民基本知識叢書本，民國四十二年初版。

⑪ 見王任光先生所著《文藝復興時代的人文運動》第九一—九二頁，商務人人文庫本，民國五十八年十月二版。

⑫ 羅根澤氏嘗有〈中國發現「人」的歷史〉一文，發表於《清華學報》九卷一期，嗣後復加以增刪，改題為〈古代發現「人」的歷史〉，收入所著《諸子考索》之中，羅氏於該文中嘗謂：「荀子以前，無論是幼稚的思想，或成功的哲學家，大半是天的思想，天的哲學。」又謂：「只有荀子，才是人的哲學家，只有荀子，才完成了戡『天』與發現『人』的盛業。」

⑬ 王符並不否定天命的存在，本來，天命的有與無，也是很難說明，很難證明，王符所注意的，只是對天命的信與不信的問題，（不否定天命的存在，並不表示即相信天命）不信任天命而強調人為的力量，才是王符思想的精要所在。

⑭ 陳拱先生所著《王允思想評論》一書（民國五十七年東海大學初版），有專節討論王充的「徹底的命定論」。

「人道曰為」，確是一個極為重要的命題⑮，在中國思想史上，也當有其應得的地位。

總之，王符的思想，雖然涵攝了儒道法三家的成分，但他最大的貢獻，在提出了「為」之一字，作為人生積極奮鬥向上的指標，這種思想，確實有會於《大易》乾元剛健的要旨⑯，而且，也極富於科學的精神，因為，此一觀念的提出，由人力可代天工，馴至人生日進日益，剛健不息，逐漸形成活潑向上，生機蓬勃，篤實光輝的「人格」，更進而以積極強勁的行動作為，去統御萬物，宰制萬物，則由此徑而逐漸上探討科學的道路，開展出科學研究的花朵，亦未始為並不可能之事。只惜此一「為」的精神，後世並未能夠予以繼續發揚光大；同時，魏晉之學的虛玄，宋代儒學的主靜⑰，多少都阻礙了王符此一精神的發展；這不能不說是極為令人遺憾的事情。

（此文於一九七六年七月，曾以「研究論文」方式，發表於南洋大學，民國六十七年七月，又刊載於《幼獅月刊》四十七卷六期，嗣又收入拙著《潛夫論集釋》之末，民國六十八年十一月出版。二〇〇八年三月，則蒙甘肅省《王符研究》創刊號加以轉載）

⑮ 王符的思想，重點完全落在現實的人生社會問題上，他之所以在「人道曰為」之外，連帶說到「天道」「地道」，除了受到「三才」的影響，主要也是想在宇宙生成的過程中，找出一個較高層次的原則，作為他對人生社會諸問題看法的依據。

⑯ 《潛夫論》中，不止一次地提到「先師京君」（京房），在漢代，先師為普通的尊稱（謂前學之師），意義不同於後世之指稱，但王符與京房，「有師承的關係（可能是再傳的再傳弟子），而且也與崔瑗一樣，深明京房《易傳》，則是可以確知的。」（金發根先生語），《潛夫論》中引《易》數見，即就「人君配乾而仁，順育萬物，以成大功」（〈述赦〉）數語觀之，王符之能深會《易．乾》的精神，也是無可致疑的。

⑰ 周敦頤為宋代理學開山之祖，其〈太極圖說〉有云：「聖人定之以中正仁義而主靜，立人極焉。」至於程子之「主敬」，則較少此敝。

捌、道教方術與老莊思想之關係

一、引言

道教與道家不同，基本上，道教是宗教，道家是哲學，道教創始於東漢末年的張道陵，道家卻以先秦的老子及莊子為大宗師，但是，道教與道家，在思想產生的淵源上，卻有著某種程度的關係。

《漢書・藝文志・諸子略》著錄「道家」之書凡「三十七家、九百九十三篇」，其書至今多已亡佚，只有《老子》、《莊子》、《鬻子》、《管子》、《列子》等書，或存或殘，不過，《管子》一書，《隋書・經籍志》已經入於「法家」，《列子》、《鬻子》，迄今仍有真偽的爭辯，因此，人們在談到「道家」的時候，便往往以《老子》與《莊子》作為代表了。

《三國志・張魯傳》說：「張魯字公棋，沛國豐人也，祖父陵，客蜀，學道鵠鳴山中，造作道書，以惑百姓，從受道者，出五斗米，故世稱米賊，陵死，子衡行其道，衡死，魯復行之。」因此，道教的創始，是由張道陵開端的，只是，在張道陵以前，道教也有醞釀的時期，也經過了「方仙道」與「黃老道」、以至「太平道」的過渡及影響。

「方仙道」的產生，是由於春秋戰國時期，社會混亂，人們追求長生不死、成仙成道的理想，因而產生了方術之士的仙方，《史記・封禪書》上說：「(萇弘)以方事周靈王，諸侯莫朝周，周力少，萇弘乃明鬼神事，設射《貍首》，《貍首》者，諸侯之不來者，依物怪欲以致諸侯，諸侯不從，而晉人執殺萇弘，周人之言方怪者自萇弘。」這是典籍中最早出現的「方仙道」的人物與事跡。

「黃老道」的產生，是由於漢代初期，尤其是在文帝景帝時代，在政治上採取清靜無為、與民休息的治國原理，結合了黃帝的名號，與老子的「君人南面之術」，而形成的一種治國方術，因而稱之為「黃老道」，但是，後來在漢武帝獨尊儒術的情況下，「黃老道」的內容，便已漸漸由政治方面轉變到個人修真養性的方面去了。

「太平道」的產生，是由於漢末順帝之時，琅邪人于吉，獻《太平清領書》，而順帝以為其書「多武覡雜語」、「妖妄不經」，因而不用，到三國時，于吉為孫策所殺，《太平清書》被張角所得，大聚徒眾，以黃巾裹頭，起兵自立，這便是「太平道」興起的經過。

「方仙道」、「黃老道」、「太平道」，在道教的發展史上，只是有著宗教的雛形面貌，真正地具備了宗教的組織，宗教的儀式，具備了成熟的宗教的意義的，仍然要推張道陵所創始的「五斗米道」。❶

然而，在思想的淵源上，無論是「五斗米道」也好，或者是在它之前的「太平道」、「黃老道」、「方仙道」也好，多少都吸取了道家的思想，尤其是老莊思想的成分。

由於東漢末年，張道陵始創五斗米道，尊崇老子為祖師，並且將《老子五千文》，作為首要的經典，令信徒誦習，加以道教演變到後來，對於道家的《莊子》、《列子》、《文子》等書，都視為是闡發《老子》的著作，同樣地加以崇拜，因此，道家思想，尤其是老莊思想，被道教所吸取，是非常自然的現象。

本文之作，就是希望從《老子》與《莊子》書中，嘗試著去探索一下，到底有那些成分，可能是被道教所吸取所借用，因而才影響到道教中某些「方術」的形成。

---

❶ 以上所述，參考傅勤家《中國道教史》（一九八九年上海文化出版社出版）、卿希泰《中國道教思想史綱》（民國七十五年木鐸出版社印行本）、任繼愈主編《中國道教史》（一九九〇年上海人民出版社印行）。

二、道教的主要方術

道教的基本信仰是長生成仙，為了達到長生成仙的目的，自然產生了許多修煉精神及形體的方法，這些方法，統名之曰道術，或曰方術。這些方術，有些源出於古代的神仙思想，有些源出於古代的巫術，有些則與老莊的思想，有著密切的關係。以下，先舉出道教「方術」中一些較為重要的項目，並說明其意義。

㈠辟穀

道教方術中的「辟穀」，也稱為「斷穀」，是一種修煉的方法，這種方法，以不食五穀雜糧肉類等食物，而達到養生長壽的目的，《抱朴子．雜應》說：「食草者善走而愚，食肉者多力而悍，食穀者智而不壽，食氣者神明不死。」又說：「欲得生，腸中當清，欲得不死，腸中無滓。」又說：「有馮生者，但單吞氣，斷穀已三年，觀其步陟登山，擔一斛許重，終日不倦。」因此，主張修煉之人，不吃日常食物，僅只服氣食藥，便能長生。

㈡導引

「導引」是一種道教的修煉方術，修煉之人，以意念運行，引導肢體，去作出各種動作，再配合呼息吐納，排除身體中的邪氣，保存正氣，以使人骨節堅強，治愈百病，《抱朴子・雜應》說：「能龍導虎引，熊經龜咽，燕飛蛇屈鳥伸。」《抱朴子・別旨》說：「或伸屈，或俯仰，或行臥，或倚立，或躑躅，或徐步，或吟或息，皆導引也。」《抱朴子・至理》說：「有吳普者，從華陀受五禽之戲，以代導引，猶得百餘歲。」便都是指的這種修煉的方法。

㈢行氣

「行氣」是道教修煉術中的一種呼息法，《抱朴子・至理》說：「夫人在氣中，氣在人中，自天地至於萬物，無不須氣以生者也，善行氣者，內以養生，外以卻惡。」道教認為氣有清濁生死，修煉之人，應吐出濁氣死氣，吸入清氣生氣，因此，行氣也稱為「吐納」。

㈣守一

「守一」也是道教修煉的方術之一，它指修煉之人，守持身中的精、氣、神，使之不受外界的牽擾，而得長駐體內，進而與形魄相抱而為一。由於道教認為，人身含藏魂、魄、精、神，而魂依魄為立，形依神而生，只有魂魄相依，神形相合，人才能夠生存，但是，魂魄屬陽，容易馳動，形魄屬陰，容易靜止，魂神若不與形魄相守，則人之生命將會產生危險，因此，才衍生出「守一」的方術。

(五)服食

「服食」也稱「服餌」，是道教的一種修煉的方術，認為修煉之人，服食餌藥，可以長生不老，《抱朴子·仙藥》說：「仙藥之上者丹砂，次則黃金，次則白銀，次則諸芝，次則五玉，次則雲母，次則明珠，次則雄黃……。」又說：「上藥令人身安命延，升為天仙，遨遊上下，使役萬靈，體生毛羽。」便是指的這種主張。

(六)外丹

道教的「外丹」，是指燒煉鉛汞等礦物，或者加上某些草藥，以製成所謂長生不老的仙藥，這種仙藥，最初只稱「金丹」，後來為了與「內丹」區分，才有了「外丹」之名，《抱朴子·金丹》說：「夫金丹之為物，燒之愈久，變化愈妙。黃金入火，百煉不消，埋之，畢天不朽。服此二物，煉人身體，故能令人不老不死。」燒煉外丹的藥物，最常用的有五種，稱為「五石」，即硃砂、雄黃，雲母，曾青，慈石。

(七)內丹

道教方術中的「內丹」，與「外丹」相反，它不借助外在的藥物，它只是修煉者以自己的身體為鼎爐，以自己的精氣神為藥物，逐漸修煉而成的長生不老的丹藥，一般而言，「內丹」煉製的過程，大約分為四個階段，最初是築基，其次是煉精化氣，再次是煉氣化神，最末是煉神還虛。

道教的方術，自然不止以上所說的幾種，其他，像齋醮、房中、存想、乘蹻等等，也都是道教中較為特殊的方術，以上，則僅舉出七種最為重要的道教方術，略加說明，其他的，則就不加敘說了。❷

❷ 以上所述，參考李豐楙《不死的探求——抱朴子》（民國七十二年時報文化出版公司初版）、曾召南、石衍豐《道教基礎知識》（一九八八年四川大學出版社印行）、朱越利《道教答問》（一九八九年北京華文出版社印行）。

三、老莊思想對於道教方術可能的影響

道教以長生成仙為其最基本的信仰，這種信仰，受到老莊思想的影響，恐不在小，像《老子》書中所說的「谷神不死」（六章）、「深根固柢，長生久視之道」（五十九章）、「善攝生者，陸行不遇兕虎，入軍不避甲兵」（五十章），《莊子》書中所說的「死生無變於己」（〈齊物論〉），所說的「至人、神人、聖人」（〈逍遙遊〉）等等，對於道教長生成仙的基本信仰，相信必然產生不少的影響，另外，老子莊子所說的「道」，對於道教的基本理論，必然也曾產生相當的影響，其實，除了道教這些基本信仰基本理論，受到老莊思想的影響，另外，在道教的方術方面，相信同樣也曾受到老莊思想不少的影響。

以下，即就《老子》《莊子》書中，尋覓出一些較為明顯的例子，以說明它們對於道教的方術，可能產生的影響。同時，為了說明的方便，也徵引了一些河上公的《老子注》及成玄英的《莊子疏》，以作為印證的資料，因為，河上公的《老子注》，是最早以道教觀點去詮解《老子》的著述❸，而成玄英的《莊子疏》，也是最早以道教觀點去詮解《莊子》的著述❹，借用河上公與成玄英的闡釋，也許更能幫助我們看出道教某些方術所曾受到老莊思想的影響。

㈠與「辟穀」有關者

道教「辟穀」的方術，在《莊子》書中，似乎也可以找到相關的源頭，例如《莊子・逍遙遊》說：

藐姑射之山，有神人居焉，肌膚若冰雪，淖約若處子，不食五穀，吸風飲露，乘雲氣，御飛龍，而遊乎四海之外。❺

《莊子》此文中提到「神人」的「不食五穀，吸風飲露」，對於道教中「辟穀」的方術，必然會產生不少的影響，成玄英《莊子疏》則說：「言神聖之人，降生應物，逝淳粹之精靈，

❸ 今傳河上公《老子章句》，雖然不必就是漢文帝時河上公的原著，但是，著成的時代，應該不會晚於漢末。（參見王明〈老子河上公章句考〉，載所著《道家和道教思想研究》，一九八四年中國社會科學出版社初版）另外，《老子想爾注》一書，或說是漢末張魯所著，或說是張陵所著，該書增刪改寫《老子》原文，引入道教觀點，並非依據《老子》原文而行釋義之作，故不採用作為參證的資料。

❹ 參龔鵬程〈成玄英《莊子疏》初探〉，載所著《道教新論》（民國八十年學生書局初版）。

❺ 此據民國六十三年河洛出版社印行之郭慶藩《莊子集釋》，下引並同，《莊子》外雜篇，雖然不必出於莊周之手，但是，它們的時代，最晚也應撰成於漢代中期，仍然可能對於道教的「方術」，產生某些影響。

稟陰陽之秀氣，雖順物以資待，非五穀之所為，託風靈以清虛，豈四時之能變也。」❻也是朝著「辟穀」「斷穀」的方向去作詮解的。

(二)與「導引」有關者

道教「導引」的方術，在《莊子》書中，似乎也可以找到相關的源頭，例如《莊子・刻意》說：

> 吹呴呼吸，吐故納新，熊經鳥申，為壽而已矣，此道引之士，養形之人，彭祖壽考者之所好也。

《莊子》此文，以為修煉之士，從呼息中吐出穢濁之氣，吸納清新之氣，又像野熊一樣，倒掛樹上，像飛鳥一般，伸直足趾，以便求取長壽的效果，《莊子》書中，已經明白地說出了這是名為「導引」的方術，這對後世道教的影響，必然是很大的，成玄英《莊子疏》說：「吹冷呼而吐故，呴暖吸而納新，如熊攀樹而自經，類鳥飛空而伸腳，斯皆導引神氣，以養形魂，延年之道，駐形之術。」也將《莊子》之義，闡釋得更為接近養生的目標。又如《莊子・達生》說：

子列子問關尹曰：「至人潛行不窒，蹈火不熱，行之乎萬物上而不慄，請問何以至於此？」關尹曰：「是純氣之守也，非知巧果敢之列，居，予語女，凡有貌象聲色者，皆物也，物與物何以相遠？夫奚足以至乎先，是色而已。則物之造乎不形而止乎無所化，夫得是而窮之者，物焉得而止焉，彼將處乎不淫之度，而藏乎無端之紀，游乎萬物之所終始，壹其性，養其氣，合其德，以通乎物之所造，夫若是者，其天守全，其神無隙，物奚自入焉。」

對於《莊子》這一段文字，尤其是「純氣之守」與「壹其性，養其氣，合其德」那幾句話，成玄英《莊子疏》的解釋是：「夫不為外物侵傷者，乃是保守純和之氣，養於恬淡之心而致之也。」「吐納虛夷，故愛養元氣。」吐故納新的「導引」之術，也是由呼吸養氣開始，所以，《莊子》中這一節的「氣」，很自然地，成玄英就朝著吐故納新的方向去疏釋了。

❻ 同注❺，郭氏書中收有成玄英之《莊子疏》下引並同。

㈢與「行氣」有關者

道教「行氣」的方術，在《老子》與《莊子》與書中，似乎也可以找到相關的源頭，例如《老子》第四十二章說：

> 道生一，一生二，二生三，三生萬物，萬物負陰而抱陽，沖氣以為和。❼

老子以為，萬物皆秉賦著陰陽兩個元素而生，陰陽二氣，又相互沖激，而產生了和氣，在這一章中，老子只是提出了他對宇宙萬物產生的看法，可是，河上公的注，卻將它引入到養生行氣的立場上去，河上公說：「萬物中皆有元氣，得以和柔，若胸中有藏，骨中有髓，草木中有空虛，與氣通，故得久生也。」❽正是將氣與人們久生的關係加以特別的強調。又如《老子》第六章說：

> 谷神不死，是謂玄牝，玄牝之門，是謂天地根，綿綿若存，用之不勤。

老子以為，「道」是虛無玄妙，永不窮竭的，它是天地萬物的根源，所以用「玄牝」去稱呼它，在此章中，似乎與「行氣」並無關係，可是，河上公的注卻說：「玄，天也，於人為鼻；牝，地也，於人為口；天食人以五氣，從鼻入，藏於心。」又說：「地食人以五味，從口入，藏於胃。」則是將老子的「玄牝」，附會到人身五官上去，而更接近了養生的觀點。又如《莊子・人間世》說：

若一志，無聽之以耳，而聽之以心，無聽之以心，而聽之以氣，聽止於耳，心止於符，氣也者，虛而待物者也，唯道集虛，虛者，心齋也。

成玄英《莊子疏》對於《莊子》此節「氣也者，虛而待物」一段的詮釋說：「如氣柔弱虛空，其心寂泊忘懷，方能應物。」也是強調了「氣」的重要，《莊子》的這一節文字，對於道教「行氣」的方術，應該會產生不少啟示的作用。又如《莊子・大宗師》說：

❼ 王弼《老子注》（民國五十九年廣文書局），下引並同。

❽ 河上公：《道德經注》（民國六十九年五洲出版社），下引並同。

古之真人，其寢不夢，其覺無憂，其食不甘，其息深深。真人之息以踵，眾人之息以喉。

《莊子》此文，以為真人的呼息可以深沉靜細，是以足踵為呼息的入口，與眾人以喉為呼息的入口不同，自然是指出了一種氣息運行的徑路，也極易為道教方術引申為「行氣」的說法，成玄英《莊子疏》說：「真人心性和緩，智照凝寂，至於氣息，亦復徐遲，腳腫中來，明其深靜也。」也正是發揮了「行氣」方面的意義。

要之，《老子》與《莊子》書中，確實有一些思想，接近了後世道教方術「行氣」的觀點，從河上公與成玄英的注釋中，這種線索，也似乎更加明顯。

㈣與「守一」有關者

道教「守一」的方術，在《老子》與《莊子》書中，似乎也可以找到相關的源頭，例如《老子》第十章說：

載營魄抱一，能無離乎，專氣致柔，能嬰兒乎，滌除玄覽，能無疵乎。

老子主張人的身心魂魄，都需要抱守至道，專守元氣，召致柔和，才能夠長生久視，這種思想，與道教「守一」的觀點，已經非常接近，對於道教「守一」的方術，已經容易產生暗示的作用，河上公《老子注》說：「言人能抱一，使不離於身則長存，一者，道始所生，太和之精氣也。」又說：「專求精氣使不亂，則形體能應之而柔順，能如嬰兒，內無思慮，外無政事，則精神不去也。」河上公的注，不但說明了「一」是「道始所生，太和之精氣」，同時，也將老子的思想，更引近了道教的觀點。又如《老子》第三章說：

> 不見可欲，使民心不亂，是以聖人之治，虛其心，實其腹，弱其志，強其骨。

《老子》此章，只是希望人們降低物質的欲望，減少貪得無厭的意念而已，可是，河上公對《老子》「實其腹」及「強其骨」，卻注說：「懷道抱一，守五神也。」「愛精重施，髓滿骨堅。」而提出了「懷道」「抱一」，作為養生長壽的主要方法，「五神」，是五藏之神，以為精、神、魂、魄、志等五神，藏於人的腎、心、肝、肺、脾之中，能守五神，自能養神。又如《老子》第五章說：

天地之間，其猶橐籥乎，虛而不屈，動而愈出，多言數窮，不如守中。

《老子》此章，以為天地之間，有如橐籥風箱，內裡虛空，而氣息呼息，自然運行，因此，希望人們也能效法天地，任守清虛，無為無事，可是，河上公的注卻說：「天地之間，空虛和氣流行，故萬物自生，人能除情欲，節滋味，清五藏，則神明居之也。」卻進一步，以為人能內清五藏，除去情欲，才能愛養精神，因而把老子的原意，向養生家的言論，推進了一步。又如《莊子・刻意》說：

純粹而不雜，靜一而不變，惔而無為，動而以天行，此養神之道也。

又說：

純素之道，唯神是守，守而勿失，與神為一。

成玄英《莊子疏》對於此兩節的解釋是說：「縱使千變萬化，而心恆靜一。」又說：「純精素質之道，唯在求神，守神而不喪，則精神凝靜，既而形同枯木，心若死灰，物我兩忘，身神為一也。」成玄英對《莊子》此文的疏解，著眼在「心神為一」的養生觀點上，去發揮《莊子》的意義。又如《莊子・在宥》說：

> 至道之精，窈窈冥冥，至道之極，昏昏默默，無視無聽，抱神以靜，形將自正。必靜必清，無勞女形，無搖女精，乃可以長生。目無所見，耳無所聞，心無所知，女神將守形，形乃長生。

又說：

> 天地有官，陰陽有藏，慎守女身，物將自壯，我守其一，以處其和。

成玄英《莊子疏》對此兩節的解釋是說：「耳目無外視聽，抱守精神，境不能亂，心與形合，自冥正道。」又說：「保恬淡一心，處中和妙道，攝衛修身，雖有壽考之年，終無衰老之日。」成玄英對《莊子》此文的疏解，仍然是強調其長生久視的養生觀點。

要之，《老子》與《莊子》的一些思想，經過河上公與成玄英的疏釋，也更接近了道教「守一」的原理，人們自然也就更加容易看出《老子》及《莊子》的思想被道教方術所借用的線索了。

四、結語

馬端臨在《文獻通考．經籍考》中曾經說道：「道家之術，雜而多端，先儒之論備矣。蓋清淨一說也，煉養一說也，服食又一說也，符籙又一說也，經典科教又一說也。黃帝、老子、列禦寇、莊周之書，所言者清淨無為而已，而略及煉養之事，服食以下所不道也。至赤松子、魏伯陽之徒，則言煉養，而不言清淨；盧生、李少君、欒大之徒，則言服食而不言煉養；張道陵、寇謙之之徒，則言符籙而俱不言煉養服食；至杜光庭而下，以及近世黃冠師之徒，則專言經典科教；所謂符籙者，特其教中一事，於是不惟清淨無為之說，略不能知其旨趣，雖所謂煉養服食之書，亦未嘗過而問焉矣，然俱欲冒以老氏為之宗主而行其教。」❾馬端臨此文中，主要說道，道家與道教，並非一事，但是，道家中的各種方術，「俱欲冒以老氏為之宗主而行其教」，因此，道教在某些方面，便免不了與道家有著某些程度的關係。

道教有其本身之歷史、人物、教派、經籍與方術，但是，道教的這些內容，卻往往假借老子的名義，受到道家思想或多或少的影響。

本文之作，只是舉出道教內容中最具特色的「方術」一項，嘗試著去尋覓它們與老莊的關係，尋覓它們所受老莊思想的影響。

從本文上一節的例子中，我們也可以看出以下的一些訊息：

第一，由於道教特別尊重道家，尊道老莊，也從老莊的思想中吸取養料，借用觀念，因此，道教「方術」中如果有著與老莊思想「類似」（或多或少）的地方，似乎不應視之為是偶然的現象，而應視為是受到了老莊思想的影響。

第二，在《老子》與《莊子》書中，有些章句，明顯地具有一些「養生」、「長生」、「成仙」的思想，因此，道教的一些主要的「方術」，似乎也可以在《老》《莊》書中，找到相近的成分或啟示。

第三，在《老子》與《莊子》書中，有些章句，雖然並不明顯地具有「養生」、「長生」、「成仙」的思想，但是，透過某些詮釋，引申、發揮、曲解、或附會，這些章句，仍

---

❾ 馬端臨：《文獻通考》（鼎文書局影印《十通》本）。

然可能被道教的某些「方術」所吸取、所借用；同時，在前一節所舉的例子中，藉由河上公與成玄英的疏解，老莊思想影響於道教方術的線索及痕跡，更加可以明顯地呈現出來。

第四，道教的方術很多，本文第二節中也舉出了七種重要的「方術」，其中受到老莊思想或多或少的影響的，至少也有「辟穀」、「導引」、「行氣」、「守一」等四種主要方術。

第五，道教「方術」的形成，當然並不全是受到老莊思想的影響，像古代的巫術、神仙觀念、讖緯神學、墨家思想，對於道家方術，都曾產生不少的影響，但是，老莊思想對於道教方術的影響，卻是最不應該被忽略的部分。

第六，從某個角度來看，我們也可以說，道教方術雖然是吸取了老莊思想的成分，但是，老莊思想中，也應當具有某些可以被道教方術所吸取所借用的成分，才能很自然地被道教方術所吸取所借用。因此，道教與道家，本質上雖然並不相同，但是，至少在某些成分上，也都有著一些「共同的性格」，卻是可以被肯定的。

（此文原刊載於國立高雄師範大學《第二屆先秦學術研討會論文集》，民國八十三年三月出版）

玖、阮孝緒〈七錄序〉在目錄學史上之地位

一、引言

我國目錄之學，肇始於劉向、劉歆父子整理典籍之時，蓋自嬴秦焚書，燔滅文章，漢代興起，大收圖書，至漢成帝時，令光祿大夫劉向，及任宏、尹咸、李柱國等人，典校祕籍，《漢書・藝文志》云：「每一書已，向輒條其篇目，撮其指意，錄而奏之，會向卒，哀帝復使向子侍中奉車都尉歆卒父業，歆於是總群書而奏其《七略》。」劉向所奏，後人集為《別錄》，劉歆刪削《別錄》，總集群書，而成《七略》，是以《別錄》為諸書提要之總集，而《七略》為分類編目之源起。

《七略》一書，分為輯略、六藝略、諸子略、詩賦略、兵書略、數術略、方技略等七大類，輯略無書，以圖書言，實僅六類，六類之下，再區分為三十八小類，條理井然，及班固

承其父班彪之業，撰成《漢書》，凡一百卷，其《藝文志》一卷，即依據《七略》，刪簡而成，而圖書類別，大分為七類（六類），則沿承而未改。

馴至魏晉時期，廣收文籍，魏祕書郎鄭默，撰成《中經》，晉祕書監荀勗，撰成《新簿》，著作郎李充，撰成《晉元帝書目》，皆一改《七略》之成規，而皆以四部為其分類。南北朝時期，宋祕書丞王儉，撰成《七志》，梁處士阮孝緒，撰成《七錄》，皆以七類圖書，分別為類，而遠祧《七略》、《漢書藝文志》之精神。

至於唐初，魏徵長孫無忌等撰《隋書經籍志》，又繼承鄭默荀勗之規模，而以經史子集，部次圖書，自是之後，四部分類，遂經確立，以迄後世，多遵循而未改。

是以我國圖書分類，自七分而至四分，要以魏晉南北朝之間，出入競爭，最為多端，而其中，尤以阮孝緒《七錄》一書，更居於轉折之關鍵。

《梁書·處士傳》云：「阮孝緒字士宗，陳留尉氏人也，年十三，遍通五經，屏居一室，非定省，未嘗出戶，所著《七錄》等書二百七十卷，行於世。」《隋書·經籍志·總序》云：「普通中，有處士阮孝緒，沉靜寡欲，篤好墳史，博采宋齊已來，王公之家，凡有書篇紀，參校官簿，更為《七錄》。」今《七錄》之書，雖已亡佚，而阮氏〈七錄序〉一篇，則為僧人道宣，收入所編《廣弘明集》之中，自〈七錄序〉中，猶可窺見《七錄》之規模，且阮氏〈自序〉之中，所論圖書分類原理及目錄沿革，皆極具參考之價值，而〈七錄序〉之末，別附「古今書最」一篇，篇中臚列《七略》以下，以至《七錄》，十餘種目錄之書，尤可考見目錄發展之概況者，故本文之作，則一併加以討論。

二、對圖書分類原理方面之貢獻

《別錄》為諸書提要之集結，《七略》為分類編目之肇始，然而，劉向劉歆父子，並未自行敘說撰著提要之體裁，亦未自行陳述分類編目之原理，及至近世學者，方據《別錄》《七略》之佚文，以及班固《漢書藝文志》，以歸納劉向等寫定敘錄之義例，以及劉歆分類編目之義例，如孫德謙姚名達諸人所從事者❶，然而，縱觀史冊，則唯有阮孝緒，方始自行提出圖書分類之原理。以下，即據阮孝緒〈七錄序〉中所敘述者，加以分析：

(一)書多則自立一類

❶ 孫德謙撰《劉向校讎學纂微》，分析劉向校書之義例。姚名達撰《中國目錄學史》，也嘗論及「劉向等典校祕書之義例」、「劉向等寫定敘錄之義例」、「劉歆分類編目之義例」。

阮孝緒〈七錄序〉云：

劉王並以眾史，合于春秋，劉氏之世，史書甚寡，附見春秋，誠得其例，今眾家記傳，倍於經典，猶從此志，實為繁蕪，且《七略》詩賦，不從六藝詩部，蓋由其書既多，所以別為一略，今依擬斯例，分出眾史，序記傳錄，為內篇第二。❷

阮孝緒撰寫《七錄》，嘗自言「斟酌王劉」，是即以劉歆王儉之書，為其斟酌損益分類參考之依據，考《七略》之中，並無史書一略，蓋以西漢以前，史書極少，書藉太少，不能成類，故《七略》以史書附入六藝略春秋類未，則以春秋本亦史書之故，至於魏晉以下，公私修史，史書大量出現，數量已經「倍於經典」，故阮氏以為，「書多則自立一類」，乃於《七錄》之中，別立「記傳錄」，以「分出眾史」，亦猶《七略》以詩賦之書既多，則別立詩賦略，而不附於六藝略詩類之末也。

㈡書少則附於他類

阮孝緒〈七錄序〉云：

諸子之稱，劉王並同，又劉有兵書略，王以兵字淺顯，軍言深廣，故改兵為軍，竊謂古有兵革兵戎治兵用兵之言，斯則武事之總名也，所以還改軍從兵，兵書既少，不足別錄，今附于子末，總以子兵為稱，故序子兵錄，為內篇第三。

《七略》有兵書略，《七志》有軍書志，阮孝緒以為，兵家之書，後世罕有繼作，其書既少，不足自成一類，考究兵書性質，若《孫子》、《吳子》之屬，復與子書九流相近，故阮氏撰《七錄》，乃合子書兵書為一類，附兵書於子書之末，而統稱之為子兵錄，則是以為，「書少則附於他類」之意者也。

(三)標目應與內容相符

阮孝緒〈七錄序〉云：

王以六藝之稱，不足標榜經目，改為經典，今則從之。

❷ 阮孝緒：〈七錄序〉，載釋道宣《廣弘明集》卷三，商務印書館，《四部叢刊》本，下引並同。

《七略》中有六藝略，而王儉以為，六藝之名，或與古代禮、樂、射、御、書、數之六藝名稱，時相混淆，故於《七志》之中，改稱為經典志，此則標目之名，必求與圖書內容，適相符合，故阮氏於《七錄》之中，即用王之意，而不稱之為六藝錄焉。阮孝緒〈七錄序〉又云：

> 劉有兵書略，王以兵字淺薄，軍言深廣，故改兵為軍，竊謂古有兵革、兵戎、治兵、用兵之言，斯則武事之總名也，所以還改軍從兵。

《七略》中有兵書略，而王儉以為，兵字淺薄，故《七志》之中，改稱軍書志，而阮氏以為，兵字為古代武事之總名，能挈其要，故於《七錄》之中，仍用「兵」名，而不改從「軍」字。阮孝緒〈七錄序〉又云：

> 王以詩賦之名，不兼餘制，故改為文翰，竊以頃世文詞，總謂之集，變翰為集，於名尤顯，故序文集錄，為內篇第四。

《七略》中有詩賦略，而王以為，詩賦之名，未能兼賅眾體，故於《七志》之中，改稱為文翰志，而阮氏以為，詩賦之名，所賅不廣，而翰墨作者，率多有集，故於《七錄》之中，改稱文集，名尤顯豁。阮孝緒〈七錄序〉又云：

> 王以數術之稱，有繁雜之嫌，故改為陰陽，方伎之言，事無典據，又改為藝術，竊以陰陽，偏有所繫，不如數術之該通，術藝則濫六藝與數術，不逮方伎之要顯，故還依劉氏，各守本名，但房中神仙，既入仙道，醫經經方，不足別創，故合術伎之稱，以名一錄，為內篇第五。

《七略》之中有數術、方技二略，而王儉以為，二者繁雜無據，因於《七志》之中，改稱為陰陽與數術二志，而阮氏以為，就名符於實觀之，數術方技，本自名實應合，故於《七錄》之中，仍從《七略》名目，唯合二略為「術技」一錄而已。以上所舉，皆阮氏所論，分類標目，所標名目，必求與其圖書內容，相符相應之意也。

(四)圖譜宜與史籍相參

阮孝緒〈七錄序〉云：

王氏圖譜一志，劉略所無，劉數術中，雖有曆譜，而與今譜有異，竊以圖畫之篇，宜從所圖為部，故隨其名題，各附本錄，譜既注記之類，宜與史禮相參，故載于記傳之末。

《七志》之中，有圖譜一志，別自為類，阮氏以為，圖譜之名，可析為二，一為圖畫，一為譜記，圖畫必有主屬，譜記佐證史籍，二者皆宜各從本屬，與史相參，而不宜別自獨出，以省讀者翻檢之勞，故於《七錄》之中，不列圖譜一錄，而以圖譜之書，歸載本屬，繫之於記傳之末也。

㈤部次以學術深淺為先後

阮孝緒〈七錄序〉云：

釋氏之教，實被中土，講說諷味，方軌孔籍，王氏雖載于篇，而不在志限，即理求

> 事，未是所安，故序佛法錄，為外篇第一。

又云：

> 仙道之書，由來尚矣，劉氏神仙，陳于方伎之末，王氏道經，書於《七志》之外，今合序仙道錄，為外篇第二。王則先道而後佛，今則先佛而後道，蓋所宗有所不同，亦由其教有淺深也。

王儉《七志》，分別為經典志、諸子志、文翰志、軍書志、陰陽志、術藝志、圖譜志，共為七類，而七類之外，又取當時道經佛經之書，別附於七志之後，然則，雖在《七志》之末，而不在七類之中。阮氏則以為，南北朝時，佛經道經，其書流布已廣，雖係方外之經，亦不可不記其一時盛衰之軌跡，故於《七錄》之中，內篇之餘，更立外篇，兼收佛經道經之書，以符七錄之名，且又以佛經居前，道經居後，與《七志》不同者，則由於阮氏以為，佛經義蘊，深於道經之故也。

要之，劉歆之撰《七略》，自必有其心中之義例存在，惜乎不克見之於劉歆一己之言語文字者，自班固以下，牽延多時，訖至梁代，阮孝緒撰〈七錄序〉，乃於圖書分類之各項原理，言之清晰明白，此在目錄學之發展史上，自有其貢獻在也。

三、對圖書分類實務方面之貢獻

阮孝緒於梁武帝普通四年（西元五二三年），撰成《七錄》一書，分為七類，七類之中，下分五十五小類，計收圖書六千二百八十八種，八千五百四十七帙，四萬四千五百二十六卷，蓋自有目錄以來，要以阮氏此書，最為繁鉅。

《七錄》之書，雖已亡佚，所幸〈七錄序〉尚存，今即就〈七錄序〉中所見之《七錄》分類現象，分析如下：

㈠名符其實之七分書目

劉歆承其父業，總集群書，撰為《七略》，《七略》七卷，有輯略、六藝略、諸子略、詩賦略、兵書略、數術略、方技略，阮孝緒〈七錄序〉云：「子歆撮其指要，著為《七略》，其一篇即六篇之總最，故以輯略為名。」是以輯略之中，並無圖書之目，故以書目分類而言，《七略》之中，實僅六類，名雖為「七」，實僅為「六」而已。

及至南北朝時，王儉撰《七志》，部次圖書，《隋書經籍志·總序》云：「儉又別撰《七志》，一曰經典志，紀六藝、小學、史記、雜傳。二曰諸子志，紀古今諸子。三曰文翰志，紀詩賦。四曰軍書志，紀兵書。五曰陰陽志，紀陰陽圖讖。六曰術藝志，紀方技。七曰圖譜志，紀地域及圖書。其道佛附見，合九條，然亦不述作者之意，但於書名之下，每立一傳，而又作九篇條例，編乎首卷之中。」❸然則，王儉《七志》，上承《七略》之傳，欲合七類之名，而究其實，道經佛經，附見其後，實則為「九」，故乃作九篇條例也。

《隋書經籍志·總序》云：「普通中，有處士阮孝緒，沉靜寡欲，篤好墳史，博采宋齊已來，王公之家，凡有書記，參校官簿，更為《七錄》，一曰經典錄，紀六藝。二曰紀傳錄，紀史傳。三曰子兵錄，紀子書兵書。四曰文集錄，紀詩賦。五曰術伎錄，紀數術。六曰佛錄。七曰道錄。其分部題目，頗有次序。」然則，阮孝緒撰《七錄》，雖分為內外之篇，而總計內容所收，實含七類圖書，是以自《七略》以下，以「七」為名，而真能符合七類圖書之分合者，不在劉歆《七略》，而在阮孝緒之《七錄》也。

---

❸《隋書經籍志》，臺北，世界書局新校本。

(二)奠立四部分類之基石

圖書分類之書，肇始於劉歆《七略》，而班固《漢書藝文志》之作，全襲劉歆之書，降及魏晉，鄭默《中經》、荀勗《新簿》、李充《晉元帝書目》，皆以四類，區分圖書，而不守《七略》之規範，《隋書經籍志．總序》云：「魏祕書郎鄭默，始制《中經》，祕書監荀勗，又因《中經》，更著《新簿》，分為四部，總括群書。一曰甲部，紀六藝及小學等書。二曰乙部，有古諸子家、兵書、兵家、術數。三曰丙部，有史記、舊事、皇覽簿、雜事。四曰丁部，有詩賦、圖讚、汲冢書。」阮孝緒〈七錄序〉云：「著作郎李充，始加刪正，因荀勗舊簿，四部之法，而換其乙丙之書，汲略眾篇之名，總以甲乙為次。」是則鄭默、荀勖、李充之書，皆以甲乙丙丁為類，唯李充之書，以諸子入丙部，以史書入乙部，有此移易而已，自是之後，四部次第，遂無改換，以迄《隋書經籍志》，因以經史子集之名，代甲乙丙丁之稱，而後世四庫之名，因為定制焉。

梁普通中，阮孝緒撰《七錄》，分為內外兩篇，內篇記方內之書，有經典錄、記傳錄、子兵錄、文集錄、術伎錄，即就此內篇觀之，則經典、記傳、子兵、文集，不僅為《隋書經籍志》圖書四部分類之先河，即其類名，經子集部，赫然在目，即記傳之名，與史部之稱，實亦吻合無間，是以四部分類之法，雖確立於《隋書經籍志》，而其先河，則不能不以阮氏《七錄》，為其基石也，許世瑛先生嘗云：「《隋志》之四部，貌似荀李，而實質劉班，遠承《七略》之三十八種，近繼《七錄》之四十六部，嫡脈相傳，間世一現。」❹可謂知言也矣。

(三)小類分類標目之影響

阮孝緒撰《七錄》，所收圖書，分為七大類，七大類之下，各分為五十五小類，其分類類別，既頗細密，其各類標目，亦極矜慎，對於後目錄分類，頗具影響。茲試為討論如下：

劉歆《七略》，於六藝略中，分為易、書、詩、禮、樂、春秋、論語、孝經、小學等九類，此九類也，阮孝緒《七錄》，於經典錄中，遵循未改，其後，自《隋書經籍志》以下，以迄新舊《唐書》、《宋史》、《明史》之經籍藝文志，以及其他公私目錄，多沿治用之，雖有增損，而其類目次第，大略皆不復變更。

---

❹ 許世瑛：《中國目錄學史》，臺北，華岡出版社。

劉歆《七略》之中，史書附於春秋類末，阮孝緒《七錄》，於記傳錄中，細分為國史、注曆、舊事、職官、儀典、法制、偽史、雜傳、鬼神、土地、譜狀、簿錄等十二小類，阮氏之後，目錄之書，於此十二小類，自《隋書經籍志》以下，多循用之，小類或有增損，類目名稱，或有改換，然其大體，不能變也，如《七錄》中有國史、儀典、法制、土地、譜狀、簿錄之類，後世公私目錄之書，雖多稱為正史、儀注、法令、地理、譜諜、目錄，又如《七錄》中有偽史、舊事，後世公私目錄之書，或改稱為霸史、故事，然其分類內容，部次先後，影響於後世目錄之書者，頗為巨大，是以後世史部門目，實多可上溯於阮孝緒《七錄》之分類也。

劉歆《七略》，於諸子略中，分為儒、道、陰陽、法、名、墨、縱橫、雜、農、小說等十家，阮孝緒《七錄》，於此十家類目，循而未改，唯增兵書一類，合稱子兵錄，蓋以「兵書既少，不足別錄」故也，自是之後，公私目錄之書，皆遵《七錄》之例，以兵書入於子部之中，等兵家於子書矣，此則阮孝緒子兵錄，有創始之功在焉。

劉歆《七略》，於詩賦略中，分為屈原賦、陸賈賦、孫卿賦、雜賦、歌詩五類，阮孝緒《七錄》，於文集錄中，分為楚辭、別集、總集、雜文四類，阮氏雜文一類，不知究何所指，然自《隋書經籍志》以下，公私目錄之書，其於集部，多沿用楚辭、別集、總集之名目，然後更增以其他類目之名稱者，是以集部之內，阮孝緒分別楚辭、別集、總集者，始創之功，為不淺矣。

要之，目錄之作，自《七略》、《漢志》以下，以迄齊梁之間，如《中經》、《新簿》、《七志》等，類例分合，最稱繁雜，所立小類名目，亦多混淆不清，及至阮孝緒撰《七錄》，方始於類目名義，釐晰明確，凡此，皆有功於後世目錄之書者也。

四、對目錄史料方面之貢獻

阮孝緒所撰〈七錄序〉，以及所附之〈古今書最〉，其中所敘，有關於目錄學之史事者，亦所在多有，茲擇其要，略述如下：

(一)敘述目錄之沿革

目錄之書，自漢代劉歆，始造《七略》，總集群書，分為六類，以迄唐初，長孫無忌等撰成《隋書經籍志》，部次圖書，確立四部，於是大綱遂定，沿襲至今，其用弗替，是以目錄類例之分合，亦以漢唐之間，最稱難識，《隋書經籍志》有〈總序〉一篇，敘述目錄之淵源流別，推揆極詳，曩者，余嘗草〈隋書經籍志總序箋證〉❺一文，分析〈總序〉，就其內容，釐為十項重點，計為：

1. 論經籍之用途——言經籍為機神之妙旨，聖哲之能事。
2. 論史官之職掌——言書與已傳，史官既立，經籍於是興焉。
3. 論孔子與六經——言孔子以大聖之才，惜斯文之將墜，乃刪定六經。
4. 論秦政之焚書——言秦政焚詩書、坑儒士、制挾書之令等事。
5. 論目錄之興起——言漢興之後，廣求遺書，命劉向等人，校理群籍。
6. 論七略與漢志——言劉歆繼其父業，撰成《七略》，班固又依《七略》，編之為《藝文志》。
7. 論魏晉之目錄——言鄭默荀勗，撰為《中經》、《新簿》，李充據之，更撰《晉元帝書目》。
8. 論南北朝之目錄——言南北朝時期，宋齊梁陳，以及北方學者，各撰目錄之事。
9. 論隋代之典藏——言隋代平陳，經籍漸備，廣構屋宇，以貯圖書之事。
10. 論隋志之修撰——論唐撰《隋書》，成〈經籍志〉，實兼收梁陳齊周隋五代之書，而不以隋代一朝之圖籍為限也。

阮孝緒於梁武帝普通四年（西元五二三年），撰成《七錄》，較之唐初太宗貞觀三年（西元六二九年）間撰著《隋書》，早約百年，敘述目錄源流，前於《隋志》者，要以阮孝緒〈七錄〉之序，最為詳密，是以〈隋書經籍志總序〉之中有關歷代目錄之沿革，頗多本於阮孝緒〈七錄序〉中所敘述者，設自前文所舉〈隋書經籍志總序〉之分項而言，則自第五項「論目錄之興起」，以至第八項「論南北朝之目錄」中，〈隋志總序〉本於阮氏之說者頗多，尤於第八項中，採擇益多。

雖然，唐初之撰《隋書》，歷代之目錄書籍，尚多見存，或未亡佚，然而，椎輪在前，大輅隨之，易於為功，則阮氏〈七錄序〉影響於〈隋志〉之〈總序〉者，當不在小也。

(二)記載目錄要籍

阮孝緒〈七錄序〉之末，附者「古今書最」，其中臚列目錄學之重要典籍，自《七略》以至《七錄》，共有十一種：

1.《七略》，書三十八種，六百三家，一萬三千二百一十九卷。五百七十二家亡，三十

⑤ 胡楚生：〈隋書經籍志總序箋證〉，載《中國目錄學研究》，臺北，華正書局。

一家存。

2.《漢書藝文志》，書三十八種，五百九十六家，一萬三千三百六十九卷。五百五十家亡，四十四家存。

3.《後漢藝文志》，書若干卷，八十七家亡。

4.《晉中經簿》，四部書一千八百八十五部，二萬九百三十五卷，其中十六卷佛經，書簿少二卷，不詳所載多少。一千一百一九十部亡，七百六十六部存。

5.《晉元帝書目》，四部，三百五十帙，三千一十四卷。

6.《晉義熙四年祕閣四部目錄》。

7.《宋元嘉八年祕閣四部目錄》，一千五百六十有四帙，一萬四千五百八十二卷。（五十五秩，四百三十八卷佛經。）

8.《宋元徽元年祕閣四部書目錄》，二千二十帙，一萬五千七十四卷。

9.《齊永明元年祕閣四部目錄》，五千新足，含二千三百三十二帙，一萬八千一十卷。

10.《梁天監四年文德正御四部及術數書目錄》，合二千九百六十八帙，二萬三千一百六卷。（祕書丞殷鈞撰《祕閣四部書》，少於文德，故書不錄其數也。）

11.《新集七錄》內外篇圖書，凡五十五部，六千二百八十八種，八千五百四十七帙，四萬四千五百二十六卷。（六千七十八種，八千二百八十四帙，四萬三千六百二十四卷，經書二百三種，二百六十三帙，八百七十九卷，圖符。）

內篇五錄，四十六部，三千四百五十三種，五千四百九十三帙，三萬七千九百八十三卷。（三千三百一十八種，五千三百六帙，三萬七千一百八卷，經書一百三十五種，一百八十七帙，七百七十五卷圖也。）

外篇二錄，九部二千八百三十五種，三千五十四帙，六千五百三十八卷。（二千七百五十九種，五千九百七十八帙，六千四百三十四卷，經書七十六種，七十八帙，一百卷，符圖。）

傳統目錄之學，自漢代以迄唐初，其間類例分合，最稱繁劇，不唯七分四部，相互變改，即其目錄，亦多亡佚，今所存者，《漢書藝文志》以下，唯《隋書經籍志》一書而已，而阮孝緒於〈七錄序〉末，「古今書最」之中，詳記目錄要籍，而其所稱，圖書之「部」數、「種」數、「卷」數、「帙」數，亦皆詳實可據，可以確知，又其所稱，圖書之「亡」、之「存」，亦可考知，其書概略，至於《隋書經籍志》之〈總序〉一篇，敘述目錄書籍之沿革，亦實多本於「古今書最」之記載也。

要之，設非阮氏「古今書最」之詳記目錄，則自兩漢以下，以迄南北朝之間，目錄要籍，或將不易為後世所詳知，則於目錄學史上，或將缺此一段要籍之記錄矣，也未可知。

五、結語

阮孝緒所撰《七錄》，早已亡佚，而所撰〈七錄序〉及「古今書最」，所幸尚存，就此窺之，則其於目錄學之發展史上，仍具有重要之價值，約略而言，可述於下：

1. 於圖書分類原理方面，首先提出較為明確之見解。
2. 於圖書分類實務方面，《七錄》分類，不僅上承七分之法，亦下開四部之制，而居於七略四部之關鍵地位焉。
3. 於目錄史科方面，尤能保存眾多之記載，俾後世於此一軌跡，可以蒐尋採擇之也。

拾、韓愈對儒學發展之貢獻

一、引言

傳統儒學，由孔子奠立基礎，孔子的思想學說，以「仁」為中心，從而發展出一套完整的道德體系，孔門教育弟子，分為四科，「德行、言語、文學、政事」，因才施教，從學的弟子達三千人，身通六藝者有七十二人，弟子之中，曾子以大孝之資，特尊德行，子夏以文學之科，致力傳經，在孔門之中，形成了兩支重要的學術流派。

曾子之學，傳之子思，孟子從學於子思之門人，主張人性本善，子夏之學，數傳以後，傳之於荀子，荀子主張人性為惡，孟荀二人，各衍所學，成為孔子之後，儒學的兩大宗師。

漢代統一之後，董仲舒提出「罷黜百家，獨尊儒術」的建議，漢武帝加以實行，由是儒學定於一尊，成為傳統社會中最具影響力量的思想主流。

魏晉南北朝時代，由於政治變革，社會動盪，人心萎靡，玄學思想乘勢興起，加以佛教東傳，道教茁長，儒學在此一時期，已經步上了衰頹的道路。

韓愈生於中唐時期，終其一生，除倡導古文運動之外，對於推動儒學的復興，也不遺餘力，本文之作，主要即在探索韓愈對於儒學發展所作的貢獻，並討論其在儒學發展史上的地位。

陳寅恪先生早年曾經撰有〈論韓愈〉❶一文，他從六項重點，去「證明昌黎在唐代文化史上之特殊地位」，所舉的六項重點，「一曰，建立道統，證明傳授之淵源」，「二曰，直指人倫，掃除章句之繁瑣」，「三曰，排斥佛老，匡救政俗之弊害」，「四曰，呵詆釋迦，申明夷夏之大防」，「五曰，改進文體，廣收宣傳之效用」，「六曰，獎掖後進，期望學說之流傳」，陳先生的這篇文章，也是後來許多評論韓愈歷史地位問題的重要基礎。

在〈論韓愈〉一文之中，陳先生提出了六項重點，從唐代文化史的角度，去全面評論韓愈的特殊地位，筆者此文，主要是從儒學流變的角度，去探索韓愈對於儒學的發展，到底作出了那些貢獻，因此，本文所討論的範圍，有些部分，是與陳先生所評論的重點相同，有些所討論的，則是各有領域，較無關聯。其次，本文所討論的範圍，雖然有些部分與陳先生所評論的範圍相同，但是，個人對於陳先生所持的觀點，也有一些不盡贊同之處，此在下文之中，將隨文加以說明。

二、貢獻

韓愈對於儒學發展所作出的貢獻，約可分為以下幾點：

㈠建立道統心傳

儒學思想中的道統之論，首先由孟子提出，《孟子．公孫丑下》說：「五百年必有王者興，其間必有名世者。」《孟子．盡心下》也說：「由堯舜至於湯，五百有餘歲，若禹皋陶，則見而知之，若湯，則聞而知之。由湯至於文王，五百有餘歲，若伊尹萊朱，則見而知之，若文王，則聞而知之。由文王至於孔子，五百有餘歲，若太公望散宜生，則見而知之，若孔子，則聞而知之。由孔子而來，至於今，百有餘歲，去聖人之世，若此其未遠也，近聖

❶ 陳寅恪〈論韓愈〉，撰成於一九五一年，陳氏六十二歲之時，一九五四年發表於《歷史研究》，此據蔣天樞：《陳寅恪先生編年事蹟》，上海古籍出版社，一九九七年六月。

人之居，若此其甚也，然而無有乎爾，則亦無有乎爾。」孟子在此，提出了由堯、舜，以至商湯，由商湯以至文王，由文王以至孔子，在思想上相互承繼的傳遞，只是，孟子在此章之中，對於先聖先賢彼此之間的傳遞關係，並未能敘說得十分清晰。孟子之後，經過一千五百多年，直到韓愈，才提出了比較明確的道統觀念，韓愈〈原道〉說：

斯道也，何道也，曰，斯吾所謂道也，非向所謂老與佛之道也，堯以是傳之舜，舜以是傳之禹，禹以是傳之湯，湯以是傳之文武周公，文武周公傳之孔子，孔子傳之孟軻，軻之死，不得其傳焉。❷

韓愈在〈原道〉篇中，雖然僅只提出了「道」字，但是，先聖先賢彼此承繼此「道」，傳遞此「道」的關係，卻說得比孟子更加清晰，同時，韓愈也以孟子為能承繼孔子之後，為傳道之大賢。另外，韓愈在〈送浮屠文暢師序〉中也說：

是故道莫大乎仁義，教莫正乎禮樂刑政，施之於天下，萬物得其宜，措之於其躬，體安而氣平，堯以是傳之舜，舜以是傳之禹，禹以是傳之湯，湯以是傳之文武，文武以是傳之周公孔子，書之於冊，中國之人世守之。

在此篇序文之中，韓愈同樣也將先聖先賢彼此承繼的關係，再行加以說明，另外，在〈原道〉篇中，韓愈敘述「道統」之傳，說到「孔子傳之孟軻，軻之死，不得其傳焉」，在〈與孟尚書書〉中，韓愈說到，「釋老之害，過於楊墨，韓愈之賢，不及孟子，孟子不能救之於未亡之前，而韓愈乃欲全之於已壞之後」，「使其道由愈而粗傳，雖滅死萬萬無恨」，則韓愈很明顯地是以承繼孟子道統之傳而自任。不過，「道統」之名，卻要到宋代的朱熹，才明確地規範出來，總之，古聖先賢道統相傳的內容，確是由於韓愈推闡孟子之說，而加以奠定基礎的，此一基礎的奠定，對於宋代儒學的發展，也產生了極其巨大的影響。

陳寅恪先生在〈論韓愈〉一文之中，曾經指出，韓愈年幼時，曾經隨兄長韓會謫居在韶州，韶州是唐代新禪宗的發祥地，因此，主張韓愈的道統之論，「表面上雖由孟子卒章之言所啟發，實際上乃因禪宗教外別傳之說所造成」，對於陳先生的這種看法，個人覺得，還有一些可疑之處，值得討論。第一、韓愈十歲時，隨長兄韓會至廣東韶州，十二歲時，韓會死

---

❷ 載馬其昶：《韓昌黎文集校注》，世界書局，民國五十六年五月，下引韓愈文並同。

於韶州，韓愈隨長嫂扶兄柩歸葬於河陽，在韶州兩年，以當時韓愈的年齡而言，是否會受到禪宗思想的影響，難於肯定，第二、韓愈的〈送浮屠文暢師序〉與〈原道〉等文，大約作於貞元十九年冬，韓愈三十三歲被貶至廣東陽山之前，或初到陽山之時，在此之前，韓愈與禪師如大顛、香禪師等，尚未謀面（韓愈與大顛、秀禪師的晤面，是元和十四年，韓愈五十二歲，被貶至潮州以後之事），是否已經深受禪宗教外別傳的說法所影響，也令人懷疑❸，這些問題，都需要再加研索，因此，陳先生所提出來的看法，似乎還不能夠視為是一種定論。

(二)提升孟學地位

在唐代以前，孟子的地位，與荀子相同，司馬遷撰《史記・孟荀列傳》，以孟軻與荀卿合傳，相提並論，稍後，班固在《漢書・藝文志》中，也將《孟子》與《荀子》，收入〈諸子略〉中，與《晏子》等書同列，以至《隋書・經籍志》與《唐書・藝文志》，也都將《孟子》列入子部書中，因此，在唐代以前，《孟子》書所受到的重視，孟子在士人心中的地位，都不算是很高，直到韓愈特別表彰孟子精神，《孟子》之書，才逐漸受到人們的重視，孟子其人，也才逐漸提升其在儒學上的地位。韓愈在〈送王塤秀才序〉中說道：

> 吾常以為孔子之道，大而能博，門弟子不能遍觀而盡識也，故學焉而皆得其性之所近，其後離散，分處諸侯之國，又各以所能授弟子，原遠而末益分，蓋子夏之學，其後有田子方，子方之後，流而為莊周，故周之書，喜稱子方之為人，荀卿之書，語聖人必曰孔子子弓，子弓之事業不傳，唯太史公書弟子傳，有姓名字曰馯臂子弓，子弓受易於商瞿，孟軻師子思，子思之學，蓋出曾子，自孔子沒，群弟子莫不有書，獨孟軻氏之傳得其宗，故吾少而樂觀焉。

韓愈以為，孔門之中，學術流衍，有三大派別，其中要以孟子之學，最能闡明孔學之宗旨，韓愈〈讀荀〉也說：

> 始吾讀孟軻書，然後知孔子之道尊，聖人之道易行，王易王，霸易霸也，以為孔子之徒沒，尊聖人者，孟氏而已。

---

❸ 參林伯謙：《韓柳文學與佛教關係之研究》，東吳大學博士論文，民國八十二年。

是以韓愈以為，「求觀聖人之道，必自孟子始」❹，韓愈自己，也自少年時期，便喜歡閱讀《孟子》，尊敬孟子。

由於推尊孟子，韓愈對於儒家另外兩位大師，荀卿與楊雄，也提出了評論的意見，他以為，「荀與楊，大醇而小疵」，「荀與楊也，擇焉而不精，語焉而不詳」❺，只有孟子之學，才是「醇乎醇者也」，所以，韓愈在〈原道〉篇中，才將孟子繼孔子之後，列為道統的心傳，韓愈在〈與孟尚書書〉中也說：

《孟子》云：「今天下不之楊則之墨。」楊墨交亂，而聖賢之道不明，則三綱淪而九法斁，禮樂崩而夷狄橫，幾何其不為禽獸也，故曰：「能言拒楊墨者，皆聖人之徒也。」楊子雲云：「古者楊墨塞路，孟子辭而闢之，廓如也。」……向無孟子，則皆服左衽而言侏離矣，故嘗推尊孟氏，以為功不在禹下者，為此也。

韓愈推崇孟子拒斥楊墨、維持正道的功勞，以為不在大禹治水的貢獻之下，這種推崇孟子的說法，在當時，是絕無僅有的。

唐代以前，在儒學的發展上，往往是以周公與孔子並稱，唐代初期，國子監祭祀先聖先賢，主要的對象則是孔子與顏回，但是，自從韓愈致力推崇孟子，以為孔子之學，「獨孟軻氏之傳得其宗」，並且，在〈原道〉篇中，更以為在道統的流衍上，只有孟軻能繼承孔子的心傳，由是之後，社會上，逐漸以「孔孟」取代「周孔」或「孔顏」的情況，便日漸興起，降及宋代，經過二程、張載、王安石的努力，直到朱熹編纂《四書》，將《孟子》列入其中，孟子在儒學中的重要地位，才正式確立，同時，《孟子》一書，也才由子部的古籍，被提升為十三《經》之一，正式列入經部之中。因此，追本溯源，孟學價值的肯定，孟子地位的提升，韓愈的努力，貢獻是不容抹煞的。

(三)擴充仁德內涵

「仁」是儒學思想中最根本的觀念，「仁」字從二人立義，主要在於規範人與人之間的關係，主張君子立身修己之外，也要善於與人相處，根據《論語》中的記載，「顏淵問仁，子曰，克己復禮為仁」（〈顏淵〉），「子曰，剛毅木訥，近仁」（〈子路〉），已經指出，孔

❹ 見韓愈：〈送王塤秀才序〉。

❺ 見韓愈：〈讀荀〉。

子的「仁」，是立身修己的基本條件，至於「樊遲問仁，子曰，愛人」（〈顏淵〉），「夫仁者，已欲立而立人，已欲達而達人」（〈雍也〉），則孔子已將「仁」的對象，由己身移轉到他人身上，而成為獨善己身之外，兼及他人的善良行為。

孔子之後，對於「仁」德的內涵，孟子有著重要的推展，他將施行「仁」德的對象，由「人」推及到「物」，（《孟子・盡心上》）記載：「孟子曰，君子之於物也，愛之而弗仁，於民也，仁之而弗親，親親而仁民，仁民而愛物。」雖然，在此章之中，孟子對於物，他只主張「愛之」，對於民，則主張「仁之」，只有對於自己的親人，才主張「親親」，所以說，「親親而仁民，仁民而愛物」，他主張愛有先後，愛有等差，「仁」與「愛」之間，也有對象及意義的差異，這便是「親親之殺，尊賢之等」（〈中庸〉），「仁者以其所愛，及其所不愛」（《孟子・盡心下》）的意義。對於上述孟子的話語，朱熹在《四書集注》中說：「物謂禽獸草木，愛謂取之有時，用之有節。」❻趙順孫在《四書纂疏》中引述真德秀之言說：「親者吾之同體，民者吾之同類，而物則異類矣。」❼因此，對於「物」，只是將之列為「異類」，而與「同體」及「同類」有異，所以，對於「物」，能夠主張「取之有時，用之有節」，已經是「愛」的表現了。

儒學中這種施行「仁」德，愛有等差，由近及遠的主張，自孔孟以下，已經行之多年，直到韓愈，才有了改變，韓愈在〈原人〉中說：

> 形於上者謂之天，形於下者謂之地，命於其兩間者謂之人，形於上，日月星辰皆天也，形於下，草木山川皆地也，命於其兩間，夷狄禽獸皆人也。……天者，日月星辰之主也，地者，草木山川之主也，人者，夷狄禽獸之主也，主而暴之，不得其為主之道矣，是故聖人一視而同仁，篤近而舉遠。

韓愈在此文中，以天地人三才並列，而在「人」的方面，他提到，「命於其兩間，禽獸夷狄皆人也」，他以為，生活在天地之間，無論是邊疆種族的夷狄，無論是飛禽走獸的動物，在理想的聖人眼中，都應將之視為是人們的同類，而應等同其愛心去加以對待，這種設想，主要是源自於韓愈對於「仁」德義涵的界定，韓愈〈原道〉說：

> 博愛之謂仁，行而宜之之謂義，由是而之焉之謂道。

---

❻ 朱熹：《四書集注》，世界書局，民國五十六年十一月。

❼ 趙順孫：《四書纂疏》，通志堂經解本。

〈原道〉篇首言「博愛之謂仁」，將「仁」的義涵界定為「博愛」，這與孔子所說的「愛人」（《論語・顏淵》），孟子所說的「仁者愛人」（《孟子・離婁下》），「仁者以其所愛，及其所不愛」（《孟子・盡心下》），將愛的對象，局限於「人」的目標上，是有所區分的。同時，韓愈這種「博愛」，是「合仁與義言之」（〈原道〉），是冀望「鰥寡孤獨廢棄者皆有養也」的道德之愛，這與墨子以「交相利」去言「兼愛」，在義涵上也不盡相同。由於韓愈以「博愛」解釋「仁」德，由於韓愈對於「博愛」義涵的擴大，施用對象不限於「人」，所以才有〈原人〉篇中「夷狄禽獸皆人也」的「一視而同仁」的胸懷與抱負的出現，我們以〈原人〉篇去印證〈原道〉篇中「博愛」的意義，可以了解，韓愈對於「仁」德的解釋，較之孔孟所言，已經擴充其內涵，已經將孔子針對人與人關係的「仁」，將孟子由「同類」推及於「異類」的「仁」，擴充到「同類」「異類」之間，一以視之，等同其仁心愛意的義涵了，韓愈對於「仁」德義涵的這一界定，對於往後張載在〈西銘〉中所提到的「民吾同胞，物吾與也」，主張人們應當普施其廣大的仁德，將萬物視以為是自己的黨與同類的義涵，應該有著極大的影響。❽

因此，從思想演進的線索來看，由孟子到韓愈，由韓愈到張載，「仁」德義涵的擴充，是一條十分合理而自然的發展關聯。

(四)推衍心性學說

儒學思想中最先提到人性問題的是孔子，孔子提出「性相近也，習相遠也」（《論語・陽貨》）的說法，主要是在區分先天之「性」與後天之「習」的不同，對於「性」的本身，孔子只是指出其「相近」的特點。

到了孟子，「道性善，言必稱堯舜」（《孟子・滕文公上》），他以為，「仁義禮智，非由外鑠我也，我固有之也」（《孟子・告子上》），而仁義禮智四德，可以由人們先天所具有的惻隱、羞惡、恭敬、是非之心，看出端倪，這也是人們所以異於禽獸的良知良能，因此，只要人們能夠擴充四端，便能夠彰顯人心中善良的本性。

孟子之後，荀子提出了「性惡」的說法，他以為，「人之性惡，其善者偽也」（《荀子・性惡》），他以為，「不可學，不可事，而在人者，謂之性。可學而能，可事而成，之在人者，謂之偽」，因此，主張人們必須化性起偽，「有師法之化，禮義之道」，才能夠使人性回歸善良，出於辭讓，合於文理。

其實，在孔子之後，孟子之前，人性學說，已經有了「性有善有惡」、「有性善有性不

❽ 參胡楚生：〈韓愈〈原人〉與張載〈西銘〉〉，《書目季刊》十八卷一期，民國七十三年六月。

善」、「性無善無不善」（皆見《孟子・告子上》）等不同的意見，孟子荀子以後，到了漢代，楊雄提出了「人之性也，善惡混」，「修其善則為善人，修其惡則為惡人」（《法言・修身》）的說法，而董仲舒論性，已經提出了性有三類，所謂「聖人之性，不可以名性，斗筲之性，又不可以名性，名性者，中民之性」（《春秋繁露・實性》）的說法，以為「性待漸於教訓，而後能為善」，到了東漢，王充以為，「余固以為孟軻言人性善者，中人以上者也，孫卿言人性惡者，中人以下者也，楊雄言人性善惡混，中人也」（《論衡・本性》），荀悅也提出了性三品論，他說：「有三品焉，上下不移，其中則人事焉爾。」（《申鑒・雜言下》）到了唐代，韓愈推衍前人的意見，對於性三品論，作出了更為詳細的說法，韓愈〈原性〉說：

> 性也者，與生俱生也，情也者，接於物而生也。

韓愈在此文中，首先指出人心之中，有性有情，並且對於性和情二者，作出了意義的界定，〈原性〉又說：

> 性之品有三，而其所以為性者五，情之品有三，而其所以為情者七。曰，何也，曰，性之品有上中下三，上焉者，善焉而已矣，中焉者，可導而上下也，下焉者，惡焉而已矣。其所以為性者五，曰仁、曰禮、曰信、曰義、曰智，上焉者之於五也，主於一而行於四，中焉者之於五也，一不少有焉，則少反焉，其於四也混，下焉者之於五也，反於一而悖於四。

韓愈以為，人性有三品，上品先天為善，下品先天為惡，中品則可經由後天的引導而可善可惡，至於在人性的表現方面，則性之上品者，由於能依照仁道而行，自然可以在行為上貫串其他禮、信、義、智四種德行，至於性之下品者，由於行為違反仁道，其他四種德性，自然也不能加以踐行，至於性之中品者，由於對於仁道的實踐，多寡有其不同，因此，對於其他四種德行的實踐，也就隨之也有多寡的不同。〈原性〉又說：

> 情之品有上中下三，其所以為情七，曰喜、曰怒、曰哀、曰懼、曰愛、曰惡、曰欲，上焉者之於七也，動而處其中，中焉者之於七也，有所甚有所亡，然其合於中者也，下焉者之於七也，亡與甚直情而行者也。

韓愈以為，情和性相依而衍，性有三品，情也有三品，上品之情，對於喜怒哀懼愛惡欲七情的抒發，能夠恰到好處，下品之情，對於七情，或者全無七情，或者七情抒發過度，而中品之情，對七情的抒發，則有時過度，有時不及，但卻希望能夠去合乎中道。〈原性〉又說：

孟子之言性，曰，人之性善，荀子之言性，曰，人之性惡，揚子之言性，曰，人之性善惡混，夫始善而進惡，與始惡而進善，與始也混而今也善惡，皆舉其中而遺其上下者也，得其一而失其二者也。

韓愈以為，孟子、荀子、楊雄論性，都只是就其「中」品者而言，卻都遺忘了其「上下」品者，因此，才批評他們的意見是「得其一而失其二」，〈原性〉又說：

上之性，就學而愈明，下之性，畏威而寡罪，是故上者可教，而下者可制也，其品則孔子謂不移也。

韓愈持性有三品之說，因而以為，上品之性，可以由於教之學之而愈加清明，下品之性，可以因其畏懼威權而加以宰制，因此，他以為上品與下品之性，都可因後天的因素而有所改變，這種說法，與董仲舒、王充、荀悅對性三品的看法都不相同，因為，董仲舒等三人的看法，認為上下二品之性是不可改變的，韓愈卻以為上下二品之性，是可以改變的。至於韓愈希望以孔子之言，為自己的說法作證，則似不必要，因為，孔子所說的唯「上智與下愚不移」（《論語・陽貨》）以及「中人以上，可以語上，中人以下，不可以語上」（《論語・雍也》），只是就人們的智慧資質而言，與人們的本性，並無絕對的關係。

要之，韓愈的性有三品之說，是從董仲舒、王充、荀悅等人的說法推衍而來，只是韓愈在他們的性三品的說法中，加上了揚雄的性善惡混之說，作為中性，又將揚雄之說，擴充到上下品的性，因而也使得上下品之人，都可以因學因威而改變他們的人性❾。只是，韓愈既然以紹述孟子之學為己任，而在論及人性方面，卻又未能繼承孟子性善的學說，而加以發揚光大，未免是有其瑕疵。

(五)重振師道尊嚴

❾ 參韋政通：《中國思想史》頁九五四，水牛出版社，民國八十二年七月。

孔子為萬世師表，儒學傳統之中，向來重視教師弟子之關係，強調尊師重道之重要，師生的關係，雖然沒有被儒家列入五倫之中，但是，《周禮・地官・師氏》記載「師氏」之官，「以三德教國子，一曰至德，以為道本，二曰敏德，以為行本，三曰孝德，以知逆惡。教三行，一曰孝行，以親父母，二曰友行，以尊賢良，三曰順行，以事師長」，已經將「事師長」與「尊賢良」及「親父母」並列為師氏教育國子的三種重要行徑，《禮記・檀弓》中記載：「事親有隱而無犯」，「事君有犯而無隱」，「事師無犯無隱」，也已將「師」與「君」「親」相提並列，其重視師道的程度，已不言可喻。

《禮記・文王世子》記載：「凡始立學者，必釋奠于先聖先師。」又記載：「教世子……入則有保，出則有師，是以教喻而德成也，師也者，教之以事而喻諸德者也，保也者，慎其身以輔翼之而歸諸道者也。」《禮記・學記》記載：「凡學之道，嚴師為難，師嚴然後道尊，道尊然後民知敬學。」又記：「大學之禮，雖詔於天子，無北面，所以尊師也。」都強調了尊崇師道的重要性。

《論語》中記載弟子向孔子問學，言語多極謹慎，態度也極為恭敬，至於叔孫武叔以為子貢賢於仲尼，子貢乃曰：「譬之宮牆，賜之牆也及肩，窺見室家之好，夫子之牆數仞，不得其門而入，不見宗廟之美，百官之富。」（《論語・子張》），至於叔孫武叔毀謗仲尼，子貢乃曰：「仲尼不可毀也，他人之賢者，丘陵也，猶可踰也，仲尼，日月也，無得而踰焉。」（《論語・子張》）更表示了對於孔子的極度尊崇。

降及漢代，五經專門授受，弟子稟承師長之教，尊師重道，已經形成儒學的傳統美德。但是，魏晉時代，戰亂頻生，玄學興起，竹林遺風，輕視名教，尊師之道，逐漸陵夷，以迄隋唐，師道益為衰頹，直到韓愈，有見於此，才力挽頹風，重建師道的尊嚴，柳宗元在〈答韋中立論師道書〉中說道：

> 孟子稱：「人之患，在好為人師。」由魏晉以下，人益不事師，今之世，不聞有師，有，輒譁笑之，以為狂人。獨韓愈奮不顧流俗，犯笑侮，收召後學，作〈師說〉，因抗顏而為師，世果群怪聚罵，指目牽引，而增與為言詞，愈以是得狂名。❿

從柳宗元的敘述中，可以得知，韓愈在當時，面對險巇的環境，不顧流俗，不畏譏侮，自己勇於為人之師、提倡師道的艱困情形，韓愈在〈師說〉中說道：

❿ 見《柳河東集》，河洛出版社，民國六十三年十二月。

古之學者必有師，師者，所以傳道受業解惑也，人非生而知之者，孰能無惑，惑而不從師，其為惑也，終不解矣，生乎吾前，其聞道也，固先乎吾，吾從而師之，生乎吾後，其聞道也，亦先乎吾，吾從而師之，吾師道也，夫庸知其年之先後生於吾乎，是故無貴無賤，無長無少，道之所存，師之所存也。

在〈師說〉中，韓愈不但清楚地規劃出教師的責任是「傳道授業解惑」，並且擴大了從師的範圍，以為無論年齡的長幼，職位的高低，只要有可傳之「道」，都可以作為人們的師長，使人從而效法，這固然是受到了當時「巫醫樂師百工之人，不恥相師」（〈師說〉）的影響，但也是繼承了孔子「三人行，必有我師焉」（《論語·述而》）的精神而加以發揮的。

韓愈倡導古文運動，不遺餘力，李漢在〈昌黎先生集序〉中說：「洞視萬古愍惻，當世遂大拯頹風，教人自為，時人始而驚，中而笑且排，先生益堅，終而翕然隨以定。」雖然是描述了韓愈提倡古文艱苦奮鬥的情形，但是，隨伴而行的重振師道運動，在當時所遭遇到的打擊和批評，相信也與推行古文運動的情形一樣艱辛，可是，由於韓愈的努力，加以自身勇於為人之師，獎掖青年，「成就後進士，往往知名，經愈指授，皆稱韓門弟子」⑪。像韓愈在潮州，命弟子進士趙德為當地之師，教學授徒，使潮州士子篤於文行，便是明顯的例子。

因此，經由韓愈的努力，使得魏晉以下逐漸衰頹的尊師之道，得以逐漸重新振起，成為儒學思想中極為重要的倫理觀念，影響於宋代理學以下的尊師觀念，尊師行為，以及私人講學授徒於書院的風氣，至為重大。

㈥排斥佛老思想

自佛教於漢代東傳以後，在社會上逐漸盛行，加上魏晉時期，道教興起，儒學逐漸衰頹，至於唐代，佛老思想，彌漫一時，韓愈見到這種現象，憂心忡忡，因此，「觝排異端，攘斥佛老」（〈進學解〉），便成為他終生秉持的信念，韓愈在〈原道〉篇中說過：

> 古之時，人之害多矣，有聖人者立，然後教之相生養之道，為之君，為之師……今其法曰，必棄而君臣，去而父子，禁而相生養之道，以求其所謂清淨寂滅者，嗚呼，其亦幸而出於三代之後，不見黜於禹湯文武周公孔子也，其亦不幸而出於三代之前，不見正於禹湯文武周公孔子也。

---

⑪ 見《新唐書・韓愈傳》。

韓愈以為，自古以來，聖人作為君師，主要在於教導民眾相生相養之道，以求民眾之世代綿延，生活幸福，因此，他抨擊佛老之徒，使百姓棄卻君臣父子之關係，綿延生命之願望，以求達到所謂清淨寂滅的目的，是一項違背人情倫常的行為，〈原道〉篇又說：

傳曰，「古之欲明明德於天下者，先治其國，欲治其國者，先齊其家，欲齊其家者，先修其身，欲修其身者，先正其心，欲正其心者，先誠其意」，然則古之所謂正心而誠意者，將以有為也，今也欲治其心，而外天下國家，滅其天常，子焉而不父其父，臣焉而不君其君，民焉而不事其事，孔子之作《春秋》也，諸侯用夷禮，則夷之，進於中國，則中國之，《經》曰，「夷狄之有君，不如諸夏之亡」，《詩》曰，「我狄是膺，荊舒是懲」，今也，舉夷狄之法，而加之先王之教之上，幾何不胥而為夷也。

韓愈引用〈大學〉之言，以為古人所以要「正心誠意」，正是要有所作為，自修身齊家治國以至於理平天下，而佛老之徒，卻使民眾專治其心，而不重視父子之恩，不了解君臣之義，忽略了人與人之間的倫理關係，進而更不注意國家天下之大事，這種情形，明顯地與傳統以儒學為代表的倫理思想嚴重不諧，〈原道〉篇又說：

古之為民者四，今之為民者六，古之教者處其一，今之教者處其三，農之家一，而食粟之家六，工之家一，而用器之家六，賈之家一，而資焉之家六，奈之何民不窮且盜也。

韓愈對於佛老教徒的批評，也從國家財賦及社會經濟的立場，以供輸及消費難以平衡的觀點，作出了事實上的陳述，而加以抨擊，因而主張對於佛老異端要「不塞不流，不止不行，人其人，火其書，廬其居」，陳寅恪先生在〈論韓愈〉一文中，針對韓愈所持的財政經濟因素，曾經詳加論述。

另外，唐憲宗十四年，天子曾經命中使杜英奇，迎接鳳翔法門寺護國真身塔中佛指骨入大內供養，韓愈針對此事，撰寫了〈論佛骨表〉一文，而作出激烈的諫勸，以為「佛本夷狄之人」、「其身死已久」、「乞以此骨，付之有司，投諸水火，永絕根本，斷天下之疑，絕後代之惑」，此一諫勸，雖不為憲宗所接受，並且還引致了韓愈被貶謫到潮州的不幸結果，但是，韓愈排斥佛老異端的立場，卻是先後一貫，決不動搖的。

唐代佛教盛行，而道教以老子李耳為教主，借其與唐朝皇室同姓的緣故，在政治上及社會上，取得了不少的優勢，而大為興盛，因此，韓愈觝排佛教之意願，推行之時，似難尚易，至於拒斥道教的目標，推行之時，則是更加艱困難為，而韓愈對此，抱持信念，一往無前，其堅定的道德勇氣，尤其令人欽佩。

(七)啓迪理學徑路

儒學發展到宋代，形成另外一個新的局面，世人稱之為理學或道學，也稱之為新儒學，理學局面的開拓，雖然有著許多其他的因素，但是，受到韓愈的啟迪，應該也是其中重要的原因之一。

韓愈在〈原道〉篇，明確地提出了道統的說法，到了朱熹，在〈中庸章句序〉中說道：「〈中庸〉何為而作也，子思子憂道學之失其傳而作也，蓋自上古聖神，繼天立極，而道統之傳者，有自來矣，其見於《經》，則『允執厥中』者，堯之所以授舜也，『人心惟危，道心惟微，惟精惟一，允執厥中』者，舜之所以授禹也。」又說：「自是以來，聖聖相承，若成湯、文武之為君，皋陶、伊、傅、周、召之為臣，既皆以此而接夫道統之傳，若吾夫子，則雖不得其位，而所以繼往聖，開來學，其功反有賢於堯舜者。」又說：「自是而又再傳，以得孟氏，為能推明是書，以承先聖之統，及其沒而遂失其傳焉。」又說：「然而尚幸此書之不泯，故程夫子兄弟者出，得有所考，以續夫千載不傳之緒。」⑫朱子在此〈序〉文中，指出了儒學的十六字心傳，指出了「道統」的名稱，也指出了道統的承繼，雖然，朱子以為，孟子以後，只有二程，才是能夠直接孟子的心傳者，並沒將韓愈列在孟子以後的承繼位置，但是，道統的觀點，卻無疑是受到了韓愈說法的影響而衍生的。

〈大學〉與〈中庸〉，原是《禮記》中的篇章，韓愈在〈原道〉篇中，已經表彰了〈大學〉思想有體有用的重要性，稍後，韓愈的弟子李翱，在所撰的〈復性書〉中，又特別表彰了〈中庸〉內儒家性命之學的要旨，至於《孟子》一書，更是由於韓愈特別的推崇，才使得孟子在儒學上的地位，特別凸顯，到了南宋淳熙年間，朱子取《論語》一書，與《孟子》、〈大學〉、〈中庸〉，合為《四書》，自此之後，《四書》不但成為理學思想重要的義理根源，也成為科舉考試的重要依據，要之，《四書》的集結，雖然是出於朱熹之手，但是，韓愈和李翱，也已經作出了先驅性的引導工作。

韓愈在〈原人〉一文之中，曾經將孟子對於「仁」德的詮解，在內涵上，作出了更為充實擴展的界定，北宋張載，在所撰的〈西銘〉中，曾經說道：「乾稱父，坤稱母，予茲藐焉，乃渾然中處，故天地之塞，吾其體，天地之帥，吾其性，民吾同胞，物吾與也。」⓭他

⓬ 同注❻。

⓭ 張載：《正蒙‧乾稱篇》，載《張載集》，里仁書局，民國七十年十二月。

在該文之中，不但承襲了儒學中天人合一的理想，也從而擴充了儒學思想中「仁」德義涵的內容，無疑是一種極為高貴的情操，他的那種思想，應該是受到了韓愈在〈原人〉一文中的影響，才能將儒學中仁民愛物的精神，發揮到前所未有的遼闊境界。

韓愈提出了性有三品的說法，雖然與孟子的性善說法，並不相符，但是，對於宋代理學家的心性學說，卻仍然產生了一些正面或側面的影響，留下了討論的課題，張載在《正蒙・誠明》中，提出了「性與天道合一」，「形而後有氣質之性」的看法，以為「天地之性」是人們先天具有的善性，而「氣質之性」則是由人們後天的氣質所雜糅，因而不能歸於純善，所以，才因此提出了「變化氣質」的說法，以求回歸人們的「天地之性」。張載的這種主張，多少是受到韓愈性三品之說而激發出來的。張載之後，程頤朱熹，對於張載的說法，也有較多的推衍，多少也都是受到了韓愈性三品說的激發而來。

韓愈在中唐時代，儒者不尚尊師的情況之下，排除眾說，廣開講學之路，勇於為人之師，召收弟子，激勵後進，不但重振了師道之尊嚴，而且影響理學家對於師道尊崇的觀念，故周敦頤、張載、二程以下，或在私家課徒，或在書院講學，師道由是大興，立雪程門之故事，也傳為千古美談，追本溯源，受到韓愈重振師道的影響，應不在小。

韓愈在〈原道〉篇中，以及〈論佛骨表〉中，提出了激烈的排斥佛老的主張，自此以後，宋代理學家也多數排斥佛老異端，其受到韓愈的影響，是十分明顯的事實。

以上論及的幾項事件，在理學家的思想之中，都是屬於重要的論題，這些論題，多數都曾受到韓愈的影響，因此，如果我們指出，韓愈的言論及行事，啟迪了理學的徑路，相信是可以被接受的看法。⑭

三、結語

在上文中，個人提出的前六點意見，是韓愈對於儒學的發展，較為長遠的影響，至於第七點意見，則是韓愈對於儒學的發展，較為切近的影響。因此，對於前六點意見，分別討論，對於第七點意見，綜合討論，主要都在說明，韓愈對於儒學的發展，所曾作出的一些貢獻。

陳寅恪先生在〈論韓愈〉一文之中，舉出了六項重點，以證明昌黎先生在唐代文化史上之特殊地位，個人撰寫這篇小文，則是希望探索韓愈對於儒學發展的貢獻，從而討論韓愈在

⑭ 參董金裕：〈理學的先導——韓愈與李翺〉，《書目季刊》十六卷二期，民國七十一年九月。

儒學發展史上的地位。個人此文，與陳先生所討論的範圍，並不完全相同。

韓愈對於儒學發展的貢獻，個人提出的第一點是「建立道統心傳」，這一點所論及的內容，與陳先生所提出的第一項「建立道統，證明傳授之淵源」，大體上是相同的，只是，陳先生以為韓愈建立道統之說，是受到廣東新禪宗的影響所致，在這方面，個人覺得，陳先生的證據，似乎還不夠堅強。

韓愈對於儒學發展的貢獻，個人提出的第二點是「提升孟子地位」，第三點是「擴充仁德內涵」，第四點是「推衍心性學說」，這三項所論及的內容，陳先生的大文中，都未曾加以討論。

韓愈對於儒學發展的貢獻，個人提出的第五點是「重振師道尊師」，第六點「排斥佛志思想」，這兩項，與陳先生所提出的第六項「獎掖後進，期望學說之流傳」，第三項「排斥佛老，匡救政俗之弊害」，所論及的內容，大體上是相同的。

韓愈對於儒學發展的貢獻，個人提出的第七點是「啟迪理學徑路」，所論及的內容，陳先生的大文中，也未曾加以討論。

至於陳先生在〈論韓愈〉的大文中所論及的第二項「直指人倫，掃除章句之繁瑣」，第四項「呵詆釋迦，申明夷夏之大防」，第五項「改進文體，廣收宣傳之效用」，個人以為，似與儒學的發展，較無密切的關係，故未加以論及。

要之，從儒學發展的源流變遷中，去考察韓愈所曾作出的貢獻，個人以為，上述所論及的幾個重點，是應該提出來的，如果我們承認上述的七個重點，則韓愈在儒學發展史上承先啟後的關鍵地位，亦將得到適當的肯定。

（此文原刊載於東吳大學《唐代文化學術研究會論文集》，民國八十九年七月出版）

拾壹、韓愈「孔墨相用說」釋疑

一、引言

韓愈生平，信仰孟子，所以，在討論道統相傳之時，歷敘了堯舜禹湯、文武周孔以後，他接著就說，「孔子傳之孟軻，軻之死，不得其傳」❶，其實隱然是以效法孟子，直接孟子之心傳，作為自我期許的目標，在評論學術流派之時，他也以為，「自孔子沒，群弟子莫不有書，獨孟軻氏之傳得其宗」，「故求觀聖人之道，必自孟子始」❷，因此，韓愈對於孟子，可以說是已經表示了極高的尊崇。

❶ 見〈原道〉，載馬其昶《韓昌黎文集校注》卷一，此據世界書局民國五十六年再版本，下引並同。

❷ 見〈送王塤秀才序〉，載《韓昌黎文集校注》卷四。

孟子嘗說：「楊墨之道不熄，孔子之道不著。」又說：「能言距楊墨者，聖人之徒也。」❸韓愈以為，孟子牴排異端，拒斥楊墨，光大孔學，使得「今學者尚知宗孔氏，崇仁義，貴王賤霸」❹，其功不在大禹平治洪水之下，因此，他更提出了「向無孟氏，則皆服左衽而言侏離矣」❺的讚揚之詞，但是，令人詫異的是，願學孟子的韓愈，對於墨子，不僅沒有任何嚴厲拒斥的言詞，反而有著「孔墨相用」的論調，這種矛盾的現象，實在不免使人感到十分地驚訝，韓愈在〈讀墨子〉一文中說道：

儒譏墨以上同、兼愛、上賢、明鬼，而孔子畏大人，居是邦不非其大夫，《春秋》譏專臣，不上同哉？孔子泛愛親仁，以博施濟眾為聖，不兼愛哉？孔子賢賢，以四科進褒弟子，疾沒世而名不稱，不上賢哉？孔子祭如在，譏祭如不祭者，曰我祭則受福，不明鬼哉？儒墨同是堯舜，同非桀紂，同修身正心以治天下國家，奚不相悅如是哉？余以為，辯生於末學，各務售其師之說，非二師之道本然也，孔子必用墨子，墨子必用孔子，不相用，不足為孔墨。❻

為什麼韓愈要以為孔墨相用，而不效法孟子，拒斥墨子呢？對於這個問題，程頤以為是韓愈

「言不謹嚴」❼，朱熹以為是韓愈「看得不親切」❽，張淏以為是韓愈「自相矛盾」❾，茅坤以為是韓愈「汩其文辭，而忘其本」❿，他們雖然各有自己的觀點，但卻不必一定就能符合事實的真相，對於這個問題，我們可以從以下幾個途徑，去作探索。

二、從韓愈所論孔墨學術本源上考察

首先，我們從韓愈所論孔墨兩家學術的本源上去考察，在〈讀墨子〉一文中，韓愈提出了「辯生於末學，各務售其師之說，非二師之本然也」的說法，他以為，孔墨相非，只是兩

---

❸ 見《孟子・滕文公下》。此據世界書局《四書集注》本，下引並同。

❹ 見《與孟尚書書》，載《韓昌黎文集校注》卷三。

❺ 同注❹。

❻ 載《韓昌黎文集校注》卷一。

❼ 見《二程語錄》卷十一，此據文海出版社《韓愈資料彙編》所轉錄者。

❽ 見《朱子語類》卷一百三十，此據文海出版社《韓愈資料彙編》所轉錄者。

❾ 見張淏《雲谷雜記》卷二，此據文海出版社《韓愈資料彙編》所轉錄者。

❿ 見茅坤《唐宋八大家文鈔》卷八，此據文海出版社《韓愈資料彙編》所轉錄者。

家後學末流為了推廣其師的學說，黨同伐異，因而產生爭辯的結果，在孔墨兩家學說的根源上，其主旨是相近而可以相互貫通、相互取用的。

韓愈在〈讀墨子〉一文中，已經枚舉出孔子思想中與墨子中心思想「上同、兼愛、上賢、明鬼」相近的部分，作為說明，以下，我們順著韓愈的說法，再行補充一下，也舉出一些墨子思想中與孔子中心思想相近的部分，作為印證，像墨子的「兼愛」，主張「愛人若愛其身」，「使天下兼相愛，國與國不相攻，家與家不相亂，盜賊無有，君臣父子，皆能孝慈，若此則天下治」⓫，其精神確實近於孔子的「仁」。墨子的「上同」，主張臣民百姓，皆「上同於天子」、「上同於天」⓬，在理想的君臣關係上，其精神也近於孔子的「義」。墨子的「明鬼」，主張「古者聖王」，「其務鬼神，厚矣」，「敬威以取祥」⓭，其精神也近於孔子的「禮」。墨子的「尚賢」，主張「列德而尚賢」，「有能則舉之」，「以德就列，以官服事，以勞殿賞」，「無能則下之，舉公義，辟私怨」⓮，其精神也確實近於孔子的「智」。從以上這些例子中，我們更加可以看出，在思想學說的根本源頭上，孔墨兩家，是極為相近的。

在墨子的思想中，最主要的重心是「兼愛」，在孔子的思想中，最主要的重心是「仁」，而在基本的精神上，「兼愛」與「仁」，委實非常接近，《論語》中提到孔子對

「仁」的意見，主張「泛愛眾而親仁」⑮，主張「夫仁者，己欲立而立人，己欲達而達人」⑯，在回答樊遲問仁之時，也提出了「愛人」⑰的答案，因此，孔子本人對於「仁」的看法，意義較為寬廣，不像後來子思所敘述所強調的「仁者人也，親親為大」，「親親之殺，尊賢之等」⑱，孟子所強調的「親親而仁民，仁民而愛物」⑲，含義上已較為狹小，畢竟，子思與孟子的說法，已經是孔門後學的觀點了，所以，韓愈在〈讀墨子〉一文中，不說「儒家」「墨家」，而逕指「孔子」「墨子」，絕不是沒有原因的，他是希望直接比較孔子墨子兩位宗師的基本用心，基本學說，直接對照「二師」立說的「本然」之「道」，而不是去討論兩家學說可能產生的流弊，也不是去評論兩家後學末流的理論與觀點，因此，如果從孔子

---

⑪ 見《墨子・兼愛上》，此據世界書局孫詒讓《墨子閒詁》本，下引並同。

⑫ 見《墨子・尚同上》。

⑬ 見《墨子・明鬼下》。

⑭ 見《墨子・尚賢上》。

⑮ 見《論語・學而篇》。此據世界書局《四書集注》本，下引並同。

⑥ 見《論語・雍也篇》。

⑰ 見《語語・顏淵篇》。

⑱ 見《中庸》，此據世界書局《四書集注》本，下引並同。

⑲ 見《孟子・盡心上》。

與墨子本人的學說去作比觀，則二人的思想，在基本的出發點上，確是十分接近，而可以相互取資、相互應用的。

黃震在《黃氏日抄》中說道：「夫墨子，孟子所深闢，韓子，尊孟者也，何議論之相反至此，豈孟防其流弊，而韓論其本心歟！」⑳論其本心，論其學說的出發點，也正是韓愈有取於墨子的地方，而孟子之所以視楊墨如毒蛇猛獸，嚴加拒斥，也確實是從楊墨兩家學說的流弊上去著眼的，因此，韓愈雖然極尊孟子，卻也可能，尊重孟子而並不排斥墨子哩！

三、從韓愈對佛老與楊墨的態度上考察

其次，我們從韓愈對於佛老與楊墨的態度上，再作考察，在韓愈另外的一些文章中，我們可以看出較為明確的分別，例如：

「斯道也，何道也，曰，斯吾所謂道也，非向所謂老與佛之道也」，「然則如之何而可也，曰，不塞不流，不止不行，人其人，火其書，廬其居。」（〈原道〉）

「火于秦，黃老于漢。」（〈讀荀〉）

「觝排異端，攘斥佛老。」（〈進學解〉）

「然吾子所論，排佛老不若著書。」（〈答張籍書〉）

「漢氏已來，群儒區區修補，百孔千瘡，隨亂隨失，其危如一髮引千鈞，緜緜延延，寖以微滅，於是時也，而唱釋老於其間。」（〈與孟尚書書〉）

「其無乃迷惑溺沒於老佛之學而不出邪。」（〈送廖道士序〉）

「伏以佛者，夷狄之一法耳，自後漢時流入中國，上古未嘗有也」，「今聞陛下令群僧，迎佛骨於鳳翔，御樓以觀，舁入大內，又令諸寺，遞迎供養，臣雖至愚，必知陛下不惑於佛……乞以此骨，付之有司，投諸水火，永絕根本，斷天下之疑，絕後代之惑。」（〈論佛骨表〉）

在以上的這些例子中，有的是在排斥佛老，有的是在排斥黃老，有的是在排斥佛，很明顯地，卻都沒有排斥楊墨，從而也可以看出，在韓愈的生平行事中，排斥佛老，雖然是他所堅持的一貫主張，但是，他的這種態度，卻並不曾同樣用於對待楊墨，最主要的原因是，在韓

---

⑳ 見《黃氏日抄》卷五十九，此據文海出版社《韓愈資料彙編》所轉錄者。

愈當時，為禍於社會人心的，只有佛老，而楊墨之說，那時已經衰微，在社會與人心方面，都已經產生不了任何的影響。

其實，韓愈在當時，主張排斥佛老，一方面是由於思想的因素，另一方面，也是由於社會經濟的因素，在思想方面，因為中唐時代，佛教大盛，而老子又藉著唐代帝王姓李的尊崇之勢，而大肆流行，以致儒學漸衰，韓愈以為，「佛本夷狄之人」，佛法是夷狄之法，「今也舉夷狄之法，而加之先王之教之上，幾何其不胥而為夷也」㉑，他又以為，「老子之小仁義，非毀之也，其見者小也」，「後之人雖欲聞仁義道德之說，其孰從而求之」㉒，因此，他堅決地排斥佛老，希望從思想上去重振孔學儒教的復興。另外，在社會經濟方面，〈原道〉上曾說：

古之為民四，今之為民者六，古之教者處其一，今之教者處其三，農之家一，而食粟之家六，工之家一，而用器之家六，賈之家一，而資焉之家六，奈之何民不窮且盜也。

韓愈以為，古代只四民，士農工商，而今更加僧侶道士而為六民，古代教化，只有儒教一種，今則更加佛老而為三，更重要的是，僧人道士，不事生產，從而也更加重了農民、工人、商人的生產負擔，以致引起了民間的貧困，社會治安的惡化，韓愈以為，人生在世，應當各有職司，生產耕耘，相互輔佐，才能共同生活在社會之上，但是，僧人道士，不勞而食，卻成為社會的寄生蟲，造成社會沉重的負累，這也是韓愈主張排斥佛老的實際理由，至於朝廷的君相大臣，沉迷於宗教供奉，荒廢朝政，民間百姓，怠墮廢弛，使社會廣受其害，自然也是韓愈所主張排斥佛老的理由㉓。至於韓愈對於楊墨之說，不嚴加排斥，則是因為自秦漢以下，楊朱之書，早已失傳，墨子之學，也已式微，在社會上，早已不再具備任何實質的影響力量，這種情況，我們只要翻閱《漢書・藝文志》、《隋書・經籍志》、《新舊唐書・經籍藝文志》，察看一下楊朱與墨翟書籍的流傳情形，就可以了然於心了，韓愈在〈與孟尚書書〉中說：「釋老之害，過於楊墨。」不僅是就其對思想上的影響而論，也同樣是就其對於社會上的影響而論的。

當然，在韓愈的文集中，也有某些篇章，曾經提到「楊墨」的問題，在此，仍然是需要

㉑ 見〈原道〉。

㉒ 見〈原道〉。

㉓ 參陳寅恪先生〈論韓愈〉一文，載《金明館叢稿》初編，此據里仁書局民國七十年三月版。

去加以解釋的，例如：

「周道衰，孔子沒，火于秦，黃老于漢，佛于晉魏梁隋之間，其言道德仁義者，不入于楊，則入于墨，不入于老，則入于佛。」（〈原道〉）

「孟子云，今天下不之楊則之墨，楊墨交亂，而聖賢之道不明，則三綱淪而九法斁，禮樂崩而夷狄横，幾何其不為禽獸也，故曰，能言拒楊墨者，皆聖人之徒也。楊子雲云，古者楊墨塞路，孟子辭而闢之，廓如也，夫楊墨行，正道廢，且將數百年，以至於秦，卒滅先王之法，燒除其經，坑殺學士，天下遂大亂，及秦滅，漢興且百年，尚未知修明先王之道，其後始除挾書之律，稍求亡書，招學士，經雖少得，尚皆殘缺，十亡二三，故學士多老死，新者不見全經，不能盡知先王之事，各以所見為守，分離乖隔，不合不公，二帝三王群聖之道，於是大壞，後之學者，無所尋逐，以至於今泯泯也，其禍出於楊墨肆行，而莫之禁故也。」（〈與孟尚書書〉）

在以上的兩篇文章中，韓愈所敘述的，都只是過往歷史的陳跡，在〈原道〉中，主要是提出佛老在漢魏以下的盛行，障蔽了道德仁義之說，文中提到楊墨，也只是連類而及之罷了，並不以之作為是罪魁禍首的對象。在〈與孟尚書書〉中，則多引孟子與楊雄之言，以見楊墨在先秦西漢的肆行，以致於經籍不明，聖道大壞，不僅也是在敘述過往歷史的陳跡，同時，也並沒有說到楊墨在當今的禍害，又如：

「今有人生二十八年矣，名不著於農工商賈之版，其業則讀書著文歌頌堯舜之道，雞鳴而起，孜孜焉亦不為利，其所讀皆聖人之書，楊墨釋老之學，無所入於其心，其所著皆約六經之旨而成文。」（〈上宰相書〉）

「人固有儒名而墨行者，問其名則是，校其行則非，可以與之游乎？如有墨名而儒行者，問之名則非，校其行而是，可以與之游乎？」（〈送浮屠文暢師序〉）

「故學者必慎其所道，道於楊墨老莊佛之學，而欲之聖人之道，猶航斷港絕潢以望至於海也。」（〈送王塤秀才序〉）

在〈上宰相書〉中，韓愈所強調的，是自己的服膺儒學，讀聖賢書，約六經之旨以成文，而學無雜途，因此，重點不排斥佛老，也更不排斥楊墨了。在〈送浮屠文暢師序〉中，韓愈的主旨，在排斥佛法，但是，面對浮屠僧人，又礙於柳宗元的請託，不便過甚其辭，所以，即以譬喻的手法，以「儒」「墨」對舉，以喻表裡不一之弊，其實是以「墨」喻「佛」，加以排拒，此觀下文所說，「惜其無以聖人之道告之者，而徒舉浮屠之說贈焉」，可以為證，因此，此文中所提到的「墨」，自然也不是主題所指的重心了。在〈送王塤秀才序〉中，韓愈所強調的主旨，是「求觀聖人之道，必自孟子始」，所以，在枚舉與孟子相對的異端之時，便一律以「楊墨老莊佛」等連類而並及之了，目的也不在就韓愈當時社會人心所產生的影響而立論，而深加排斥的。

在以上的一些文章中，雖然韓愈曾經提到「楊墨」，但是，卻並沒有加以拒斥的意味，更沒有強調其在當前社會人心所產生的弊病，而堅決地加以排斥，像他排斥佛老的情形一樣，因此，如果說，韓愈在他當時，只堅持排斥佛老，卻不曾排斥楊墨，相信是可以被理解的事實。

四、從韓愈言仁有取於墨子學說上考察

韓愈不但極少排斥楊墨，同時，在他的某些思想之中，還有著取資於墨子學說，吸收了墨學成分的傾向，例如〈原道〉曾說：

博愛之謂仁，行而宜之之謂義，由是而之焉之謂道，足乎己無待於外之謂德。

仁義道德，是儒家學說的要義，而「仁」，更是儒家思想的重心，不過，韓愈雖然以紹述孔孟思想為職志，以光大孔孟學說為目標，但是，他所提到的「仁」，在意義上，卻已經與孔孟的說法，不盡相同，「樊遲問仁，子曰愛人」，孟子說，「仁者愛人」㉔，對於「仁」的意義，為仁的範圍，畢竟仍然有所局限（孔子言仁，意義實較孟子為廣，前文已言及），到了韓愈，提出「博愛之謂仁」的說法，其意義的範圍，便較孔孟所說，要來得寬廣，當然，純就「愛人」與「博愛」而言，還不容易看出兩者之間的差異，但是，在韓愈的文章中，仍然可以找到其他的佐證，韓愈〈原人〉曾說：

形於上者謂之天，形於下者謂之地，命於其兩間者謂之人，形於上，日月星辰皆天也，形於下，草木山川皆地也，命於其兩間，夷狄禽獸皆人也……天者，日月星辰之主也，地者，草木山川之主也，人者，夷狄禽獸之主也……是故聖人一視而同仁，篤

㉔ 見《孟子・離婁下》。

近而舉遠。㉕

韓愈以為，自己是人，夷狄也是人，甚至於禽獸也是人，所以，國人與夷狄與禽獸，在聖人眼中，要「一視而同仁」，要平等相視，同施其仁愛之心，這正是他所主張「博愛之謂仁」的最好注腳，因此，韓愈以「博愛」釋「仁」，較之孔子與孟子的「愛人」，其意義的廣狹，便多少有了不同，孔子孟子的「仁愛」，是就「人」而言的，孟子雖然曾說「親親而仁民，仁民而愛物」，但他的「愛物」，仍然是有層次有先後有等差的，韓愈的「博愛之謂仁」，卻已經將這些差異，加以泯滅㉖，在這一點上，韓愈的「博愛」，是否曾經受到墨子「兼愛」的影響？是否曾經有取墨子的「兼愛」呢？《墨子・兼愛》中曾說：

古者禹治天下，西為西河漁竇，以渫渠孫皇之水，北為防原泒，注后之邸，嘑池之竇，灑為底柱，鑿為龍門，以利燕代胡貉，與西北之民，東為漏大陸，防孟諸之澤，灑為九澮，以楗東土之水，以利冀州之民，南為江漢淮汝，東流之，注五湖之處，以利荊楚干越，與南夷之民，此言禹之事，吾今行兼矣。

墨子舉出了大禹治理天下，疏道洪水，開闢水利，以溥利西河南夷民眾的事實為例，說明大禹廣闊無私的心胸，澤及蠻鄙的措施，平等相視的態度，在在都表示了「兼愛」的精神，是不應該專限在中夏的土地及人民之間所推行的，這種態度，不僅正是墨子「使天下兼相愛」的目標，為墨子所深加稱許，也正是韓愈在〈原人〉中提到「夷狄禽獸皆人也」、「聖人一視而同仁」時所追求的「博愛」的理想，兩者之間，如果說是有所影響，也許不算盡是捕風捉影的附會之詞吧！

陳善在《捫虱新語》卷一中說：「〈原人〉曰，一視而同仁，篤近而舉遠，則流入於墨氏矣。」[27]流入墨氏，也正是他見出了韓愈有取於墨子學說的地方。

五、結語

從以上的討論中，無論是從韓愈所論孔墨學說的本源上，或者是從韓愈對於佛老楊墨所

[25] 載《韓昌黎文集校注》卷一。

[26] 參拙著〈韓愈原人與張載西銘〉一文，載《書目季刊》十八卷一期，民國七十三年六月出版。

[27] 此據文海出版社《韓愈資料彙編》所轉錄者。

持的態度上，或者是從韓愈言仁可能有取於墨子的學說上，多方探究，都會發現，韓愈卻是只排斥佛老，而不排斥楊墨的，同時，他也以為，孔墨兩者，在學說的本源上，是可以相互取資應用的，並且，在他自己所主張的「博愛」思想中，也曾經取用墨子「兼愛」的成分，曾經受到過墨子學說的影響，因此，從〈讀墨子〉到〈原人〉到〈原道〉，從「兼愛」到「博愛」，在思想史上，這一條線索，也是十分值得去注意的。

當然，從光大儒學的立場而言，必然會有人批評韓愈的作法，但是，從另一個較為廣闊的學術立場去看，這又何嘗不是一種可喜的進步現象呢！何況，這種進步，對於儒學往後的發展，還可能產生一些極其重要的影響哩㉘！

（此文原刊載於《孔孟學報》第六十期，民國七十九年九月出版）

㉘ 同注㉖。

拾貳、韓愈〈原人〉與張載〈西銘〉

張載所撰著的〈西銘〉，無論是在理學之中，或在思想史上，都是一篇極為重要的作品，〈西銘〉之義，以乾象天，以坤象地，而以人處其中，為天地所長養生息，因即以天地為宇宙間之大父母，故以為人當大其事親之心以事天地，也當大其敬長慈幼之心以愛養萬物，從而闡揚普施無外的仁德，彰顯天人合一的理想。〈西銘〉開始便說：

> 乾稱父，坤稱母，予茲藐焉，乃混然中處，故天地之塞吾其體，天地之帥吾其性，民吾同胞，物吾與也。

朱子《正蒙注》說：

人物並生於天地之間，其所資以為體者，皆天地之塞，其所得以為性者，皆天地之帥也，然體有偏正之殊，故其於性也，不無明暗之異，惟人也，得其形氣之正，是以其心最靈，而有以通乎性命之全體，於並生之中，又為同類而最貴，故曰同胞，則其視之也，皆如己之兄弟矣。

又說：

物則得夫形氣之偏，而不能通乎性命之全，故與我不同類，而不若人之貴，然原其體性之所自，是亦本之天地而未嘗不同也，故曰吾與，則其視之也，亦如己之儕輩矣。

又說：

惟同胞也，故以天下為一家，中國為一人……惟吾與也，故凡有形於天地之間者，若動若植，有情無情，莫不有以若其性，遂其宜焉。❶

「物吾與也」，物，既然包括了有情的動物和無情的植物，甚至包括了「有形於天地之間」的無生物，人們都將視之為自己的「儕輩」，視之為自己的「黨與」❷，這種廣愛無邊的胸襟氣魄與願力，自然是非常值得稱許的。只是，張子這種「民胞物與」的主張，和先秦儒家比較起來，總覺得並不完全相類。

先秦儒家的意見，可以孟子的話作為代表，《孟子・盡心上》記：

> 孟子曰，君子之於物也，愛之而弗仁，於民也，仁之而弗親，親親而仁民，仁民而愛物。

孟子對於物，只許其「愛」，不許其「仁」，對於民，則許其「仁」，不許其「親」，而且，由親親而仁民，仁民而愛物，先親親而後推及於仁民，先仁民而後推及於愛物，便是愛

---

❶〈西銘〉原為張子《正蒙・乾稱篇》中文字，張子書於西牖以示學者，題曰〈訂頑〉，程頤以為易啟爭議，改為〈西銘〉。

❷《朱子語類》卷九十八記：「問物吾與也，莫是黨與之與否？曰，然。」

有等差，「親親之殺，尊賢之等」❸，「仁者以其所愛，及其所不愛」❹的意思。

對於上述孟子的話，朱子《集注》說：「物謂禽獸草木，愛謂取之有時，用之有節。」《集注》又引程子之言說：「仁，推己及人，如老吾老以及人之老，於民則可，於物則不可，統而言之則皆仁，分而言之則有序。」又引楊時之言說：「其分不同，故所施不能無差等，所謂理一而分殊者也。」又引尹焞之言說：「何以有是差等，一本故也，無偽也。」這些話，仍然都是從「愛有差等」的觀點，去闡釋孟子「親親、仁民、愛物」之間的差別意義。

趙順孫《四書纂疏》對於《孟子》這一章，更引用了真德秀與輔廣的話來作疏釋，真氏說：「凡生天壤之間者，莫非天地之子，而吾之同氣者也，是之謂一理，然親者吾之同體，民者吾之同類，而物則異類矣，是之謂分殊。以其理一，故仁愛之仁，無不徧，以其分殊，故仁愛之施，則有差。」輔氏說：「尹氏說尤切要，一本，故無偽，而有差等，若無差等，則是偽而二本也。」真氏認為天地間之「生物」，雖同為一氣所生，但仍然將「親親」、「仁民」、「愛物」三者，區別為緣於「同體」、「同類」、「異類」的三種差異。輔氏推闡尹氏之說，以為「有差等」才是「無偽」，「無差等」則是「偽」，則是不合人情人性之安的作為行為。尤其是真氏的話，更是將楊時所謂的「理一分殊」的論點，疏釋得更加清楚。

楊時所謂的「理一分殊」之說，實從程子而來，因為，對於張子〈西銘〉，楊時也曾懷疑他有體無用，近於墨氏「兼愛」，程伊川在〈答楊時論西銘書〉中，為之辨明說：「〈西銘〉理一而分殊，墨氏則二本而無分，（老幼及人，理一也，愛無差等，本二也。）分殊之蔽，私勝而失仁，無分之罪，兼愛而無義。」而朱子在《語類》卷九十八中所申明〈西銘〉「理一分殊」之義的，為數更多，例如朱子說：「萬物雖皆天地所生，而人獨得天地之正氣，故人為最靈，故民同胞，物則亦我之儕輩，孟子所謂親親而仁民，仁民而愛物，其等差自然如此，大抵即事親以明事天。」又說：「言理一而不言分殊，則為墨氏兼愛，言分殊而不言理一，則為楊氏為我。」又說：「只是這一個愛流出來，而愛之中，便有許多等差。」這些話，都可以補足朱子在《正蒙注》中對於〈西銘〉「民胞物與」之義的解釋。

對於孟子的「親親而仁民，仁民而愛物」，張子的「民吾同胞，物吾與也」，程朱等人，同樣都以「理一分殊」之說，去加以解釋，這種情形，似乎容易使人產生錯覺，以為孟

❸ 見《中庸》。

❹ 見《孟子・盡心下篇》。

子與張子的思想，並無二致，但是，只要再加分析，便會發現，張子與孟子的主張，卻並不是完全沒有差異。

因為，用「理一分殊」去解釋孟子的「親親」與「仁民」與「愛物」之間的差別之愛，去解釋張子的「民吾同胞」與「物吾與也」之間的愛有等差，雖然都是十分適當的，但是，「理一分殊」，只能解釋孟子及張子他們各自本身仁愛觀念的差異，卻無法因此便認為孟子及張子之間的仁愛觀念就彼此完全相同。因為，孟子及張子對於仁心的施為，雖然各自都有他們本身自己的差等，但是，孟子及張子對於仁心的施為，其範圍層面的廣狹，輕重主客的分別，彼此聯繫的關係，卻並不完全相同。

首先，孟子的「仁民」，是由本身為出發，以己為主，推而及於其他，先「親親」，再「仁民」，次第清楚，重輕有別，主客相異。（所以，孟子此章中的三個「而」字，對於三者之間的關係，是極為重要的。）而張子的「民吾同胞」，則是自己視他人「皆如己之兄弟」，雖亦由本身出發，以己為主，但是，由自己推而及之的次第並不明顯，「民」與「親」與「己」之間的輕重主客之別，也不分明。其次，孟子的「愛物」，是由「仁民」再行推遠而及之的，其涵義是對於禽獸草木，「取之有時，用之有節」，主宰完全在人在己，而張子的「物吾與也」，由「民吾同胞」推及而來的跡象，並不十分明顯，其涵義是對一切生物甚至無生物，

「視之如己之儕輩」，「視之如自己的黨與」，主宰雖仍在人在己，而「物」的分量，「物」的重要性，已較孟子心目中的「物」，加重了許多。

因此，孟子的「親親而仁民，仁民而愛物」，與張子的「民吾同胞，物吾與也」之間，在仁愛的施為方面，其層面的大小，分量的重輕，主客的關聯，都並不完全相同。由「親親」到「仁民」，由「仁民」到「愛物」，其間有聯繫，有次第，有主客，有重輕；而由「民吾同胞」到「物吾與也」，其間的聯繫、次第、主客、重輕，都比較模糊；而「同胞」與「仁民」之間，「吾與」與「愛物」之間，其層面的廣狹，分量的重輕，並不完全相同，也是可以肯定的。要之，張子的「民胞物與」，較之孟子的「仁民愛物」，其意義更為積極，其仁心愛意施用的範圍層面，更加廣泛，其「愛有差等」中「差等」的痕跡，也更為縮小；因此，張子仁心表現所涵蓋的層面，較之孟子，更為廣大，也是可以斷言的。

此外，〈西銘〉中也曾說到：「尊高年，所以長其長，慈孤弱，所以幼其幼。」這一段話，從表面上看，似乎也與《孟子》中所的「親親」之義，以及「老吾老以及人之老，幼吾幼以及人之幼」（〈梁惠王上〉），頗為相近，但是，細加分別，則也並不相同，因為，「老吾老以及人之老」，是由親己之親，而及於他人之親，而「尊高年」，高年者，不必皆為自己之親，「高年」可以指自己之親，也可以泛指世間一切高年者，而皆加以「尊」之，因此，所謂「所以長其長」，只是張子立足在「父天母地」、「民吾同胞」的前提下，對於高年者的一種廣泛的「尊重」，既不同於「老吾老及人之老」，也不只是「親親」的意思。同樣的「幼吾幼以及人之幼」，是由親己之親，而及於他人之親，而「慈孤弱」，孤弱者，不必皆為自己之親，「孤弱」可以指自己之親，也可以泛指世間一切孤弱者，而皆加以「慈」之。因此，所謂「所以幼其幼」，也只是張子立足在「父天母地」、「民胞物與」的前提下，對於孤弱者的一種廣泛的「慈愛」，既不同於「幼吾幼以及人之幼」，也不只是「親親」的意思。朱子在《正蒙注》中對於〈西銘〉這幾句的解釋：「天下之老，一也，故凡尊天下之高年者，乃所以長吾之長；天下之幼，一也，故凡慈天下之孤弱者，乃所以幼吾之幼。」正可以說明〈西銘〉中的真正含義。其實，〈西銘〉中「尊高年，所以長其長，慈孤弱，所以幼其幼」，連下兩個「其」字，「其」字泛指張子心目中世間一切之高年孤弱，此與孟子中「老吾老以及人之老，幼吾幼以及人之幼」，先用兩個「吾」字，再「及」於兩個「人」字，在指示的對象上，是不甚相同的。要之，〈西銘〉這兩句話，基本上，是越過了孟子所說的「親親」的第一步層次，而直接指向於孟子所說的「仁民」的第二步境地了。

至於〈西銘〉中所說：「凡天下疲癃殘疾，惸獨鰥寡，皆吾兄弟之顛連而無告者也。」則更只是站在「仁民」的立場，去疏解「民吾同胞」的意義了。

張子對於「仁愛」的觀念，踰越了孟子以來的範圍，並不意味就是一種缺點，從另一個角度看來，也許可以視為是一種進步，只是，張子這種思想，是自行體悟出來的？抑是多少受到一些他人學說的啟發及影響？這是本文想要探索的問題。

宋明理學多少受到佛家的影響，尤其是禪宗的影響，已是不爭的事實❺，但是，理學家以直接孔孟聖學的心傳而自命，如其受到晚近儒者本身學說的影響，也是極其自然而不足為異的事情。

理學之盛，雖然以濂洛關閩為之主，但是，談到理學的興起時，人們往往會把源頭上溯到胡安定及孫明復❻，再上溯到李翱與韓愈❼。韓愈在理學史上的地位，韓愈對於理學的影響，自來學者們所注意的，都集中在攘斥佛老、建立道統、性三品說等較為顯著的重點上，但是，筆者覺得，韓愈在某些方面，對於張子〈西銘〉，也曾產生過不少的影響。首先，韓

❺ 參見陳寅恪先生〈論韓愈〉及蔡涵墨先生〈禪宗祖堂集中有關韓愈的新資料〉，蔡文載於《書目季刊》十七卷一期。

❻ 全祖望在《宋元學案》中說：「宋世學術之盛，安定泰山，為之先河。」

❼ 坊間各種中國哲學史、思想史，多有此說，而董金裕先生〈理學的先驅——韓愈與李翱〉一文，對此敘述尤詳，董文載於《書目季刊》十六卷二期。

愈〈原道篇〉說：

> 博愛之謂仁，行而宜之之謂義，由是而之焉之謂道，足乎己，無待乎外之謂德。

〈原道篇〉首言「博愛之謂仁」，這與孔子所說的「仁者人之」❽，孟子所說的「仁也者人也」❾，「仁者愛人」❿，「仁者無不愛也」⓫，已自不同，與往後程朱所說的「仁者愛之理、心之德」⓬，也不相類。其實，楊時懷疑張子〈西銘〉近於墨氏的「兼愛」，還不如說張子〈西銘〉近於韓愈的「博愛」，更為近真，因為，博愛的觀念，雖然早在西漢，董仲舒已經加以提出⓭，但是，概念的清晰，定義的明確，仍然要以韓愈在〈原道〉中所說的最為有力，何況，韓愈的時代，較之董仲舒，更為接近張子，張子受到韓愈影響的可能性，自也較大。另外，墨子「兼愛」，以「交相利」為歸的，韓愈「博愛」，「合仁與義言之」，「明先王之道以道之」，故於天下「鰥寡孤獨廢疾者有養也」，仁義之與功利，在出發點上，即不相同，因此，張子受到韓愈「博愛」的影響，而擴充了本身「仁德」的施行層面，其可能性，遠大於受到墨子「兼愛」的影響，是可以肯定的。

因此，在孔孟的「仁者人也」、「仁者愛人」，和張子的「民胞物與」之間，如果我們加上韓愈的「博愛之謂仁」，那麼，儒家這種「仁愛」觀念由狹而廣的發展線索，便顯得十分自然而可能了。其次，韓愈〈原人篇〉說：

> 形於上者謂之天，形於下者謂之地，命於其兩間者謂之人，形於上，日月星辰皆天也，形於下，草木山川皆地也，命於其兩間，夷狄禽獸皆人也……天者，日月星辰之主也，地者，草木山川之主也，人者，夷狄禽獸之主也……是故聖人一視而同仁，篤近而舉遠。

韓愈〈原人〉，三才並舉，起首數句，義理內涵，詞章形式，以之與張子〈西銘〉發端數語相較，實也無大差異者，此外，韓愈說：「命於其兩間者，夷狄禽獸皆人也。」推韓氏此

---

❽ 見《中庸》。
❾ 見《孟子・盡心下篇》。
❿ 見《孟子・離婁下篇》。
⓫ 見《孟子・盡心下篇》。
⓬ 見《論語・學而篇》「有子曰，其為人也孝弟」章《集注》。
⓭《春秋繁露・為人者天地篇》云：「先之以博愛，教之以仁也。」

言，自己為人，視夷狄亦為人，這豈不是相當於「民吾同胞」的意思嗎？自己為人，視禽獸亦為人，這豈不是相當於「物吾與也」的意思嗎？所以，韓愈所說的「夷狄禽獸皆人也」，實在是張子「民胞物與」的極佳注腳，雖然，「人者，夷狄禽獸之主也」，韓愈仍然認為在萬物之中，人最靈貴，不像張子〈西銘〉，將「人己」「物我」之間的差別距離，儘量泯除，但是，〈原人篇〉文末一句，「聖人一視而同仁」，則又駸駸乎與張子的意思無多差異了。

呂祖謙《古文關鍵》選錄了韓愈的〈原人篇〉，蔡文子注說：

> 余於《韓集》中，最奇此文，今人多不能讀，然立格造語甚奇險，而意卻甚平正，其歸結在一視同仁二句，竊謂此篇已為張子〈西銘〉開端發鑰，一視同仁，體一也，篤近而舉遠，分殊也。推其道，欲使夷狄禽獸，皆得其情，其言仁體，廣大之至，直與覆載同量，而工夫全寓於篤近而舉遠四字中。愚意篇題當直揭曰〈原仁〉，然人者仁也，其命題即此意，朱夫子《考異》於題下標云：「或作〈原仁〉。」有旨哉！

馬其昶《韓昌黎文集校注》引徐敬思所說，也大略與此相同，是此意已早有見及者了。雖然，韓愈〈原人篇〉中所說的「夷狄禽獸皆人也」、「聖人一視而同仁」，其意義內涵、施為範圍，與張子〈西銘〉所說的「民胞物與」，並非完全相等，但是，其間的相差，也非常細微了。如果說，張子受到韓愈的影響啟發，由「博愛」過渡到「民胞物與」，其「仁心」的內蘊益為充實，其「愛意」的層面更加擴大，則也是思想發展中極其自然的現象。

總之，孟子的「親親而仁民，仁民而愛物」，和張子的「民吾同胞，物吾與也」之間，其範圍廣狹，其層次步驟，雖然並不相同，但是，如果我們在孟子的「親親仁民愛物」和張子「民胞物與」之間，加上韓愈的〈原人〉一篇，（更加上〈原道〉一篇）作為思想演進過度的津梁，那麼，在時代的背景上，在仁德觀念逐漸由狹而廣的擴充上，似乎都可以清晰地找到歷史貫串的線索，義理發展的痕跡。

韓愈的文集，在北宋時代，流傳雖然並不很廣⓮，不過，古文家也許在那時還未能十分注意到韓愈的文集，但是，理學家直接先聖的心傳，對於首先提出道統之說的韓愈的學說和著作，想來是不會掉以輕心而不加理會的。

⓮ 歐陽修〈記舊本韓文後〉云：「是時天下學者，楊劉之作，號為時文，能者取科第，擅名聲，以誇榮當世，未嘗有道韓文者。」又云：「韓氏之文，沒而不見者二百年，而後大施於今。」又云：「韓文遂行于世，至于今，蓋三十餘年矣，學者非韓不學也，可謂盛矣。」

韓愈〈原人〉與張載〈西銘〉之間，在義理上有無連繫，在思想上有無影響，關係於儒學之發展與思想之演進者，不為不鉅，茲謹就所窺知，為之推測如上。

（此文原刊載於《書目季刊》十八卷一期，民國七十三年六月出版，又承轉載於《中國哲學史研究》一九八五年四期）

拾參、柳宗元心目中孔子的新形象

——柳宗元〈論語辯〉疏義

一、引言

〈論語辯〉載於《柳河東集》卷四，共有上下兩篇，上篇考證《論語》的編輯，以為《論語》一書，「孔子弟子嘗雜記其言，然而卒成其書者，曾氏之徒也」，因此，上篇所辯，僅只在《論語》一書的傳述考證上，可以供作參考，並沒有特殊的價值。至於下篇，則辯析孔子的政治理想及其生平抱負，對於評倫孔子在歷史上的地位而言，意義卻極其重要，本文所疏釋討論的，則僅限於下篇。〈論語辯〉下篇首先說：

堯曰：「咨爾舜，天之曆數在爾躬，四海困窮，天祿永終。」舜亦以命禹，曰：「余小子履，敢用玄牡，敢昭告於皇天后土，有罪不敢赦，萬方有罪，罪在朕躬，朕躬有罪，無以爾萬方。」❶

這一段對話，見於《論語．堯曰篇》第二十的首章，而文字記載，略有不同❷，但大義卻無甚差異，這一段對話，記堯舜禹湯古聖先王，以天命之意相告，而以愛民教民之道，昭示後王，頗有「以心傳心」的意味，接著，柳宗元在〈論語辯〉下篇中設問說道：

或問之曰：「《論語》書，記問對之辭爾，今卒篇之首章，然有是，何也？」

《論語》記孔子與弟子等問答之辭，從卷首到〈微子篇〉第十八，已經大致完結，接下來的〈子張篇〉第十九，已經只是記錄孔子弟子子張、子夏、子游、曾子、子貢等人的言論，已不記錄孔子的言論，但是，在〈堯曰〉末篇的首章，卻又記錄了一些與孔子似乎無關的對話，不免就顯得十分突兀，所以，柳宗元才先設疑問，然後再自行解答，〈論語辯〉下篇又說：

柳先生曰：「《論語》之大，莫大乎是也，是乃孔子常常諷道之辭云爾，彼孔子者，覆生人之器也，上之堯舜之不遭，而禪不及己，下之無湯之勢，而己不得為天吏，生人無以澤其德，日視聞其勞死怨呼，而己之德，涸然無所依而施，故於常常諷道云爾而止也。此聖人之大志也，無容問對於其間，弟子或知之，或疑之，不能明，相與傳之，故於其為書也，卒篇之首，嚴而立之。」

柳宗元以為，〈堯曰篇〉首章的那一段對話，是孔子經常諷誦在口，習以為常的言辭，因為，在那一段先聖賢王的對話中，啟發了孔子對於天命歸向和自身責任的看法，因為，在那段對話中，一方面，是記述了天命的次第歸趨，以及君王撫育萬民的職責，另一方面，也顯示了堯、舜、禹、湯這幾位先聖賢王的御宇天下，卻有著並不相同的繼承途徑，堯與舜與禹的禪讓，以及商湯的征誅革命，都是歷史上千古相傳的盛事。而孔子在當時，他有其德，卻

❶ 此據河洛出版社影印《柳河東集》，民國六十三年十二月初版，下引並同。

❷ 《論語・堯曰篇》云：「堯曰，咨爾舜，天之曆數在爾躬，允執其中，四海困窮，天祿永終。舜亦以命禹，曰，予小子履，敢用玄牡，敢昭告于皇皇后帝，有罪不敢赦，帝臣不蔽，簡在帝心，朕躬有罪，無以萬方，萬方有罪，罪在朕躬。」履，為湯之名，禹下，或當有湯字，曰字以下，為湯禱雨之辭。

無其位，他擁有有像堯、舜、禹、湯一樣的聖德賢才，也擁有與他們一樣的胸懷抱負，但是，孔子所處的時代際遇，卻與堯、舜、禹、湯大不相同，他既未能遭遇到像堯、舜一樣的聖德賢君，受到賞識拔擢，接受帝位的禪讓，而御宇天下，而大展抱負，他卻受到春秋混亂局面的影響，而不能像商湯一樣，奮起革命，誅討暴虐，而承順天命，而入繼大位。以至於徒然擁有聖德賢才，卻不能一展抱負，施澤萬民，只有眼見百姓生活於勞苦艱辛之中，日聞其怨愁悲傷的呼號，而莫可奈何。

因此，孔子遭遇如此，壯志未遂，不免日常念念於懷，而時時將古聖賢王對答的那一段話語，諷誦在口，門弟子因見孔子不時諷誦，雖然不能盡明其義，但也將之記錄在《論語》末篇的首章之中，以作孔子生活行事的實錄，或者，也隱然暗示了孔子那一未曾完成的心願志業，所以，柳宗元以為，這一段文字，不但與孔子有關，同時，這也是《論語》中最關緊要的記錄，「《論語》之大，莫大乎是也」，這種解釋，與傳統世俗一般對於孔子的理解，認為孔子僅僅只是一位循規蹈矩，開課授徒的教育家，是頗不相同的。

二、從柳宗元的生平遭遇考察他對孔子的新看法

柳宗元讀《論語》而有新的發現，對於孔子而有異於常人的新看法，一方面，與柳宗元本身的遭遇，有很大的關聯，另一方面，則與柳宗元素所抱持的政治思想，也有密切的關係。

柳宗元年少時，「精敏卓倫，為文章，卓偉精緻，一時輩行推仰」❸，唐德宗貞元十年（西元七九四年），宗元二十一歲時，登進士第，貞元十四年（西元七九八年），宗元二十六歲時，登博學鴻辭科，得授集賢殿正字，貞元十七年（西元八〇一年）秋，宗元調任藍田縣尉，宗元早歲，抱負大志，常思貢獻心力，從事政治，而「以興堯舜孔子之道，利安元元為務」❹，以「許國不復為身謀」❺自期，貞元十九年（西元八〇三年），宗元三十一歲時，因御史中丞李汶的推薦，入京為監察御史，而與王叔文、韋執誼、劉禹錫等定交，王叔文時為翰林待詔，入侍東宮太子李誦，而乘間時常為言民間疾苦，又頗知理道，遂為太子信用，叔文並密結韋執誼、陸質、呂溫、李景儉、韓曄、韓泰、陳諫、劉禹錫、柳宗元、凌準、程異等人，以求異日之用，貞元二十一年（西元八〇五年）正月，德宗崩，太子繼位，是為順宗，韋

---

❸ 見《新唐書・柳宗元傳》。

❹ 見柳宗元〈寄許京兆孟容書〉，載《柳河東集》卷三十。

❺ 見柳宗元〈冉溪詩〉，載《柳河東集》卷四十三。

執誼為宰相，王叔文為起居舍人翰林學士，而順宗因患惡疾不能言，王伾、王叔文乃暗中決事，並引劉禹錫、柳宗元等，密謀計議，將大有所為，隨即大赦天下，免租稅，廢宮市及五坊小兒❻，三月，宦官俱文珍等擁立廣陵王李淳為太子，四月，宗元擢升為禮部員外郎，六月，藩鎮將帥表請太子監國，六月，王叔文等謀奪宦官兵權不成，又以母喪，遂去位，七月，順宗下詔，令太子監國，八月，順宗禪位，改元永貞，太子即位，是為憲宗，九月，王韋黨人皆坐貶，柳宗元貶邵州刺史、劉禹錫貶連州刺史、韓泰貶撫州刺史、韓曄貶池洲刺史，十一月，柳宗元再貶為永州司馬、劉禹錫再貶為朗州司馬、韓泰再貶為虔州司馬、韓曄再貶為饒州司馬、陳諫貶為臺州司馬、韋執誼貶為崖州司馬、凌準貶為連州司馬、程異貶為柳州司馬，皆坐交王叔文之故，是為「八司馬」事件。

柳宗元與劉禹錫初貶為邵州、連州刺史時，既已在赴任途中，及旅次江陵，始悉再貶為永州、朗州司馬，遂更分別赴任，宗元赴永州時，母盧氏，弟宗直、宗玄，表弟盧遵皆從行，母盧氏，次年卒於永州。

永州在今天湖南省西南的零陵縣一帶，座落在群山蒼莽之中，當時地處荒涼，人煙稀少，因此，剛從通都大邑來到永州的柳宗元，對此情形，自然恍如身在眾山環囚之中❼，心情上的孤寂之心，可以想見，他在與友人的書信中，曾經描述當時的生活情形說，「永州於楚為最南」，「涉野有蝮虺大蜂，仰空視地，寸步勞倦，近水即畏射工沙蝨，含怒竊發，中人形影，動成瘡痏」❽，再加上宗元在永州，又常生「痞疾」，往往「行則膝顫，坐則髀痺」❾，以至於心緒不寧，無法正常工作，甚至「每聞人大言，則蹶氣震怖，撫心按膽，不能自止」❿，則宗元在永州時，環境際遇的艱險惡劣，可以想見。

宗元二十四歲娶楊憑之女為妻，僅三年，楊氏卒，宗元三十三歲至永州後，鰥居多年，平時也常以「煢煢孤立，未有子息」⓫，引為恨事，因此，在心情上他也常常希望能夠「歸鄉閭，立家室」⓬，「即使耕田藝麻，取老農女為妻，生男育孫」⓭，也是心甘情願的事，但是，失望之情，卻接踵而至。

---

❻ 見韓愈所撰《順宗實錄》卷二，此據馬其昶《韓昌黎文集校注》，民國五十六年五月世界書局再版本。

❼ 《柳河東集》卷二有〈囚山賦〉，自云「楚越之郊環萬山」。

❽ 見柳宗元〈與李翰林建書〉，載《柳河東集》卷三十。

❾ 同注❽。

❿ 見柳宗元〈與楊京兆憑書〉，載《柳河東集》卷三十。

⓫ 同注❹。

⓬ 同注❿。

⓭ 同注❽。

在永州時，柳宗元偶而也會收到昔日同僚長官的慰問函件，在窮愁潦倒之際，這些函件，也曾給予他心情上極大的鼓舞，元和六年，他先後收到劍南西川節度使武元衡及禮部尚書李夷簡的撫問函，他在閱讀這些函件時，不僅「捧讀喜懼，浪然涕流」，而且「慶幸之際，出自望外」⑭，同時，在永州，他也一再致函服官京都的昔日親長，希望藉由他們的幫助，能夠「姑遂少北」⑮，返於中州，但是，卻都未能遂其心願。

憲宗元和十年（西元八一五年），柳宗元年已四十三歲，貶在永州，也已十年，是年正月，卻突然奉詔啟程，重赴長安，時朗州司馬劉禹錫，也奉詔北歸，二月，俱抵長安，三月，宗元又奉詔出為柳州刺史，劉禹錫也奉詔出為播州（今貴州遵義）刺史，宗元以播州地遠，而禹錫母老，不便遠行，乃上疏奏，自請以柳州易播州，時御史中丞裴度也表奏此事，禹錫遂得改授連州刺史，六月，宗元抵達柳州任所。

在柳州刺史任內，宗元改革風俗，富庶經濟，振興文化，整治都邑，對於柳州的地方，留下了極佳的政績⑯，但是在內心深處，他仍然希望能夠返回京城，他仍然期望能夠在政治上一展抱負，他仍然投書友朋，表達心聲，但是，時間一年一年的過去，在柳州，他不時感歎自己「一身去國六千里，萬死投荒十二年」⑰，感歎自己「廢為孤囚，日號而望者十四年矣」⑱，然而，他的願望，卻始終未能達成，元和十四年（西元八一九年）十一月八日，柳宗元病卒於柳州，享年四十七歲，仍然是終老柳州，離家萬里，而未能返回故鄉。

自從被貶謫到永州之後，以至於終老柳州，柳宗元的後半生，也是他生命中最精華的十多年，卻一直是在憂愁困頓中度過，他的壯志雄心，一切成空，而心中的鬱結，卻不可遏抑，他對政治改革的理想，從懷持最高的熱情，到跌落在冰冷的谷底，再加上貶謫到荒遠的邊鄙之地，而長久不復，以至於各種希望都逐漸幻滅，他的內心，不免累積著太多的孤寂憤懣與不平的感覺，這種感覺，在現實環境中既然無法找到申訴的地方，在潛意識中，便不免時時會向超現實的環境裡去尋覓投射的場所，在他心中，俯仰無數的歷史人物，學問道德，心胸志氣，救世苦心，高遠理想，生平際遇，只有孔子，才是他最所嚮慕、最所企盼、也最為類似的對象，因此，在內心深處，很自然地，便向孔子投射出自己的身影，而不自覺地以

---

⑭ 見柳宗元〈謝襄陽李夷簡尚書委曲撫問啟〉，載《柳河東集》卷三十五。

⑮ 同注❹。

⑯ 參拙著〈韓愈「柳州羅池廟碑」析論〉一文，載國立中興大學《中文學報》第一期，民國七十七年五月出版。

⑰ 見柳宗元〈別舍弟宗一〉詩，載《柳河東集》卷四十二。

⑱ 見柳宗元〈上門下李夷簡相公陳情書〉，載《柳河東集》卷三十四。

孔子為自己私心竊比相喻的對象，而要「延孔氏之光燭于後來」⓳了，他在〈與楊誨之第二書〉中曾經說道，「今將申告子以古聖人之道」，那麼聖人之道，又屬何道呢？他在書信中接著說，「吾之所云者，其道自堯、舜、禹、湯、高宗、文王、武王、周公、孔子皆由之」⓴，因此，他所說的古聖人之道，就是堯舜以至孔子以來的仁政王道，在〈寄許京兆孟容書〉中，柳宗元也說明自己是「以興堯舜孔子之道，利安元元為務」㉑，「其旨在於恭寬退讓，以售聖人之道及乎人」㉒，而希望自己能夠「致大康于民，垂不滅之聲」㉓，所以，他從事實際的政治活動，也正是以發揚孔子等人的聖人之道、仁政思想，為其目的，在〈道州文宣王廟碑〉之中，他也說到，「夫子之道，閎肆尊顯，二帝三王，其無以侔大也」㉔，他甚至以為，孔子之道，是天地之間最為寶貴的思想，即使是堯、舜二帝及夏、商、周三代英王，也無法與孔子相比並觀，正如孟子所說，「自生民以來，未有盛於孔子者也」㉕，他對孔子的尊崇欽仰，可說已至極點，加上他「至永州七年矣」，「講堯舜孔子之道亦熟」㉖，所以，在他內心深處，遂以發揚孔子之道而自任，也隱隱然以當時的孔子而自相期許了，所以在撰寫〈論語辯〉時，很自然地便將自己深藏於內心的感情，不經意地流露出來，這就是在〈論語辯〉中，為什麼柳宗元對於孔子有著與眾不同看法的原因所在，也只有從這種角度，才能體會出在柳宗元的內心中，為什麼對於孔子會有異於常人看法的原因。

其實，當人們在困苦抑鬱之中，而發現歷史上某一人物，與自己有著相似的遭遇時，很自然地會對其人的不幸，作出特殊的同情與表彰，同時，也為自己抒發了慰藉之情，這是一種很自然地心理上的同化與投射的作用。

三、從柳宗元的政治思想考察他對孔子的新理解

柳宗元對於孔子的理解，有著與眾不同的看法，一方面，那與柳宗元本身的生平遭遇，有著密切的關聯，另一方面，也與柳宗元本身素所抱持的政治思想，有著密切的關係。

⑲ 見柳宗元〈答貢士元公瑾論仕進書〉，載《柳河東集》卷三十四。

⑳ 見《柳河東集》卷三十三。

㉑ 同注④。

㉒ 見柳宗元〈與楊誨之第二書〉，載《柳河東集》卷三十三。

㉓ 同注⑲。

㉔ 見《柳河東集》卷五。

㉕ 見《孟子・公孫丑上》。

㉖ 同注㉒。

柳宗元的政治思想，最主要的觀念，是以民本為基礎，像他在〈送寧國范明府詩序〉中所說的「夫為吏者，人役也」㉗，在〈送薛存義之任序〉中所說的「凡吏于土著，若知其職乎，蓋民之役，而非以役民而已也」㉘，在〈眎民詩〉中所說的「帝視民情，匪幽匪明」，「帝懷民視，乃降民德」㉙等等，便都是這種天視自我民視，天聽自我民聽，以民眾意願為依歸的民本觀念，立足在這種民本觀念的基礎上，推於行政，自然是以仁政王道、體察民隱為途徑，自然是以大公無私、用人唯才為方向。立足在這種民本的觀念基礎上，我們再來考察一下柳宗元的〈論語辯〉，就會發現，他對孔子的看法，也是從他自己的政治思想作出發點的，他對孔子的看法，也是有其線索可以尋覓的，柳宗元在〈寄許京兆孟容書〉中說：

> 宗元早歲，與負罪者親善，始奇其能，謂可以共立仁義，裨教化，過不自料，懃懃勉勵，唯以中正信義為志，以興堯、舜、孔子之道，利安元元為務。

在這裡，我們要問，堯、舜、孔子之道究竟為何道？其實，除了以仁義存心，以仁義立教，以博施濟眾，以安利黎民百姓，以推行王道仁政之外，在柳宗元心中，堯、舜、孔子之道，還是別有其他意義存在的，柳宗元在〈貞符〉中說：

> 有聖人焉曰堯，置州牧四岳持而綱之，立有德有功有能者參而維之，運臂率指，屈伸把握，莫不統率，堯年老，舉聖人而禪焉，大公乃克建。由是觀之，厥初罔非極亂，而後稍可為也，非德不樹，故仲尼敘《書》，於堯曰克明俊德，……貞哉，惟茲德，實受受之符，以莫永祀。30

柳宗元以為，為政之道，只有有德有功有能的人，才能擔任領導者的地位，而三者之中，「德」又是最居重要的條件，同時，他以為堯的盛德之大，尤其是在建立那種大公無私的禪讓制度，能謙讓而禪位，才是堯最為偉大的盛德和功業，而道德也才是聖人受命受禪的首要條件，他並以為，三河、平陽一帶，「有溫恭克讓之德，故其人至于今善讓」，「此堯之遺風也」31，〈貞符〉又說：

27 見《柳河東集》卷二十二。

28 見《柳河東集》卷二十三。參拙著〈柳宗元的民本思想〉一文，載《孔孟月刊》二十六卷四期，民國七十六年十二月出版。

29 見《柳河東集》卷一。

30 見《柳河東集》卷一。

31 見柳宗元〈晉問〉，載《柳河東集》卷十五。

是故受命不于天，于其人，休符不于祥，于其仁。

柳宗元以為，天命以民意為依歸，所以受命繼禪的君主，實在也就是受命於百姓，而非受命於上天，國家的禎祥美瑞，也都繫於君主的仁德仁政，而不繫於山墜木鳴的怪異現象，柳宗元在〈答貢士元公瑾論仕進書〉中說：

古之道，上延乎下，下倍乎上，上下洽通，而薦能之功行焉，故天子得宜為天子者薦之於天，諸侯得宜為諸侯者薦之於王，大夫得宜為大夫者薦之於君，士得宜為士者薦之於有司。薦於天，堯舜是也，薦於王，周公之徒是也，薦於君，鮑叔牙、子罕、子皮是也，薦於有司而專其美者，則僕未之聞也。[32]

為政以得人為本，大臣以薦賢為要，故諸侯、大夫、士人選薦其賢德有能而宜為諸侯、大夫、士人者，以進於國，那是正常不過的事，也是國家上下行之已久的事，本來不需要特別加以強調，但是，這些言論，在柳宗元的這封書信之中，卻都是客，他最措意的、也最特殊的，卻是那句「天子得宜為天子者薦之於天」，在封建制度下，除了在位的天子之外，「宜為天子」的，只有天子的「嫡長子」，或是天子自己認定的「太子」，才是天經地義「宜為天子」的繼承人，這兩種情形，如是前者，既已是嫡長子的「太子」，又何需天子再去覓而「得」之呢？如是後者，則需要考察其「宜」或「不宜」，以便去加以覓而「得」之的範圍，也只是限於深宮內院的天子家中，又何勞柳宗元去特別強調，立以為通例和原則呢？反之，只有在賢人政治的選擇權擴充推廣到將「天子」也包括在內的情形下，柳宗元所說的「天子得宜為天子者薦之於天」的話，才更具有活潑鮮明的意義，「薦之於天」也才具有更加開闊的「天擇」意義，而非狹窄的「命定」意義了。因此，對照著下文柳宗元所提到的「薦於天，堯舜是也」，更可以看出，柳宗元的「天子得宜為天子者」的選擇，範圍已經絕不是局限在天子的「子嗣」之中，因為，「薦於天」，最好的榜樣是舜堯，而堯舜卻正是不傳子而傳賢的代表，也正是與「封建世襲」絕對相反的「禪賢讓能」的代表哪！柳宗元在〈舜禹之事〉中曾說：

> 魏公子丕，由其父得漢禪，還自南郊，謂其人曰：「舜、禹之事，吾知之矣。」由丕

㉜ 見《柳河東集》卷三十四。

以來皆笑之，柳先生曰，丕之言若是可也，嚮者丕若曰，舜禹之道，吾知之矣，丕罪也，其事則信，吾見笑者之不知言，未見丕之可笑者也。凡易姓授位，公與私，仁與強，其道不同，而前者忘，後者繫，其事同，使以堯之聖，一日得舜而與之天下，能乎？吾見小爭於朝，大爭於野，其為亂，堯無以已之，何也，堯未忘於人，舜未繫於人也。堯之得於舜也以聖，舜之得於堯也以聖，兩聖獨得於天下之上，奈愚人何，其立於朝者，放齊猶曰朱啟明，而況在野者乎？堯知其道不可，退而自忘，舜知堯之忘己而繫舜於人也，進而自繫，舜舉十六族，去四凶族，使天下咸得其人，命二十二人，興五教，立禮刑，使天下咸得其理，合時月，正曆數，齊律度，量權衡，使天下咸得其用，積十餘年，人曰，明我者舜也，齊我者舜也，資我者舜也，天下之在位者，皆舜之人也，而堯隤然聾其聰，昏其明，愚其聖，人曰，往之所謂堯者果烏在哉，或曰耄矣，曰匿矣，又十餘年，其思而問者加少矣，至於堯死，天下曰，久矣舜之君我也，夫然後能揖讓受終於文祖，舜之與禹也亦然。

又說：

> 漢之失德久矣，其不繫而忘也甚矣，宦、董、袁、陶之賊生人盈矣，丕之父攘禍以立強，積三十餘年，天下之王，曹氏而已，無漢之思也，丕嗣而禪，天下得之以為晚，何以異夫舜、禹之事耶？然則漢非能自忘也，其事自忘也，曹氏非能自繫也，其事自繫也，公與私，仁與強，其道不同，其忘而繫者，無以異也。33

曹丕得到漢帝禪位，而曰：「舜禹之事，吾知之矣。」後世對於這一段話，都認為是曹丕在狂妄自滿之餘，體會出古人對於政權爭奪之事的美化，所作出的透視歎息之辭34，但是，柳宗元卻以為，「未見丕之可笑」，而正可以「見笑之者不知言」，柳宗元以為，凡是易姓授位，最重要的是站在「公」與「仁」的立場去選擇，而不是站在「私」與「強」的立場去考慮，同時，即使是像堯、舜一樣的大聖，也需要先有自進於天下百姓的功績表現，才能獲取萬民廣眾的信任尊仰，才能獲取先聖賢君充分授以政權的信心，然後才能施以禪讓君位的事實，因此，堯雖以聖人舉聖人，而其偉大處，在於能夠「退而自忘」，舜之偉大處，在於能

33 見《柳河東集》卷二十。

34 甚至清人崔述，還有舜放堯之說，見所著《上古考信錄》。

夠「進而自繫」，因此，舜在堯昏耄衰匿、民眾思而問者加少之後，然後受終於文祖，曹丕在漢帝衰匿隱退、民眾思而問者加少之後，然後受禪帝位，其事適正相同，所以，他認為曹丕之言，正是能夠深切體會民心民意歸趨的力量，而不是什麼亂世奸雄勘透政爭真相以後志得意滿的喟歎之辭。

柳宗元對於曹丕之言的解釋，是否就是曹丕心中的真意，或許已無法斷定，但是，柳宗元之所以有這種違逆傳統、大膽駭俗的解釋，他的用心，只是在於特別強調政權君位的轉移，一定要有民心民意的支持，只有有民眾擁戴、民心歸向的人，才是名正言順的受禪者，因此，任何有民眾擁戴、民心歸向的人，也都可以有其繼承君位、治理社稷的機會，柳宗元在〈六逆論〉中說：

《春秋》左氏言衛州吁之事，因載六逆之說曰：「賤妨貴，少陵長，遠間親，新間舊，小加大，淫破義，六者，亂之本也。」余謂少陵長，小加大，淫破義，是三者，固誠為亂矣，然其所謂賤妨貴，遠間親，新間舊，雖為理之本可也，何必曰亂？夫所謂賤妨貴者，蓋斥言擇嗣之道，子以母貴者也，若貴而愚、賤而聖且賢，以是而妨之，其為理本大矣，而可捨之以從斯言乎？此其不可固也。夫所謂遠間親，新間舊，蓋言任用之道也，使親而舊者愚，遠而新者聖且賢，以是而間之，其為理本亦大矣，又可捨之以從斯言乎？必從斯言而亂天下，謂之師古訓，可乎？此又不可者也。嗚呼，是三者，擇君置臣之道，天下理亂之大本也。㉟

《左傳》所謂的「六逆」之說，後世往往守為常則，而柳宗元以為，少敬長，小尊大，不以淫害義，這三者，都是屬於個人德行修養方面的倫理，自必加以遵守；反之，如果少而陵長，小加於大，以淫破義，自然是非法悖禮的行為，也是人群致亂的根源，所以，這三者，柳宗元都承認他們的正確性。至於「賤妨貴」、「遠間親」、「新間舊」，柳宗元認為，這三者，卻多是屬於擇人任用的道理，但是，為政用人之道，自應以任賢用能為主，而不必問其人是否出身於疏遠低賤，更不應專以其人關係地位的親密尊貴，而作為考量的原因，因此，柳宗元絕不承認這三者的正確性。值得注意的是，柳宗元在此文之中，談論任用人才的條件，不僅提到「賢」字，還更提到「聖」字，在古代，人們對於諸侯、大夫、士人的才幹能力，往往只用「賢」去形容，只有對於天子君王的才幹能力，才用「聖」字去形容，柳宗

㉟ 見《柳河東集》卷三。

元在評論爵位時，自己也曾說到，「大者聖神，其次賢能」㊱，可見柳宗元在此文中用到「聖」字，絕不是偶然的，同時，柳宗元在〈六逆論〉中，也提到「擇君置臣之道」，「置臣」不必多說，「擇君」卻極可留意，君而可擇，「擇君」的當否，而又可以關係於「天下理亂之大本」，然則「擇君」必不是由天子從皇帝宮中去選擇太子，而是君王本身可以由民眾去加以選擇，可以推知。因此，從以上的這些觀點去看〈論語辯〉，我們就會了解到柳宗元的想法——孔子是大賢人，也是大聖人，他有卓越的道德學問才能，足以治世濟民，也有滿懷的救世熱忱，遠大的抱負，自有生民以來，未有有如孔子者也，稱得上是「覆生人之器」，但是，他卻命途坎坷，有德無位，「上之堯舜不遭，而禪不及己」，「而已不得為天吏」，他未能躬逢像堯舜一樣的賢君聖主，能夠大公無私地為天下薦能舉德，為天下「得宜為天子」的他，「薦之於天」，接受禪讓的大禮，將天下的重任交付給他，因此，孔子在周遊天下之後，見道不行，而感歎「大道之行，與三代之英，丘未之逮也」㊲的晚年情境下，心有所感，言有所出，時常不自覺地諷道那一段〈堯曰〉的警辭，也不是並不可能的事情。

另外，柳宗元在〈封建論〉中說：

> 夫天下之道，理安斯得人者也，使賢者居上位，不肖者居下位，而後可以理安。㊳

柳宗元以為，為政之道，只有賢人居上位，不肖者在下位，舉直而措諸枉，不能使得天下國家，長治久安，因此，「治國在賢」㊴，才是為政的至理，也因此，他反對世襲的封建制度，因為，「繼世而理者，上果賢乎？下果不肖乎？」㊵世襲的繼位者，誰也不能保證他們都是賢者，所以，柳宗元主張為政之道，要用人唯才，不論出身，唯有打破封建世襲的不公平制度，才能使有才有德的賢者，躋身高位，也只有進而打破封建世襲的君主制度，推行堯舜舉賢薦能的禪讓政治，在民間下位的賢人才士，才能可能轉居君相的地位，而得以貢獻心力，博施濟眾。所以，柳宗元撰寫〈封建論〉，表面上，他只是暢論封建與郡縣二制的利病，他主張廢除封建，改行郡縣，使封建世襲之不賢而在位者，可以因郡縣制度的推行，而改以賢人居位，但是，如果對於〈封建論〉再作深一層的探究質疑，人們就會很自然地想到，諸侯世襲，不賢在位，可以郡縣任賢用才之制替代，那麼，君主世襲如果不賢，又將何以應之？因此，〈封建論〉的言外之意，稍進一步，自然能夠推斷出「堯舜禪讓，賢人得

㊱ 見柳宗元〈天爵論〉，載《柳河東集》卷三。

㊲ 見《禮記・禮運篇》。

㊳ 見《柳河東集》卷三。

㊴ 見柳宗元〈愈膏肓疾賦〉，載《柳河東集》卷二。

㊵ 見柳宗元〈封建論〉，載《柳河東集》卷三。

位」的結論，同時，再推一步，也可想到，在上位的君主，封建世襲，如果殘民不賢，而又堅拒禪讓，則又將何以應之？殘賊之君，謂之獨夫，民心既已喪失，民意早非所歸，那麼，臣民百姓，處此關頭，群起革命，誅殘去暴，應當也是很自然的行為了，柳宗元在〈辯侵伐論〉中說：

> 《春秋》之說曰：「凡師，有鍾鼓曰伐，無曰侵。」《周禮・大司馬》九伐之法曰：「賊賢害能，則伐之，負固不服，則伐之。」然則所謂伐之者，聲其惡於天下也，聲其惡於天下，必有以厭于天下之心，夫然後得行焉。

又說：

> 非有逆天地、橫四海者，不以動天下之師，故師不踰時而功成也焉，斯為人之舉也，故公之，公之而鍾鼓作焉。41

柳宗元以為，凡為政之君，其有賊害賢人、嫉惡才能，以致有違逆天地之正理，橫暴虐於四海者，則可以鍾鼓導其前，引天下義師而討伐之，蓋所以聲揚其不義於天下也，由此，也可看出，柳宗元對於殘暴的君主，橫行的獨夫，確實有著興舉義師，革命征誅的心意存在，那是不足為奇的。

從這些角度，我們再去考察一下〈論語辯〉中的見解，我們就會了解到柳宗元的想法——孔子有德無位，他在當時，既然「上之堯舜之不遭，而禪不及己」，另一方面，「下之無湯之勢」，政治的形勢已經不變，東周的共主，已經軟弱無能，諸侯的紛爭，又橫暴無已，大局的變化，已經不像夏桀、商紂時一般地集天下怨毒殘賊於一身，因此，商湯革命，順天應人的形勢，也已經不復存在，終至孔子一生，「不得為天吏」、「生人無以澤其德，日視聞其勞死怨呼，而己之德，涸然無所依而施」，所以，心中感喟，不免常將思想鬱結之情，諷道吐露，以自遣胸懷，那也是人情自然的行為了。

總之，如果我們從柳宗元的身世遭遇及政治思想這兩方面去仔細考察，則他在〈論語辯〉中所抒發的見解，以及對於孔子的看法，都會別具新義，而且也有其可以追尋的線索了。

㊶ 見《柳河東集》卷三。

柳宗元在〈論語辯〉中，對於孔子那種異乎常人的看法，究竟是完全出諸於他自己內心的設想，抑或在某些情況下，也符合幾許歷史的真相呢？

四、從經學源流變遷考察柳宗元對孔子的新觀點

秦始皇焚書坑儒之後，六經頗多殘缺散佚，漢興，立五經博士，《詩》取齊、魯、韓三家，《書》取歐陽生及大小夏侯，《禮》取大小戴及慶氏，《易》取施、孟、梁丘及京氏，《春秋》取公、穀二傳，當時的五經，都以漢代通行的隸書書寫而成，是為「今文經」。其後，民間及壁藏的經書，逐漸出現，於是《詩》又有毛氏，《書》又有孔安國，《禮》又有《逸禮》及《周官》，《易》又有費氏、高氏，《春秋》有《左氏傳》，這些經書，都以漢代以前通行的古籀文字書寫而成，是為「古文經」。

漢代經學之有今古文之分，其初不過是書寫文字的差異，進而遂有章句之異，經旨之異，終而至於有門戶宗派之異，古代制度人物評論之異；經今古文的分別，遂成為學術史上極關緊要的問題。

經學今古文之間的差異，表現得最為明顯的，是對於孔子在歷史地位上的評論問題，基本上，今文學家視孔子為一政治家、哲學家、教育家，尊孔子為受命的素王，以六經為孔子

所作。古文學家則視孔子為一述而不作的史學家，尊孔子為先師，以六經為古代的史料，為周公的舊典。由於針對孔子歷史地位的評論，觀點不同，因此，今文學家特別尊崇孔子，在六經之中，又特別注重《春秋》，以為是孔子微言大義所寄託。而古文學家，則特別尊崇周公，在六經之中，又特別注意《周禮》，以為是周公制太平的寶典[42]。

漢代經學今古文的分別，很明顯地表現出這兩種不同的情況，漢代的大儒，像董仲舒所說的「春秋，大義之所本耶」[43]，司馬遷所說的「天下言六藝者，折衷於夫子，可謂至聖也矣」[44]，何休所說的，《春秋》「其中多非常異議可怪之論」[45]，便都是站在今文家的立場而發言的。像孔安國之傳《古文尚書》，劉歆之〈移太常博士書〉，賈逵之尤明《左氏國語》，便都是站在古文家的立場而議論的。後世沿承源流，歷代經學的發展和著述，也大多具有如此兩種不同的畛域或傾向，甚至到了清代，皮錫瑞還在爭辯，「孔子為萬世師表，六

42 參皮錫瑞《經學歷史》、周予同《經今古文學》。

43 見《春秋繁露·正貫第十一》。

44 見《史記·孔子世家》。

45 見《春秋·公羊傳序》。

經即萬世教科書」46，康有為還在倡議，「孔子為制法之王」47，另一方面，章學誠也在暢論，「六經皆史」，以為「六藝皆周公之政典」、「周公集群聖之大成」、「孔子有德無位，即無從得制作之權，不得列於一成，安有大成可集乎」48，章炳麟也在強調，「孔氏，古良史也」49，這種情形，也還是沿襲著漢代以下經學今古文的分別，而衍生的不同意見，由此也可見出，經今古文問題，對於歷史學術的發展，委實有著極其深遠的影響。

在六經之中，今文學家視《春秋》是孔子為萬世制法的微言大義所在，故特別注重《春秋》一經，古文學家視《周禮》是周公為後世制太平的寶典，故特別注重《周禮》一經。皮錫瑞在《經學歷史》中也曾說到，「孔子功繼群聖，全在《春秋》一經」50，以下，我們就從《春秋》一經的角度，去考察柳宗元的學術路向，柳宗元在〈答韋中立論師道書〉中，敘述他撰為文章的根源所自時，曾說：

> 本之《書》以求其質，本之《詩》以求其恆，本之《禮》以求其宜，本之《春秋》以求其斷，本之《易》以求其動，此吾所以取道之原也。參之《穀梁氏》以厲其氣，參之《孟》《荀》以暢其支，參之《莊》《老》以肆其端，參之《國語》以博其趣，參之《離騷》以致其函，參之《太史公》以著其潔，此吾所以旁推交通而以為之文也。51

《春秋經》和《穀梁傳》，都是柳宗元平時喜歡閱讀，在撰寫文章時，取以為明道之本，以及旁推交通的資源，在經學史上，《穀梁傳》是今文經學，另外，柳宗元也曾隨從當時的《春秋》學大師陸質，學習《春秋》，陸質字伯冲，唐吳郡人，本名淳，以避唐憲宗諱，改名為質，質嘗師事啖助，與友人趙匡，共傳啖氏《春秋》之學，著有《春秋集傳纂例》十卷、《春秋微旨》三卷、《春秋集傳辨疑》十卷，他研究《春秋》，其學實於今文為近，德宗貞元十九年（西元八〇三年），柳宗元經友人呂溫之介，於陸質《春秋》之學，始多所了解，又於友人韓泰處，得見陸質所著《春秋微旨》一書，乃立志願從學於陸氏之門，德宗貞元二十年（西元八〇四年），柳宗元三十二歲時，在京師官監察御史，陸質時為給事中，二人寓居同一巷中，宗元「始得執弟子禮」[52]同時，柳宗元也深知陸氏之學，「能知聖人之旨，

---

[46] 見《經學歷史・經學開闢時代》。

[47] 見《孔子改制考・孔子為制法之王考》。

[48] 見《文史通義》〈易教〉、〈原道〉等篇，參拙著〈章實齋「六經皆史說」闡義〉一文，載《中國學術年刊》第六期，民國七十三年六月出版。

[49] 見《訄書・訂孔篇》。

[50] 見《經學歷史・經學昌明時代》。

[51] 見《柳河東集》卷三十四。

[52] 見柳宗元〈答元饒州論春秋書〉，載《柳河東集》卷三十一。

故《春秋》之言，及是而明」53，要之，柳宗元從陸質受業以治《春秋》，為時雖不甚長，但是，在《春秋》經學的研究上，無疑也是站在今文學的立場而加以抒發的，因此，柳宗元對於孔子的評論，多少受到漢代以下今文學家的影響，也是不爭的事實，所以，如果他將孔子視為一位心懷大志、可禪可繼的政治家，也將是一件非常自然地事情，並不足以為奇。

在〈答韋中立論師道書〉中，柳宗元也曾提到「參之《國語》以博其趣」，今本的《左傳》和《國語》，都題稱為左丘明所撰，《左傳》既然屬於古文經，那麼，《國語》是不是也屬於古文學家之言呢？同時，柳宗元既然是「參之《國語》以博其趣」，那麼，他會不會也受到古文學家說法觀點的影響呢？其實，柳宗元對於《國語》是採取批評的態度的，他曾說到：「嘗讀《國語》，病其文勝而言尨，好詭以反倫，其道舛逆」54，又曾說到，「左氏《國語》，其文深閎傑異，固世之所耽嗜而不已也，而其說多誣淫，不概於聖，余懼世之學者，溺其文采，而淪於是非，是不得由中庸以入堯舜之道，本諸理，作〈非國語〉」55，柳宗元作〈非國語〉六十七篇，主要是為了「黜其不臧，救世之謬」56，因此，他的「參之《國語》」，也只是嗜其文采的趣味而已，在思想內容方面，既然自己已經加以駁斥非議，自然也已不會受到它不良的影響，因此，在《春秋》一經的研究上，柳宗元是較受今文經學的影響，應該是可以肯定的事實。

五、結語

柳宗元在〈論語辯〉中，對於孔子，有著異於常人的看法，他認為，孔子不只是一位偉大的教育家、哲學家，也更是一位偉大的政治家，孔子對於政治措施，有著推行仁政王道的理想，對於政治抱負，也有著受禪繼位的企盼，因此，在柳宗元的眼中，孔子是一位有德有能、聖王型態的政治家，柳宗元對於孔子的這種看法，在一般情形下，雖然顯得突兀，但是，卻並不是完全沒有理由的：

第一、如果從柳宗元的生平遭遇方面去作考察，我們就會發現，柳宗元在困頓失望之餘，不經意地，將他自己的身影，投射在他最所欽仰、最所尊信，際遇也最相接近的孔子身上，是一件十分自然的事情。

第二、如果從柳宗元素所抱持的政治思想、政治理想方面去作考察，我們也會發現，柳

---

53 見柳宗元〈唐故給事中皇太子侍讀陸文通先生墓表〉，載《柳河東集》卷九。

54 見柳宗元〈與呂道州溫論非國語書〉，載《柳河東集》卷三十一。

55 見柳宗元〈非國語序〉，載《柳河東集》卷四十四。

56 同注54。

宗元在內心深處，不但懷有救世濟民的大志，也懷有另一種「有德者可禪可繼」、「暴政可加以推翻」的政治理念，從這一角度出發，去解釋有關孔子的歷史地位及歷史評價時，很自然地，便會以自己的政治思想與理想，加被在他素所景仰的孔子的身上。

第三、如果從歷史的演進、學術的發展方面去作考察，我們更會發現，孔子在歷史上，本來就有著兩種非常不同的評價和地位，而柳宗元在經學源流的分派上，所擇取的研究徑路，與今文學家的觀點，適相接近，這種觀點，也直接影響到他對於孔子的看法。

因此，柳宗元在〈論論辯〉中，對於「堯曰」以下一段古聖賢王傳心之言的解釋，對於孔子有其異於常人的看法，實際上，都與柳宗元本人的生評遭遇、思想路徑、學術取向，有著密不可分的關係，而不是一種突發的偶然現象，這是可以理解的。

總之，柳宗元在〈論語辯〉中的解釋，確實已經為孔子塑造了一副嶄新的面貌，孔子的這副面貌，對於世人而言，雖然非常陌生，但是，這副陌生的面貌，也許更加符合歷史的真實，也許更能勾勒出孔子的原始形象，也未可知哩！

（此文原刊載於《孔孟學報》五十七期，民國七十八年三月出版）

拾肆、柳宗元之「民本」思想與愛民仁政

一、引言

柳宗元（七七三—八一九）不但是一位傑出的文學家，同時也是一位卓越的思想家，尤其是他的「民本」觀念，在我國的政治思想史上，也應佔有極其重要的地位。

另外，柳宗元在政治實踐方面，也推行了許多愛民的仁政，有許多行事，不僅在當時產生了許多明顯的效果，對後世的政治措施，也產生不少極具意義的成效。

本文即就此兩項重點，加以論述。

二、民本思想

我國的民本思想，萌芽甚早，《尚書·虞夏書·皋陶謨》曾說：

天聰明，自我民聰明，天明畏，自我民明畏。

在神權時代，人們以為「天意」和「民意」是相通的，民眾是上天的代表，「天意」可以透過「民意」而作表達，因此，上天之所以能聽能明，是透過民眾的所聽所視而達成的，上天之所以有賞有罰，也是透過民眾的所褒所貶而施行的，民眾既然是天意的代表，在國家社會之中，自然居於重要的根本的地位。比〈皋陶謨〉稍晚，《尚書·周書·酒誥》記成王引古人之言也說：

人無於水監，當於民監。

也主張人君為政，應該尊重民意，以民意為鑑戒，以民眾為根本，至於〈泰誓〉所說的「天視自我民視，天聽自我民聽」，〈五子之歌〉所說的「民為邦本，本固邦寧」，更是強調了民眾在國家中所居的根本的地位，雖然，〈泰誓〉和〈五子之歌〉，只見於《偽古文尚書》

之中，不過，那兩段話，或許也另有所據，不盡全偽，像〈泰誓〉中的「天視自我民視，天聽自我民聽」，曾經被〈孟子〉書中指名引用，就是一個很明顯的例子。

古代民本的思想，一直到了孟子的時代，才發展得更加充實，《孟子・離婁上篇》曾說：

> 桀紂之失天下也，失其民也，失其民者，失其心也。得天下有道，得其民，斯得天下矣，得其民有道，得其心，斯得民矣。

政權的獲得，在能得民，在能得民之心，政權的喪失，在不能得民，在不能得民之心，因此，民心的向背，也就成為政權轉移的關鍵，民眾也就自然成為國家的根本和楨幹，因此，孟子才能據此而說出「民為貴，社稷次之，君為輕」❶的主張，也才能將民本之說，推展到更加明朗的境地。

孟子的「民本」之說，雖然是極為可貴，但是，自從秦統一天下以後，專制政體形成，

---

❶ 見《孟子・盡心下篇》。

帝王們又創導「君尊臣卑」的說法，因此，「民本」的思想，自然受到了壓制，而未能伸張，一直到了明末清初，黃宗羲著《明夷待訪錄》，才提出了「天下為主，君為客」❷的主張，以為天下國家，萬民為主，君王為客，以為「天下之大，非一人所能治，而分治之以群工」❸，所以，「臣之與君，名異而實同」❹，是以君子之出仕，是「為天下，非為君也，為萬民，非為一姓也」❺，故以為「天下之治亂，不在一姓之興亡，而在萬民之憂樂」❻，直到此時，孟子「民貴君輕」的思想，方才得以發揚光大，以至於清代末葉，國民革命興起，推翻專制政權，歷史上的「民本」理論，才進而一變為「民主」的實行，不過，從孟子以下，直到明末的黃宗義，兩千年間，雖然是在帝王專制之下，難道都沒有任何「民本」思想的繼承和發展嗎？卻又不然，柳宗元就是一個能承繼孟子「民本」思想的重要學者。

柳宗元生於唐代宗大曆八年，當西元七七三年，上距孟子之生，約一千年（孟子生於西元前三七二年），他在〈送薛存義之任序〉一文中說：

> 凡吏於土者，若知其職乎？蓋民之役，非以役民而已也。❼

柳宗元在此文中，首先提出地方官吏的職責問題，他以為，官吏是替民眾工作的僕役，卻並非役使民眾，高高在上的主人，所以他說官吏是「民之役」，而「非以役民」的，這一觀點，也自然含有民眾是「主」，官吏是「客」的意義。〈送薛存義之任序〉又說：

> 凡民之食於土者，出其什一，傭乎吏，吏司平於我也。

接著，柳宗元又譬喻說，官吏的職責，就如同群居在一起的民眾，因為各人忙於自己的家事，而無法兼顧到各家相關的公務，甚至於彼此各家之間，偶爾發生了糾紛交涉，也缺少適當的人出面公平調解，因此，每家的民眾，各自提出自己十分之一的收入，共同僱請了一位公共的管理員，讓他來替人們管理各家共同的公務，必要時也可以請他作為調解糾紛的中介人員，這種由各家共同出錢合資僱請的「吏」，實際上也就相當於是各家的「公僕」了，這

---

❷ 見《明夷待訪錄．原君》。

❸ 見《明夷待訪錄．原君》。

❹ 同注❸。

❺ 同注❸。

❻ 同注❸。

❼ 見《柳河東全集》卷二十三，此據民國六十三年十二月河洛出版社景印初版。

一「公僕」觀念的提出，在「民本」思想發展的歷程上，確實具有深長的意義。另外，柳宗元在序文中也提出了「出其什一」的「傭吏」辦法，雖然，「什一之稅」，是「天下之通法」❽，同時，別的書上，也曾經加以提到❾，但是，「夏后氏五十而貢，殷人七十而助，周人百畝而徹，其實皆什一也」❿，卻是《孟子》書中敘述得最為詳明，柳宗元的「公僕」觀念，多少曾經受到孟子「民貴君輕」的影響，這裏的「出其什一」，也不失為是一個很好的佐證。〈送薛存義之任序〉又說：

今我受其直，怠其事者，天下皆然，豈唯怠之，又從而盜之。

受人僱傭的「公僕」，「受其直（同值）」，「怠其事」，接受了民眾的物質報酬，卻懈怠了分內應做的工作，已經到了「天下皆然」的嚴重地步，不但懈怠工作，進而監守自盜，竊取了「主人」家中的大宗財物，那真是令主人們忍無可忍的事情。〈送薛存義之任序〉又說：

向使傭一夫於家，受若直，怠若事，又盜若貨器，則必甚怒而黜罰之矣，以今天下多類此而民莫敢肆其怒與黜罰，何哉？勢不同也。

柳宗元又舉例說，任何一個家庭的主人，假如僱請了一位僕人到家中工作，而那位僕人，接受了金錢報酬，卻又懈怠偷懶，不願工作，同時，不但工作偷懶，且又偷竊主人家中的財寶，那麼，這一家的主人，一定會因此而震怒而加以懲罰，甚至加以斥退解僱，但是，類似於這種情形，危害民眾的「公僕」（官吏），已經是「天下皆然」了，而天下的民眾百姓，卻為什麼不敢加以懲罰而予以斥退解僱呢？當然，這是由於情勢不同，因為「官吏」和「傭夫」「公僕」之間，民眾認為畢竟是有點不同的。〈送薛存義之任序〉又說：

> 勢不同而理同，如吾民何，有達於理者，得不恐而畏乎？

柳宗元卻認為，「官吏」和「公僕」「傭夫」，雖然是情勢不同，但是，彼此所具備的道理卻是相同的，因為，官吏們的薪俸，直接雖然得之於君王，間接卻是得之於民眾所交的賦

---

❽ 此見《論語・顏淵篇》集解引鄭康成語。

❾ 《論語・顏淵》：「哀公問於有若曰，年饑，用不足，如之何，有若對曰，盍徹乎。《公羊傳》宣公十五年：「古者什一而藉。」又：「什一者，天下之中正也。」

❿ 見《孟子・滕文公上篇》。

稅，這與民眾僱傭公僕，又有什麼不同呢！因此，民眾雖然在「官吏」們的「受若直，怠若事，又盜若貨器」的情況下，無可如何，但是，如果有真正了解上述道理的民眾，他們在心裏又將是作如何的想法呢？如果有深切通達上述道理的「官吏」和「公僕」，他們在內心又將是如何地感受到畏懼與愧疚的衝激呢？在柳宗元的心目中，「官吏」、「傭夫」、「公僕」，其實是相等的名詞，同時，對於民眾共同出貲僱傭的「公僕」，如果人民以為，他們不稱其職，怠墮其事，又益竊貨器，則人民「必甚怒而黜罰之」，對於「官吏」，人民可以罷黜之懲罰之，則是民眾有權在手，已經接近「人民為主」的意義，距離「民主」的境域，也只差那麼一步了。雖然，柳宗元在帝王專制的唐代，他還不敢將「公僕」的意義，擴大到「天子」的範圍，但是，往上再推一步，仍然是勢不同而「理同」的。要之，「官吏」就是「公僕」，這一命題，就古代中唐帝王專制時代而言，已經是令人乍舌不已，十分難能而可貴了⓫。

林琴南批評柳氏此文說：「一段名言，實漢唐宋明諸老師所未能跂及者。」⓬章行嚴也以為，「子厚之政治理想，完全以為民之役而非役民為主幹」而柳宗元此文中所說的「以今天下多類此」至「勢不同也」等句，「等於暗示革命，而為勢所扼，義師不可得起」，而柳文中所說的「如吾民何」等四句，則「不啻長言而詠歎之也」⓭，章氏的解釋，雖然稍嫌過激，但是，自孟子以下，至於明末的黃宗羲，在這悠長的兩千年中，只有柳宗元的「民本」思想，才真正能夠上繼孟子，下啟梨洲，而居中起著承傳弘揚的樞紐作用。因此，在我國的政治思想史上，確實也應當佔有重要的地位，這是無可置疑的事實⑭。

三、愛民仁政

唐順宗永貞元年（西元八〇五年），韋執誼拜相，柳宗元因王叔文之薦，為禮部員外郎，意圖改革朝政，六月，王叔文謀奪宦官兵權不成，去位，八月，順宗禪位，憲宗即位，王叔文黨皆坐貶，柳宗元等八人，先貶為刺史，又貶為司馬，此即「八司馬」事件，十二月，柳宗元至永州，為司馬。在永洲，柳宗完謫居達十年之久。

---

⑪ 柳宗元〈送寧國范明府詩序〉說：「夫為吏者人役也，役於人而食其力，可無報耶。」所持觀點，與〈送薛存義之任序〉中所說的相同，文載《柳河東全集》卷二十二。

⑫ 見《韓柳文研究法》，此據民國五十三年一月廣文書局初版本。

⑬ 見《柳文指要》，此據民國七十年三月華正書局初版本。

⑭ 〈送薛存義之任序〉，柳氏作於永州，也許，宗元當時遭受貶謫，又多見民間疾苦，才影響到他對民眾與官吏的看法，從而也堅定了他的「民本」思想。

憲宗元和十年（西元八一五年）正月，柳宗元奉詔返回長安，三月，柳宗元奉詔出任柳州刺史。六月，柳宗元抵達柳州（在今廣西省馬平縣）。他在柳州四年多的刺史任內，銳意改革，政績卓著。其中，嘉惠於地方百姓最為深遠切實的，要算是解救奴隸、革新風俗的措施了。

在地理上，柳州不但是一個位處於邊遠的地區，在唐朝時，柳州也是一個極為貧窮的地方。當地的民眾，由於生活艱苦，貧困無法，有些人甚至將他自己親生的子女，也作為抵押的人質；而以自己子女無償的工作勞力，來向富有人家貸取錢財。等到時間既久，約期已到，如果仍然無法償還債務時，那些作為抵押的子女，便只好淪為富家的奴隸，永遠不能贖回，也永遠失去了自由。這種情形，在柳州行之已經既久且廣，已經逐漸形成為一種風俗，成為分隔父母子女、離散人倫親情的一種陋規惡習。

柳宗元抵達柳州之後，了解到這種醜惡的風俗，立刻加以改革。他依據當時市面上一般勞力價格的標準，去計算被抵押者應當得到的工資（童工的工資）。如果所應得到的工資，加上童工父母勞力耕作的所得，總數已經與他的父母借貸的金錢相當，加上合理的利息之後，便認為是已經償清了借貸的款項，從此兩無糾葛。原先作為抵押品的子女，從此也就可以獲得自由的身分，返回家園，與父母親人團聚了。如果計算起來，工資還沒有到達能償還借款的數目，則其子女可以暫且繼續工作；等到工資累積達到足夠的數目時，也就可以償清債務，獲得自由而後返家。

柳宗元的這一「計傭折值」的償債辦法，確實使得許多破碎的家庭，得以重新團聚，使得許多父母子女恢復了天倫的樂趣。對於那些萬分無奈而致借貸錢財抵押子女的貧苦民眾而言，柳宗元的這一措施，確實可以算是無比重要的德政。韓愈在〈柳州羅池廟碑〉中曾經記錄此事說：

> 先時民貧，以男女相質；久不得贖，盡沒為隸。我侯之至，按國之故，以傭除本，悉奪歸之。⓯

又在〈柳子厚墓誌銘〉中記載說：

> 其俗：以男女質錢。約時不贖，子本相侔，則沒為奴婢。子厚與設方計，悉令贖歸。

⓯ 見馬其昶：《韓昌黎文集校注》卷七，此據民國五十六年世界書局本。

其尤貧，力不能者，令書其傭；足相當，則使歸其質。觀察使下其法於他州，比一歲，免而歸者且千人。⑯

都敘述了柳宗元在柳州所倡導實行的那一種贖歸奴婢的方法。這種方法，不但柳宗元在柳州施行，卓然有成；同時，由於辦法完善，用意良佳，其他州郡也有仿效而實行的，其中仿行最力的，就是柳宗元的摯友韓愈。

憲宗元和十四年（八一九），韓愈因向皇帝諫迎佛骨事，竟被貶謫為潮州刺史，韓愈到達潮州（在今廣東省海陽縣）之後，發現潮州地方也有抵押子女為奴的風俗，於是，他模仿柳宗元在柳州推行的措施，也同樣以「計傭折值」的方法，去改革潮州地方的陋習，皇甫湜在〈韓文公神道碑〉中曾經記載說：

貶潮州刺史……。掠賣之口，計庸免之。未相計值，輒與錢贖。及還，著之赦令。⑰

就是指韓愈在潮州推行解救奴隸的措施，同時，韓愈不但在潮州實行了「計傭折值」的辦法，嘉惠百姓，而且，當次年（元和十五年），他奉詔轉往袁州（在今江西省宜春縣）擔任刺史之後，他仍然「治袁州如潮」，繼續推行這個解救奴隸的工作，李翺在〈韓文公行狀〉中曾經說到：

> 貶潮州刺史，移袁州刺史，百姓以男女為人隸者，公皆計傭以償其值，而出歸之。[18]

也是敘述韓愈在袁州刺史任內所實行「計傭折值」的辦法，以造福民眾的事實。

柳宗元在柳州所倡行的這種解救奴隸的方法，不但使得柳州的百姓受益匪淺，感激在心，同時，「觀察使下其法於他州，比一歲，免而歸者且千人」。可見當時天下各地這種抵押子女的陋習，確實已經不在少數。而柳宗元在柳州實行解救措施，一年之間，放免返家，恢復自由之身的男女，已及千人。這也可以看出柳宗元所倡行的那種「計傭折值」的方法，確是效果良佳。加以韓愈的賡續推行，擴大範圍，可以想見，柳、韓二人，在推行此一愛民的措施時，確實已為百姓們帶來了極大的益處。

---

[16] 同注[15]。

[17] 見屈守元、常思春：《韓愈全集校注》附錄五，四川大學出版社，一九九六年七月。

[18] 同注[17]。

《舊唐書・柳宗元傳》曾經記載：「柳州土俗，以男女質錢，過期則沒入錢主，宗元革其鄉法，其已沒者，仍出私錢贖之，歸其父母。」《新唐書・柳宗元傳》也記載：「柳人以男女質錢，過期不贖，子本均，則沒為奴隸。宗元設方計，悉贖歸之。尤貧者令書庸，視直足相當，還其質。已沒者，出己錢助贖。」柳宗元不但訂下「計傭折值」的良好辦法，解救民眾免受父母子女離散之苦，甚至還捐出自己的薪俸私錢，去幫助窮苦的民眾，使得他們得以家庭團聚，樂享天倫。

四、結語

柳宗元不但是一位傑出的文學家，也是卓越的政治家，在政治思想方面，他的「民本」思想，足以上繼孟子，下開黃宗羲，在上下兩千多年之間，在中唐時代，發出耀眼的光輝。

在政治措施方面，自從「永貞改革」失敗之後，他被貶謫到永州，一居十年，擔任司馬的閒官，在政治上自然缺少表現的機會，但是，當他被任命為柳州刺史之後，刺史卻是直接政權在手的官吏，因此，他在柳州，得以發展抱負，改革弊政，在柳州四年之間，他推行了多項愛民的措施，韓愈後來在〈柳州羅池廟碑〉一文中，對於柳宗元在柳州的政績，曾經加以表彰，綜合起來，約有以下幾項，其一，是富庶民經濟，其二，是注重倫常禮儀，其三，是改革鄙陋風俗，其四，是振興教育文化，其五，是整治都邑市容。⑲以上五項重點，都是柳宗元在柳州刺史任內，推動執行的優良政績，足以嘉惠百姓（當然，其中最重要的，自然是改革鄙陋風俗，解救童僕奴隸），這也充分表露了柳宗元勤政愛民的抱負，以民為本的理想胸懷。

（此文原刊載於《孔孟月刊》二十六卷四期，民國七十六年十二月出版）

---

⑲ 參拙稿：〈韓愈「柳州羅池廟碑」析論〉，載《興大中文學報》第一期，民國七十七年五月。

拾伍、朱子對古籍訓釋之見解

朱子之學，精深博大，方面極多，在宋代理學家中，實兼具漢學之長，綜計朱子一生，著書數十餘種，就以古籍的注釋而言，如《周易本義》、《詩集傳》、《四書章句集注》、《楚辭集注》等，都是極為重要的著述。

朱子雖然擁有許多注解古籍的經驗，但是，對於古籍訓釋的方法，卻沒有寫成一套完整的理論，流傳下來，僅只在他的文集和語類中，保存著一些零星的意見。不過，由於朱子對於古籍訓釋的見解，都是從實際工作經驗中得來，因此，朱子對於這一方面的意見，仍然值得我們加以珍視。

朱子對於古籍的訓解注釋，最基本的目標，便是要發明古籍的「本義」（原來的意義），因此，小自一字的音讀訓解，大至義理的闡揚發揮，便都是在「以本義為歸」這一前提下所進行的工作。

以下，就從朱子的文集和語類中❶，勾稽出一些朱子對於古籍訓釋方面的條例，寫在後面。

㈠重視字書韻、名物訓詁

古代的書籍，流傳後世，因為年代久遠，其中許多古字古義，名物典制，往往使後人不易了解，因此，在尋求古籍本義的目標下，朱子對於古代的一些字書韻書，也並不加以忽視，因為，透過這些字書韻書，才易於掌握古籍中的古字古義，名物典制，朱子在〈書中庸後〉一文中說：「學者之於經，未有不得於辭而能通其意者。」又在《語類》卷七十二中說：「某尋常解經，只要依訓詁說字。」又在〈答楊元範書〉中說：「字書音韻，是經中淺事，故先儒得其大者，多不留意，然不知此等處不理會，即枉費了無限辭說牽補，而卒不得其本義，亦甚害事也。」這是朱子重視字義訓詁的地方，因為，字書音韻，雖是淺事，有時卻能影響到古籍本義的探求，朱子既以探求古籍本義為目標，所以，雖是一字一畫一音之細，也不輕易放過，這是讀書究學最基本的工夫，所以，朱子對於初學之士，也勉勵他們重視這種基本的工夫，他在〈答黃直卿書〉中說：「近日看得後生，且是教他依本子認得訓詁文義分明為急，今人多是躐等妄作，誑誤後生，其實都曉不得也。」就是這個道理。

朱子既然重視名物訓詁的解釋，因此，對於漢魏以來的一些字書韻書，自然也就十分重視了，他在〈語孟集義序〉中說：「漢魏諸儒，正音讀，通訓詁，考制度，辨名物，其功博矣，學者苟不先涉其流，則亦何以用力於此。」在字書之中，朱子尤其看重《說文》，因此，《說文》畢竟是認識古字本義的首要之書，像《論語》首章「學而時習」，朱子《集注》說：「習，鳥數飛也，學之不已，如鳥數飛也。」《語類》卷二十七，又記載弟子問習字之義：「問習，鳥數飛也之義，曰，此是《說文》習字從羽，〈月令〉鷹乃學習，只是飛來飛去。」朱子便是根據《說文》以解釋習字的本義。又如《論語・顏淵篇》：「非禮勿視。」《語類》卷四十一記朱子說：「非禮勿視，《說文》謂勿字似旗腳，此旗一麾，三軍盡退，工夫只在勿字上，才見非禮來，則以勿字禁止之。」又如《論語・鄉黨篇》：「朝，與下大夫言，侃侃如也，與上大夫言，誾誾如也。」《集注》說：「許氏《說文》，侃侃，剛直也，誾誾，和悅而諍也。」《語類》卷三十八也記：「問先生解侃侃誾誾四字，不與古注同，古注以侃侃為和樂，誾誾為中正，曰，《說文》以侃為剛直，《後漢書》中，亦云侃

---

❶ 《朱文公文集》，據《四部叢刊》本，《朱子語類》，據正中書局影印黎靖德編輯本。此外，亦參稽張伯行《續近思錄》，王懋竑《朱子年譜》，陳澧《東塾讀書記》及錢賓四先生《朱子新學案》。

然正色，誾誾是和悅而諍，意思甚好。」這都是朱子引《說文》以說古籍本義的例子，同時，在宋代，由於無法取得較好的《說文》，朱子甚且想要謀刊《說文》，以供學者參考，他在〈答呂伯恭書〉中說：「向議欲刊《說文》，不知韓丈有意否，因贊成之為佳。」又說：「《說文》此亦無好本，已作書與劉子和言之矣。」由朱子汲汲地謀刊《說文》，可知他對《說文》一書的重視。

除了《說文》，朱子也重視一些其他的字書韻書，在《語類》卷一百四十中，朱子說：「《玉篇》偏旁多誤改者，如者考老是也。」在〈與黃商伯書〉中，他說：「向見楊伯起有《切韻》書，只三四十板，而聲形略備，亦嘗傳得，而為人借失之，敢煩為借抄一本。」《語類》卷六十一嘗記：「或問二女果，趙氏以果為侍，有所據否，曰某嘗推究，此《廣韻》，從女從果者，亦曰侍也。」在〈與魏應仲書〉中，朱子說：「參以《釋文》，正其音讀。」《文集》又有歐陽希遜問《論語》《孟子》比字，舊音毗志反，《集注》皆作必二反，朱子答書說：「記得比字是用賈昌朝《群經音辨》改定。」朱子不僅重視《說文》，同時，對於《玉篇》、《切韻》、《廣韻》、《經典釋文》、《群經音辨》一類的字書韻書，也給予了相當的重視。因為，正音讀、求本義、辨名物，畢竟是了解古籍的最基本的工夫。

㈡尊重古注傳疏、兼採近時之說

學問的研究，是由累積而成，先秦的古籍，漢魏時代的學者們，已經作出了許多注釋的工作，這些學者，由於距離古籍撰者的時代，比較接近，他們的所見所聞，所釋的名物制度，較之後人，也許更為近真，更能得其本義，因此，後人對於古籍的研究，理應立足在這些學者的成果上，繼續向前推進才是。然而，在唐宋時期，疑古的風氣，已經興起，所謂「《春秋》三《傳》束高閣，獨抱遺經究終始」❷的那種態度，瀰漫一時，人們競相提倡的，是捨傳而求經，傳已不信，何況注疏，這樣，未免是把前人辛勤所得的成果，一筆勾消，總是有欠公允的，即使前人有所錯誤，但是，尊重前人研究的成果，作為自己的參考，總是不妨。朱子卻不然，他雖然也處在這種風氣之下，卻知道尊重古注，他在〈答張敬夫書〉中說：「秦漢諸儒，解釋文義，雖未盡當，然所得亦多。」在〈答朱公晦書〉中說：「先儒訓詁，直是不草草。」在〈論語要義目錄序〉中說：「其文義名物之詳，當求之注疏，有不可略者。」在〈答余正父書〉中說：「今所編禮書內，有古經闕略者，須以注疏補之，不可專任古經，而直廢傳注。」

❷ 韓愈《寄盧仝》詩，載《韓昌黎集》卷五。

朱子也很嚴厲地批評當時一般學者的棄卻注疏，專持高論，他在〈答胡寬夫書〉中說：「學者之患，在於好談高妙，而自己腳根，卻不點地，正所謂道在邇而求諸遠，事在易而求諸難也。」在《語類》卷一百二十九中，他說：「祖宗以來，學者但守注疏，其後便論道，如二蘇直是要論道，但注疏如何棄得。」在《語類》卷五十七中，他說：「今世為學之士，不讀正當底書，不看正當注疏。」在《語類》卷五十六中，他說：「而今人多說章句之學為陋，某看見人多因章句看不成句，卻壞了道理。」因此，朱子勸人讀書，便是先看注疏，在〈學校貢舉私議〉之中，他說：「漢世專門之學，近世議者深斥之，今百工曲藝，莫不有師，至於學者尊其所聞，則斥為專門而深惡之，不識其何說也。今欲正之，莫若討論諸經之說，各立家法，而皆以注疏為主。」在〈答張敬夫孟子說疑義書〉中，他說：「近看得《周禮》《儀禮》一過，注疏見成，卻覺得不甚費力也。」在《語類》卷八十七中記載：「問《禮記》，古注外無以加否，曰，鄭注自好，看注看疏自可了。」這都是朱子尊重古注的意見。

由於重視古注，自然便也連帶地尊重漢魏的一些學者，在《語類》卷八十七中，他說：「鄭康成是個好人，考禮名數大有功，事事都理會得，如漢律令，亦皆有注，儘有許多精力，東漢諸儒煞好，盧植也好（陳淳錄）。康成也可謂大儒（黃義剛錄）。」又說：「《禮記》有王肅注煞好。」又說：「人只是讀書不多，今人所疑，古人都有說了，只是不會讀得鄭康成注。」朱子特別推崇鄭玄，謂之為大儒，在許多地方，他都表示了這種態度，在《語類》卷十七中，朱子說：「〈淇澳〉之詩一段，瑟兮僩兮者，恂慄也……恂字，鄭氏讀為峻，某始者言此，只是恂恂如也之恂，何必如此，及讀《莊子》，見所謂木處則惴慄恂懼，然後知鄭氏之音為當。」在《語類》卷五中，朱子說：「漢儒解天命之謂性，云，木神仁，金神義等語，卻有意思，非苟言者，學者要體會親切。」在〈答呂伯恭書〉中，朱子說：「近看《中庸》古注，極有好處，如說篇首一句，便以五行五常言之，後來雜佛老而言之者，說能如是之愨實邪。」在《語類》卷六十四中，朱子說：「如至誠無息一段，諸儒說多不同，卻是古注是。」又說：「至誠無息一段，鄭氏曰，言至誠之德，著於四方是也，諸家多將做進德次第說，只一箇至誠已該了，豈復更有這許多節次，不須說入裡面來，古注有不可易處。」這都是對於鄭玄特別推崇的例子，要之，朱子對於漢魏儒者，漢魏古注，都保持著相當重視的態度，在基本上，也是因為漢儒的古注，更為近真，更能接近古籍的本義而已，因此，朱子本身所注釋的古籍，在名物訓詁方面，《詩經》多采毛鄭，《楚辭》多取王逸，《論語》多承於何晏《集解》，便是基於這種理由❸。

---

❸ 清人潘衍桐有《論語集注訓詁考》之作，專門尋出朱子《集注》訓義的承襲漢儒之處，可資參考。

對於古籍訓釋，朱子雖然重視漢魏古注，同時，也並不忽略彼時近人之說，他在〈論語訓蒙口義序〉中說：「本之注疏，以通其訓詁，參之《釋文》，以正其音讀，然後會之於諸老先生之說，以發其精微。」會於諸老先生之說，諸老先生，指張載、二程等人，朱子注解《四書》，所引宋以前注釋，有董仲舒、司馬遷、揚雄、馬融、鄭玄、服虔、孔安國、趙岐、王肅、何晏、皇侃、陸德明、趙伯循、韓愈、丁公著等十五家，所引宋人之注，凡四十一家❹，不僅宋代大儒如周敦頤、張載、程顥、程頤、蘇軾等人，即使名業較次的如何叔京、王勉、范凌等人，苟有一善可取，也都不加遺漏，這也最足見出朱子廣大無偏的心胸和態度。

㈢注文宜平易明了

訓釋古籍的原則，本來是以已知釋未知，以易曉釋難識，所以疏通注解，不過是要使讀者易於明瞭而已，因此，注文理應平通易曉，這是不爭的事實。但是，在許多古籍的注解中，往往會發現到，有時，注文比正文還更艱深，例如《莊子・養生主》的起頭兩句：「吾生也有涯，而知也無涯。」本來並不十分難懂，可是郭象的注卻說：「夫舉重攜輕而神氣自若，此力之所限也，而尚名好勝者，雖復絕膂，猶未足以慊其願，此知之無涯也，故知之為名，生於失當而滅於冥極，冥極者，任其至分而無毫銖之加。是故雖負萬鈞，苟當其所能，則忽然不知重之在身，雖應萬機，泯然不覺事之在已，此養生之主也。」看了郭注，可能反會迷糊起來，雖然，郭氏的注，不專就《莊子》此兩句話而言，乃是發揮〈養生主〉一篇的大義，但是，在正文一開始的時候，就這樣文辭艱深地長篇大論，未免會將讀者嚇得望而卻步！這種態度，朱子是不會贊同的。

朱子在《語類》卷四十六中說：「解經當取易曉底語句解難曉底，不當反取難曉底解易曉者。」又在《語類》卷十一中說：「今之談經者，往往有四者之病，本卑也，而抗之使高，本淺也，而鑿之使深，本近也，而推之使遠，本明也，而必使至於晦。」這種現象，我們只要把朱子的《四書集注》與清儒的《論語正義》、《孟子正義》比對一下，就非常明顯了。所以，朱子在《語類》卷十六中說：「大率說經使人難曉，不是道理有錯處時，便是語言有病，不是語言有病，便是移了這步位。」不論是道理有錯，語言有病，移了步位，那都是遠離了古籍的「本義」，都是朱子所反對的。

朱子在《語類》卷一百三十五中說：「漢儒注書，只注難曉處，不全注盡本文，其辭甚

❹ 詳陳鐵凡先生〈四書章句集注考源〉，載《孔孟學報》第四期。

簡。」又在《語類》卷一百零五中說：「某解經書，如訓詁一二字等，多有不必解處。」又在《語類》卷十九中說：「聖人言語，本是明白，不須解說，只為學者看不出，所以做出注解與學者，省一半力。」古籍的注解，既是為省讀者之力而寫出來的，如果注釋比正文更難瞭解，那又何必多所注釋呢？因此，朱對於一些注文不甚清晰明了的作品，無論是古人或並世之人所作，他都會加以抨擊的，他在《語類》卷五十一中說：「解書難得分曉，趙岐《孟子》，拙而不明，王弼《周易》，巧而不明。」又說：「趙岐《孟子》，做得絮氣悶人。」又在《語類》卷九十二中說：「古來人解書，最有一個韋昭無理會。」又在《語類》卷七十二中說：「聖人說得很淺，伊川說得太深。」又在《語類》卷八十中說：「程先生《詩傳》，取義太多，詩人平易，恐不如此。」又《語類》卷五十五記載：「問胡文定《春秋》解，曰，說得太深。」所以，古籍之有注解，基本上，是協助讀者瞭解古籍的本義，如果不能達到此一目的，那麼，這種注解，無寧說是沒有價值了。

㈣不可令注腳成文

由於朱子主張注文要平易明了，使人易於知曉，因此，對於注釋古書，使用長篇大段的文字去解說道理，也是朱子所不贊成的，因為，朱子認為，道理都在正文之內，注釋不過去協助讀書瞭解正文而已，瞭解正文，自然懂得正文內的道理，如果注解的文字，長篇大論，必然易使讀者把重點放在注文之上，而勿略了正文，甚至捨正文而不讀了，所以，朱子是反對注腳成文的，他在〈記解經〉一文中說：「凡解釋文字，不可令注腳成文，成文則注與經各為一事，人唯看注疏而忘經，不然，即須合作一翻理會，須只是漢儒毛孔之疏，略釋訓詁名物，及文義理致尤難明者，而其昌明處，更不須貼句相續，乃為得體，蓋如此，則讀書看注，即知非經外之文，卻須將注再就經上體會，自然思慮歸一，功力不分，而其玩索之味，亦益深長矣。」又在〈答張敬夫書〉中說：「漢儒可謂善說經者，不過只說訓詁，使人以此訓詁玩索經文，訓詁經文，不相離異，只作一道看了，真是意味深長也。」又在《語類》卷十九中說：「某集注《論語》，只是發明其辭，使人玩索經文，理皆在經文內。」朱子以為道理都在正文之內，人們以訓詁玩索經文，不相離異，便可自正文中探索到許多道理，這是教人讀書自得的方法，能自得，才能居安資深，左右逢源，所以才意味深長，這不能說他沒有相當的道理，黃以周曾說：「好學深思之士，閱宋後書而唯恐臥，日夜讀漢注而不知倦者何也，譬如花盛放而姿色竭，一覽無餘，蓴半函而生氣饒，耐人靜玩而有味也。」❺便是同

❺ 見黃氏《儆季雜著文鈔》卷四〈示諸生書〉。

樣的道理。

注解古籍，長篇大論地說道理，不僅是使讀者減卻了玩索的工夫，同時，也容易走失掉古籍的「本義」，朱子在〈答張敬夫書〉中說：「平日解經，最為守章句者，然亦多是推衍文義，自做一片文字，非唯屋下架屋，說得意味淡薄，且使人看者將注與經作兩項工夫做了，下稍看得支離，至於本旨，全不相照。」又在《語類》卷一百零三中說：「蓋經解不必做文字，止合解釋得文字通，則理自明，意自足，今多去上做文字，少間，說來說去，只說得他自一片道理，經意卻蹉過了。」長篇大段地說道理，雖或自有新解，但在朱子看來，也許，這正是逐末捨本，與古籍的本旨，全不相照，經意反而都蹉跎過去了。

由於朱子主張訓釋古籍，不可令注腳成文，因此，對於一些藉著注釋古籍來長篇大段說道理的學者，他也是常常作出嚴厲的批評的，即使是朱子平素極為尊重的程伊川，也並不例外，在《語類》卷十一中，朱子說：「傳注唯古注不作文，卻好看，疏亦然，今人解書，且圖要作文，又加辨說，百般生疑，故其文雖可讀，而經意殊遠。程子《易傳》亦作文，說了又說，故今人觀者更不看本經，只讀傳，亦非所以使人思也。」又在《語類》卷六十六中說：「程《易》發明道理，大義極精，只於《易》文義都有強說不通處。」又在《語類》卷六十七中說：「《詩》、《書》略看訓詁，解釋文義，令通而已，卻只玩味本文，其道理只在本文，下面小字，儘說如何會過得他，若《易傳》卻可脫去本文。」程子《易傳》，顧亭林嘗推崇他說：「昔之說《易》者，無慮數千百家，如僕之孤陋，而所見及寫錄唐宋之書，亦有數十家，有明之人之書不與焉，然未見有過於程傳者。」❻對於程子《易傳》這樣一本說理精到的書，朱子竟也表示不滿，主要便是由於《易傳》長篇大段地作文，以致使人不看本經，減少了玩索的工夫，同時，《易傳》之所以有強說不通處，那也是因為它可以脫去本文，自己存在，目的並不在於解釋《易經》的本義，朱子在程子《易傳》之後，別注《易經》，書名稱為「本義」，其實也正是針對程子這一缺點而發的。

(五)不可以己意解釋古籍

在訓釋古籍時，較之「注腳成文」這一缺點更為嚴重的，便是訓釋者往往以自己的意思去解釋古籍。學者讀古人之書，而有新的見解，因而抒發己意，創立新說，朱子並不反對，朱子卻反對依附著古籍的注解去說己意、創新解。朱子以為，為古籍作注解，只該發明古籍的本義，如果要另立新說，自可以離開古籍，獨自發揮，這本是離則雙美，合則兩傷的事，

❻ 見《亭林文集》卷三〈與友人論易書〉。

但是，歷來許多學者，卻往往藉著注解古籍之名，以行其抒發一己心意之實，所謂借他人酒杯，澆自己塊壘了。朱子在《語類》卷六十七中說：「自晉以來，解經者，卻改變得不同，王弼郭象輩是也，漢人解經，依經演繹，晉人則不然，捨經而自作文。」又在《語類》卷一百二十五中說：「莊老二書，解注者甚多，竟無一人說得他本義出，只據他臆說。」對於歷來注解老莊二書的某些學者，朱子的這種批評，確實是中肯不過的，老莊之書，歷來學者的注釋，祖尚虛玄者有之，歸宗儒理者有之，參以釋典者有之，說以丹鼎者有之，但是，到底那一種解釋才是老莊的本來面目（本義）呢？就以最得莊生之旨的郭象注來說吧，宗杲引其弟子無著說：「曾見郭象注《莊子》，識者云，卻是莊子注郭象。」❼就發明本義而言，理應是郭象注《莊子》，但是，如果注釋者藉著訓釋古書去抒發一己主觀的心意，那麼，因而產生莊子注郭象的現象，那也是無足為怪的。以己意說經，從來解《老莊》、《周易》的學者，也最多此病，朱子在《語類》卷一百零五中說：「伊川解經，是據他一時所見道理如此說，未必便是聖人本旨。」又在《語類》卷六十七中說：「尹川見得個大道理，卻將經來合他這個道理，不是解《易》。」又說：「伊川《易傳》，又自是程氏之《易》也。」這確是痛快淋漓地道破了那些以己意說經者的真相。

朱子並非主張訓釋古籍，不必闡發書中的道理，朱子主張注釋古書，所要闡發的，是古書中的道理，卻不是注釋者自己心中主觀的道理。也因此，朱子鼓勵學者讀書，要自尋義理，《語類》卷一百三十七記朱子說：「漢初諸儒，專治訓詁，如教人，亦只言某字訓某字，自尋義理而已。」注釋古書，專治訓詁，古籍中難解者既已明瞭，則讀者自能通讀古籍，進而用功，自能於書中義理，默識而心通，得到真實受用，所以，朱子在《語類》卷七十二中說：「某尋常解經，只要依訓詁說字。」又在《語類》卷五十二中說：「大抵某之解經，只是順聖賢語意，看其血脈貫通處，為之解釋，不敢自以己意說道理。」不以己意說古書的道理，正是朱子訓釋古籍，尋求本義的原則。

㈥會通大義，以定確詁

黃宗羲曾經說過：「大凡學有宗旨，是其人之得力處，亦是學者之入門處，天下之義理無窮，苟非定之以一二字，如何約之使其在我？故講學而無宗旨，即有嘉言，是無頭緒之亂絲也，學者不能得其人之宗旨，即讀其書，亦猶張騫初至大夏，不能得月氏要領也。」❽因

---

❼ 見《大慧普覺禪師語錄》卷二十二，載日本大正新修《大藏經》第四十七卷。

❽ 見黃氏《明儒學案・凡例》。

此，訓釋古籍，如果對於古人書中關係緊要的一些詞語，不能畫定其界說，確定其詁義，自然，也就很難掌握古人學術的宗旨了。朱子注釋古籍，在這一方面，也特別措意，他在〈答吳晦叔書〉中說：「大凡理會義理，須先剖析得名義界分，各有歸著。」因此，剖析重要詞語的名義，一一為之確定界說，定其詁義，這也是朱子注釋古籍的極高理想。

古籍由積字成句，積句成章，積章成篇，積篇而後成書，因此，人們由逐字之義，以瞭解一句之義，由逐句之義，以瞭解一章之義，由逐章之義，以瞭解全篇全書之後，這是瞭解古籍的基本方式。此外，對於古籍中某些重要的詞語，人們要為之定界說，立確詁，則可能要會通全文的大義，由一句一章一篇甚至一書的大義去探索一字一詞的正確意義，像朱子在《論語集注》首篇中所釋的「仁者，愛之理，心之德也」，「禮者，天理之節文，人事之儀則也」，「盡己之謂忠，以實之謂信」，他為仁禮忠信所下的界說，所定的確詁，必然是會通了《論語》一書全文的大義，精思明辨，而後才作出的解釋。

朱子在《語類》卷一百零五中說：「某釋經，每下一字，真是稱輕等重，方敢寫出。」如果是替關係古人宗旨的重要詞語定界說，立確詁，那麼，又怎能不如此慎重之至呢。朱子在《語類》卷五十九中說：「解經不可便亂說，當觀前後文字。」觀前後文字，便正是由一句一章一篇之義去楷定一字一詞之義。朱子在《語類》卷五十二中說：「大抵某之解經，只是順聖賢語意，看其血脈貫通處，為之解釋，不敢自以己意說道理。」順聖賢語意，看血脈貫通處，正是由上下文的大義處，去解釋詞義！朱子在〈學校貢舉私議〉中說：「故治經者，必因先儒已成之說而推之，借曰未必盡是，亦當究其所以得失之故，而後可以反求諸心，而正其謬。」又說：「此漢之諸儒所以專門名家，各守師說，而不敢輕有變焉者，但其守之太拘，而不能精思明辨，以求真是，則為病耳。」朱子對於古籍訓釋，雖兼採先儒成說，卻必究其得失之故，這仍是遠取諸物的向外工夫，此外，朱子還要向內「反求諸心」、「精思明辨」，甚至就自己行事的經歷上，作親切的體會，然後才能「正其錯謬」、「求其真是」，以闡發古籍中所蘊涵的道理。

例如朱子在《語類》卷六十二中解《中庸》的「庸」字說：「唯其平常，故不可易，如飲食之有五穀，衣服之有布帛。若是奇羞異味，錦綺組繡，不久便須厭了。庸固是定理，若直解為定理，卻不見得平常意思。今以平常言，然定理自在其中矣。（公晦）問中庸二字，舊說依程子不偏不易之語，今說得是不偏不倚無過不及而平常之理，似以不偏不倚無過不及說中，乃是精密切至之語，而以平常說庸，恰似不黏著。曰，此其所以黏著，蓋緣處得極精極密，只是如此平常，若有些子詫異，便不是極精極密，便不是中庸」。對於庸字的意義，朱子的這種解釋，若非貫通了《中庸》全書的大義，是無法說得出來的。又如朱子在《語類》卷六十一中解《孟子・盡心篇》「養心莫善於寡欲」說：「緊要在寡字多字，看那事又要，這事又要，便是多欲。」又說：「欲是好欲，不是不好底欲，不好底欲，不當言寡。」又說：「只是眼前底事，才多欲，便將本心都紛雜了，且如秀才要讀書，要讀這一件，又要讀那一件，又要學寫字，又要學作詩，這心一齊都出外去，所以伊川教人，直是都不去他處用其心……人只有一個心，如何分做許多去，若只管去閑處用了心，到得合用處，於這本來底，都不得力……只是要得寡欲，存這心，最是難。」對於孟子這一句話的意義，訓釋的人，如果不在人情事理上切己體察得道理通透，而只在字面上作注腳，覓古義，又如何能解釋得似此深刻呢？

(七)不可添字為釋

增字解經，是先儒訓釋古籍的大忌，訓釋古籍，本來不免以多字訓一字，只要是就本義演繹，也並無礙於訓釋。但所謂增字解經，卻是增添一個或數個無關本義，甚至是歪曲本義的文字去解釋古籍的意義，王引之在《經義述聞》之中，專門列有〈增字解經〉一條，他說：「經典之文，自有本訓，得其本訓，則文義適相符合，不煩言而已解，失其本訓，而曲為之說，則杌隉不安，乃於文句之間，增字以足之，多方遷說，而後得申其說，以強經以就我，而究非經之本義也。」他所舉出的例子，像《易・繫辭傳》：「聖人以此洗心。」洗與先通，先猶導也，言聖人以此導其心思，而韓康伯卻解為「洗濯萬物之心」，是於心上增萬物二字為釋。又如《尚書・皐陶謨》：「烝民乃粒。」粒讀為立，立，定也，言眾民乃安定，而鄭康成卻解為「眾民乃復粒食」，是於粒下增食字為釋。又如《詩・終風》：「終風且暴。」終猶既也，言既風且暴，而《毛傳》卻解為「終日風為終風」，是於終下增日字為釋。

增字就是添字，添字解書，最重要的，是會違失掉古籍的「本義」，這自然也是朱子所不允許的，《語類》卷八十一記朱子說：「解書之法，只是不要添字。」《語類》卷十一又記：「解書，須先還他的成句，次還他文義，添無緊要字卻不妨，添重不得，今人所添者，恰是重字。」所謂重字，便正是緊要而無關本義，甚或歪曲本義的字。由於漢字有著多音多義的特徵，每一漢字，除了有它造字時的一個本義之外，也可能有它在古籍中實際應用時的許多意義，有時，同一個字，其意義的解釋，可能相去極為遙遠。如果注釋古籍，不以本義為歸，甚至有意去曲解古籍涵義的話，那麼，以漢字多音多義的特徵而言，何愁找不到符合人們所要曲解的那一目標的釋義呢？歷來許多對於古籍意義的爭辯，不少都與添字解書有著相當密切的關係。朱子訓釋古籍，首要的目標，便是以本義為依歸，以古人的面貌還諸古人，而不是先有主觀的成見，然後不惜削足適履，多方遷就，多方曲解，強古人以就己意。《語類》卷二十五記朱子說：「問二程解《論語》為力不同科，添了字方解得，恐未穩，曰，便如此。」《語類》卷六十七又說：「且如解《易》，只是添虛字去迎過意來便得。今人解《易》，乃去添他實字，卻是借他做己意說了。又恐或者一說有以破之，其勢不得不支離更為一語以護吝之，說千說萬，與《易》全不相干。」訓釋古籍，添虛字，使文句暢通，而不走失其本義，這是正常的方法，所謂「迎過意來」，朱子說得好：「自家虛心在這裡看他書道理如何來，自家便迎接將去。」又說：「譬如有一客來，自家去迎他，他來則接之，不來則已。若必去捉他來，則不可。」又說：「而今人讀書，都是去捉他。」而增添了實字，尤其是與本義無關，甚至歪曲本義的實字，正是去把古籍捉將過來，如此，便容易走失掉古籍的本義，所以說來說去，無論發揮了多少道理，卻與古籍的本義完全無關，因為，那不過是將古籍來做己意相說罷了。

添字為釋，其事雖小，關係卻大，朱子在王引之以前約六百年❾，已能見得道理如許真切，不能不說這是他的目光銳利了。

(八)於所不知、要當闕疑

孔子曾說：「知之為知之，不知為不知，是知也。」又說：「多聞闕疑，慎言其餘，則寡尤。」又說：「君子於其所不知，蓋闕如也。」訓釋古籍，也最怕是不肯闕疑，強不知以為知，這樣，不僅是釋義多謬，容易誤導讀者，時間一久，後人想要予以糾正，求其真解，也就更加困難了。

朱子於此，也嘗加以措心，他在《語類》卷十一中說：「經書有不可解處，只得闕，若一向去解，便有不通而謬處。」又在《語類》卷七十九中說：「若說不行而必強立一說，雖若可觀，只恐道理不如此。」本不知而強以為知，說來說去，便也只說得自己意思，與古籍本義仍不相干，因此，朱子對於一些古籍的訓釋，便是抱著不知為不知的闕疑態度去看待的。他在〈答曾泰之書〉中說：「所喻〈鄉黨〉卒章疑義，此等處，且嘗闕之。」又在《語類》卷八十三中說：「所喻煞有不可曉處。」又在《語類》卷七十二中說：「《易》解得處少，難解處多。」又在《語類》卷七十八中說：「《尚書》有不必解者，有須著意解者，有須略解，有難解，有不可解者。」又說：「讀《尚書》，可通則通，不可通，姑置之。」又

⑨ 朱子生於南宋高宗建炎四年（西元一一三〇年），王引之生於清乾隆三十一年（西元一七六六年），二人相距六百三十六年。

在《語類》卷七十九中說：「讀《尚書》有一個法，半截曉得，半截曉不得，曉得底看，曉不得底且闕之，不可強通，強通則穿鑿。」在訓釋古籍方面，於所不知，則加闕疑，畢竟也是一種好習慣，學者們不強不知以為知，雖或不能盡知，卻不害其為知，尤有甚者，是無自欺之弊，談學術先辨心術，這無寧是更重要的。

在前述八條之中，有些是漢儒所擅長的工夫，如一至四條，有些卻是宋儒所擅長的工夫，如第六條，而朱子卻能兼具於身，因此，對於古籍訓釋的方面，即使在今天，朱子的一些意見，也仍然是值得我們去參考的。

（此文原刊載於《大陸雜誌》第五十五卷第二期，民國六十七年九月出版）

拾陸、清代考據學興起原因之再檢討

一、清代考據學興起原因的各種說法

探討清代考據學興起的原因，從整個學術史上看，由宋明理學轉變到了清代學術，而產生另外一種學術，完全是和宋明理學不一樣的學術內涵。人們探討清代學術興起，所用的名稱，最常見的，像考據學、考證學、徵實學、樸學或者是清代漢學，名稱雖有不同，但是實質上的內容，和宋明理學確實有相當大的差異。

一九九一年在國立中山大學主辦的第二屆的清代學術討論會中，孫劍秋先生發表了一篇〈清代漢學形成原因綜論〉，在文章中，他花了很多的功夫，把宋明理學轉變到清代學術、清代漢學的各種原因，蒐集為十二種，這十二種原因，第一項是「前輩大儒的示範」，是從明朝就開始，例如：楊慎、陳第、胡應麟等人，在明朝中葉就已經有了考據學的開端。第二項是「崇古復古的傾向」，基本上，這種說法是梁任公先生提出來的。第三項是「通經致用的轉化」，這裡他沒有特別提到是誰講的。第四項是「儒學發展的必然」，這是指余英時教授所謂「內在理路」的說法。第五項是「明末王學的反動」，這也是梁任公先生所說的。第六項是「文字獄箝制思想」，這是章太炎先生最早提出來的。另外，孫劍秋先生他提了第七項，是「統治者昌明學術」，比方說提倡漢化、提倡滿人多讀中國的古書。第八項理由是「政治上的穩定統一」。第九項理由是「經濟上的繁榮發展」。第十項理由是「藏書刻書的風氣大盛」。第十一項理由，是「大型類書的編纂」，如《古今圖書集成》及《四庫全書》等。第十二項理由，他說是受「西方科學的導入」的影響，像戴震、焦循等人在治學方法上可能受到西方的影響。❶

這十二個原因，孫劍秋先生花了很多功夫尋找出來，讓我們在研究時很方便。孫劍秋先生發表這篇文章的時候，我也在場，當時，有一個感想：他把這十二個理由都給條列出來，假如能再作一些立體的分析——那些原因作為主因，那些原因作為副因，或者是那些原因像余英時教授所說的是內在的，或者那些是外在的，組織成一個系統，那就比較好。孫劍秋先生雖然沒有這樣的分析，但是仍然為我們提供了很多幫助。他提的十二種理由，比方說像西方科學導入對戴震焦循研究數學的影響，這一點恐怕我們不太容易能夠證明，因為一定要有科學的背景，如果在戴震及焦循的數學著作裡面，真正能找到明確的證據，那我們就比較可以相信。但是，這十二項理由的提出，的確已經給我們作出了很方便的參考。

二、對三種主要原因的檢討

這十二項理由，今天看來似乎都有相當的道理，但是，並不見得每一項原因都是同樣的重要。其實，這十二項原因，有些是內在的原因，有的可能是外在的原因。以下，先就這十二項原因中，提出三種大家公認比較重要的說法，試作檢討。

第一種是文字獄的說法，是章太炎先生首先提出來的❷。第二種是理學反動說，是梁任公先生所提出來的❸。第三種就是余英時教授提出來的內在理路說❹。余教授以為在學術裡

❶ 孫劍秋：〈清代漢學興起原因綜論〉，國立中山大學《第二屆清代學術研討會論文集》，一九九一年。

❷ 章太炎：《訄書．清儒》，臺北，世界書局，一九七一年。

❸ 梁啟超：《清代學術概論》，臺北，商務印書館，一九七七年。

❹ 余英時：〈從宋明儒學的發展論清代思想史〉、〈清代思想史的一個新解譯〉，載余著：《歷史與思想》，臺北，聯經出版公司，一九七六年。

面，它自然有一個發展的理路存在，就好像有一個內在的生命在發展，發展到某一個階段，它另外有一個學術的面貌就會出現。當然，會有一些外來的因素，但是，余英時教授認為最重要的是內在的因素。以下我們就對這三種因素，稍微作一點回顧和檢討。

首先是章太炎先生，他提出文字獄之說。因為朝廷有高壓、有愚民、有懷柔，所以知識份子經世之志已經衰落，大家只好專注於考據來躲避文字獄。但是，個人覺得，這仍然有一個階段性，因為我們講到文字獄真正最興盛的時候，是在雍正、乾隆的時期，康熙還比較溫和，所以章太炎先生這種說法，講乾、嘉時期，感覺上就比較適合，如果講前一個階段，便不太適合。

其次，梁任公先生的說法認為，基本上清代學術的思潮，是對宋明理學的一個反動，以復古為解放，以復古為職志。他說，整個學術發展到某個階段，可能就有了流弊，有了流弊，就另外有一個相反的學術興起來反對它，這就是反動！然後再慢慢來取代它，他認為這就是考據學興盛的原因。

第三種，現在是最重要的，也是大家比較接受的，就是余英時教授所說的「內在理路」的說法，余教授以為，在整個儒學史上，有所謂尊德性跟道問學兩個不同的著重點。像朱子跟陸象山，朱子自己說他偏重在道問學一面，陸象山偏重在尊德性一面，但從整個儒學史上來講，余英時先生認為宋明理學仍還是以尊德性為主，到清代才慢慢發展成道問學。而由尊德性發展成道問學，注重知識，基本上的一個理路，就是一個學術的內在發展，一個興一個衰。他最重要的證據，是明代的羅整庵，在面對程朱的「性即理」和陸象山的「心即理」的爭議時，而主張「取證於經典」，以確定誰才是符合孔孟的真義。因為程朱、陸象山都自認為是孔孟的真傳，但到底誰的主張才是孔孟的真相呢？最後不得不取證於經典。因此，余教授認為在這種取證於經典的情形下，必須要取證於經書。那麼，對經書去作深層瞭解的時候，自然就逼出了考據的方法。這是余英時教授基本的看法。

余英時教授這個說法提出來以後，有些人，像林聰舜、何冠彪、李紀祥幾位先生，都有一些不同的意見。我個人對於余英時教授這些意見也稍有一些不同的看法。❺

余英時教授也許是受到他老師錢賓四先生的影響，認為清代學術是宋明學術的延續，而不是宋明學術的反動。這一個說法跟梁任公的說法當然是不同的。錢先生認為，要講宋學一定要從唐代開始，從韓愈開始，因為，韓愈是理學的先驅，錢先生他說：「你不能瞭解宋明

❺ 參林聰舜：《明清之際儒家思想的變遷與發展》，臺北，學生書局，一九九〇年。李紀祥：《明末清初儒學之發展》，臺北，文津出版社，一九九二年。何冠彪：《明末清初學術思想研究》，臺北，學生書局，一九九一年。

學術，就不能瞭解清代學術。」❻這一點我們當然也十分同意，但是，如果絕對說「清學是宋明學術的延續」，是不是也要往很多角度去考慮這種情形？至少很多考據大師，他們是不延續宋明理學的，頂多是清初那幾位大儒，才是宋明理學的延續者。

但是，清學基本性格還是可能跟宋明理學不一樣，余英時教授是不是太強調了清學是宋學的延續？在清學的發展裡面，他特別強調朱陸異同，來說明儒學發展史上的尊德性跟道問學兩種傳統的內在變化，這是一個內在理路，但是，他所說的儒學史，似乎只是侷限在理學史方面，侷限在程朱陸王的影響方面，而不是自孔子以下，在整個的儒學發展史上去討論。

余教授強調所謂義理的不同，誰是孔孟之真，就要取證經典；由於取證經典，就逼出了考證，因此他認為清代學術也是取證經典的一種現象，這種現象跟宋明理學裡面的觀念有點接近。但是，我們如果檢討一下，清代實際上不應該是用取證經典來斷定義理，而是回歸經典，去找經典的真相，以求有益於身，有用於世。所以余英時教授把取證經典用在宋明理學上也許還可以，但是把取證經典來斷定義理，用在清代學術上面，似乎就不太適當。因此，取證經典假如是宋明理學一個重要的轉變線索，那麼跟清代學術的回歸經典，經學即理學，恐怕不一定是一件事情。我們另外感覺到，余英時先生是從一個很遙遠的角度、一個遠距離的視野，來看整個宋明學術到清代學術的發展，他是從思想史的觀點來看的。因此，明清之際的轉變，感覺上，他並沒有帶著一種同情的了解去看，他只是遠距離去看，沒有貼近，沒有設身處地回到明清之際的那種清況下去看。

另外，是看到高源先生在前幾年提出了一種新的說法，是希望用兩次格物觀的轉變，來解釋清代考據學興起的原因❼。他認為第一次格物觀的轉變是程朱到陸王的格物觀。從程朱向外格物窮理，轉變到陸王的向內格物窮理。程朱解釋《大學》中的格物是「即物而窮其理」，因此，是向外求理，而王陽明講「格者，正也」，「正」是正吾心，這是向內求理，高源先生說這是格物觀的第一次轉變。第二次轉變，他舉出潘平格，潘平格強調「格者，通也」，「通」就是貫通經邦濟世、修身齊家治國平天下的那個「通」。以上是高源先生基本的看法。

我對他的看法是這樣的，格物，不能說只有兩次轉變，像鄭玄說「格者，來也」，由鄭玄到程朱，豈不也是一種轉變？一種學術的形成，都是經過相當的努力、相當艱困的過程，像王陽明悟得他的「致良知」、「心即理」、「知行合一」，都是經過事上磨練，百苦千

---

❻ 錢穆：《中國近三百年學術史》，臺北，商務印書館，一九九五年。

❼ 高源：〈格物觀的轉變與清代考據方法〉，載《人文天地》。

辛，才慢慢找出所謂的一些宗旨。而這幾個綱領、宗旨，是成學之後的一個代表，就如同冰山一角，卻不是成學的原因。拿王陽明來講，他的宗旨「心即理」、「知行合一」、「致良知」，是他成學以後的宗旨，而不是引致他走向學術方向的原因。因此，從這個角度來看，高源先生希望利用兩次格物觀的轉變，要把清代學術考證的原因找出來，不免有倒果為因之嫌。

另外，他舉出潘平格講的「通」，潘平格在當時跟黃宗羲比較接近，並不是一個著名的學者，因此高源先生就另找兩個人來支持他的論點，第一個是顧炎武，第二個是戴東原。但他為什麼不直接把顧炎武對格物的解釋作最好的證明呢？因為顧炎武在《日知錄》中對「致知」有解釋，對「格物」卻沒有解釋。高源先生這項論點，我覺得他有意創新，但還值得斟酌，因為他把因果關係給弄錯了。

三、個人偏重的看法

我們再回到前面所敘述過的三種原因，對於這三種原因，當然都有他們的一些道理，我在此要對他們做一些檢討，並不是完全推翻他們，也不能夠推翻他們，而只是希望給他們做一些時空的安排。假定在某一種角度，某一種時空上想，這三個主要的理由能夠安排得比較適當，也許就可以更明白地解釋清代考據學興起的理由。下面，我就提出個人所偏重的看法。

我認為明清學術的轉變有兩個關鍵：第一個是「時代的關鍵」，這個關鍵我把它訂為是明朝的滅亡；第二個就是「人的關鍵」，人的關鍵我把它大致訂為顧炎武。明亡是一個非常大的變動，傳統上來講，一個國家滅亡已經是一個相當大的震撼，而且，明之所以滅亡跟其他朝代的滅亡有相當大的不同。剛才特別強調，我們要貼近當時的時代背景，設身處地從當時的社會背景來看。在歷史上，明的滅亡可以和宋的滅亡相比，思宗自殺，與南宋帝昺蹈海相似。另外，再往前推，五胡亂華、晉朝滅亡，這幾次的大變動，亡於異族，在華夏民族心理上應該是造成絕對的震撼。知識份子面對此一天崩地解的巨變，自然不會沒有一些傷痛自省之感、愧疚之心，進而肩負起道義的責任，檢討亡國的原因。

第二個是「人的關鍵」，我暫時以顧炎武為切入點。我們如果講到明末清初三大儒者，那麼三大儒者照年齡先後排列是黃宗羲、顧炎武、王船山，他們年齡略有差別。這三個人對理學都有接觸，而且明朝滅亡的時候，都曾經有實際反清復明的行動，都曾經起兵抗清。顧炎武的母親絕食而死，遺言勿事二姓，所以顧炎武終身不仕，修《明史》他也不參與。

在這三人當中，我為什麼要從顧炎武的角度去探討？第一，黃宗羲跟理學的淵源太深，雖然他也作考據，但是不如顧炎武有代表性。另外，王船山也有作考據，但是他在那個時候，幾乎沒有人知道，完全沒有影響的力量。而顧炎武是名滿天下，最重要的是他的影響力很大，在考據方面他也最足以做為代表，所以我個人就把顧炎武作為一個代表性人物，作為切入點。

至於為什麼要追究明亡的原因？明的滅亡跟學術有沒有關係？絕不是沒有關係！尤其是在從前，讀書人都是以天下國家興亡為己任，都有一個用世的觀念。余英時先生特別強調「用」，他認為王安石的變法失敗，是儒學發展上一個很大的挫折。固然「用」、「不用」要靠外緣，但是有沒有這個「用」的理想似乎更重要。因此，國家如果淪亡，士大夫在從前來講，仍然是一個社會的清望，不能夠完全沒有責任。呂坤說：「世教不明，風俗不美，只是策勵士大夫。」陸隴其說：「學術壞，風俗隨之。」都是知識份子擔當精神的最好說明。

上面提到這兩個切入點，一個是明亡，帶給人民、士大夫心理劇烈的震撼；另外一個就是顧炎武。我們前面講到，傳統士大夫都有一個以天下國家興亡為己任的傳統，實際上我們如果用另外一句話來講就是「經世傳統」。余英時教授特別強調了《中庸》尊德性和道問學的傳統，在整個學術史發展的重心裡面的一個影響。但是他似乎沒有特別強調另外還有一個傳統，就是「內聖外王」的傳統。我們講到《大學》的格物致知，誠意正心，修身齊家，治國平天下，也可以說是「修己而治人」，修己之後是希望要治人，這一個經世傳統，余英時教授似乎沒有注重到。

傳統儒學「修己治人」這一個經世傳統，跟學術自然是有關係的，這一個經世的傳統跟經學的傳統，更有密切的關係。經世的傳統，我們可以說自孔門之後歷代都有，像漢代的通經致用，以《春秋》折獄，以〈禹貢〉治河，以三百篇當諫書，都是經學與經世結合的現象。至於後世像魏徵、像陸贄，以至於宋代的胡瑗，以「經義」、「治事」教弟子，以至於像范仲淹、歐陽修，都是儒者，都有事功、經世的一面。顧炎武講到，他研究學術作什麼用呢？「以明道也，以救世也。」救世是一個「用」，經世致用的「用」；明道是明經書中的「道」。基本上來講，程朱也許認為，道在天地之間；陸王也許認為道在我心。可是清代從顧炎武以下，都認為道在六經，經邦濟世之道、常道也在六經。所以，這樣一個經學，就跟經邦濟世作出一個很緊密的配合。明代，焦竑說：「經者，性命之奧，政治之樞。」艾南英說：「學者窮經，將以經世。」因此我們可以看到，經邦濟世，越是政局混亂、國家顛危的時候，經世的呼聲就越易彰顯，經學在這個時候，往往更有他救世的功用。

在這種情況下，我們看看顧炎武的經世理想。他針對明亡，探索原因，士大夫不得辭其疚，歸結到明末王學的末流，束書不觀，游談無根，敗壞人心、風俗，王學如果產生很大的弊病，是不是可以從另外一個角度在學術上再作轉變，去拯救他？明已經亡了，要怎麼樣經世？

首先，當然是反清復明的行動；其次，反清復明的行動如果實在不能繼續下去，行動雖然已經停頓，但思想仍然可以繼續傳播。上面講到，經學跟經世傳統有一些聯繫，《春秋》中強調的民族大義，在實際上反清的行動不能夠繼續的時候，民族大義仍然希望流傳下去。怎麼流傳？一方面是秘密社會，像「天地會」這一類；另外一個就是文字流傳。在滿清高壓之下，文字流傳相當困難，像顧炎武、王船山他們都藉著不同的方式表達出來。例如顧炎武在他的《日知錄》「素夷狄行乎夷狄」一條之中，他說，雖然孔子有言：「居處恭，執事敬，與人忠，雖之夷狄，不可棄也。」但是他說如果國人相率而臣事之，臣事夷狄，把夷狄當作自己的主人來看，這便是子思的罪人，這也隱隱約約表達出他的民族大義。❽

他另一個例子，是講《左傳》，在《日知錄》卷九〈納公孫寧儀行父于陳〉一條之中，他說：「有盜於此，將劫一富室，至中途而其主為僕所弒，盜遂入其室，殺其僕，曰，吾報爾仇矣，遂有其田宅貨財，子其子，孫其孫，其子孫亦遂奉之為祖父，嗚呼，有是理乎！《春秋》之所謂亂臣賊子者，非此而誰邪！」顧炎武表面上講的是《左傳》，但重要的當然是指滿清，這壞僕人就是指李自成，大盜指的是滿清。所以我們可以看到，顧炎武起先是以行動反清復明，等到行動已經無望，他就轉為思想的傳播。由經邦濟世的行動，轉為傳播思想，最重要的當然就是通經致用，彰顯《春秋》中的民族大義。

所以，經是常道，是修身、律己之教，也是心性之教和經世之教，顧炎武講「經學即理學」，希望以經學來含攝理學。所以，經學除了心性之教以外，還有經邦濟世、治國、平天下的大方向、大原則。從經邦濟世轉而到後來的思想傳播，都是通經致用。通經，當然要有一些方法、途徑，自然就帶出來聲韻、文字、訓詁的應用。所以，顧炎武說：「讀九經自考文始，考文自知音始。」很自然地，研讀經書，就逼出了考據的方法，考據學自然因此興起。

顧炎武的著作，例如《日知錄》、《音學五書》，對清代的音韻考證產生絕對重要的影響。梁任公先生曾經提到，一個大師的出現，不見得有很深的造詣，但他一定有很精密的方法，有示範的作品作為典範。顧炎武在方法上用的當然是考據法，這才是對戴東原真正的影響，也就是戴東原講的，「由字以通其詞，由詞以通其道」，「訓詁明而古經明」，戴東原

---

❽ 顧炎武：《原抄本日知錄》，臺北，文史哲出版社，一九七九年。

這樣一個觀念，是直接受到了顧炎武的影響，而不是受朱子道問學的影響。

總而言之，清代考據學的形成，一個關鍵就是「時代」，時代的關鍵，我把它定為明朝的滅亡（姑且以思宗自殺代表明亡）。另外一個就是「人物」的關鍵，特別是顧炎武，因為王船山在當時沒有影響力；黃宗羲的影響力也不在此。因此，明清之際，儒學的轉變，由宋明理學轉變到經邦濟世，由經邦濟世轉變到通經致用，由通經致用轉變到通經明道，然後至於考文、知音，以至於訓詁明而古經明，這樣自然就帶出了一個考據的途徑。

下面再利用幾個時代來作說明。當然，時代是刻板的，絕對不可能一件事情就產生在這個時代，但是，如果沒有一個時代，感覺上似乎沒有那麼明確，為了方便說明，先提出幾個時代作為指標。這幾個時代，我們可以稱它為「明清之際，學術轉變，或思想轉變的幾個關鍵時代」。這幾個關鍵時代，第一個是一六四四年，歲次甲申，是明思宗十六年，清順治元年。第二個是一六六二年，歲次壬寅，清康熙元年。第三個是一七三六年，歲次丙辰，清乾隆元年。

一六四四年，在甲子上面叫做「甲申」，這一年是明朝最大的恥辱。皇帝上吊，只有一個太監陪在他旁邊，這是多麼悲慘的事情，給世人多大的一個震撼！明朝滅亡，皇帝自殺，對於忠於君父國族的讀書人來講，是很大的震撼！所以他們作了深切的反省，在學術上面，原因可能跟王學末流有關，既然王學末流如此，當然，下面帶出來的就是反對理學，反對理學也不是消極反對，積極的就是經邦濟世。在一六四四年，明朝滅亡之後，當然很多的抵抗還在繼續，包括鄭成功。這個階段，我們說是經世致用的階段，以行動反清復明的階段。

第二個階段，是從一六六二年開始，這是康熙元年，甲子是「壬寅」，這一年為什麼重要呢？思宗皇帝雖然自殺，還有福王、魯王、唐王、桂王，尤其是桂王，他是大家的希望所寄，國脈正朔之所繫，就在壬寅這一年，吳三桂殺桂王於雲南，同一年，魯王也在臺灣去世，鄭成功亦卒於臺灣，反清復明幾乎沒有了希望，所以，這也是很重要的一年，我們把他當作一個轉變的關鍵。拿顧炎武來講，包括黃宗羲，化復明行動為思想的傳播，從通經致用轉變為明經、求道，求治國經世之道。於是顧炎武開始寫他一些重要著作，當時顧炎武差不多五十歲，二十年後，顧炎武去世了。另外，黃宗羲的《明夷待訪錄》寫定於癸卯年，一六六八年，其序自稱為梨洲老人，其實那時他才五十四歲而已，何以有老人之稱呢？全祖望在《明夷待訪錄》的跋文中說：「徵君自壬寅前，魯陽之望未絕，天南訃至，始有潮息煙沈之嘆，飾巾待盡，是書於是乎出，蓋老人之稱，所自來已。」❾天南訃至，指桂王遇害，顧黃

❾ 黃宗羲：《明夷待訪錄》，臺北，中華書局《四部備要》本。

等大儒，經世志衰，這是一條明顯的證據。

第三個關鍵的年代，是一七三六年，乾隆元年，一直到乾隆四十多年，《四庫全書》的完成，當然，也可以從一六六二年開始，包括康熙、雍正兩朝，這一個階段就是文字獄最盛的時候，當然，也就轉出了考據學的興盛。

以上我們提到幾個年代，第一個是一六四四年甲申明朝滅亡；第二個是一六六二年壬寅，桂王被弒；第三個是一七三六年到一八二〇年（嘉慶二十五年），就是乾嘉考據學大盛的時候。第一個階段，是晚明至明滅亡，是經邦濟世、反清復明的行動階段。第二個階段，一六六二年，是把行動化為思想傳播的一個階段。第三個階段，在文字獄的高壓下，顧炎武所示範的明經方法就轉而為讀九經時所強調的考文知音。然後到一七三六年以後，考文知音大盛，而使得考據學正式興起。

第一個階段是經邦濟世的階段，梁任公反理的說法可以放在這裡。第二個階段是經邦濟世的理念傳播。第三個階段是考文知音的階段，章太炎先生文字獄的說法可以放在這裏。然後，考據學大盛以後，余英時教授內在理路的說法，可以在此作一個總的回顧。

講到這裡，我個人認為，經世的傳統跟經學的傳統相互結合，恐怕是考據學產生的最重要原因。探討清代考據學興起的原因，孫劍秋先生所歸納的十二種原因，自然都各自有其相當的理由，只要將之安置在適當的時間或空間之中，每一種原因都可以具有適當的價值。

但是，十二項原因之中，前述反理學末流說，文字獄高壓說，學術發展的內在理路說，自然是較為重要的原因。個人認為，經學傳統結合經世傳統，也是一項不可忽視的主要原因。儒家思想中，本來就具備了「修己治人」、「內聖外王」的理想，經學中也具含了經邦濟世的理想和原則，因此，後世從經學傳統中去尋找經世傳統的精神和原則，尤其是在亂世之中，發揮經學中的經世理想，是最自然不過的事情，因此，如果沒有經學傳統與經世傳統結合的這一轉折，則由宋明理學到清代考據學之間，其內在理路是很難銜接得上的。因此，從明清之際學術由理學轉變到考據的情況看來，經世傳統再一次地結合經學傳統，而成為此一期間的重要主軸之一，應該是不可忽視的原因。雖然這一主軸，到後來，受到壓制，不幸而走上了偏差的道路。

（此文為作者於二〇〇一年十一月二十八日在國立中山大學中文系之演講記錄，記錄者為張心怡、李茹華兩位同學，於此附誌謝忱）

拾柒、顧亭林《日知錄》探微

一、引言

顧炎武（一六一三—一六八二）字寧人，江蘇崑山人，學者稱為亭林先生，生於明萬曆四十一年，卒於清康熙二十一年，享年七十歲。❶亭林先生生當明室覆亡、清人入關之際，其嗣母王氏，於清兵南下之後，絕食殉節，遺言後人，勿事二姓❷，亭林先生受命之餘，嘗起兵抗清，明亡之後，亭林先生六謁孝陵，六

---

❶ 顧炎武之生平，參江藩：《漢學師承記》卷八〈顧炎武〉，臺灣商務印書館，民國六十六年十一月。徐世昌：《清儒學案》卷六、卷七〈亭林學案〉。國防研究院，民國五十六年十月。張穆《顧亭林先生年譜》，臺北，世界書局，民國五十二年一月。

❷ 參林微紅：〈吳中第一奇節——顧炎武和他的母親〉，載《歷史月刊》（一九八八年四月），頁一二二—一二三。

謁思陵，不仕滿廷，又嘗遍觀天下，著書立說，以求俟諸異日，經世而致用。

亭林先生著述宏富，所撰著者，如《音學五書》、《左傳杜解補正》、《金石文字記》、《天下郡國利病書》、《肇域志》等，皆屬博學稽古、卓具心得之作，而《日知錄》三十二卷，尤為亭林先生平生志業所寄寓之書。

清兵入關之後，屠毒之慘，殺戮之眾，亭林先生親身而目擊，種族之禍，亡國之痛，形諸著述，復遭時忌，則其感慨之深，往往不盡見之於字裏行間，而時或有寄寓於言語文詞之外者，後世讀其書者，悉心體會，探索幽微，當能省悟亭林先生用心之一二。

亭林先生〈又與人書二十五〉云：「君子之為學，以明道也，以救世也。」又云：「別著《日知錄》，上篇經術，中篇治道，下篇博聞，共三十餘卷，有王者起，將以見諸行事，以躋斯世於治古之隆，而未敢為今人道也。」亭林先生〈又與友人論門人書〉云：「所著《日知錄》三十餘卷，平生之志與業，皆在其中。」又云：「而有王者起，得以取酌焉，其亦可以畢區區之願矣。」❸亭林先生〈初刻日知錄自序〉云：「若其所欲，明學術，正人心，撥亂世，以興太平之事，則有不盡於是刻。」由以上亭林先生所言，可知《日知錄》一書，其撰著之目的，其內容之大要，以及亭林先生用心之宛曲，寄託之深遠，所謂「明道」、「救世」，是其中有經緯邦國之義存在，所謂「有王者起，將以見諸行事」，明非指清初帝王之身，所謂「平生之志與業，皆在其中」，「未敢為今人道也」，是其書中當有不盡見於語言文字之中，而委婉幽微寄慨而託諸語言文字之外者。

清康熙三十四年，潘耒初刻《日知錄》行世，道光十六年，黃汝成為《日知錄集釋》，然皆拘於時忌，多遭竄改，故所刻者，並非原書之本來面目。民國二十二年，張繼（溥泉）先生於北平購得原抄本《日知錄》，持與章太炎黃季剛二位先生共同校閱，黃張二先生，撰為校勘記，太炎先生為之序，然後亭林先生之志節苦心，精神意趣，始得重現人間。民國四十七年，溥泉先生夫人崔震華女士，委請徐文珊教授整理原抄本《日知錄》，並在臺刊印出版。

二、探微

以下所述，即據原抄本《日知錄》，以探索亭林先生對於明室巨變之事所寄寓之隱微心意，至於相關文字之異同增補，則於徵引各條之下，比對通行本，隨文加注，並作說明。

❸ 並見顧炎武：《顧亭林詩文集》，臺北，世界書局，民國五十二年一月。

㈠隱刺奸佞失節

《日知錄》卷十七〈廉恥〉條云：

《五代史・馮道傳》論曰：「禮義廉恥，國之四維，四維不張，國乃滅亡。善乎管生之能言也，禮義，治人之大法，廉恥，立人之大節。蓋不廉則無所不取，不恥則無所不為。人而如此，則禍敗亂亡，亦無所不至。況為大臣而無所不取，無所不為，則天下其有不亂，國家其有不亡者乎？」然而四者之中，恥尤為要。故夫子之論士曰：「行己有恥。」孟子曰：「人不可以無恥，無恥之恥，無恥矣。」又曰：「恥之於人大矣，為機變之巧者，無所用恥焉。」所以然者，人之不廉而至於悖禮犯義，其原皆生於無恥也，故士大夫之無恥，是謂國恥。吾觀三代以下，世衰道微，棄禮義，捐廉恥，非一朝一夕之故。然而松柏後凋於歲寒，雞鳴不已於風雨，彼眾昏之日，固未嘗無獨醒之人也。頃讀《顏氏家訓》，有云：「齊朝一士夫，嘗謂吾曰，我有一兒，年已十七，頗曉書疏，教其鮮卑語及彈琵琶，稍欲通解，以此伏事公卿，無不寵愛。」吾時俯而不答，異哉此人之教子也！若由此業，自致卿相，亦不願汝曹為之。」嗟乎！之推不得已而仕於亂世，猶為此言，尚有〈小宛〉詩人之意，彼閹然媚於世者，能無媿哉？

羅仲素曰：「教化者朝廷之先務，廉恥者士人之美節，風俗者天下之大事。朝廷有教化，則士人有廉恥，士人有廉恥，則天下有風俗。」

古人治軍之道，未有不本於廉恥者，吳子曰：「凡制國治軍，必教之以禮，勵之以義，使有恥也。」夫人有恥，在大足以戰，在小足以守矣。《尉繚子》言：「國必有孝慈廉恥之俗，則可以死易生。」而太公對武王：「將有三勝，一曰禮將，二曰力將，三曰止欲將。」故禮者所以班朝治軍，而〈兔罝〉之武夫，皆本於文王后妃之化，豈有淫芻蕘竊牛馬而為暴於百姓者哉？

《後漢書》，張奐為安定屬國都尉，羌豪帥感奐恩德，上馬二十匹。先零酋長又遺金鐻八枚。奐並受之，而召主簿於諸羌前，以酒酹地，曰：「使馬如羊，不以入廄。使金如粟，不以入懷。」悉以金馬還之。羌性貪而貴吏清，前有八都尉，率好財貨，為所患苦。及奐正身潔己，威化大行。嗚呼！自古以來，邊事之敗，有不始於貪求者哉？吾於遼東之事有感！

杜子美詩：「安得廉頗將，三軍同晏眠。」一本作廉恥將。詩人之意，未必如此。然吾觀《唐書》，言王佖為武靈節度使，先是吐蕃欲成烏蘭橋，每於河壖先貯材木，皆為節帥遣人潛載之，委於河流，終莫能成。蕃人知佖貪而無謀，先厚遺之，然後併役成橋，乃築月城守之。自是朔方禦寇不暇，至今為患，繇佖之黷貨也。故貪夫為帥，而邊城晚開，得此意者，郢書燕說，或可以治國乎？❹

亭林先生於此條之中，暢論廉恥之義，對於朝廷大臣，立身行己之重要，此條前文所舉，以馮道身仕五朝為例，後文所舉，以王佖貪婪黷貨為例，朝廷命官，一文一武，武將愛財，文官畏死，敗壞廉恥，天下亂矣，亭林先生云：「自古以來，邊事之敗，有不始於貪求者哉！吾於遼東之事有感。」遼東之事，實指洪承疇身為薊遼總督，而投降滿清，先導入關之事。《明史・本紀》卷二十三〈莊烈帝紀〉記載，崇禎七年十一月乙酉，詔洪承疇兼攝五省軍務，十一年九月辛巳，清兵入牆子嶺，總督薊遼兵部侍郎吳阿衡戰死，十二年正月丁丑，改洪承疇總督薊遼，孫傳庭總督保定、山東、河北，十五年二月戊午，清兵攻松山，洪承疇被俘投降，巡撫都御史丘民仰、總兵官曹變較、王廷臣、副總兵江翥、饒勳等死難❺。又《清史稿校注》卷二百四十四《列傳》二十四記載，洪承疇既被俘，清太宗（皇太極）欲收承疇為用，命范文程諭降，承疇方科跣謾罵，文程徐與語，泛及古今事，梁間塵偶落，著承疇衣，承疇拂去之，文程遽歸，告太宗曰：「承疇必不死，惜其衣，況其身乎！」皇太極自臨視，解所御貂裘衣之，曰：「先生得無寒乎？」承疇瞠視久，歎曰：「真命世之主也！」乃叩頭請降，皇太極大悅，即日賞賜無算，置酒陳百戲，諸將或不悅，以為何待承疇之重也，皇太極進諸將曰：「吾曹櫛風沐雨數十年，將欲何為？」諸將曰：「欲得中原耳！」皇太極笑曰：「譬諸行道，吾等皆瞽，今獲一導者，吾安得不樂？」莊烈帝初聞承疇死，予祭十六壇，建祠都城外，與丘民仰並列，帝將親臨奠祭，俄聞承疇降，乃止。清世祖順治元年四月，清睿親王多爾袞帥師南下攻明，承疇從之。❻順治二年，清豫親王多鐸師下江南，命洪承疇總督軍務，招撫江南各省，以迄底定西南各省，承疇皆統兵與戰，效命清廷。❼且清兵入關之初，本意僅在掠奪貨財，尚未敢有席捲中原之想，而降臣洪承疇導之南下，天下遂不

---

❹ 見《原抄本日知錄》，臺北，文史哲出版出版，民國六十八年四月。頁三八七—三八八。下引並同。

❺ 見《新校本明史》，臺北，鼎文書局，民國六十四年六月。

❻ 見《清史稿校註》，臺北，商務印書館，民國八十八年。下引並同。

❼ 參李光濤：《明季流寇始末》下編第四章第三節〈洪承疇之經略南疆〉，中央研究院歷史語言研究所專刊之五十一，民國五十四年三月。

可問。❽《日知錄》中此條，亭林先生尚論後漢及五代史事，忽於文末，著一感嘆曰：「嗚呼！自古以來，邊事之敗，有不始於貪求者哉？」所謂貪求，貪金錢，貪富貴，貪生惜死，皆貪求者也，亭林先生於此文下又曰：「吾於遼東之事有感！」先生心中隱微之意，豈不灼然明白！❾

㈡暗喻清兵入關

《日知錄》卷四〈納公孫寧儀行父于陳〉條云：

孔寧儀行父從靈公宣淫于國，殺忠諫之泄冶。君弒不能死，從楚子而入陳，《春秋》之罪人也，故書曰要：「納公孫寧儀行父于陳。」杜預乃謂二子託楚以報君之讎，靈公成喪，賊討國復，功足以補過。嗚呼！使無申叔時之言，陳為楚縣矣！二子者楚之臣僕矣！尚何功之有？幸而楚子復封，成公反國，二子無秋毫之力。而杜氏為之曲說，使後世詐諼不忠之臣，得援以自解，嗚呼！其亦愈于今之已為他人郡縣而猶言報讎者與！

有盜于此，將劫一富室，至中途而其主為僕所弒，盜遂入其家，殺其僕，曰：

> 「吾報爾雠矣。」遂有其田宅貨財，子其子孫其孫，其子孫亦遂奉之為祖父。嗚呼！有是理乎？《春秋》之所謂亂臣賊子者，非此而誰邪？與楚子之存陳，不與楚子之納二臣也，公羊子固已言之，曰存陳，悕矣。⑩

《左傳》宣公九年記載，陳靈公與孔寧儀行父三人，皆通於夏姬，宣淫於國，大臣泄冶亟諫，靈公殺之，十年，靈公與孔寧儀行父飲於夏氏，靈公謂行父曰：「徵舒似女。」行父對曰：「亦似君。」徵舒乃夏姬之子，聞而病之，遂弒靈公，孔寧儀行父二人，懼而奔楚，十一年，楚伐陳，殺夏徵舒，因以陳為楚國之縣，楚大臣申叔時諫楚子，以縣陳為貪，楚子乃復封陳，而使孔寧儀行父二人返陳。杜預注云：「二子淫昏，亂人也，君弒之後，能外託

---

⑧ 參李光濤：〈洪承疇援遼始末〉、〈論洪承疇之招撫江南〉，載所著《明清史論集》下冊，臺北，商務印書館，民國六十年四月。

⑨ 清人全祖望於所撰〈梅花嶺記〉（載全氏《結埼亭集・外編》卷二十）之中，敘述史可法於揚州殉國之後，大江南北，義軍兵興，皆託史閣部之名，以為忠烈尚在，孫兆奎起兵被執，清軍經略洪承疇與之有舊，問曰：「先生在兵間，審知故揚州閣部史公果死耶？抑未死耶？」孫公答曰：「經略從北來，審知故松山殉難督師洪公果死耶？抑未死耶？」承疇大恚，急呼麾下驅出斬之。

⑩ 同注④，頁一〇〇。

楚，以求報君之讎。」又云：「賊討國復，功足以補過。」而亭林先生非之，以為二人「何功之有」，以為「使無申叔時之言，陳為楚縣矣，二子者楚之臣僕矣」，《日知錄》此條之末，亭林先生所論「有盜于此」一節，實針對吳三桂乞師女真，以至引滿人入關不返一事而發，《清史稿校註》卷四百八十一〈吳三桂傳〉記，「順治元年，李自成自西安東犯，太原、寧武、大同皆陷，又分兵破真定。莊烈帝封三桂平西伯，並起襄（吳襄，三桂父）提督京營，徵三桂入衛。寧遠兵號五十萬，三桂簡閱步騎遣入關，而留精銳自將為殿。三月甲辰，入關。戊甲，次豐潤。而自成已以乙巳破明都，遣降將唐通、白廣恩將兵東攻灤州。三桂擊破之，降其兵八千，引兵還保山海關。自成脅襄以書招之，令通以銀四萬犒師，遣別將率二萬人代三桂守關。三桂引兵西，至灤州，聞其妾陳為自成將劉宗敏掠去，怒還，擊破自成所遣守關將；遣副將楊坤、遊擊郭雲龍上書睿親王乞師。王方西征，次翁後，三桂使至，明日，進次西拉塔拉，報三桂書，許之。自成聞三桂兵起，自將二十萬以東，執襄置軍中，復遣所置兵政部尚書王則堯招三桂，三桂留不遣。越四日，王進次連山，三桂又遣雲龍齎書趣進兵。師夜發，踰寧遠，次沙河。明日，距山海關十里。三桂遣邏卒報自成將唐通出邊立營，王遣兵攻之，戰於一片石，通敗走。又明日，師至關，三桂出迎。王命設儀仗，吹螺，偕三桂拜天畢，三桂率部將謁王，王令其兵以白布繫肩為識，前驅入關」，「王承制進三桂爵平西王，分馬、步各萬隸焉，令前驅逐自成。」⓫吳三桂以愛妾陳圓圓為李自成部將所掠，竟開山海關迎清兵入內，罔顧民族大義⓬，亭林先生《日知錄》此條，於尚論《左傳》史事之際，忽爾言及「有盜于此」一節，而云「遂有其田宅貨財」，文末乃稱「子其子孫其孫」，又稱「《春秋》之所謂亂臣賊子者，非此而誰邪」，其指斥之嚴，用意之深，豈不灼然而可見者歟！⓭

㈢指斥大夫無恥

⓫ 同注❻。

⓬ 清人吳偉業〈圓圓曲〉詩（載吳氏《梅村集》）有曰：「鼎湖當日棄人間，破敵收京下玉關，慟哭六軍俱縞素，衝冠一怒為紅顏。」又曰：「妻子豈應關大計，英雄無奈是多情，全家白骨成灰土，一代紅粧照汗青。」意含譏切者，即指此也。

⓭ 世傳清攝政王多爾袞〈與明史可法書〉有曰：「闖賊李自成，稱兵犯闕，手毒君親，中國臣民，不聞加遺一矢，平西王吳三桂，介在東陲，獨效包胥之哭，朝廷感其忠義，念累世之宿好，棄近日之小嫌，爰整貔貅，驅除狗鼠。」又曰：「國家之撫定燕京，乃得之於闖賊，非取之於明朝也。」而史可法〈復清多爾袞書〉則曰：「著契丹和宋，止歲輸以金繒，回紇助唐，原不利其土地，況貴國篤念世好，兵以義動，萬代瞻仰，在此一舉，若乃乘我蒙難，棄好崇讎，規此幅員，為德不卒，是以義始而以利終，為賊人所竊笑也。」是清人入關，利用降臣，詭詐欺愚，久居不去，恬然無恥，猶為狡辯也。

《日知錄》卷十七〈兩漢風俗〉條云：

漢自孝武表章六經之後，師儒雖盛而大義未明，故新莽居攝，頌德獻符者遍於天下。光武有鑒於此，故尊崇節義，敦厲名實，所舉用者，莫非經明行修之人，而風俗為之一變。至其末造，朝政昏濁，國事日非，而黨錮之流，獨行之輩，依仁蹈義，舍命不渝，風雨如晦，雞鳴不已。三代以下，風俗之美，無尚於東京者！故范曄之論，以為桓靈之間，君道粃僻，朝綱日陵，國隙屢啟。故自中智以下，靡不審其崩離，而權強之臣，息其闚盜之謀，豪俊之夫，屈於鄙生之義，所以傾而未顛，決而未潰，皆仁人君子心力之為。可謂知言者矣！使後代之主，循而弗革，即流風至今，亦何不可？而孟德既有冀州，崇獎跅弛之士，觀其下令再三，至於求負汙辱之名，見笑之行，不仁不孝，而有治國用兵之術者，於是權詐迭進，姦逆萌生。故董昭太和之疏，已謂「當今年少，不復以學問為本，專更以交遊為業。國士不以孝悌清修為首，乃以趨勢求利為先」。至正始之際，而一二浮誕之徒，騁其智識，蔑周孔之書，習老莊之教，風俗又為之一變。夫以經術之治，節義之防，光武明章，數世為之而未足，毀方敗常之俗，孟德一人變之而有餘。後之人君，將樹之風聲，納之軌物，以善俗而作人，不可不察乎此矣。

光武躬行勤約，以化臣下，講論經義，常至夜分，一時功臣，如鄧禹有子十三人，各使守一藝，閨門修整，可為世法。貴戚如樊重，三世共財，子孫朝夕禮敬，常若公家。以故東漢之世，雖人才之倜儻，不及西京，而士風家法，似有過於前代。

東京之末，節義衰而文章盛，自蔡邕始，其仕董卓無守，卓死驚歎無識。觀其集中濫作碑頌，則平日之為人可知矣！以其文采富而交游多，故後人為立佳傳。嗟乎！士君子處衰季之朝，常以負一世之名，而轉移天下之風氣者，視伯喈之為人，其戒之哉！⑭

亭林先生討論歷代風俗，於東西二周以下，最為推崇東漢，以為「光武躬行勤約，以化臣下」，「尊崇節義，敦厲名實」，故「三代以下，風俗之美，無尚於東京者」，然而，自曹操據有冀州之後，崇獎跅弛之士，於是風氣大壞，權詐迭進，姦逆萌生，故亭林先生以為，「經術之治，節義之防，光武明章，數世為之而未足，毀方敗常之俗，孟德一人變之而有

⑭ 同注❹，頁三七七—三七八。

餘」，至於東漢之末，「節義衰而文章盛」，則亭林先生歸咎於蔡邕，以其無守無識，濫作碑頌，「以其文采富而交游多」，此則亭林先生，生當晚明之際，筆下所書，雖為蔡邕，心中所指，豈不在於變節降清之文史冠冕錢謙益乎？《清史稿校註》卷四百九十一《列傳》二百七十一《文苑傳》一記：「錢謙益，字受之，常熟人。明萬曆中進士，授編修，博學工詞章，名隸東林黨。天啟中，御史陳以瑞劾罷之。崇禎元年，起官，不數月至禮部侍郎。會推閣臣，謙益慮尚書溫體仁、侍郎周延並推，則名出己上，謀沮之。體仁追論謙益典試浙江取錢千秋關節事，予杖論贖。體仁復賄常熟人張漢儒訐謙益貪肆不法。謙益求救於司禮太監曹化淳，刑斃漢儒。體仁引疾去，謙益亦削籍歸。流賊陷京師，明臣議立君江寧。謙益陰推戴潞王，與馬士英議不合，已而福王立，懼得罪，上書誦士英功，士英引為禮部尚書。復力薦閹黨阮大鋮等，大鋮遂為兵部侍郎。順治三年，豫親王多鐸定江南，謙益迎降，命以禮部侍郎管秘書院事。馮銓充明史館正總裁，而謙益副之。俄乞歸。五年，鳳陽巡撫陳之龍獲黃毓祺，謙益坐與交通，詔總督馬國柱逮訊。謙益訴辨，國柱遂以謙益、毓祺素非相識定讞。得放還，以著述自娛，越十年卒。謙益為文博贍，諳悉朝典，詩尤擅其勝。明季王、李號稱復古，文體日下，謙益起而力振之。家富藏書，晚歲絳雲樓火，惟一佛像不燼，遂歸心釋教，著楞嚴經蒙鈔。其自為詩文，曰牧齋集、曰初學集、有學集。乾隆三十四年，詔燬板，然傳本至今不絕。」又《清史稿校註》卷三百十二《列傳》九十二記：「沈德潛字確士，江南長洲人，乾隆元年，舉博學鴻詞，試未入選，四年，成進士，改庶吉士，年六十七矣」，「二十六年，復詣京師祝皇太后七十萬壽，進歷代聖母圖冊。入朝賜杖，上命集文武大臣七十以上者為九老，凡三班，德潛為致仕九老首。命游香山，圖形內府。德潛進所編《國朝詩別裁集》請序，上覽其書以錢謙益為冠，因諭：謙益諸人為明朝達官，而復事本朝，草昧締構，一時權宜。要其人不得為忠孝，其詩自在，聽之可也。選以冠本朝諸人則不可。錢名世者，皇考所謂名教罪人，更不宜入選。慎郡王，朕之叔父也，朕尚不忍名之。德潛豈宜直書其名？至世次前後倒置，益不可枚舉。命內廷翰林重為校定。二十七年，南巡，德潛及錢陳群迎駕常州，上賜詩，並稱為大老。三十年，復南巡，仍迎駕常州，加太子太傅，賜其孫維熙舉人。三十四年卒，年九十七。贈太子太師，祀賢良祠，謚文慤。御製詩為輓。是時上命燬錢謙益詩集，下兩江總督高晉令察德潛家，如有謙益詩文集，遵旨繳出。會德潛卒，高晉奏德潛家並未藏謙益詩文集，事乃已。」是則錢謙益文史詩名雖盛，沈德潛所編《國朝詩別裁集》，亦以錢氏褎然冠於集首，而清帝已不齒其為人，命燬錢詩版刻，況在明人，寧有不加鄙視者乎！亭林先生云：「士君子處衰季之朝，常以負一世名，而轉移天下之風氣者，視伯喈之為人，其戒之哉！」此語數也，移之以指斥錢氏之負國恩而敗士節者，誰曰不宜？亭林先生之用心，豈不灼然可知。

四憂慮被髮左衽

《日知錄》卷九〈管仲不死子糾〉條云：

君臣之分，所關者在一身，夷夏之防，所繫者在天下。故夫子之於管仲，略其不死子糾之罪，而取其一匡九合之功。蓋權衡於大小之間，而以天下為心也。夫以君臣之分，猶不敵夷夏之防，《春秋》之志可知矣。

有謂管仲之於子糾，未成為君臣者，子糾於齊未成君，於仲與忽，則成為君臣矣。狐突之子毛及偃，從文公在秦，而曰：「今臣之子，名在重耳，有年數矣。」若毛偃為重耳之臣，而仲與忽不得為糾之臣，是以成敗定君臣也，可乎？又謂桓兄糾弟，此亦強為之說。夫子之意，以被髮左衽之禍，尤重於忘君事讎也。

論至於尊周室攘夷狄之大功，則公子與其臣，區區一身之名分小矣。雖然，其君臣之分故在也，遂謂之無罪，非也。⑮

《論語・憲問》記：「子路曰，桓公殺公子糾，召忽死之，管仲不死，曰，未仁乎？子曰，桓公九合諸侯，不以兵車，管仲之力也，如其仁，如其仁。」又記：「子貢曰，管仲非仁者與？桓公殺子糾，不能死，又相之。子曰，管仲相桓公，霸諸侯，一匡天下，民到于今受其賜，微管仲，吾其被髮左衽矣，豈若匹夫匹婦之為諒也，自經於溝瀆，而莫之知也。」管仲不死子糾之難，王肅以為管仲之於公子糾，「君臣之義未成」，程子以為，桓公為兄，子糾為弟，「桓公殺之雖過，而糾之死實當」⑯，皆過為閃爍其詞，亭林先生則以為，「君臣之分，所關者在一身，夷夏之防，所繫者在天下」，「蓋權衡於大小之間，而以天下為心也」，以天下為心，其言最關緊要，亭林先生生當清人入關之際，其於種族陷溺，文化沉淪，感受特為深刻，故於華夷之辨，言之也最為明著，「夫子之意，以被髮左衽之禍，尤重於忘君事讎也」⑰，通行本《日知錄》無此十九字⑱，原抄本《日知錄》有之，此十九字，

⑮ 同注❹，頁二〇一。

⑯ 見朱熹：《四書集注》，臺北，中華書局《四部備要》本。

⑰ 參胡楚生：〈清初諸儒論「管仲不死子糾」申義〉，載拙著《清代學術史研究》，臺北，學生書局，民國七十七年二月，頁一二五—一四〇。

⑱ 通行本，此據清黃汝成：《日知錄集釋》卷七，臺北，世界書局，民國六十三年七月，頁一五八。下引通行本並同。

也最能彰明夫子之要旨。實則，此條對於明亡之際，忘君事讎，以至引而為被髮左衽巨禍之失節人臣，尤其具有筆誅之用意存在。

㈤傷感蠻夷猾夏

《日知錄》卷九：〈素夷狄行乎夷狄〉條云：

「素夷狄行乎夷狄」，然則將居中國而去人倫乎？非也。處夷狄之邦而（不失）吾中國之道，是之謂素夷狄行乎夷狄也。六經所載，帝舜滑夏之咨，殷宗有截之頌，《禮記》明堂之位，《春秋》（朝）會之書，凡聖人所以為內夏外夷之防也，如此其嚴也！《文中子》以元經之帝魏，謂天地有奉，生民有庇，即吾君也。何其語之偷而悖乎！宋陳同甫謂黃初以來，陵夷四百餘載，夷狄異類迭起以主中國，而民生常覬一日之安寧於非所當事之人。以王仲淹之賢，而猶為此言，其無以異乎凡民矣！夫（興）亡有迭代之時，而中華（無）不復之日，若之何以萬古之心胸而區區於旦暮乎！此所（謂）偷也。漢和帝時，侍御史魯恭上疏曰：「夫戎狄者，四方之異氣，蹲夷踞肆，與鳥獸無別，若雜居中國，則錯亂天氣，汙辱善人。」夫以亂辱天人之世，而論者欲將毀吾道以殉之，此所謂悖也。孔子有言：「居處恭，執事敬，與人忠，雖之夷狄，不可棄也。」夫是之謂素夷狄行乎夷狄也。若乃相率而臣事之，奉其令，行其俗，甚者導之以為虐于中國，而藉口於素夷狄之文，則子思之罪人也已！⑲

通行本《日知錄》無此條，原抄本有之，考《中庸》曰：「君子素其位而行，不願乎其外，素富貴，行乎富貴，素貧賤，行乎貧賤，素夷狄，行乎夷狄，素患難，行乎患難，君子無入而不自得。」其意所重，乃在「君子無入而不自得」，素夷狄行乎夷狄，僅為陪襯之詞而已，重點原不在以夷狄之行為法，故《中庸》所謂「素夷狄行乎夷狄」者，亭林先生以為，不過教人，雖「處夷狄之邦，而不失吾中國之道」而已，非使華夏民族，處於夷狄之地，即奉行夷狄之道也，至於「奉其令，行其俗」，「相率而臣事之」，「導之以為虐于中國」，此其禍也，亭林先生親自目睹，親身體受，故其於《春秋》家所謂之「內諸夏而外夷狄」者，感悟亦特為痛切，故昌言「興亡有迭代之時，而中華無不復之日，若之何以萬古之心胸而區區於旦暮乎」，蓋有感於明室之暫亡，而冀望神州有重光之日也。

⑲ 同注❹，頁一八六—一八七。

(六)痛心文化沉淪

《日知錄》卷十七〈正始〉條云：

魏明帝殂，少帝即位，改元正始，凡九年。其十年，則太傅司馬懿殺大將軍曹爽，而魏之大權移矣。三國鼎立，至此垂三十年，一時名士風流，盛於雒下，乃其棄經典而尚老莊，蔑禮法而崇放達，視其主之顛危若路人然，即此諸賢為之倡也。自此以後，競相祖述。如《晉書》言，王敦見衛玠，謂長史謝鯤曰：「不意永嘉之末，復聞正始之音。」沙門支遁，以清談著名於時，莫不崇敬，以為造微之功，足參諸正始。……然而《晉書・儒林傳・序》云：「擯闕里之典經，習正始之餘論，指理法為流俗，目縱誕以清高。此則虛名雖被於時流，篤論未忘乎學者。是以講明六藝，鄭玄王肅為集漢之終。演說老莊，王弼何晏為開晉之始。」以至國亡於上，教淪於下，胡戎互僭，君臣屢易，非林下諸賢之咎而誰咎哉？

有亡國有亡天下。亡國與亡天下奚辨？曰，易姓改號，謂之亡國。仁義充塞，而至於率獸食人，人將相食，謂之亡天下。魏晉人之清談，何以亡天下？是孟子所謂楊墨之言，至於使天下無父無君而入於禽獸者也。……是故知保天下，然後知保其國。保國者，其君其臣，肉食者謀之。保天下者，匹夫之賤，與有責焉耳矣。⑳

劉義慶《世說新語・任誕》曰：「陳留阮籍，譙國嵇康，河內山濤，三人年皆相比，康年少亞之。預此契者，沛國劉伶，陳留阮咸，河內向秀，琅邪王戎，七人常集于竹林之下，肆意酣暢，故世謂竹林七賢。」㉑蓋魏晉之清談，以七人為代表，放誕仁義，崇慕老莊，蔑棄禮法，遂至於使司馬氏之亡於異族，五胡十六國，交亂中原，禮義淪胥，道德沉淪，真所謂亡天下而率獸食人之慘者也，故亭林先生深加排斥，以為「國亡於上，教淪於下」，「非林下諸賢之咎而誰咎哉」。亦唯亭林先生以道德禮義人倫文化所關繫者為念，故強調異族侵陵，為中夏亡天下之巨禍，故以為匹夫匹婦，皆與有責焉者，《日知錄》卷九〈夫子之言性與天道〉條曰：「五胡亂華，本於清談之流禍，人人知之。孰知今日之清談有甚於前代者，昔之清談談老莊，今之清談談孔孟。」又曰：「以明心見性之空言，代修己治人之實學，股肱惰

⑳ 同注❹，頁三七八—三七九。

㉑ 見余嘉錫：《世說新語箋疏》卷下〈任誕〉第二十三，臺北，仁愛書局，民國七十三年十月，頁七二七。

而萬事荒，爪牙亡而四國亂，神州蕩覆，宗廟丘墟」。《日知錄》卷二十〈內典〉條曰：「夫心所以具眾理而應萬事，正其心者，正欲施之治國平天下，孔門未有專用心於內之說也，用心於內，近世禪學之說耳。」又〈朱子晚年定論〉條曰：「以一人而易天下，其流風至於百有餘年之久者，古有之矣，王夷甫之清談，王介甫之新說。（《宋史》林之奇言，昔人以王何清談之罪，甚于桀紂，本朝靖康禍亂，考其端倪，王氏實負王何之責。）其在於今，則王伯安之良知是也。」合此數條觀之，則亭林先生，言語雖稱魏晉，意中所指，豈無眼前王學末流，狂禪盛行，清談誤國，不務實學，以致清人入關，明室覆亡，文化淪胥之傷痛在耶！

(七)表彰忠義烈節

《日知錄》卷十七〈本朝〉條云：

古人謂所事之國為本朝，魏文欽降吳，表言「世受魏恩，不能扶翼本朝，抱愧俛仰，靡所自厝」。又如吳亡之後，而蔡洪與刺史周俊書，言「本朝舉賢良」是也。《顏氏家訓》：「先君先夫人，皆未還建業舊山，旅葬江陵東郭。承聖末，啟求揚都，欲還營厝。蒙詔賜銀百兩，已于揚州小郊，卜地燒磚。值本朝淪沒，流離至此。」之推仕歷齊周及隋，而猶稱梁為本朝。蓋臣子之辭，無可移易。而當時上下，亦不以為嫌者矣。

《舊唐書・劉昫傳》，昫為石晉宰相，而其〈職官志〉稱唐曰皇朝，曰皇家，曰國家，〈經籍志〉稱唐曰我朝。

宋胡三省註《資治通鑑》，書成于元至元時。註中凡稱宋皆曰本朝，曰我宋。其釋地理，皆用宋州縣名。惟一百九十七卷蓋牟城下註曰：「大元遼陽府路。」遼東城下註曰：「今大元遼陽府。」二百六十八卷順州下曰：「大元順州領懷柔密雲二縣。」二百八十六卷錦州下曰：「陳元靚曰，大元于錦州置臨海節度，領永樂安昌興城神水四縣，屬大定府路。」二百八十八卷建州下曰：「陳元靚曰，大元建州領建平永霸二縣，屬大定府路。」以宋無此地，不得已而書之也。㉒

《日知錄》卷十七有〈本朝〉一條，亭林先生云：「古人謂所事之國為本朝。」章炳麟〈日知錄校記序〉曰：「昔時讀《日知錄》，怪顧君仕明至部郎，而篇中稱明，與前代無異，疑

㉒ 同注❹，頁四一一—四一二。

為後人改竄。又〈素夷狄行乎夷狄〉一條，有錄無書，亦以為乾隆抽毀也。後得潘次耕初刻，與傳本無異，則疑顧君真蹟已然。結轖不怡者久之。去歲聞友人張繼得亡清雝正時寫本，其缺不書者故在，又多出「胡服」一條，纚纚千餘言。其書明則本朝，涉明諱者則用之字，信其為顧君真本。曩之所疑于是砉然凍解也。顧其書丹黃雜施，不可攝影以示學者。今歲春，余弟子黃侃因為〈校記〉一通，凡今本所缺者具錄於記，一句一字皆著焉。其功信勤矣。頗怪次耕為顧君與徐昭法門下高材，造膝受命，宜與恆眾異，乃反剟定師書，令面目不可全睹，何負其師之劇耶！蓋亦懲于史禍，有屈志而為之者也。今〈校記〉既就，人人可檢讀以窺其真。顧君千秋之志得以無恨，而侃之功亦庶幾與先哲並著歟！」㉓徐文珊教授所整理之《原抄本日知錄》，其〈敘例〉第十條云：「書中與通行本不同者，多在明清之順逆，內諸夏而外夷狄，對明帝稱謂各條，散見全書各篇，不遑枚舉，舉其要者，如稱明必曰本朝，稱明太祖必曰我太祖，崇禎必曰先帝，明初稱國初等，此皆示作者只知身為明人，不知有清帝，一字之差，敵我之分，順逆之辨，全在於是。清人必為竄改，本朝改明朝，我太祖改明太祖，先帝改為崇禎，而有明遺臣變為清之降臣矣。餘如內侵之夷狄稱曰胡曰虜，清人則改為邊為塞為敵為外國，五胡改劉石，中原左衽改中原塗炭，凡此種種，輕重褒貶，毫釐千里，不容假借。」㉔徐文珊教授〈原抄本顧炎武日知錄評介〉亦曰：「著者民族立場，明朗而堅定，最為清廷所不能容忍。蓋著者所堅持之立場，正清廷不兩立之大敵。顧氏於民族為漢，於國家為明。非漢者夷狄，反明者寇盜。其存心只知有漢有明，而不知有滿有清。故書中絕口不言滿，不言清，更不屑道及清帝廟謚與年號。每有所指，必指明曰我朝，本朝、國朝，明太祖必曰我太祖，崇禎必曰先帝，一似明祚未終者然。此種不承認主義雖屬消極，然在清室視之，當為其所大忌，故必改之而後快。於是我朝本朝國朝全改稱明朝，或有明。我太祖改為明太祖，先帝改崇禎。一字二字之差，而忠奸順逆之別，何止霄壤？亭林地下有知，吾知其必攘臂仗劍而起矣！」㉕然則，通行本《日知錄》中「本朝」此條，則正屬亭林先生於華夷大義，為書中各篇發凡起例作張本者也，已屬難得而珍貴，今《原抄本日知錄》重現人間，取以比校，則亭林先生之心志，豈不益為彰著者歟！

(八)申論風俗移人

《日知錄》卷二十九〈胡服〉條云：

㉓ 同注❹，附錄一，頁九五七。

㉔ 同注❹，頁二。

㉕ 同注❹，頁一〇〇一－一〇〇二。

自古承平日久，風氣之來，必有其漸。而變中夏為夷狄，未必非一二好異之徒啟之也。《春秋傳》僖公二十二年，初，平王之東遷也，辛有適伊川，見被髮而祭於野者，曰：「不及百年，此其戎乎！其禮先亡矣！」秋，秦晉遷陸渾之戎於伊川。《後漢・五行志》，靈帝好胡服胡帳胡床胡坐胡飯胡箜篌胡笛胡舞，京都貴戚，皆競為之。其後董卓多擁胡兵，填塞街衢，虜掠宮掖，發掘園陵。《晉書・五行志》，泰始之初，中國相尚用胡床柏槃，及為羌煮柏炙，貴人富室，必畜其器。言享嘉會，皆以為先。太康中，又以氈為絔頭及絡帶袴口，百姓相戲曰：「中國必為胡所破，夫氈毳產於胡，而天下以絔頭帶身袴口，胡既三制之矣，能無敗乎？」至元康中，氐羌互反，永嘉後，劉石遂篡中都。自後四夷迭據華土，是服妖之應也。

《冊府元龜》，後漢高祖天福十二年，左衛將軍許敬遷奏：「臣伏見天下鞍轡器械，並取契丹樣裝飾，以為美好。安有中國之人，反效戎虜之俗？請下明詔毀棄，須依漢境舊儀。」敕曰：「近者中華人情浮薄，不依漢禮，卻慕胡風，果致狂戎來侵。諸夏應有契丹樣鞍轡器械服裝等，並令逐處禁斷。」

《太祖實錄》，初，元世祖起自朔漢，以有天下，悉以胡俗變易中國之制，士庶咸辮髮椎髻，深簷胡帽。衣服則為褲褶窄袖，及辮線腰褶，婦女衣窄袖短衣，下服群裳，無復中國衣冠之舊。甚者易其姓字為胡名，習胡語。俗化既久，恬不為怪。上久厭之，洪武元年二月壬子，詔復衣冠，如唐制。士民皆束髮於頂，官則烏紗帽，圓領袍，束帶，黑靴。士庶則服四帶巾。雜色盤領，衣不得用黃玄，其辮髮椎髻，胡服，胡語，胡姓，一切禁止。斟酌損益，皆斷自聖心。於是百有餘年胡俗，悉復中國之舊矣。

《河間府志》，陳士彥曰：「今河間男子，或有左衽者，而婦人尤多。至於孺子環狐狗之尾以為冠，而被身毛革以為服，謂之達粧。夫被髮野祭，辛有卜其為戎。晉太康中，俗以氈為絈頭及絡帶袴口，彼此互相嘲戲，以為胡兒。未幾，劉石之變遂起。」此書作於萬曆四十三年，不二期而遼東之難作矣！至於今日，胡俗縵纓，咸為戎俗，高冠重履，非復華風，有識之士，得不悼其橫流，追其亂本哉？㉖

中夏民族，自古束髮冠帶，久成習俗，民眾以為，身體髮膚，受之父母，不敢毀傷，乃孝行之始，至於博袍長袖，服飾右衽，不輕更易，乃禮義之風，然而清兵入關之後，下令薙髮易

㉖ 同注❹，頁八二四—八二六。

服，遵從滿人習俗，以其召致百姓反對，順治元年，為求示好，乃禮葬崇禎帝，又諭兵部，令「天下臣民，照舊束髮，悉聽其便」，及多鐸破南明，順治二年六月，重頒「薙髮令」，令發十日，強制實行，有所謂「留頭不留髮，留髮不留頭」者，人民反抗，由是愈為激烈，即以江陰一地而言，民心慷慨，典史閻應元陳明遇為守帥，守八十一日，全城十七萬餘人，壯烈犧牲，無一降者㉗，至於嘉定一地，民眾憤慨，士紳侯峒曾黃淳耀為領袖，七月初、七月底、八月初，三次城破，義軍奮戰，清軍三次屠城，義軍民眾，死亡殆盡。㉘其他各地，因薙髮易服而引致民眾愈加憤怒、反抗愈加激烈者，亦為數極多，《日知錄》中〈胡服〉一條，亭林先生尚論歷代夷狄胡服擾亂中原，往往導致國家災變，因以為戒，其所措心，實即在於視薙毛髮易服色為文化沉淪、仁義充塞、「變中夏為夷狄」、亡天下之慘禍也，故於〈胡服〉一條之中，隱寓其「悼其橫流，追其亂本」之義蘊焉，徐文珊教授〈原抄本顧炎武日知錄評介〉曰：「《春秋》最重夷夏之防，所以明辨敵我，嚴心理國防也。此書本《春秋》之旨，極重華夷之辨，每有論及，必斥為胡、為虜、為賊，或指為蠻夷戎狄。雖非盡指清人，然作賊心虛，忌聞惡名，於是盡為竄改，或曰邊、曰塞、曰敵、曰外國……。其尤著者，則〈素夷狄行乎夷狄〉、〈胡服〉二條，不特專章論述，闡明《春秋》之旨，且語重心長，指陳時弊，洋洋灑灑，痛快淋漓。既不能斷章而取義，亦不勝竄偽以亂真，乃不得不全章刪落，以使羚羊掛角，無跡可求。」㉙然而，〈胡服〉一條，一千三四百字，以其不容於清廷，通行本《日知錄》中，乃遭全條刪除，冀使後世讀者，無跡可以尋覓，天幸《原抄本日知錄》此條尚在，而亭林先生嚴辨夷夏之大義之旨，尚得重見於人間也。

㈨追惟黨爭貽害

《日知錄》卷十七「宋世風俗」條云：

《宋史》言，士大夫忠義之氣，至於五季，變化殆盡。宋之初興，范質王溥，猶有餘憾。藝祖首褒韓通，次表衛融，以示意嚮，真仁之世，田錫王禹偁范仲淹歐陽修唐介諸賢，以直言讜論倡於朝。於是中外縉紳，知以名節為高，廉恥相尚，盡去五季之陋。故靖康之變，志士投袂，起而勤王，臨難不屈，所在有之。及宋之亡，忠節相望。嗚呼！觀哀平之可以變而為東京，五代之可以變而為宋。則知天下無不可變之風

㉗ 參《明史》卷二百七十七《閻應元傳》、《陳明遇傳》。
㉘ 參《明史》卷二百七十七〈侯峒曾傳〉，卷二百八十二《黃淳耀傳》。
㉙ 同注❹，頁一〇〇二。

俗也。〈剝〉上九之言碩果也，陽窮於上，則復生於下矣。

人君御物之方，莫大乎抑浮止競。宋自仁宗在位四十餘年，雖所用或非其人，而風俗醇厚，好尚端方。論世之士，謂之君子道長。及神宗朝，荊公秉政，驟獎趨媚之徒，深鋤異己之輩。鄧綰李定舒亶蹇序辰王子韶諸奸，一時擢用，而士大夫有十鑽之目，干進之流，乘機抵隙。馴至紹聖崇寧，而黨禍大起，國事日非，膏肓之疾，遂不可治。後之人但言其農田水利青苗保甲諸法為百姓害，而不知其移人心變士習為朝廷之害。其害於百姓者，可以一旦而更，而其害於朝廷者，歷數十百年滔滔之勢一往而不可反矣！李應中謂自王安石用事，陷溺人心，至今不自知覺。人趨利而不知義，則主勢日孤。此可謂知言者矣。詩曰：「毋教猱升木，如塗塗附。」夫使慶曆之士風一變而為崇寧者，豈非荊公教猱之效哉？

〈蘇軾傳〉，熙寧初，安石創行新法，軾上書言：「國家之所以存亡者，在道德之淺深，不在乎強與弱。曆數之所以長短者，在風俗之厚薄，不在乎富與貧。臣願陛下務崇道德而厚風俗，不願陛下急於有功而貪富強……近歲樸拙之人愈少，巧進之士益多，惟陛下哀之救之。」當時論新法者多矣，未有若此之深切者。根本之言，人主所宜獨觀而三復也。

《東軒筆錄》王荊公秉政，更新天下之務。而宿望舊人，議論不協，荊公遂選用新進，待以不次。故一時政事，不日皆舉，而兩禁臺閣，內外要權，莫非新進之士也。及出知江寧府，呂惠卿驟得政柄，有射羿之意。而一時之士，見其得君，謂可以傾奪荊公，遂更朋附之，以興大獄。尋荊公再召，鄧綰反攻惠卿，惠卿自知不安，乃條列荊公兄弟之失數事面奏，上封惠卿所言以示荊公。故荊公表有云：「忠不足以取信，故事事欲自明，義不足以勝姦，故人人與之立敵。」蓋謂是也，既而惠卿出知亳州，荊公復相，承黨人之後，平日肘腋盡去，而在者已不可信，可信者又才不足以任事。當日唯與其子雱機謀，而雱又死。知道之難行也，於是慨然復求罷去。

荊公當日處卑官，力辭其所不必辭，既顯，宜辭而不復辭，矯情干譽之私，固有識之者矣。夫子之論觀人也，曰「察其所安」，又曰「色取仁而行違，居之不疑，在邦必聞，在家必聞」，是則欺世盜名之徒，古今一也。人君可不察哉？

陸游〈歲暮感懷詩〉：「在昔祖宗時，風俗極粹美。人材兼南北，議論忘彼此。誰令各植黨，更仆而迭禍，此風猶未已。儻築太平基，請自厚俗始。」㉚

㉚ 同注❹，頁三七九—三八二。

〈宋世風俗〉一條，亭林先生之意，似在嚴責王安石，以為「荊公秉政，驟獎趨媚之徒，深鋤異己之輩」，以為「後之人但言其農田水利青苗保甲諸法為百姓害，而不知其移人心變士習為朝廷之害」，然而，論其用心，則在逕指安石之任用小人，以至「干進之流，乘機抵隙」，馴至於「黨禍大起，國事日非」，而「膏肓之疾，遂不可治」也，故於北宋新舊黨人之爭，戕傷國力者，而不免深致其嗟嘆也，是以亭林先生以為，「人君御物之方，莫大乎抑浮止競」，蓋怵然凜乎黨錮競爭之為禍也。

夫亭林先生生當晚明時期，而東林黨爭，歷神宗、光宗、熹宗、思宗，迄南明而其事未已，顧憲成高攀龍輩，欲以學術正人心，進而正朝廷天下之是非，然是非豈易明哉！彼等既嚴辨乎君子小人之分，崇高氣節，堅其壁壘，君子小人之辨，遂一操之在己，同於己者，視為君子，異於己者，視為小人，遂使天下無完人矣，而己身亦不得為君子之行，意氣既盛，又牽涉於宮廷瑣事，門戶之別，愈趨複雜，益與閹宦，勢不兩立，爭鬥連年，而國家元氣戕喪，生民之道瀕絕，一旦外患驟至，國亡隨之矣㉛，「誰令各植黨，更仆而迭禍」，亭林先生有見於此，能不感慨良深？是以尚論古人，枚舉宋代朋黨之禍，用以隱刺明末東林閹宦相持相拒之事，以示其傷痛之意，以鑑戒於後世也。

㈩慨歎閹宦亂政

《日知錄》卷六〈閽人寺人〉條云：

閽人寺人屬于冢宰，則內廷無亂政之人，九嬪世婦屬于冢宰，則後宮無盛色之事。大宰之于王，不惟佐之治國，而亦誨之齊家者也。自漢以來，惟諸葛孔明為知此義，故其上表後主，謂宮中府中，俱為一體，而宮中之事，事無大小，悉以咨攸之、禕、允三人。于是後主欲采擇以充後宮，而終執不聽，宦人黃皓，終允之世，位不過黃門丞，可以為行《周禮》之效矣。後之人君，以為此吾家事，而為之大臣者，亦以為天子之家事，人臣不敢執而問也。其家之不正而何國之能理乎？魏楊阜為少府，上疏欲省宮人，乃召御府吏問後宮人數。吏曰：「禁密，不得宣露。」阜怒杖吏一百，數之曰：「國家不與九卿為密，反與小吏為密乎？」然後知閽寺嬪御之繫于天官，周公所以為後世慮，至深遠也！

㉛ 參李焯然：〈論東林黨爭與晚明政治〉，載所著《明史散論》，臺北，允晨文化公司，民國七十六年十月，頁一六九—一九一。

漢承秦制，有少府之官，中書謁者、黃門、鉤盾、尚方、御府、永巷、內者、宦者八官，令丞、諸僕射、署長、中黃門皆屬焉，然則奄寺之官，猶隸于外庭也。㉜

《周禮》記閽人「掌守王宮之中門之禁」，寺人「掌王之內人及女宮之戒令」，「佐世婦治禮事」，而皆屬之於冢宰治官之職，蓋天官冢宰之立，「使帥其屬，而掌邦治，以佐王均邦國」也，亭林先生於此條之中，以為家齊而後國治，以為「太宰之於王，不唯佐之治國，而亦誨之齊家者也」，故「閽人寺人屬冢宰」，則宮中府中，俱為一體，奄宦之流，無所進其讒佞，而擅其權柄矣，是以「內廷無亂政之人」，此則周制之善者也。及至後世，「人君以為，此吾家事，而為之大臣者，亦以為天子之家事，人臣不敢執而問也」，此條之中，亭林先生雖尚論《周禮》典制，稱頌周公之深慮遠謀，而目光所注，則在明末之史事，蓋明末奄寺之徒，專權擅政，國家危急，至於明室覆亡，論其緣由，固屬多端，然而宦官之專擅政權，東廠之殘害大臣，劉謹魏忠賢之徒，流毒深遠，謂其毫無影響，其誰信之？亭林先生鑑於奄宦誤國，痛心之餘，故於《日知錄》此條之中，暢論其杜絕之道，此與梨洲先生於《明夷待訪錄》中論「奄宦」之禍，以為「奄宦之如毒藥猛獸，數千年以來，人盡知之矣，乃卒遭其裂肝碎首者，曷故哉？豈無法以制之與？則由於人主之多欲也」，「吾意人主者，自三宮以外，一切當罷，如是，則奄人之給使令者，不過數十人而已矣」[33]，蓋皆屬有感於明室之弊政而發為針砭之方者也。[34]

(十一)深責權臣禍國

《日知錄》卷十七〈奴僕〉條云：

> 《顏氏家訓》，鄴下有一領軍，貪積已甚，家僮八百，誓滿一千。唐李義府多取人奴婢，及敗，各散歸其家，時人為露布云：「混奴婢而亂放，各識家而競入。」聖祖數涼國公藍玉之罪亦曰：「家奴至於數百。」今日江南士大夫多有此風，一登仕籍，此輩競來門下，謂之投靠，多者亦至千人。而其用事之人，則主人之起居食息以至於出處語默，無一不受其節制。有甘於毀名喪節而不顧者。奴者主之，主者奴之。

32 同注4，頁一二九。

33 見黃宗羲：《明夷待訪錄》，臺北，世界書局，民國六十三年七月。

34 參胡楚生：〈黃梨洲論閹宦之禍〉，載拙著：《清代學術史研究》，臺北，學生書局，民國七十七年二月，頁三四五—三四九。

嗟乎！此六逆之所繇來矣！

《漢書・霍光傳》任宣言：「大將軍時，百官已下，但事馮子都王子方等。」又曰：「初光愛幸監奴馮子都，常與計事。及顯（光妻）寡居，與子都亂。」夫以出入殿門、進止不失尺寸之人，而溺情女子小人，遂至於此。今時士大夫之僕，多有以色而升，以妻而寵。夫上有漁色之主，則下必有烝弑之臣。清斯濯纓，濁斯濯足，自取之也。是以欲清閨門，必自簡童僕始。

嚴分宜之僕永年，號曰鶴坡。張江陵之僕游守禮，號曰楚濱。不但招權納賄，而朝中多贈之詩文，儼然與搢紳為賓主。名號之輕，文章之辱，至斯而甚！異日媚閹建祠，非此為之嚆矢乎？

人奴之多，吳中為甚。其專恣暴橫，亦惟吳中為甚。有王者起，當悉免為良，而徙之以實遠方空虛之地。士大夫之家所用僕役，並令出資雇募，如江北之例。則豪橫一清，而四鄉之民，得以安枕。其為士大夫者，亦不受制於人，可以勉而為善。訟簡風淳，其必自此始矣。[35]

《日知錄》此條，論歷代顯貴廣蓄僮僕之事，而朝中貴人，僮僕成群，其不肖者，往往窺伺主人意向，逢迎取媚，登堂入室，久之，「則主人之起居食息以至出處語默，無一不受節制」，至於「奴者主之，主者奴之」，則敗家傷身之禍，為不遠矣，然而，亭林先生以為，「上有漁色之主，則下必有烝弒之臣」，是以「欲清閨門，必自簡童僕始」也。考明熹宗天啟年間，宦官魏忠賢當權，又掌東廠，勢傾一時，東林黨人，若楊漣、左光斗、高攀龍、黃尊素等，並遭殘害，天啟天六年，浙江巡撫馮汝楨於西湖建魏忠賢生祠，稱九千歲，各地方官吏，爭相效尤，魏閹生祠，幾遍天下[36]。亭林先生於《日知錄》〈奴僕〉此條之末，既論嚴分宜之僕永年，張江陵之僕游守禮，招權納賄，而朝中多贈之詩文，儼然與搢紳為賓主，又曰：「異日媚閹建祠，非此為之蒿矢乎」？則亭林先生有感於閹宦之禍，攘權擅政，敗壞國家者，其用意豈不深遠哉！

三、探微之方法

35 同注4，頁四〇〇—四〇一。

36 參《明史》卷三百五〈魏忠賢傳〉。

北宋司馬光（一〇一九—一〇八六）所撰《資治通鑑》一書，凡二百九十四卷，編年記事，上起戰國三家分晉，下迄五代周世宗之征遼，記一千三百六十二年之史事，凡國家興衰之跡，生民休戚之事，其善可為法，惡可為戒者，皆一一為之著錄，誠編年史之鉅構也。

南宋胡三省（一二三〇—一三〇二），號身之，理宗寶祐中進士，宋亡，隱居不出，撰《資治通鑑注》，歷三十年，稿凡三度遺失，而終底於成，號稱精洽，《資治通鑑》文繁義博，貫串為難，三省所釋，於象緯、推測、地形、建置、制度、沿革諸端，皆稱賅備。

新會陳垣（援庵）教授，於抗日戰爭晚期，身居北平，讀《資治通鑑》，「因念胡身之為文（天祥）、謝（枋得）、陸（秀夫）三公同年進士，宋亡，隱居二十餘年而後卒，顧《宋史》無傳，其著述亦多不傳。所傳僅《鑑注》及《釋文辨誤》，世以是為音韻之學，不之注意，故言浙東學術者多舉深寧（王應麟）、東發（黃震），而不及身之。自考據學興，身之始以擅長地理稱於世。然身之豈獨長於地理已哉，其忠愛之忱見於《鑑注》者不一而足也。今特輯其精語七百數十條，為二十篇，前十篇言史法，後十篇言史事，其有微旨，並表而出之，都二十餘萬言。庶幾身之生平抱負，及治學精神，均可察見，不徒考據而已。」㊲陳援庵教授所撰《通鑑胡注表微》一書，間常論及其「表微」之方法，約略言之，可得幾項重點，例如：

㈠於考據之外以意逆志而求之

《資治通鑑》曰：

（唐玄宗）開元十二年，命南宮說測南北日晷極星。

《胡注》曰：

溫公作《通鑑》，不特紀治亂之跡，至於禮樂歷數，天文地理，尤致其詳。讀《通鑑》者，如飲河之鼠，各充其量而已。（二一二一）

《表微》曰：

《通鑑》之博大，特於此著明之。清儒多謂身之長於考據，身之亦豈獨長於考據而已

㊲ 見陳垣：《通鑑胡注表微・小引》，臺北，洪氏出版社，民國六十九年十月。

哉！今之表微，固將於考據之外求之也。[38]

今案史學徵實，必資於考據，然而胡三省身遭亡國之痛，隱居注史，別具微旨，寓於《通鑑》注釋之中，不敢明白言之，故援庵先生，探索其隱微之意，又豈能以考據方法明顯求證加以申張？故乃曰「今之表微，固將於考據之外求之也」。

(二)於胡氏感慨古今史事中求之

《資治通鑑》曰：

後周世宗顯德四年，蜀李太后以典兵者多非其人，謂蜀主曰：「以吾觀之，惟高彥儔太原舊人，終不負汝，自餘無足任者。」蜀主不能從。

《胡注》曰：

及孟氏之亡，僅高彥儔一人能以死殉國。至蜀主之死，其母亦不食而卒。婦人志節如

此，丈夫多有愧焉者。（二九三）

《表微》曰：

此有感於宋楊太之殉國也。新會崖山有大忠祠，祀宋丞相文天祥、陸秀夫、樞密使張世傑。又有全節廟，即慈元殿，祀楊太后。……楊太后之殉國，身之所謂「丈夫多有愧焉者」也。❸❾

今案楊太后為宋度宗妃，元兵下臨安時，帝后王臣，盡為俘虜，獨楊妃負其子益王是與廣王昺，航海至閩粵，群臣奉是即帝位，冊封楊妃為太后，帝崩，復立昺，奔崖山，為宋社圖恢復，元兵逼近崖山，陸秀夫知事不可為，負帝昺赴海死，后聞之，亦赴水死。《通鑑》記蜀主李太后之言，胡注言「蜀主之死，其母亦不食而卒，婦人志節如此」，而援庵先生則以為

❸❽ 見陳垣：《通鑑胡注表微》，臺北，洪氏出版社，民國六十九年十月，頁三一一。

❸❾ 同注❸❽，頁三七八。

三省注，「有感於宋楊太后之殉國」，此乃《表微》於感概古今史事、藉古事以寓今事之例也。

㈢於胡氏直指為某事者求之

《資治通鑑》曰：

（後晉齊王）冊運二年，馮玉每善承迎帝意，由是益有寵。曾有疾在家，帝謂諸宰相曰：「自刺史以上，俟馮玉出乃得除。」其倚任如此。玉乘勢弄權，四方賂遺，輻輳其門，由是朝政益壞。

《胡注》曰：

竇廣德有賢行，漢文帝以其后弟，恐天下議其私，不私相也。馮玉何人斯，晉出帝昌言於朝，以昭親任之意。臨亂之君，各賢其臣，其此謂乎！史言晉亡形已成。（二八五）

《表微》曰：

此為賈似道言之也。《宋史・姦臣傳》言：「似道以貴妃弟，賜第葛嶺，雖深居，凡臺諫彈劾，諸司薦辟，一切事不關白不敢行。史爭納賂求美職，其求為帥閫監司群守者，貢獻不可勝計。一時貪風大肆」云云。亡國君臣所為，抑何相似也。㊵

今案《通鑑》記後晉出帝寵幸大臣馮玉之事，胡注謂「史言晉亡形已成」，又兼舉漢文帝時竇廣德雖有賢德，而帝不敢任以為相之事，以反證之。而援庵先生，則遙指三省之注，「此為賈似道言之也」，此乃《表微》於直指為某事言者之例也。

(四)於胡氏深加鑒戒處求之

《資治通鑑》曰：

㊵ 同注㊳，頁四〇一。

後唐明宗天成元年四月，帝殂，李彥卿等慟哭而去，左右皆散。善友斂廡下樂器，覆帝尸而焚之。

《胡注》曰：

自此以上至是年正月，書「帝」者皆指言莊宗。莊宗好優而斃於郭門高，好樂而焚以樂器，故歐陽公引「君以此始，必以此終」之言以論其事，示戒深矣。（二七五）

《表微》曰：

上冠明宗年號，而下所書「帝」乃指莊宗，故注特揭之。歐公語見《五代史・伶官傳》，示戒不為不深。然南宋君相歌舞湖山之樂，曾未少輟，《武林舊事》十卷，記歌舞者殆居其半也。噫！41

今案《通鑑》記後唐莊宗之薨，胡注則言「莊宗好優而斃於郭門高，好樂而焚以樂器」，好優好樂，以此而始，亦以此而終，以示鑒戒之意，而援庵先生乃引三省之注，其意實在「南宋君相歌舞湖山之樂，曾未少輟」，以表顯胡氏於南宋末年史事深加鑒戒之意。

要之，胡三省既為《通鑑》作注，而身當亡國之痛，心中隱微，不便顯言，僅能宛轉隱約於注釋史事之中，寄寓其意旨，而援庵先生撰為《表微》，所欲「表顯」之「微意」，多不直接在《通鑑》所陳述之史事中，而往往在與《通鑑》歷朝史事相類相似之宋朝當代史事或感慨中，所謂「古今一轍」、「陳古寓今」之方也，故援庵先生以為，《胡注》表面皆論古史古事，而文中亦多緊扣宋末史事言之者。故援庵先生自謂，不於史實考證中求之，而「於考據之外求之」也。援庵先生《表微》之作，方法不止上述四端，而以上述四者，使用較多。

顧亭林之身世、時代，與胡三省相類，懷抱之孤節、用心，亦與胡三省相似，故今人讀《日知錄》，亦不妨效法陳援庵先生之讀《通鑑注》，嘗試探索亭林先生寄寓於書中隱微之意旨，拙撰茲稿，亦實有嚮慕於此者在也。

婺源潘石禪（重視）教授，嘗撰〈亭林詩發微〉、〈亭林詩鉤沉〉、〈亭林隱語詩覈

㊶ 同注㊳，頁一九四。

論〉、〈顧亭林詩自注發微〉等多篇論著㊷，指出亭林先生詩中，嘗用韻目，替代其所欲隱諱之文字，如以「處」代「胡」、以「虞」代「虜」、以「支」代「夷」、以「尤」代「酋」、以「霽」代「帝」、以「陽」代「亡」等等，皆「韻目式之隱語」也，潘教授校讀亭林先生之詩，自亭林先生詩中，發現亭林先先埋沒多年之志節苦心，誦讀之下，儼然有如面對古代之烈士學人，而聆聽其耿耿精忠之苦心告語㊸，潘師之作，心實嚮慕久之，而亭林先生所作，一者為文，一者為詩，探究之方，難盡雷同，僅能於《日知錄》通行本與原抄本之文字比勘異同處，稍稍近於潘師所持用之方法而已。

四、結語

《日知錄》三十二卷，上篇經術，中篇治道，下篇博聞，皆亭林先生稽古有得，札錄貫串之作，然而，亭林先生，身當明室覆亡，家國之痛，種族之禍，親身而目睹，是以凡所著述，於博學多聞考古集證之中，未嘗不隱然而有感慨關懷寄寓之意，潛藏於文詞言語之外者存焉。

《日知錄》三十二卷之中，計約一千一百餘條，固非條條皆有寄寓，亦非句句皆具別義，然而，遂謂《日知錄》錄中，盡屬博學稽古之作，並無身世感慨之意，潛隱其中，則不可也。

此文之作，僅就《日知錄》中，擇取其十一條，姑為探微，就其份量而言，不過全書百分之一，僅能略發其凡，以俟他日三隅之反，其中探微之一、之二、之十一，亭林先生自言「吾於遼東之事有感」，自言「有盜于此，將劫一富室」、自言「異日媚閹建祠」，其意最為顯豁，其他八條，雖意稍潛隱，亦不難比例推知，要之，《日知錄》中有亭林先生寄寓之旨，應無所疑，讀是書者，苟能設身處地，以心印心，設以此身處之亭林先生當時，設以此心感悟亭林先生心意，則於亭林先生當時之用心，或能體會而得其一二，用為探微索隱之資。

（此文原刊載於明道大學《國學論壇》第一期，民國九十五年十二月出版）

---

42 見潘重規：《亭林詩考索》，臺北，東大圖書公司，民國八十一年十二月。

43 同注42，頁二及二十四。

附記：

《原抄本日知錄》卷二十九〈胡服〉一條（通行本無此條），引《河間府志》，言史上以胡服流行，後遂變亂屢興之事，並云：「此書作於萬曆四十三年，不二期而遼東之難作矣。」考明神宗萬曆四十三年（一六一五年），至明思宗崇禎十五年（一六四二年），而清兵陷松山，洪承疇被執降清，前後相距二十七年（期，疑通作紀，十二年也）。本文探微首條之中，引《日知錄》卷十七〈廉恥〉條為例，文中有亭林先生所云，「嗚呼！自古以來，邊事之敗，有不始於貪求者哉！吾於遼東之事有感！」則〈廉恥〉與〈胡服〉兩條之中，皆用「遼東」一詞，亦同指洪承疇降清之事，於此尤可得一佐證。

拾捌、再論王船山之民族思想

一、引言

王夫之（一六一九—一六九二）字而農，又字薑齋，湖南衡陽人，晚居湘西石船山，學者稱為船山先生，生於明萬曆四十年，卒於清康熙三十一年，年七十四歲。

船山先生當明末清初鼎革之際，清兵入關，師下湖南，船山曾起兵抗清，不幸失敗，及國祚已絕，乃遯隱山林，終老邊陲，平生著述極富，道光咸豐之間，湘人鄧顯鶴蒐集其遺書，獲得七十七種、二百五十卷，此外，未刻及已佚者尚多。

船山先生著述繁富，學綜四部，其學術中尤具特色，也甚具爭議性者，為其民族思想。

當代學者，對於船山先生民族思想的討論，也為數頗多，時間較早的，例如在一九三五年，嵇文甫先生在所著的〈船山哲學〉一文之中，已稱呼王船山之思想為「最極端的民族主義」❶。

在一九八七年四月出版的《孔孟學報》第五十三期之中，筆者曾發表了一篇〈船山史論中的民族思想〉❷，表達了一些個人對此問題的看法。

近期所見，則一九九三年九月出版的《哲學與文化》二十卷九期之中，呂實強先生發表了〈王船山民族思想的再省察〉一文，同時，在《哲學與文化》二十卷九期中，朱宏源、蔣秋華、朱榮貴三位先生也共同發表了〈王夫之民族思想重觀〉一文，一九九四年三月，中央研究院中國文哲研究所出版的《中國文哲研究集刊》第四期中，朱榮貴先生發表了〈王夫之「民族主義」思想商榷〉。幾篇宏文，確有所見，也引起筆者聯想到一些相關的問題，想藉此文，再行表達一下。

以下，即分別就王船山民族思想的主要內容，如何理解王船山的民族思想、如何評論王船山的民族思想等幾個問題，分別加以探討。

二、王船山民族思想的主要內容

王船山的民族思想，究其內容，主要可以從地域、血緣、文化等三種因素，加以敘述，由以上的三種因素，也衍生了王船山所主張的對待異族之道，以及厭惡佞臣之借援外夷等問題。

（一）自地域因素而論

船山先生以為，華夏居於中原，異族遠處四夷，有山川荒漠的阻隔，這是地域上自然的分野，也是氣候上自然而異的處境，由此地域的差別，中夏民族自然產生與四夷民族不同的習性與文化，船山《讀通鑑論》卷十三云：

> 天以洪鈞一氣，生長萬物，而地限之以其域，天氣亦隨之而變，天命亦隨之而殊，中國之形如箕，坤維其膺也，山兩分而兩迤，北自賀蘭，西垂於碣石，南自岷山，東垂於五嶺，而中為奧區，為神皋焉，故裔夷者，如衣之裔，垂於邊幅，而因山阻漠以自立，地形之異，即天氣之分，為其性情之所便，即其生之所存，濫而進宅乎神皋焉，

---

❶ 嵇文甫：〈船山哲學〉一文，作於一九三五年，後收入嵇先生所著：《王船山學術論叢》，於一九六二年由中華書局出版，此據臺北，谷風出版社，民國七十六年影印本。

❷ 胡楚生：〈船山史論中的民族思想〉（臺北，《孔孟學報》五十三期，民國七十六年四月）。

非不歆其美利也，地之所不宜，天之所不佑，性之所不順，命之所不安。❸

由於地域的差異，氣候的不同，逐漸培養了中夏民族與四夷民族不同的個性與習慣，也逐漸形成了彼此之間的文化差別，船山《讀通鑑論》卷十四云：

天下之大防二，中國、夷狄也，君子、小人也，非本未有別，而先王強為之防也，夷狄之與華夏，所生異地，其地異，其氣異矣，氣異而習異，習異而所知所行，蔑不異焉，乃於其中，亦自有其貴賤焉，特地界分，天氣殊，而不可亂，亂則人極毀，華夏之生民亦受其吞噬而憔悴。❹

由於是地域、氣候、習性自然形成的差異，所以船山主張，中夏與夷狄的差別，也是自然地形成，這種差別，不可紊亂，「亂則人極毀，華夏之生民亦受其吞噬而憔悴」，所以，船山主張，「（中國）之於（夷狄），其分，天也，非人之故別之也，亂而無不可亂矣」❺，這是船山先生自天然環境以及人之氣稟習性上，以論華夏與四夷不得不嚴加判分的理由，船山《讀通鑑論》卷十二又云：

> 故三代以上，華夷之分在燕山，三代以後在大河，非其地而闌入，地之所不宜，天之所不佑，人之所不服也。❻

船山又從歷史之變革上，以論地域的分判，雖有移易，而地域與民族的關聯性，卻有不可改變的理由，所以，船山曾經說道，「五帝三王，勞其神明，殫其智勇，為天分氣，為地分理，以絕（夷）於夏」❼，這便是船山從地域及氣候討論華夷之分的主要緣由。

(二)自血緣因素而論

除了地域及氣候的因素之外，船山的民族思想，自然也討論到血緣的因素，他說：「夷

❸ 王船山：《讀通鑑論》（北京，中華書局，一九七五年，下引並同），頁四一五。

❹ 同注❸，頁四三一。

❺ 同注❸，頁四九五。

❻ 同注❸，頁三八三。

❼ 同注❸，頁四六四。

狄非我族類者也。」❽又說：「夷狄輕於殺人，其天性然也。」❾船山以為四夷民族，由於血緣的關係，其天性即已嗜好殺人，與我華夏民族，愛好和平之天性，根本上即有此不同，船山《讀通鑑論》卷十三云：

非我類者，心不可得而知，迹不可得而尋，頃刻之變不可得而測，與處一日，而萬端之詭詐伏於談笑，而孰其知之？❿

由於血緣影響個性，個性影響習俗，形成四夷民族輕殺嗜虐的行為，因此華夏民族，對於四夷民族的行為，「防之不可不嚴也」⓫，船山對於歷史上，華夏君主任使四夷民族移居中夏，甚且遣嫁公主和蕃之事，皆有激烈之批評，《讀通鑑論》卷七云：

夷狄闌居塞內，狎玩中國，而窺乘弱以恣寇攘，必矣。……夷狄入而雜處，必且與之相市易矣，必將與之相交遊矣，浸浸乃與之結昏姻矣，其衣其食，其寢處，其男女，蓋有與愚不肖之民，甘醉飽，便馳逐，而相得者矣。⓬

夷狄既入居塞內，與華夏民族，逐漸結為婚姻，血緣遺傳，必將影響到下一代的習俗性情，產生不良的作用，至於漢代帝王，以公主遠嫁塞外，其為禍後世，更有不可預測的情況，船山《讀通鑑論》卷二云：

> 婁敬之小智，足以動人主，而其禍天下也烈矣……遣女嫁匈奴，生子必為太子，諭以禮節，無敢抗禮，而漸以稱臣，以為用夏而變夷，似也。⑬

又云：

> 匈奴夷狄之有餘者，猛悍也，其不足者，智巧也，非但其天性然，其習然也，性受於

---

⑧ 同注③，頁三七九。
⑨ 同注③，頁五二五。
⑩ 同注③，頁三九六。
⑪ 同注③，頁四三二。
⑫ 同注③，頁二〇二。
⑬ 同注③，頁二二。

所生之氣，習成於幼弱之時，天子以女配夷，臣民狃而不以為辱，夷日往來於內地，而內地之女子婦於胡者多矣，胡雛雜母之氣，而狎其言語，騃戾如其父，慧巧如其母，益其所不足，以佐其所有餘，故劉淵、石勒、高歡、宇文黑獺之流，其狡替乃凌操、懿而駕其上，則禮節者，徒以長其文姦之具，因以屈中國而臣之也有餘，而遑論臣中國哉！⑭

船山先生以為，當漢高帝時，婁敬建議國君，以公主遠嫁匈奴，意在安撫外夷，不知風氣既開，歷代行之甚眾，而四夷民族之新主，稟於遺傳，挾其父母之騃戾慧巧，一旦入寇，中夏之禍，必然益加熾烈，這是船山從血緣種族上討論夷夏關係的見解。

㈢自文化因素而論

除了地域、氣候、血緣、種族之外，王船山的民族思想，最強調文化理想、道德仁義之區別，船山《讀通鑑論》卷十四云：

有一人之正義，有一時之大義，有古今之通義，輕重之衡，公私之辨，三者不可不察。以一人之義，視一時之大義，而一人之義私矣，以一時之義，視古今之通義，而一時之義私矣，公者重，私者輕矣，權衡之所自定也。⓯

船山先生討論古今天下之大勢，最注重「古今之通義」，而「古今之通義」，應用在夷夏之辨上，即是強調華夏民族，特別注重文化理想、道德仁義，而四夷民族，則偏重在物欲利益的追求，而缺乏文化禮教的理想，船山《讀通鑑論》卷十四云：

> 天下之大防二，而其歸一也，一者何也？義、利之分也。生於利之鄉，長於利之塗，父兄之所熏，肌膚筋骸之所便，心旌所指，志動氣隨，魂交神往，沈沒於利之中，終不可移而亡於華夏君子之津矣。故均是人也，而夷夏分以其疆，君子、小人殊以其類，防之不可不嚴也。⓰

⓮ 同注❸，頁二三。

⓯ 同注❸，頁四六四。

⓰ 同注❸，頁四三二。

船山先生以為，君子重義，小人重利，華夏民族特重於義，四夷民族特重於利，由於義利之判，由是也用以區隔君子與小人、華夏與四夷文化之分別。船山《宋論》卷六云：

> 君天下者，仁天下者也，仁天下者，莫大乎別人於禽獸，而使貴其生。⑰

船山先生由君子小人，重義重利之分，推而至於人禽之判，因而以為，治天下者，固當以仁義為本，而仁愛天下，也當分別人禽，判定文野，方能使得人道順遂，人民貴重其生命，船山《黃書・原極第一》云：

> 人不自畛以絕物，則天維裂矣；（華夏）不自畛以絕（夷），則地維裂矣，天地製人以畛，人不能自畛以絕其黨，則人維裂矣。……而聖人所深長思者，或不在此，作《春秋》，明王道，內中夏，外夷狄……可禪、可繼、可革，而不可使夷類間之。⑱

船山以為，人道必須要效法天地之道，以維護仁義，以判分夷夏，以判分人禽，船山《讀通鑑論》卷四云：

> 人與人相於，信義而已矣，信義之施，人與人之相於而已矣，未聞以信義施之虎狼與蠭蠆也。[19]

船山既以夷狄全無信義，所以，他以為，「夷夏者，義之尤嚴者也」，「以絕夷於夏，即以絕禽於人，萬世守之而不可易，義之確乎不拔而無可徙者也。」[20]他對文化道德的理想，既然是十分尊崇，則對於華夷之別，自然也益為堅持。

(四)對待夷狄之道

由於認定地域、血緣、文化的不同，船山先生遂堅持華夏民族與四夷民族，必需有所區隔，由此，他也主張對待夷狄，必需採取強硬的拒斥態度，船山《讀通鑑論》卷二十云：

---

⑰ 王船山：《宋論》（臺北，洪氏出版社，民國六十八年）。
⑱ 王船山：《黃書》（臺北，世界書局，民國六十三年七月）。
⑲ 同注❸，頁八七。
⑳ 同注❸，頁四六四。

夫夷狄者，不戰而未可與和者也，犬縶項而後馴，蛇去齒而後柔者也。以戰先之，所以和也，以和靡之，所以戰也。㉑

船山《讀通論》卷七亦云：

善制夷者，力足以相及，則撫其弱，抑其強，以恩樹援，以威制暴，計之上也。力不足以相及，聞其相攻而憂之，修城堡，繕甲兵，積芻糧，任將訓卒，以防其突出，策之次也。㉒

船山以為，對待夷狄，必需能操之在己，先加控制，使其失去戰鬥的能力，然後才能繼之以和平的對待，所以，他以為，「戰與和，兩用則成，偏用則敗，此中國制夷之上算也」㉓，否則，戰如不能，則和亦難成，由於船山認定夷狄不重信義，不知仁愛，所以，他也認為，對付夷狄，為達目的，甚至也可以採取一些過當的手段，船山《讀通鑑論》卷二十云：

夫夷狄者，詐之而不為不信，乘之而不為不義者也，期於遠其害而已矣。㉔

船山《春秋家說》卷三也云：

> 殄之不為不仁，欺之不為不信，斥其土，奪其資，不為不義，苟欲戰，必敗之也。殄之以全吾民之謂仁，欺以誠行其所必惡之謂信，斥其土則以文教移其俗，奪其資而以寬吾民之力之謂義。仁信以義，王伯之所以治天下，匡人道也。㉕

船山甚至以為，為了「天下之大防，人禽之大辨，五帝三王之大統，即令桓溫功成而篡，猶賢於戴異類以為中國主」㉖，由此，可以見出他對夷狄厭惡之深，對華夷判別之嚴。

㈤痛惡奸臣借援夷狄

㉑ 同注❸，頁六七一。

㉒ 同注❸，頁二〇一。

㉓ 同注❸，頁六七一。

㉔ 同注❸，頁六七一。

㉕ 王船山：《春秋家說》（臺北，自由出版社《船山遺書全集》本，民國六十一年十一月）。

㉖ 同注❸，頁四一六。

船出在《船通鑑論》卷二十六中曾經指出：「古今之亡國者，有二軌焉，姦臣篡之，夷狄奪之也，而禍各有自生，夷狄之奪，晉宋是也。」㉗，因此，他最痛惡中夏之奸佞，借援夷狄，因而導之以蹂躪中國，進而乘機竊居中夏的事實，因此，在評論歷史事件時，他也最為痛惡石敬瑭及桑維翰，以為二人即是最先「借援夷狄」的罪魁，是罪咎不容於天壤之間的禍首，船山《讀通鑑論》卷二十九云：

> 謀國而貽天下之大患，斯為天下之罪人，而有差等焉，禍在一時之天下，則一時之罪人，盧杞是也，禍及一代，則一代之罪人，李林甫是也，禍及萬世，則萬世之罪人，自生民以來，唯桑維翰當之。劉知遠決策以勸石敬瑭之反，倚河山之險，恃士馬之強，而知李從軻之淺蟆，無難摧拉，其計定矣，而維翰急請屈節以事契丹，敬瑭智劣膽虛，遽從其策，稱臣割地，授予奪之權於夷狄，知遠爭之而不勝，於是而生民之肝腦，五帝三王之衣冠禮樂，驅以入於狂流，契丹弱而女直乘之，女直弱而蒙古乘之，貽禍無窮，人胥為夷，非敬瑭之始念也，維翰尸之也。㉘

又云：

桑維翰一節度使之掌書記耳，其去公輔之崇，暨懸絕矣，必不可得，而倒行逆施者，無所不至，力勸石敬瑭割地稱臣，受契丹之冊命，迫故主以焚死，鬥遺民使暴骨，導胡騎打草穀，城野為墟，收被殺之遺骸至二十餘萬，皆維翰一念之惡，而滔天至此，無他，求為相而已。㉙

又卷三十云：

石敬瑭起而為天子，於是人皆可為，而人思為之，石敬瑭受契丹之冊命為天子，於是人皆以天子為唯契丹之命，而求立於契丹，趙延壽、楊光遠、杜重威，皆敬瑭之教也。㉚

㉗ 同注❸，頁九四六。

㉘ 同注❸，頁一〇六三。

㉙ 同注❸，頁一〇六五。

㉚ 同注❸，頁一〇七五。

船山先生以為，桑維翰為了追求個人的爵祿，竟然遊說石敬瑭割地稱臣，屈節事奉異族契丹，自稱為兒皇帝，自此華夏之禮樂衣冠，瀕於淪亡，而其風氣既開，人思效法，其禍遂及於萬世，無怪乎船山之於桑維翰，謂之為「千秋戾氣，集於一人」㉛，「自有生民以來，覆載不容之罪」㉜，故船山深惡而痛絕之。

從以上所述五點內容觀之，船山的民族思想，確實是十分激烈，嵇文甫先生由是而稱呼船山之思想，為「最極端的民族主義」，似乎也並不為過。

三、如何理解船山的民族思想

討論王船山的民族思想，筆者以為，應該有兩個程序，首先是回到當時去作了解，其次才是立足現代去作評論。

只有回到船山當時的處境，設身處地去體會其心情，才能對其思想，作出相應的了解。船山所處的時代，是一個國破家亡、天崩地解的時代，是一個異族入侵、文化沉淪的時代。

船山先生生於明神宗萬曆四十七年，當西元一六一九年。

明熹宗天啟六年（西元一六二六年），後金太祖努爾哈赤寇邊，明寧遠道守將袁崇煥禦敵，發大砲，努爾哈赤受傷，稍後，傷重而卒，其子皇太極繼立，九年後，改國號大清。

明思宗崇禎二年（西元一六二九年），後金大舉南侵，袁崇煥禦於遼瀋，次年，因後金反間之計，思宗殺袁崇煥，而國事益加阽危。

明思宗崇禎五年（西元一九三二年），流寇張獻忠、李自成亂起，國事更為糜爛。明思宗崇禎十五年（西元一六四二年），清兵陷松山，薊遼總督洪承疇降清。

明思宗崇禎十六年（西元一六四三年），李自成陷北京，次年三月，思宗自縊殉國。四月，清兵應吳三桂之請，大舉入山海關，遂自瀋陽，遷都北京。時船山年二十五歲。

清世祖順治二年（西元一六四五年），清兵南下，史可法死守揚州，城破殉國，清帝下薙髮之令，其後，明福王、魯王、唐王、桂王相繼立於江南。

清世祖順治五年（西元一六四八年），桂王即帝位於肇慶，改元永曆，時船山年二十九歲，與管嗣裘舉兵抗清，軍敗，乃赴肇慶，謁見桂王。

㉛ 同注❸，頁一〇六五。

㉜ 同注❸，頁一〇六四。

清世祖順治十八年（西元一六六一年），鄭成功赴臺灣，驅逐荷蘭人。次年，吳三桂殺桂王（明永曆帝）於雲南，鄭成功卒於臺灣，時船山年四十二歲，自是之後，船山遂隱居空山，杜門著述，以至於歿。

清兵入關之後，揮兵南下，大軍所過，屠戮極慘，南明軍民抵抗者，固殺戮無論，即平民百姓，於薙髮令下，也死亡無數。

清順治二年（西元一六四五年）四月二十五日，揚州城陷，清兵入揚州，屠城十日，揚州軍民，死傷殆盡㉝。順治二年，清兵圍嘉定，士紳侯峒曾、黃淳耀率領義軍民眾，奮勇抵抗，而七月初、七月底、八月初，三次城破，清兵三次屠城㉞。順治二年，清兵圍江陰，典史閻應元、陳明遇為守帥，守城凡八十一日，清兵圍城者二十五萬，八月二十一日，城破之時，全城十七萬人，壯裂犧牲，無一降者。㉟

至於清人以異族入關，對於中原教化，禮義道德，破壞極大，船山當此巨變，遭此災禍，尤不禁有文化沉淪，亡國、亡天下之傷痛，存於心中，無時或忘。要之，船山在此種際遇之下，蟄居山谷，埋首著書，其心境時有不能平復者，委實也是人之常情。

本文前節之中，筆者曾敘述了船山民族思想的主要內容，對於船山的那些思想，嵇文甫先生在《船山學術論叢》之中，曾經稱呼船山為「最極端的民族主義」，呂實強先生也以為，「船山於人禽之別，實逾越孔孟傳統之範圍，而達於與儒家義理形成矛盾或抵觸之處」，又以為，「船山的民族思想，確有逾越儒家傳統，且與儒家的仁恕之道，有所抵觸之處」，又以為，船山在其墓碑自銘中曾云，「希張橫渠之正學，而力不能企」，而橫渠「民吾同胞，物吾與也」，「與上引船山民族思想中的議論，便顯難相符」㊱。

說到孔孟的義理，仁恕的傳統，以及張載民胞物與的觀點，其實，船山在他有關的著作中，也曾予以闡釋及發揮，例如《論語·八佾》云：

子曰，人而不仁，如禮何？人而不仁，如樂何？㊲

王船山《四書訓義》卷七云：

㉝ 參王秀楚：《揚州十日記》（臺北，廣文書局，民國六十年七月）。

㉞ 參《明史》卷二百七十七〈侯峒曾傳〉，卷二百八十二〈黃淳燿傳〉（臺北，鼎文書局，民國六十四年六月）。又參朱子素：《嘉定屠城紀略》（臺北，廣文書局，民國六十年七月）。

㉟ 參《明史》卷二百七十七〈閻應元傳〉、〈陳明遇傳〉（臺北，鼎文書局，民國六十年七月）。

㊱ 呂實強：〈王船山民族思想的再省察〉（臺北，《哲學與文化》二十卷九期，一九九三年九月）。

㊲ 朱熹：《四書集注》（臺北，世界書局，民國四十八年，下引並同）。

人心有真愛真敬之誠，而以施於親疏上下之交，則各如其心之不容已，而有序以達其歡忻豫說之忱，則一如其心之所適而能其序也，顯之於儀文度數而禮行焉，其和也發之於咏歌舞蹈而樂作焉。夫真愛真敬者，人心惻怛自動之生理，則仁是矣，故禮樂皆仁之所生，而以昭著其中心之仁者也，仁以行禮，則禮以應其厚薄等差之情，而幣玉衣裳皆效節於動止之際，仁以作樂，則樂以宣其物我交綏之意，而管弦干羽皆效順於訢暢之衷……。[38]

船山對於《論語》此章重「仁」的闡釋，與程子釋此章所說，「仁者天下之正理，失正理則無序而不和」[39]，其意見，也並無不合。又如《論語・里仁》云：

子曰：「參乎！吾道一以貫之。」曾子曰：「唯。」子出，門人問曰：「何謂也？」曾子曰：「夫子之道，忠恕而已矣。」

王船山《四書訓義》卷八云：

> 萬物皆有固然之用，萬事皆有當然之則，所謂理也，唯人之所可必知，所可必行，非人之所不能知不能行而別有理也，具此理於中而知之不昧，行之不疑者，則所謂心也，以心循理，而天地民物，固然之理，當然之則，各得焉，則謂之道……夫學者忠恕之心，即聖人之心，即天心也，凡理皆天之理，凡心皆天之心，天以此理為人之心，人即此心體天之理，使非然也，則盡者何所盡，推者何所推乎，非身體力行，如曾子而知此也，其必難矣。[40]

船山對於《論語》此章「忠恕」的闡釋，與朱子釋此章所說，「盡己之謂忠，推己之謂恕而已矣者，竭盡而無餘之辭也，夫子之一理，渾然而泛應曲當，譬則天地之至誠無息，而萬物各得其所也」[41]，其意見也並無不合。又如《孟子．離婁上》云：

---

[38] 王船山：《四書訓義》（臺北，自由出版社，《船山遺書全集》本，民國六十一年十一月，下引並同），卷七，頁二。

[39] 同注[37]。

[40] 同注[38]，卷八，頁一五。

[41] 同注[37]。

孟子曰，三代之得天下也以仁，其失天下也以不仁，國之所以廢興存亡者亦然，天子不仁，不保四海，諸侯不仁，不保社稷，卿大夫不仁，不保宗廟，士庶人不仁，不保四體，今惡死亡而樂不仁，是猶惡醉而強酒。㊷

王船山《四書訓義》卷三十一云：

孟子曰：「仁也者人之生理也，含之為不忍人之心，則發之必有大順乎人之事，而迷失此心，以逆乎理，而違夫人之心，則生理不存，亦將何以自保乎！流觀於古今興亡之故，博徵於上下得失之由，未有能違者也，夫三代之有天下，皆自侯服而興，或得之揖讓，或得之征誅，然惟禹湯文武，推其惻隱之誠，以愛養斯民，而民心歸之，天命因以集矣，得以仁也；及其後代，撫世守之大業，而身蒙放伐流死之禍，則惟桀紂幽厲，迷其固有之良，以塗炭斯民，而民心去之，天命因此改矣，失以不仁也，此得失之鑒，既昭明矣。」㊸

船山對於《孟子》此章「仁」與「不仁」影響於君王得失天下的緣由，其闡釋的內容，與朱子解釋此章所說，「禹湯文武，以仁得之，桀紂幽厲，以不仁失之」[44]，其要旨皆相吻合，而詮解則益為深刻而盡理。又如《孟子・盡心下》云：

> 孟子曰：「不仁哉梁惠王也，仁者以其所愛，及其所不愛，不仁者以其所不愛，及其所愛。」公孫丑曰：「何謂也？」「梁惠王以土地之故，糜爛其民而戰之，大敗，將復之，恐不能勝，故驅其愛子弟以殉之，是之謂以其所不愛及其所愛也。」[45]

王船山《四書訓義》卷三十八云：

> 天下之理，順逆而已矣，仁者順乎人心，順乎天理者也，……夫仁者固以愛周於群類為志，而恩不可以驟被，其所施愛，先於其所愛者焉，乃因此心而推之，事以漸而

---

42 同注37。

43 同注38，卷三十一，頁一〇。

44 同注37。

45 同注37。

廣，於是而人民焉，於是而庶物焉，乃至於非所謀之功利，而亦有以相報，若不仁者，未嘗無情於天性之恩，而念忽有所妄動，其所發難，但其所不愛者耳，乃即此心之所逞，情以迷而不復，於是而不見有民焉，不見有親焉，乃至於所必恤之死傷，而亦不使得全。[46]

船山對於《孟子》此章「仁」與「不仁」影響於君王之施政的情況，與朱子解釋此章所說之「親親而仁民，仁民而愛物，所謂以其所愛，及其所不愛」，其要旨皆相吻合，而詮解則更為細密而得理。又如張載《正蒙・乾稱篇》云：

乾稱父，坤稱母，予茲藐焉，乃混然中處，故天地之塞，吾其體，天地之帥，吾其性，民吾同胞，物吾與也。[47]

王船山《張子正蒙注》卷九云：

謂之父母者，亦名也，其心之必不忍忘，必不敢背者，所以生名之實也，惟乾之健，故不敢背，惟坤之順，故不忍忘，而推致其極，察乎天地，切求之近，以念吾之所生成，則太和絪縕中，含健順之化，誠然而不可昧，故父母之名立，而稱天地為父母，迹異而理本同也。……由吾同胞之必友愛，交與之必信睦，則於民必仁，於物必愛之理，亦生心而不容已矣。㊽

又云：

此章切言君子修身立命，存心養性之功，皆吾生所不容已之事，而即心以體之，則莫切於事親，故曰，仁之實，事親是也，事親之中，天德存焉，則精義以存誠，誠有不容自諉者，若其負父母之生我，即負天地之大德，學者誠服膺焉，非徒擴其量之弘，而日乾夕之心，常有父母以臨之，惟恐或蔽於私，以悖德而賊仁，則成身之功，不待

㊻ 同注㊳，卷三十八，頁二。

㊼ 張載：《張子全書》（臺北，中華書局《四部備要》本，民國六十五年九月），卷一。

㊽ 王船山：《張子正蒙注》（臺北，自由出版社《船山遺書全集》本，民國六十一年十一月），卷九，頁二。

警而自篤焉。㊾

《正蒙》中〈乾稱上〉篇，張載本書於西牖，以示學者，題曰〈訂頑〉，程伊川以為恐啟爭端，改名為〈西銘〉，〈西銘〉之中，以陰陽為人之小父母，以天地為人之大父母，以激勵人們，擴大其心量，而以「民胞物與」，為其依歸，以發揚人在宇宙間的仁愛功能，船山之《正蒙注》，闡釋張子此旨，其與朱子所謂，「人物並生於天地之間，其所資以為體者，皆天地之塞，其所得以為性者，皆天地之帥也，然體有偏正之殊，故其於性也，不無明暗之異，惟人也，得其形氣之正，是以其心最靈，而有以通乎性命之全體，於並生之中，又為同類而最貴焉，故曰同胞，則其視之也，皆如己之兄弟矣。物則得夫形氣之偏，而不能通乎性命之全，故與我不同類，而不若人之貴，然原其體性之所自，是亦本之天地而未嘗不同也，故曰吾與，則其視之也，亦如己之儕輩矣。惟同胞也，故以天下為一家，中國為一人，如下文所云，惟吾與也，故凡有形於天地之間者，若動若植，有情無情，莫不有以遂其性，遂其宜焉。」㊿其大義並無不同，而船山所作詮釋，如「由吾同胞之必友愛，交與之必信睦，則於民必仁，於物必愛」，則較之朱子所釋，似尤為簡直而明確。

從以上所引王船山對於《論語》、《孟子》、《西銘》的詮解，可以見出，船山對於

「仁」「恕」的思想，以及「民胞物與」的觀念，其闡釋的內涵，並未逾越孔子、孟子、張載的傳統學理、義理範圍。

在孔孟的思想中，「仁」與「恕」，自然是最基本的觀念，屬於最經常的義理，但是，在《論語》中，除了記錄孔子許多可以視為是常經常道的言語之外，也曾記錄了孔子一些權變方面的主張，〈子罕〉篇記孔子曾說，「可與共學，未可與適道，可與適道，未可與立，可與立，未可與權」51，權是權變，與常經相對而言，也相輔而行，例如《論語・憲問》云：

> 子貢曰：「管仲非仁者與？桓公殺公子糾，不能死，又相之。」子曰：「管仲相桓公，霸諸侯，一匡天下，民到于今受其賜，微管仲，吾其被髮左衽矣！豈若匹夫匹婦之為諒也，自經於溝瀆而莫之知也？」52

---

49 同注48，卷九，頁四。

50 同注47。

51 同注37。

52 同注37。

王船山《四書訓義》卷十八云：

管仲之仁，正於其相桓見也，仲惟審于桓公之無不可相，而可相之以大有為也，故相之，於是王統裂而霸事興，諸侯受命焉，威足以信，恩足以孚，尊王室以正大分，合中國以立大防，而傾危渙散之天下，一匡焉，繼此而興者，率由其道，以聯合諸夏，而固其封守，民之得知有綱維，免於傾覆者，皆其賜也。夫桓公之時，南有楚，北有山戎，西有赤白之狄，東有淮夷，而中國諸侯鬥於室，而忘其外，微管仲，四夷闌入，兵戈不戢，而衣裳之會不興，垂至今日，吾其被髮左衽矣，管仲知天下之安危存亡，在此一時，後世之人心風俗，繫此一機，而齊有可用之勢，桓公有可用之才，而己之從糾，非君臣分義之所在，決於不死，決於相之，其以是為心之安而理之得也，……論管仲者，在奉子糾之時，則當辨其偶然之失，其不死也，當推其不可死之道，其相也，則當深志其存中國人道之功，而不可以匹夫匹婦之小信，例責之也，夫子之論定，而君臣之義明，夷夏之辨昭，仁與忠，忠與諒之析之，必精，無不深切著明矣。53

孔子以為，管仲不死子糾之難，是有過，相桓公，霸諸侯，一匡天下，是有功，死子糾，是仁，不死子糾，是不仁；賞功而罰過，是常是經，賞大功而不罰小過，獎大仁而不計小仁，則是權是變，由此可以見出，孔子對於「仁」的意義，並非一成不易，而船山對於管仲尊王攘夷，維護民族文化，實踐大仁之行為，仍然予以推崇，因此，船山對於孔子評議管仲要義的闡釋，也並未逾孔子心中的意旨。

然而，為什麼呂實強先生在他的大作中卻指出，船山的民族思想，有逾越儒家傳統之處，抵觸儒家的忠恕之道呢？而嵇文甫先生以為，船山思想是「最極端的民族思想」呢？關鍵在於，船山闡釋孔、孟、張載思想的意見，都見於船山對《論語》、《孟子》、《正蒙》等儒家經典的詮解，而抒發民族思想的意見，卻多見之於《讀通鑑論》、《宋論》、《黃書》等史論性質的著作。

經典所論，多為人生之常則常道，史論所作，則往往藉著歷史上興亡的教訓，作為鑑戒人心的資料，去指示未來應該遵循的方向，同時，船山既已身當夷狄之禍，亡國之痛，對於歷史上夷狄危害中夏之深，自不免多所強調，用以警惕國人。

---

53 同注38，頁一四。

因此，在闡述儒家經典時，船山所持的態度，自然是一般正常性的議論，其文字的表達，也以理性的成分居多；而在評論歷史事件時，尤其在涉及蠻夷猾華的禍害方面，船山卻可能有著身受其禍、觸目傷心、感喟忿激的情緒產生，其言辭的表達，或不免含有一些感性的成分在內。因此，讀者在閱讀船山前述兩類著作時，似乎也不能完全採用同一個天平的標準去看待。

就船山在史論中所抒發的民族思想而言，我們作為讀者的人，如果回到船山的時代，站在船山的立場，設身處地，以同理心去加以體會，則試想，當國土被佔據，民族被侵陵，同胞被屠殺，文化被摧毀之際，一個讀書人，還能夠絲毫無動於衷，仍然心平氣和，去堅持博愛的理想，去愛敵人如愛自己，其筆下仍然能夠不帶一絲感情的因素嗎？

所以，筆者以為，理解船山的民族思想，需要回到船山當時，深入船山當時的心境，才能對他的民族思想，了解得更加深刻，理會得更加透徹。

四、如何評價王船山的民族思想

在上文中，我們提到，論討王船山的民族思想，應該有兩個程序，先從回到當時以求理解，然後立足現代去作評價。

在前節之中，我們試從回到船山所處的當時，去求理解船山的民族思想，在本節之中，我們則將立足現代的觀點，去評價船山的民族思想。

呂實強先生在他的大作〈王船山民族思想的再省察〉的文末，曾經特別「就近代中國歷史中的幾項不幸的史實，略加說明，以見船山此種偏頗見解之必須加以警惕」[54]，他所舉出清末的不幸史實，其一，是太平天國起事，號召誅除所有滿人。其二，是反對基督教，以至義和團運動，屠殺傳教士，驅除外人。其三，是拒絕外國器物，反對修造鐵路電報。呂先生以為，「諸如此類，自並非與船山之華夷思想直接有關，但在性質上卻頗有相近之處。故可推論，此種過度偏頗與強烈的民族意識，對整個國家民族生存與發展的利弊得失，實深值檢討」[55]，呂先生追思近代歷史上的變亂，提出諍言，語重心長，他對船山過度偏頗思想的討論，自然也是「立足於現在」所作的評價。

另外，朱浤源、蔣秋華、朱榮貴三位先生在〈王夫之民族思想重觀〉的大文中，討論了

[54] 同注[36]。

[55] 同注[36]。

「民族形成的原因」、「民族的差異性：什麼是夷狄」、「反對民族同化」、「防止民族同化的方法」、「王夫之的民族理論」、「王夫之民族思想的特點」、「王夫之民族思想的局限」等問題之後，在「結論」中，他們則認為「王夫之以相當理性、客觀的角度，來討論華夏與夷狄的問題」，同時，也提到，「有鑑於當今世界的情勢中，東歐、中東、南非、印度等地區，都有基於種族仇恨而引起的暴亂，我們不能不肯定王夫之容忍的民族思想的現代意義」[56]。

同時，朱榮貴先生在〈王夫之「民族主義」思想商榷〉[57]一文中，經過更多的分析之後，在「結論」中，也提出了「一、基於實際政治的考慮，《黃書》中沒有直接批評滿清的言論」，「二、王夫之在公天下的大前題下，主張政權的正當性及合法性完全要看政府是否能造福百姓，帶來治平之世」，「三、在對待異族的態度上，王夫之的主張很開明、很容忍」，「四、王夫之對滿清政權存有曖昧感」，一共是四項結論。

在前述的兩篇文章中，雖然朱榮貴等三位先生認為王船山的民族思想是相當「容忍」的，但同樣也是「立足於現代」，對之所作的評價。

即使是立足於現代，想對船山的民族思想，作出更中肯的評價，我們也需要從大的視野中，從整個文化學術思想發展的歷史上，作出通盤的審視，作出貫通的檢驗，才能對船山的民族思想，作出適當的定位，進而評價及列等。

回顧整個思想史的發展，在早期傳統的思想中，已有不少思想家的觀點，與船山那種較為「極端」、「偏頗」或傾向「容忍」的民族思想，有著相當不同的內涵。像孔子所主張的「仁恕」之道，孟子所主張的「仁愛」思想，主張「仁者人也，親親為大，親親而仁民，仁民而愛物」[58]，墨子所主張的「兼愛」思想，主張「若使天下兼相愛，愛人若其身」[59]，莊子所主張的「齊物」思想，主張「天地與我並生，萬物與吾為一」[60]，「以道觀之，物無貴賤」[61]，張載所主張的「民吾同胞，物吾與也」，這些哲人所主張的思想，在對於人類的關係、物種的生長方面，所表示的恤憫和關懷，都是極為珍貴的願力。

另外，《呂氏春秋‧貴公》曾記載了一則事件：

---

56 朱浤源、蔣秋華、朱榮貴：〈王夫之民族思想重觀〉（臺北，《哲學與文化》二十卷九期，一九九三年九月）。

57 朱榮貴：〈王夫之「民族主義」思想商榷〉（臺北，中央研究院《中國文哲研究所集刊》第四期，一九九四年三月）。

58 同注37。

59 孫詒讓：《墨子閒詁‧兼愛上》（臺北，唯一出版中心，民國六十五年一月）。

60 郭慶藩：《莊子集釋‧齊物論》（臺北，世界書局，民國六十年七月），頁四三。

61 郭慶藩：《莊子集釋‧秋水》（臺北，世界書局，民國六十年七月），頁五六一。

荊人有遺弓者，而不肯索，曰：「荊人遺之，荊人得之，又何索焉？」孔子聞之曰：「去其荊而可矣。」老聃聞之曰：「去其人可矣。」故老聃則至公矣。㉒

楚人遺失弓，卻不肯尋找，以為「楚人遺弓，楚人得之」，弓還在楚人手中，孔子以為，應當是說，「人遺弓，人得之」，弓還在人的手中，老子以為，應當是說，「遺弓，得之」，弓雖遺失，仍在世間，孔子的境界，較楚人為高，老子的境界，較孔子更高，三層境界，逐步升高，關懷的地域越來越廣，措心的層面越來越大，也越來越更符合人類文明進步的理想大道。

在傳統的思想中，涉及人類文明進步，最具系統的理論，是公羊學家的說法，《春秋》隱公元年記曰：

冬，十有二月，祭伯來，公子益師卒。㉓

《春秋公羊傳》云：

何以不日?遠也。所見異辭,所聞異辭,所傳聞異辭。[64]

《公羊傳》以為,魯孝公之子益師卒,因為在時間上,距離孔子,已經久遠,所以,孔子修《春秋》,便未寫明益師死亡的日期,就孔子所處的時代而言,孔子對於自己所見、所聞,以及經由所傳聞的事件,在記述時,便不免有了差異,何休《春秋公羊解詁》云:

> 所見者,謂昭、定、哀也,己與父時事也。所聞者,謂文、宣、成、襄,王父時事也。所傳聞者,謂隱、桓、莊、閔、僖,高祖曾祖時事也。……於所傳聞之世,見治起於衰亂之中,用心尚粗觕,故內其國而外諸夏,先詳內而後治外,錄大略小,內小惡書,外小惡不書,大國有大夫,小國略稱人,內離會書,外離會不書是也。於所聞之世,見治升平,內諸夏而外夷狄,書外離會,小國有大夫,宣十一年秋,晉侯會狄於攢函,襄二十三年,邾婁鼻我來奔是也。至所見之世,著治太平,夷狄進至於爵,天

[62] 許維遹:《呂氏春秋集釋》(臺北,世界書局,民國六十六年三月),卷一。

[63] 徐彥:《春秋公羊傳注疏》(臺北,藝文印書館影印阮刻《十三經注疏》本)。

[64] 同注[63]。

下遠近大小若一，用心尤深而詳，故崇仁義，譏二名，晉魏曼多、仲孫何忌是也。㊺

《春秋》記事，起於魯隱公，經歷桓公、莊公、閔公、僖公、文公、宣公、成公、襄公、昭公、定公，終於哀公，共十二公。何休以為，孔子所能見到的，是昭、定、哀三公之事，凡六十一年，所聽到的，是文、宣、成、襄四公之事，凡八十五年，所得到傳聞的，是隱、桓、莊、閔、僖五公之事，凡九十六年，一共二百四十二年之事。何休並且將上述三個時代，歸納其特點，認為所傳聞之世是衰亂之世，所聞之世是昇平之世，所見之世是太平之世。而由「衰亂」到「昇平」，再到「太平」，由混亂到安治，是一種人類社會文明逐漸興盛的歷史「進化」現象。

到了晚清，康有為在《論語注》、《孟子微》、《禮運注》等書中，更將何休據亂世、昇平世、太平世的思想，與〈禮運〉中的「小康」及「大同」思想，相互配合，並參酌了嚴復所譯的《天演論》㊻，而形成了一套更加細密的「三世進化」理論。

在傳統的文化思想中，從孔子到康有為，其實也具含了仁恕兼備、物我平等，以及人類文明逐漸進步的觀點，在這種思想及進化觀點的演進洪流中，從宏觀視野的比較下，我們才較為可能掌握到王船山民族思想的定位問題與評價問題。

以下，為了方便討論，先試擬出「人類文明進化表」，然後再擇要加以說明：

人類文明進化表

編號＼層次	項目	一	二	三	四
1	公羊家	—	太平世	昇平世	據亂世
2	禮運	—	大同（天下為公）	小康（天下為家）	
3	呂氏春秋貴公	—	遺弓，得之	人遺弓，人得之	荊人遺弓，荊人得之
4	人類關係	眾生平等	好人：壞人	中國人：外國人	華夏：夷狄
5	立足點	期盼	未來人	現代人（評論者）	王船山
6	心理傾向	偏於信仰	偏於理性	偏於知識	偏於感情
7	境界	宗教家的情懷	教育家的抱負	政治家的觀點	當事人的心態

---

65 同注63。

66 梁啟超：《飲冰室文集》卷一，〈與嚴幼陵先生書〉云：「《天演論》云……南海先生讀大著後，亦謂眼中未見此等人。」

針對前列表格，再作簡略說明如下：

1.人類文明進化，就我國傳統文化淵源而言，其基礎是建築在孔子「仁恕」、孟子「仁民愛物」、墨子「兼愛」、莊子「齊物」、張載「民胞物與」等思想學說之上。

2.人類文明進化，就我國傳統學說而言，其理論是源本於公羊家的說法，也參酌了《禮記・禮運》、《呂氏春秋・貴公》的思想，而形成了文明進化的觀點，當然，在表格中的這些名詞，都只是借用古人的成語而已。

3.王船山所持的民族思想，不論其內容評價如何，都只能定位在「第四層次」的「據亂世」中，他的「華夷之辨」，以華夏與夷狄相對的觀點，回到船山當時，似可加以曲諒。在那個「天崩地解」的「據亂世」中，中山先生所說的，民族主義「是國家圖發達和種族圖生存的寶貝」❻❼的那些話，以及他所舉出的馬票故事的比喻，仍然是有其效用存在的。

4.現代人以現代的觀點，去批評船山的民族思想，基本上，都不免是從「第三層次」的「昇平世」去評價船山，自然會覺得船山的民族思想，不免是「極端」、是「偏頗」、是「很容忍」，至少，在現今而言，船山的民族思想，是「過時」的，是「過去」的歷史痕跡。當然，如果人們文明的進化，已邁入到「第二層次」的「太平世」，則回頭再來看看「第四層次」的船山的民族思想，也許就不免會啞然失笑了。

五、結語

民族思想的提出，與《春秋》的「夷夏觀」有關，不過，《春秋》中雖然有「嚴夷夏之辨」的思想，卻也有著夷狄進退的思想，韓愈在〈原道〉中說：「孔子作《春秋》，諸侯用夷禮，則夷之，進於中國，則中國之。」⑥⑧可見《春秋》的「夷夏之辨」，也不全以種族血緣為判，而是以禮義、文野為分，同時，《春秋》中的「夷夏之辨」，也是可以進退，可以改變，並鼓勵提升的。

王船山生長在一個國破家亡、文化沉淪的時代，異族對中夏民族屠戮的慘禍，讓他親身目睹，痛心疾首，在閱讀史籍之際，遇到與自己身世之感相似的事例時，乃不免心有所觸，感發於中，其憤慨之情，自然流露於筆端楮間，這種情況，既屬人情之常，後世讀其書者，似乎也可用同理同情之心，去作理解，從而體會其當時之心境，或較得當。

後世讀者，立足現代，自然可以眼前學術的準則，去對船山的民族思想，加以批判，加

⑥⑦ 孫中山：《三民主義》（臺北，中央文物供應社，民國七十四年），第三講。

⑥⑧ 韓愈：〈原道〉，載馬其昶：《韓昌黎文集校注》（臺北，河洛出版社，民國六十四年三月），卷一，頁七。

以評價和列等，以見其思想與現代觀點比論下的是非得失，異同關係。

科技的發達，文明的進步，使人與人之間的接觸，更加頻繁，在人類相處的關係中，所以會出現隔閡與拒斥，矛盾與衝突，基本上，是由於地域、空間、血緣、種族、語言、文化、政治等原因，而「空間」因素，尤其居於主要的關鍵。人類文明的發展，如果希望由「第四層次」，逐漸向上邁進，所需要的，應該是人類文化的更加成熟，人類心靈的更加開闊，人類胸懷的更加擴大，人類感情的更加超越，人類境界的更加提升，其中經由「時間」逐漸磨合的因素，也是不能缺少的關鍵，能如此，才能期望人群種族的融洽與和諧，開展出有情有義而更加美好的花朵。

（此文原刊載於國立中山大學《第八屆清代學術國際研討會論文集》，民國九十七年六月出版）

拾玖、闡釋天道　引歸身心——耿介〈太極圖義〉與陸隴其〈太極論〉析評

一、引言

儒學的發展，自孔子開始，就特別注重人在現實社會中的行為規範與道德實踐，《論語・公冶長》記載子貢所言：「夫子之文章，可得而聞也，夫子之言性與天道，不可得而言也。」❶也正印證了原始儒家的這一傾向。

及至東漢時期，佛教東傳，至於隋唐，佛教與道教，又同時盛行，心性天道之學，精微

❶ 宋，邢昺：《論語注疏》（臺北，藝文印書館影印阮刻《十三經注疏本》），頁四三。

要妙之理，一時大盛，當時因有「儒門淡泊，收拾不住」之說法。

北宋初年，周敦頤（一〇一七—一〇七三）出，撰〈太極圖〉與〈太極圖說〉，彰明儒學中的天道性命之說，因而奠立宋明理學之基礎，極有功於儒學之開展。北宋時期，也有儒者，對於周敦頤「太極」之說，加以詮解。

南宋時期，朱熹（一一三〇—一二〇〇）撰《太極圖說解》，對於周敦頤之〈太極圖說〉，作出精闢之疏釋，也成為後世學者理解周子〈太極圖說〉之津梁與準衡。

儒學發展，經歷明代王學盛行之後，至於清代初年，學風丕變，學者多崇尚徵實，漢學極盛，而理學一脈，仍能繼承程朱之傳，繼續衍行，且對周子〈太極圖說〉之推闡，清初學者，也頗有其自得之見解，以適應於時代之風潮，其中具有所見，也能進於程朱之說者，則可以耿介及陸隴其二人為代表。

以下，即先就周子與朱子之說，略加說明，以當基準，然後再對耿陸二人之說，加以分析，並予評論，以與周子、朱子之說，試為比較。

二、周敦頤〈太極圖說〉之要旨

周敦頤字茂叔，道州營道（今湖南道縣）人，生於宋真宗天禧元年，卒於神宗熙寧六年，享年五十七歲。

周敦頤品格高尚，胸懷灑落，平生深於《易》學，所撰《通書》及〈太極圖說〉，最受世人重視，《宋史．道學傳》稱讚周敦頤所著之〈太極圖說〉，說其能夠「明天理之根源，究萬物之終始」❷，評價極高。

周子的〈太極圖〉，或者說是源出於道教，傳自道士之手，而周子得到之後，依據該圖，別撰〈太極圖說〉，用以攄發儒學之義趣，從而奠立理學之基礎。周子〈太極圖〉與〈太極圖說〉如下：

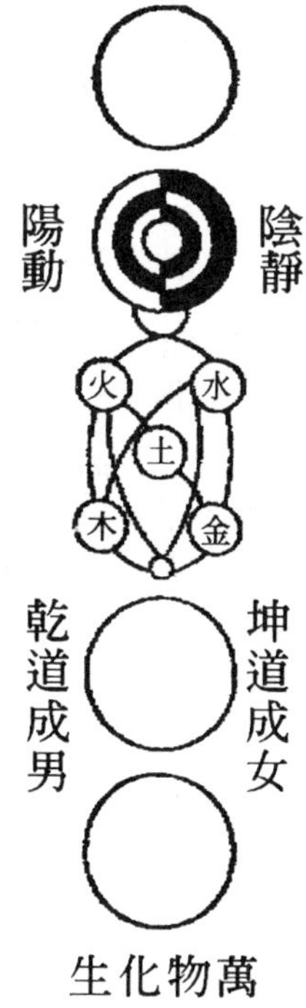

陰靜
陽動
水
火
土
木
金
坤道成女
乾道成男
萬物化生

❷ 元，脫脫：《宋史》（北京，中華書局，一九八五年，卷四百三十一，〈儒林傳〉），頁一二七四三。

圖說原文

無極而太極。太極動而生陽，動極而靜；靜而生陰，靜極復動。一動一靜，互為其根。分陰分陽，兩儀立焉。陽變陰合，而生水火木金土，五氣順布，四時行焉。五行一陰陽也，陰陽一太極也，太極本無極也。

五行之生也，各一其性。無極之真，二五之精，妙合而凝。乾道成男，坤道成女。二氣交感，化生萬物。萬物生生，而變化無窮焉。

惟人也，得其秀而最靈。形既生矣，神發知矣，五性感動，而善惡分，萬事出矣。聖人定之以中正仁義（自注：聖人之道，仁義中正而已矣），而主靜（自注：無欲故靜），立人極焉。故聖人與天地合其德，日月合其明，四時合其序，鬼神合其吉凶。君子修之吉，小人悖之凶。

故曰：「立天之道，曰陰與陽；立地之道，曰柔與剛；立人之道，曰仁與義。」又曰：「原始反終，故知死生之說。」大哉易也，斯其至矣。

周敦頤的〈太極圖說〉，主要是以宇宙論為立說的基礎，重點在建構一個宇宙產生的過程，作為其形上的依據，然後再下貫到人生道德的原理之上。

〈太極圖說〉開始即說「無極而太極」，認為大千世界、萬事萬物，都根源於無形無象，寂寥不動的「無極」，由於「無極」的根源，因而產生了宇宙原始實體的「太極」。而「太極」則處於不斷的動靜交替的狀況之中，當其動時，產生者為「陽」，當其靜時，產生者為「陰」，而宇宙的萬事萬物，便在「太極」所擁的「陰」、「陽」、「動」、「靜」的交互作用之中，逐漸而產生。

陰陽兩個原素，在相互激盪的變化揉合的情況下，由是產生了「水、火、木、金、土」五個要素，稱之為「五行」，「五行」遂成為建構自然界的五大要素，由於這五大要素的流布運動，相生相尅，於是產生了春、夏、秋、冬等「四時」的運行。只是，「四時」的運行，「五行」的流布，所造成的宇宙秩序，卻都可以回溯到宇宙的根源、一個存在的實體——「太極」之中，而「太極」又可以回溯到「無極」的情況之下。

當「太極」變化運動的情況下，由於陰陽二者的交互激盪，加以五行的轉變，產生微妙的凝聚作用，因而產生了宇宙萬物之中最有靈性的人類，而由乾陽所推動產生的，遂為男性，而由坤陰所推動產生的，遂者女性，除卻男性、女性的人類之外，陰陽二者，也更經由激盪變化，而產生了萬事和萬物，繼續在宇宙自然界中，不停頓不止息地運行。

由於人類是陰陽五行激盪變化中所產生的最優秀最靈明的鍾聚者，除了具備完整健全的形貌之外，更具備靈明神化的智慧，由於五行五倫的相感相應，人類遂由是而產生善惡是非的價值觀念，並根據其智慧靈明作出價值的判斷，進行逐漸在紛繁錯雜的事物，以及心靈明覺的相應相照之下，而選擇了「中正仁義」的德性，作為建構人類行為的準則，加以據守而執恃，久依而不去捨。

在芸芸眾生之中，在舉世人類之中，又出現才智卓然超出眾人之上，靈明尤為超勝者，是為「聖人」，惟有「聖人」，方能體會天地變化的原理，方能明瞭日月運行的規律，方能配合四季轉換的得失，從而指導人類眾生，趨吉而避凶。故於此文之末，周敦頤更行總結宇宙人生相依相仿的重要原則，即天道能立的要素，在於陰陽的激盪，地道能成的要素，在於剛柔的互揉，人道能行的要素，在於仁義的推動，這些價值和原理，其在《周易》之中，也已深刻地昭示於眾人，故他也盼望世人，能力行而加以實踐，俾能夠優入聖人的境域。

要之，周子〈太極圖說〉，敘述由宇宙的創造，到人生的價值，由形上之道，貫串到形下之器，由宇宙論的形成，建構出宇宙生成的原理，一直下貫到人生論、道德論及價值觀，再由聖人以中正仁義主靜立人極，上推至太極無極，而強調聖人之德，與天道同功，遂建構了「由太極以立人極」、「緣天道以立人道」的義涵，至此，中國思想史上「天人合一」的理想，也益為穩固。

要之，周敦頤〈太極圖說〉，不僅為宋明儒學，奠立了理論的基礎，同時，也為儒學往後的發展，開拓了嶄新的道路。

三、朱熹〈太極圖說解〉之特色

在周敦頤撰成了〈太極圖說〉之後，北宋的理學大家，針對「太極」之說，作出衍釋者，有張載、邵雍及程顥、程頤等人，基本上，張載是以「太和」一義，以言「太極」，邵雍是以「合陰陽之象」，以言「太極」，二程則是「即性理以言天理」，以釋「太極」，此等衍釋，皆在朱熹之前，而二程之說，對於朱熹「理氣」的說法，影響尤巨。❸及至南宋，朱熹撰《太極圖說通書解》，對於周敦頤之學說，才奠立基準性的詮解，成為後世探討周子〈太極圖說〉的指標。

朱熹，字元晦，徽州婺源人，生於宋高宗建炎四年，卒於宋寧宗慶元元年，享年七十一

❸ 參唐君毅：《中國哲學原論》上冊，〈原太極〉上、中、下（香港，人生出版社，一九六六年），頁三四四—四九九。

歲。朱熹是南宋著名的理學家，他在宋孝宗乾道八年，四十三歲之時，撰成了《太極圖說通書解》，對於周敦頤之學，作出了精闢的闡釋，也奠立了後世詮解〈太極圖說〉的基礎。

朱熹的為學，繼承二程之思想，而加以發揚光大，在朱熹的思想中，「理氣」的關係，是一個重要的關鍵，他認為，理氣關係，是以理為本，而氣則依附於理，在〈答黃道夫〉書中，他說：「天地之間，有理有氣。理也者，形而上之道也，生物之本也。氣也者，形而下之器也，生物之具也。是以人物之生，必稟此理，然後有性；必稟此氣，然後有形。其性其形，雖不外乎一身，然其道器之間，分際甚明，不可亂也。」❹他認為，從宇宙產生的根源上而論，則理在先，氣在後，但在現實存在的事物上，則理氣渾淪而不可分，所以，他說：「天下未有無理之氣，而亦未有無氣之理。」又說：「理非別為一物，即存乎氣之中。」❺另外，他又認為，「太極」與「道」，也都即是「理」，他說：「太極只是一個理字。」又說：「太極只是天地萬物之理。」❻又說：「道字包得大，理是道字裡面許多理脈。」❼因此，由於對理、氣、太極、道等元素的瞭解，遂組成他在理學思想上獨特的觀點，他也以此觀點，在《太極圖說通書解》中，去對〈太極圖說〉，作出了精闢的闡釋。

清人董榕所輯錄之《周子全書》❽，對於周敦頤〈太極圖說〉，先過錄朱熹〈太極圖說解〉，謂之為「朱註」，又擇錄朱熹文集、語類中相關的說法，以及朱子後學如陳淳、陳埴、真德秀、黃幹等人之說，以為羽翼，而總名之為「集說」，其所搜羅，甚為完備。以下，即依據該書所引述的朱子之言，去討論朱熹講論〈太極圖說〉時之特色。

在解釋周敦頤〈太極圖說〉中「無極而太極」時，朱子說：

上天之載，無聲無臭，而實造化之樞紐，品彙之根抵也，故曰，無極而太極，非太極之外，復有無極也。

又說：

極是道理之極至，總天地萬物之理，便是太極，太極只是一個實理，一以貫之。

❹ 朱熹：《朱熹集》卷五十八（成都，四川教育出版社，一九九六年），頁二九四。

❺ 黎靖德編：《朱子語類》卷一（臺北，華世出版社，一九八七年），頁二。

❻ 同注❺，頁二。

❼ 同注❺，卷六，頁九十九。

❽ 清，董榕：《周子全書》（臺北，商務印書館，一九七八年）。

又說：

聖人謂之太極者，所以指夫天地萬物之根也。

朱子以為，太極只是一個實理，只是天地萬物產生的根源，也只是總賅天地萬物的原理，在此處，朱子已將太極與理，納合為同一義涵，至於太極之前，又言無極，只是形容太極之無形無聲，並不是在太極之外，太極之上，另有一實存之物，而命之名為無極。在解釋周子〈太極圖說〉中「太極動而生陽，動極而靜，靜而生陰，靜極復動，一動一靜，互為其根，分陰分陽，兩儀立焉」時，朱子說：

太極，形而上之道也，陰陽，形而下之器也。

又說：

太極生陰陽，理生氣也，陰陽既生，則太極在其中，理復在氣之內也。性猶太極也，心猶陰陽也，太極只在陰陽之中，非能離陰陽也。

朱子在此，指出太極與陰陽的關係，不但是形上與形下之分，也是道與器之分，只是太極無形，陰陽既由太極而生，太極即寓於陰陽之中，在此，朱子又提到「理生氣」，從而帶出陰陽即氣的「氣」字，並帶出「性」與「心」字。在解釋周子〈太極圖說〉中「陽變陰合，而生水火木金土，五氣順布，四時行焉，五行一陰陽也，陰陽一太極也，太極本無極也，五行之生也，各一其性」時，朱子說：

有太極，則一動一靜而兩儀分，有陰陽，則一變一合而五行具。

又說：

五行一陰陽，陰陽一太極，則非太極之後，別生二五，而二五之上，先有太極也。

朱子以為，水火木金土之五行，由陰陽變化揉合而產生，因此，五行與陰陽、太極，本非二物，因此，並不是先有太極，再生陰陽及五行，也不是陰陽五行之上，先有太極，只是水火木金土之五行，各自表顯其所本具的太極之本性而已。在解釋周子〈太極圖說〉中「無極之真，二五之精，妙合而凝，乾道成男，坤道成女，二氣交感，化生萬物」時，朱子說：

> 自男女觀之，則男女各一其性，而男女一太極也，自萬物而觀之，則萬物各一其性，而萬物一太極也。蓋合而言之，萬物統體一太極也，分而言之，一物各具一太極也。

朱子指出，宇宙之間，物物各具一太極之性，而宇宙萬物，又總具一太極之理，此如月印萬川，萬川中各具一月，而萬川實總顯一月。在解釋周子〈太極圖說〉中「惟人也，得其秀而最靈，形既生焉，神發知矣，五性感動，而善惡分，萬事出矣。聖人定之以中正仁義而主靜，立人極焉」時，朱子說：

> 濂溪言主靜，靜字只可作敬字看，故又言無欲故靜，若以為虛靜，則恐入釋老去。

朱子以為，聖人能以中正仁義之德，以立人極，又能持而勿失，恭已踐行，故強調周子

「靜」字，宜作「敬」字解，主張能「敬」才能寡「欲」，而使「理」明，以至進而為聖人，才能避免使得一般學者耽溺於釋老之清靜無為。在解釋周子〈太極圖說〉中「立天之道，曰陰與陽，立地之道，曰柔與剛，立人之道，曰仁與義，又曰，原始反終，故知死生之說，大哉《易》也，斯其至矣」時，朱子說：

> 陽也、剛也、仁也，物之始也，陰也、柔也、義也，物之終也，能原其始而知所以生，則反其終而所以死，此天地之綱紀造化，流行古今，不言之妙，聖人作《易》，其大意蓋不出此，故引以證其說。

朱子在此，強調周子之說，與《周易》相通之理，也是特別指明，〈太極圖說〉與《周易》的關係，周子思想與儒學的關係，以避免招致後人所疑，以為周子之說，盡出於道家之教。

朱熹的時代，與周敦頤相距不遠（僅約百餘年），又是理學的名家，他對〈太極圖說〉所作的闡釋，也成為一種指標性和基準性的著作，為後人所遵信，同時，由於周子〈太極圖說〉在內容上，在篇幅上，都比較強調了天道形上的理論，因此，朱子在這一方面，闡釋發揮的成分，自然也較多。只是，朱熹的闡釋，卻並不全然符合周子的用心，像「理」與

「氣」的觀念，尤其是以「氣」去解釋陰陽，明顯地與〈太極圖說〉中的「五氣」，不盡相同，又像以「敬」去釋「靜」，以性猶太極，心猶陰陽，去作比附，也與周子的意思，並不一致。

要之，朱熹不免是以自己哲學的觀點，去解釋周子的〈太極圖說〉，因此，他對〈太極圖說〉的詮解，也顯露了自己思想的特色。只是，自從朱子寫成了〈太極圖說解〉之後，後世學者對於〈太極圖說〉的研究，便也很自然地以朱子之說，作為詮解的準繩，作為闡釋的出發點。

四、耿介〈太極圖義〉之義涵

耿介（一六一八—一六八八）字介石，清登封人，生於明神宗萬曆四十六年，卒於清康熙二十七年，年七十二歲。耿氏於順治年中進士，由檢討出為福建巡海道，治績清明，以親喪致仕，從學於孫奇逢，後為湯斌所薦，特授侍講學士，轉少詹事，尋主書院講席，著有《理學正經》、《性理要旨》、《中州道學編》、《孝經易知》、《敬恕堂存稿》等書。

耿介〈太極圖義〉說：

太極之義，曷昉乎，昔孔子繫易曰：「易有太極。」宋濂溪周子始為圖，以授程子，至朱子表章而發明之，由是太極一圖，遂為天命源頭，聖教統宗，理學真傳，學者先須識此，蓋其所謂太極者，極至之理也，以此理至中至正，至平至庸，至純至粹，至微至妙，無以復加，故曰太極，當其未有天地之前，便先有此理。❾

耿介在此文之首，除了稱讚周子〈太極圖〉為「天命源頭，聖教統宗，理學真傳」之外，主要指出，「所謂太極者，極至之理也」，此說自是本諸朱子之言，但是，耿氏繼續說道，「以此理至中至正，至平至庸，至純至粹，無以復加，故曰太極，當其未有天地之前，便先有此理」，則將太極之義，闡釋得益為精細。耿氏〈太極圖義〉又說：

然使懸一箇理，不著在陰陽上，則不能化生萬物，所以動而生陽，靜而生陰，遂成兩儀，兩儀既立，則太極在於其中，一動一靜，一消一息，一闔一闢，做出古今無限

❾ 清，耿介：《敬恕堂存稿》，未載〈太極圖義〉及〈讀通書〉兩文，而唐鑑：《清學案小識》（臺北，商務印書館，一九七五年）卷七〈守道學案〉，載有此兩文，徐世昌：《清儒學案》（臺北，國防研究院，一九六七年）卷九，據唐書轉錄。

事，以四德言之，則元亨利貞，以五行言之，則水火金木土，以四時言之，則春夏秋冬，以功用言之，則生長收藏。天之理雖有四，只是一箇元氣流行，這元氣一到，萬物觸著便生，是為春生，由是夏長，長此者也，秋收，收此者也，冬藏，藏此者也，惟其藏得深厚，所以，明年又春又夏又秋又冬，亙古此天理，亙古此元氣流行，無時不然，無處不在，無物不有，是理之在天地者如此。

耿氏接著又從太極之理，落而為陰陽，化生萬物，「做出古今無限事」，進而闡釋太極之變化，分別從「四德」、「四時」、「五行」、「功用」等方面，加以演繹，然後總說到此天理元氣，不論何時、何處、何物，皆具存其中，也皆具存於天地之中。耿氏〈太極圖義〉又說：

我輩今日看太極圖，若只說如何是無極，如何是太極，如何是陰陽五行，縱使探討精深，終與我無干涉，此處須要體認，所謂太極者，人心之理也，陰陽者，人心之一動一靜也，五行者，人心之仁義禮智信也，萬物者，人心之醇酢萬變也，天地未生人之前，便先有此理，然使懸空一箇理，不在人身上，則亦不能參贊位育，朱子云：「天以陰陽五行化生萬物，氣以成行，而理亦賦焉。」是理也，在天為元亨利貞，在人為仁義禮智，故謂之天理，然吾心之天理，雖有四，只是一箇仁心貫徹，而義，宜此者也，禮，履此者也，智，知此者也，人若能完全得這箇天理，則為子便孝，為臣便忠，交朋友便信，以之視聽言動合禮，喜怒哀樂中節，即一出入動作，食息起居，莫不各有天然恰好底道理。

耿介認為，太極之理，如儘只說得高妙，也與人生無涉，所以，他直接指出，「所謂太極者，人心之理也」，直接將太極的原理，引歸到人心的重點之上，引歸到人身的日用德行之上，而以陰陽、五行、萬物，完全歸攝到「人心」之中，再由人心之中，發動其作用，所以，耿氏強調，即使天地未生人類之前，便已先有此原理的存在，但是，「使懸空一個理，不在人身上」，不落實在人身上，也不能參贊位育，產生作用。耿氏又再強調，「吾心之天理，雖有四，只是一個仁心貫徹」，由此仁心，便可下貫義、禮、知等德行，也便可以下貫到孝、忠、信、禮等行為。耿氏另有《讀通書》一文，曾經說道：「吾讀《論語》，見孔門用功，只在求仁，夫子罕言仁，非罕言仁也，不向深微處言仁耳，往往說箇入門方法，教人下手去做，故聖人同天時行物生，都在耳目閒，不予人以難知之事，周子《通書》發明無極太極之理，二氣五行之妙，可謂深微矣，今考其言，不離乎明善誠身之要，修己治人之方，親師取友之道，簡易明白，使人有所持循，而達於天道，周子其去聖人一間乎。」主要也是，將〈太極圖說〉中的「太極」，以及朱子所說的「天理」，迴歸到孔子中心思想的「仁德」之中，以便由形上之道，落實至形下之身心德行的人生之中，由此，耿氏認為，周子《通書》，義雖深微，而其下手處，卻簡易明白，使人持而行之，自明善誠身、修己治人，至於上達天道，皆可循階而進，故耿氏特別推崇周子，以為去聖人之境，為不遠矣。耿氏〈太極圖義〉又說：

分而言之，一物各具一太極，合而言之，萬物統體一太極也，是理之在吾心者如此，然人之不能完全此理者何也，己私參之也，細觀此圖，上面純白底，是天地本然之性，純粹至善，即孟子所謂性善是也，下面黑白相閒底，便有夾雜，便是氣質之性，纔落氣質，便有己私，此處須著工夫，如何著工夫，曰克己復禮，克去一分人欲，便復得一分天理，到得人欲淨盡，天理流行，此心明明瑩瑩，渾然性善本體，便是聖賢地位，所以周子雖從無極太極陰陽五行說起，只是指出性命源頭，使人知吾性為至善，而聖人為必可學也，喫緊處則在「定之以中正仁義而主靜，立人極焉」，又曰，

「無欲故靜」，無欲便是克己，程子又於其中補出「敬」字來，學者以此求之，庶幾有下手工夫處矣。

耿氏以為，宇宙統具一太極，物物各具一太極，就人生而言，則太極之理，在於我心，故推崇周子，能夠「指出性命源頭，使人知吾性為至善，而聖人為必可學也」，這也才是耿氏詮解〈太極圖〉的目的，至於此文所說，「克去一分人欲，便復得一分天理，到得人欲淨盡淨，天理流行」，以至於「此心明明瑩瑩，渾然性善本體，便是聖賢地位」，也多源於朱子所言，加以推闡，進而用以佐證周子之意而已。只是，朱子不免以天道與人道平列，於天道處，闡釋尤為精微，於人道處，不免稍嫌輕忽而已。

要之，耿氏詮解〈太極圖〉之義涵，雖大體沿續朱子之說，但他以為，人們如果僅從外在觀察，則「太極」一義，終於與我無關，必需將「太極」之義，視作人心之理，立即攝入我心之內，以「天道」融入「人道」，以兩儀、五行、五倫等納入「人心」之內，歸攝於「仁」德之中，以此力行修省，克己復禮，方可逐漸進入聖人之境域，進而肯定「人心」、「人生」在宇宙中之地位。

五、陸隴其〈太極論〉之義涵

陸隴其（一六三〇—一六九二）字稼書，浙江平湖人，生於明崇禎三年，卒於清康熙三十一年，年六十三歲。陸氏於康熙九年（一六七〇），中進士，曾任嘉定、靈壽知縣，愛民如子，極有惠政。陸氏講學，專宗朱子，以居敬窮理為要，而排斥陽明良知之弊尤力，乾隆元年，追諡清獻，著有《四書講義困勉錄》、《松陽講義》、《三魚堂文集》等書。

陸隴其〈太極論〉說：

> 論太極者，不在乎明天地之太極，而在乎明人身之極，明人身之太極，則天地之太極，在是矣，先儒之論太極，所以必從陰陽五行天地生物之初言之者，惟恐人不知此理之原，故溯其始而言之，使知此理之無物不有，無時不然，雖欲頃刻離之，而不可得也，學者徒見先儒之言陰陽，言五行，言天地萬物，廣大精微，而不從吾身切實求之，則豈前賢示人之意哉。⑩

陸氏以為，太極之理，雖無所不在，但僅從陰陽五行而言，不免懸遠難知，故陸氏在此文之始，直接指出，討論太極，其最要者，不在於闡明宇宙天地之太極，而在於闡明「人身之太極」，將太極的重點，從形上之天道，直接落實貫串到形下之人道，以為人身太極之理，苟能闡明，則天地太極之理，自然隨之而明，故特別強調，欲明太極之理，其下手處，宜從「吾身切實求之」，方是逕直宜行之路，陸氏〈太極論〉又說：

夫太極者，萬理之總名也，在天則為命，在人則為性，在天則為元亨利貞，在人則為仁義禮智，以其有條而不紊，則謂之理，以其為人所共由，則謂之道，以其不偏不倚，無過不及，則謂之中，以其真實無妄，則謂之誠，以其純粹而精，則謂之至善，以其至極而無以加，則謂之太極，名異而實同也。學者誠有志乎太極，惟于日用之間，時時存養，時時省察，不使一念之越乎理，不使一事之悖乎理，不使一言一動之踰乎理，斯太極存焉矣。

⑩ 清，陸隴其：〈太極論〉，載陸氏《陸稼書先生文集》（臺北，商務印書館，一九六六年），卷一。唐鑑：《清學案小識》徐世昌：《清儒學案》皆載有此文。

陸氏以為，太極是萬理的總名，無論其在人、在天，無論其名之為理、為道、為中、為誠、為至善、為太極，其名雖異，其實則皆相同，就人們學習力行，返之於身心而言，只要在日用之間，「時時存養，時時省察」，使吾身吾心，依理而言，即是太極之理，在乎身心之間，存而弗去。陸氏又說：

其寂然不動，是即太極之陰靜也，感而遂通，是即太極之陽動也，感而復寂，寂而復感，是即太極之動靜無端陰陽無始也，寂然之中而感通之理已具，感通之際而寂然之體常在，是即太極之體用一原顯微無間也；分而為五常，發而為五事，布而為五倫，是即太極之陽變陰合，而生水火木金土也；以之處家則家齊，以之處國則國治，以之處天下則天下平，是即太極之成男成女而萬物化生也，合吾身之萬念萬事，而無一非理，是萬物統體一太極也，即吾身之一念一事，而無一非理，是一物各具一太極也，不越乎日用常行之中，而卓然超絕乎流俗，是太極之不離乎陰陽，而亦不雜乎陰陽也，若是者，豈必遠而求之天地萬物，而太極之全體，已備于吾身矣。

陸氏以程頤「體用一源，顯微無間」⑪之說，解釋太極之陰陽動靜，化生萬物之理，並以太極之理，應用於五事五倫之間，應用於修齊治平之間，而以為「吾身之一念一事」、「吾身之萬念萬事」，皆具有太極之理，故「太極之全體，已備于吾身」，而不必一一「遠而求之天地萬物」，這是陸氏將太極之理，落實至人身人心之上的見解。陸氏〈太極論〉又說：

由是以觀天地，則太極之在天地，亦若是而已，由是以觀萬物，則太極之在萬物，亦若是而已，天地萬物，浩浩茫茫，測之不見其端，窮之莫究其量，而莫非是理之發見也，莫非是理之流行也，莫非是理之循環而不窮也，高明博厚不同，而是理無不同也，飛潛動植有異，而是理無異也，是理散於萬物而萃於吾身，原於天地而賦於吾身，是故善言太極者，求之遠不若求之近，求之虛而難據，不若求之實而可循。

陸氏由觀察天地萬物之變化，而了解到，其實皆莫非太極之理的存在，太極之理雖有不同的變化，散之於萬物，而實皆「萃於吾身」、「賦於吾身」，所以，陸氏主張，善言太極者，不必務求高遠虛無，不如求之切近篤實，而易於踐履力行。陸氏〈太極論〉又說：

⑪ 程頤：《易傳・序》（臺北，河洛圖書出版社，一九七四年）。

故周子〈太極圖說〉，雖從陰陽五行言之，而終之曰，「聖人定之以中正仁義而主靜，立人極焉」，其示人之意，亦深切矣，又恐聖人之立極，非學者可驟及也，而繼之曰，「君子修之吉」，修之為言，擇善固執之謂也，而朱子解之，又推本於敬，以為能敬，然後能靜虛動直，而太極在我，嗚呼至矣，先儒之言，雖窮高極深，而推其旨，不過欲人修其身以治天下國家焉耳，學者慎無驚太極之名，而不知近求之身也。

陸氏以為，周子〈太極圖說〉，雖然從陰陽五行說起，而必歸之於主靜立人極，由對天道之闡釋，而必引歸於人生日用之際，加以朱子之解，強調「敬」字之作用，將太極天道，引而至於「太極在我」之人道之中，其目的，皆「不過欲人修其身以治天下國家焉耳」，皆欲人們理解天道，而能「近求之身也」。

陸隴其又著有〈學術辨〉上中下三篇，對其所著之〈太極論〉，也有佐證之功用存在，其上篇曾經說道：「漢唐之儒，崇正學者，尊孔孟而已，孔孟之道尊，則百家之言熄，自唐以後，異端曲學，知儒者之尊孔孟也，於是皆託於孔孟，以自行其說，我曰孔孟，彼亦曰孔孟，而學者遂莫從而辨其是非，程朱出而崇正闢邪，然後孔孟之道復明，而天下尊之，自宋以來，異端曲學，知儒者之尊程朱也，於是又託於程朱，以自行其說，我曰程朱，彼亦曰程朱，學者又莫從而辨其是非。」又說：「蓋其弊在宋元之際，即有之，而莫甚於明之中葉，自陽明王氏倡為良知之說，以禪之實而託儒之名，且輯《朱子晚年定論》一書，以明己之學與朱子未嘗異，龍溪、心齋、近溪、海門之徒，從而衍之，王氏之學偏天下，幾以為聖人復起，而古先聖賢，下學上達之遺法，滅裂無餘，學術壞而風俗隨之，其弊也，至於蕩軼禮法，蔑視倫常，天下之人，恣睢橫肆，不復自安於規矩繩墨之內，而百病交作。」又說：「故愚以為明之天下，不亡於寇盜，不亡於朋黨，而亡於學術，學術之壞，所以釀成寇盜朋黨之禍也，今之說者，猶曰陽明與程朱同師孔孟，同言仁義，雖意見稍異，然皆聖人之徒也，何必力排而深拒之乎，夫使其自外於孔孟，自外於仁義，則天下之人，皆知其非，又奚待吾之辨，惟其似孔孟而非孔孟，似仁義而非仁義，所謂失之毫釐，差以千里，此其所以不容不辨耳。」⓬

要之，陸氏之學，以程朱為依歸，朱子論學，主張「心統性情」，主張人心之中，具含性情二者，性是心中之理，情是心中之動，故又主張「性即理」，以為在心為性，在事為理。而王陽明論學，主張「心即理」，主張此心無私欲之蔽，本心呈現，即是天理，故不需

⓬ 陸隴其：〈學術辨〉，同注⓾。

從外面添得一分，至於遇事發之，而此理自明。陸氏論學，宗本朱子，故雖強調太極之論，備于吾身，實乃側重下學之道德實踐工夫，而與陽明所主張之心具天理，一超頓悟，當下即得，近乎禪悅者，自不相同。

六、結語

綜合前文討論，約可得到幾項意見，以當結語：

1.儒學發展至隋唐，受到佛教與道教的沖擊，逐漸轉向心性之教，加以推衍，韓愈表彰《大學》、《孟子》，撰寫〈原道〉、〈原性〉及〈原人〉，提出道統之創意，李翱著〈復性書〉，皆成為開拓理學的先驅人物。

2.北宋周敦頤參考道教的理論，酌取《周易》的思想，別撰〈太極圖〉及〈太極圖說〉，從而探索天道的原理，為儒學奠立道德實踐之形上學理論基礎，該一理論，雖然下貫至人生之層面，由於原本是針對儒學的形上原理較為薄弱而發，故〈太極圖說〉，仍然偏重天道之闡釋，而稍輕於人道之立說。

3.朱熹生於南宋，集理學之大成，所著〈太極圖說解〉，沿續周子之精神，縱然於天道及人道之間，看似併列，究其內涵，視野仍然較重在形上原理之闡論。

4.及至明代，陽明之學大盛，「心即理」、「致良知」，特為重視，雖多受象山之影響，而於周子之〈太極圖說〉，也不免沿續其餘緒，及至陽明後學，王畿王艮之輩，標榜現成良知，入於狂禪，流弊極深。⑬

5.清代學術發展，懲於明人空疏之弊，轉而崇尚徵實，學風所趨，理學推展，也特重程朱學說之發揮，而強調躬行實踐，道德仁義，即於天道闡釋之際，也求能夠引歸身心，進以修齊治平，耿介所撰之〈太極圖義〉及陸隴其所撰之〈太極論〉，不僅可以為此一學術風氣之升降變遷，作出佐證，實也可以覘見整個清代學術發展趨向之大勢。

6.周子〈太極圖說〉之中，本求於傳統儒學，彌綸其形上天道之不足，建構其精微與奧祕，然而，既已著重於此，不免有輕於彼，故〈太極圖說〉之中，亦不免有稍為忽略人生人極之處所，周子強調「主靜」、強調「無欲」⑭，則與《中庸》引孔子所說「道不遠人，人

---

⑬ 黃宗羲：《明儒學案》卷三十二（臺北，河洛圖書出版社，一九七四年）〈泰州學案〉曰：「陽明先生之學，有泰州（王艮）龍溪（王畿），而風行天下，亦因泰州龍溪而漸失其傳，泰州龍溪時時不滿其師說，益啟瞿曇之祕而歸之師，蓋躋陽明而為禪矣。」

⑭ 周敦頤：《通書・聖學》曾曰：「聖可學乎？曰，可。曰，有要乎？曰，有。請問焉，曰，一為要。一者，無欲也。」

之為道而遠人，不可以為道」⓯之言，遂生距離，而於儒學安身立命之旨，也稍有睽隔。❻而清代耿介及陸隴其等所顯示之儒學方向，以人道為本位，以身心為歸趨，即稍有補偏救弊之作用，也似可以珍貴視之，而彌覺難得也。

（此文原刊載於明道大學《明道中文學報》第一期，民國九十八年三月出版）

⓯ 朱熹：《四書集注》（臺北，世界書局，一九五六年），〈中庸〉，頁九。

⓰ 參陳郁夫：《周敦頤》（臺北，東大圖書公司，一九九〇年），第七章，「濂溪學的價值與缺陷」，頁七七。

貳拾、章學誠《校讎通義》與鄭樵《校讎略》之關係

一、引言

在中國傳統的目錄學史上，從漢代的劉向、劉歆父子以下，最重要的學者，便要算是鄭樵和章學誠了。

鄭樵和章學誠，不但進行了目錄學的實務工作，同時，他們還提出了許多精要的目錄學理論，因此，在中國目錄學史上，如果說鄭樵與章學誠是重要的思想家，應當是可以被接受的。

章學誠是清代乾嘉時期著名的學者，他的目錄學理論，據他自己說，是從劉向、劉歆那

裏得到啟發，是從《別錄》、《七略》那裏得到指示，才完成了他自己有關目錄學的理論，其實，南宋時期的鄭樵，對於章學誠的目錄學理論，也曾產生不少的影響。以下，即從不同的角度，探討章學誠可能受到鄭樵的影響，也即是討論鄭樵的目錄學理論，到底有那些成份，曾經影響到章學誠的理論思想。

二、名稱方面

目錄的名稱，起於西漢時代，劉向劉歆父子典校圖書之時，《漢書・敘傳》說：「劉向校書，九流以別，爰著目錄，略序鴻烈。」這是提到「目錄」的原始。《漢書・藝文志・總序》說：「成帝時，以書頗散亡，使謁者陳農，求遺書於天下，詔光祿大夫劉向，校經傳、諸子、詩賦，步兵校尉任宏，校兵書，太史令尹咸，校數術，侍醫李柱國，校方技，每一書已，向輒條其篇目，撮其指意，錄而奏之。會向卒，哀帝復使向子奉車都尉歆卒父業。」劉向等人校書之「校」，是指「校讎」，劉向「錄而奏之」的「錄」，是指一書的篇目和指意。

《文選・左太沖魏都賦》李善注引應劭《風俗通》說：「劉向別錄云，讎校，一人讀書，校其上下，得繆誤，為校。一人持本，一人讀書，若怨家相對，為讎。」所謂校讎，起於劉向整理圖書，以書多散亡，故工作進行，必自廣蒐異本，校讎文字開始。至於每書校成，劉向「錄」而奏之，則單言「錄」字，即已包含「篇目」與「指意」二者，複言「目錄」，則是強調篇目的重要性而已。及至後世，凡言「目」者，已多自一書之「篇目」，轉而指陳眾書之「書目」而言。是以劉向校書，「每一書已，向輒條其篇目，撮其指意，錄而奏之」，時人又收集劉向所奏之「錄」，別成一書，是為《別錄》，及至劉歆，「總群書而奏其《七略》」，則《別錄》內每一「錄」中，所謂之「目」尚為該書之「篇目」，及至《七略》，則已為總攬眾書之「書目」了。

劉向所成各「錄」，後人集為《別錄》，劉歆刪其父書，以成《七略》，但是，劉向典校圖書，寫定敘條，以至劉歆總集群書，分類編目等等，只有工作之進行，卻並未嘗為工作之進行作清晰之命名，後世之人，對於劉向父子之工作，或稱之為「校讎」（如孫德謙有《劉向校讎學纂微》一書），或稱之為「目錄」（如各種《中國目錄學史》之作），或稱之為「校讎目錄」（如蔣伯潛有《校讎目錄學纂要》之作）。

其實，劉向歆父子整理圖書的工作，是自校讎開始，而以目錄為結束，而在校讎與目錄的階段中，都各有許多細密的工作，整理圖書的工作，到底要以何者為名，那就要看各人的觀點了，章學誠的書，名之曰《校讎通義》，在他之前，只有鄭樵之書，名之曰《校讎略》，章學誠《校讎通義》說：

> 校讎之義，蓋自劉向父子，部次條別，將以辨章學術，考鏡源流，非深明於道術精微，群言得失之故者，不足與此。

又說：

> 鄭樵生千載而後，慨然有會於向歆討論之旨，因取歷朝著錄，略其魚魯豕亥之細，而特以部次條別，疏通倫類，考其得失之故，而為之校讎，蓋自石渠天祿以還，學者所未嘗窺見者也。❶

章學誠以劉向父子整理圖書，部次條別，疏通倫類，為「校讎」之大者，而以魚魯豕亥，相互勘正，為「校讎」之小者，在循名責實方面，雖然不甚切合，但是，鄭樵和章學誠二人，卻正是這種千載上下具有共識的同調者，所以，章學誠之書，名之曰《校讎通義》，不能不說是受了鄭樵的影響。

後世學者，像朱一新在《無邪堂答問》卷一之中說道：「目錄校讎之學所以可貴，非專以審訂文字異同為校讎也。」❷楊家駱教授編纂的《校讎學系編》，蒐集《別錄》、《七略》、《漢書・藝文志》以下，以至杜定友、劉咸炘等人的著作，彙為一編，也認為劉向父子整理圖書，「校讎」是其中最艱苦也最繁重的工作，因此，才以「校讎學」為名，而不稱之為「目錄學」❸，都可以說是受了鄭樵和章學誠的影響。

三、目的方面

校讎目錄之學，對於個別圖書，作出整理之外，最主要的，對於圖書，還要撰成敘錄，作出提要，同時還要對於眾多的圖書，分類編目，使之各歸本類，繩貫珠聯，以便檢索之用，這是一般校讎目錄之學所需進行的工作。

---

❶ 章學誠：《校讎通義》，上海，古籍出版社，劉公純標點本，一九五六年十二月初版。下引並同。

❷ 朱一新：《無邪堂答問》，臺北，世界書局影印本。

❸ 楊家駱：《校讎略系編》，臺北，鼎文書局，民國六十六年十月初版。

但是，章學誠撰寫《校讎通義》，他的目的，卻不僅止於此，他的目的，卻是以學術為依歸，他是希望藉著目錄的分類編目，從而彰顯出學術流變的狀況，《校讎通義・敘》說：

> 校讎之義，蓋自劉向父子，部次條別，將以辨章學術，考鏡源流，非深明於道術精微，群言得失之故者，不足與此。後世部次甲乙，紀錄經史者，代有其人，而求能推闡大義，條別學術異同，使人由委溯源，以想見於墳籍之初者，千百之中，不十一焉。

章學誠以為校讎之學，主要不在於將圖書分門別類，詳加記錄，完成編目的工作，更重要的，是需要從圖書的分類編次中，反映出學術發展變遷的情況，因此，章學誠實際是希望藉著校讎目錄學的圖書部次分類編目，作為學術流變史的性質，甚至於去代替學術流變史的工作使用。

在章學誠之前，劉歆在《七略》中的分類編目，只有工作的進行，卻並未有理論的說明，直到鄭樵，才明確地說出了這項工作的目的，鄭樵《校讎略・編次必謹類例論》說：

> 學之不專者，為書之不明也，書之不明者，為類例之不分也，有專門之書，則有專門之學，有專門之學，則有世守之能，人守其學，學守其書，書守其類，人有存沒，而學不息，世有變故，故書不亡。

又說：

> 書籍之亡者，由類例之法不分也，類例分，則百家九流，各有條理，雖亡而不能亡也。❹

鄭樵以為，編次圖書，即如同編次士卒行伍，士卒行伍，如果能按大小不同的層次，一一列明，則自然行伍分明，各有專職，圖書編次，如果也有高低不同的層次，一一列明，則自然書籍明確，學術清晰，不僅圖書易於檢尋，學術也易於彰顯，所以，鄭樵說，「類例不明，圖書失紀」，鄭樵《校讎略・編次必記亡書論》說：

---

❹ 鄭樵：《校讎略》，臺北，中華書局《四部備要》，《通志・二十略》本，下引並同。

古人編書，必究本末，上有源流，下有沿襲，故學者亦易學，求者亦易求。

《校讎略·編書不明分類論》說：

《七略》唯「兵家」一略，任宏所校，分權謀、形勢、陰陽、技巧為四種書，又有圖四十三卷，與書參焉，觀其類例，亦可知兵，況見其書乎。

《校讎略·編次必謹類例論》說：

類例既分，學術自明，以其先後本末具在，觀圖譜者，可以知圖譜之所始，觀名數者，可以知名數之相承，讖緯之學，盛於東都，音韻之書，傳於江左，傳注起於漢魏，義疏成於隋唐，睹其書可以知其學之源流。

鄭樵的用意，主要在於「類例既分，學術自明」，在於「目睹其書，可以知其學之源流」，在鄭樵的心目中，編次圖書，只是一種工具，主要的根本，在於學術的彰明，他特別強調

「類例既分」，分類的體例要仔細詳明，則學術發展的面貌精神，源流變遷，自然會清晰地呈現出來，能使得「學術自明」，這才是鄭樵部類圖書的目的所在。而這些意見，看在章學誠的眼中，言者有心，聽者有意，自然莫逆於心，而受其影響，也必不在少。

四、方法方面

章學誠在討論到校讎目錄學的宗旨時，既然是以「辨章學術，考鏡源流」為最高的理想目標，因此，在整理圖書方面，他也利用了幾種輔助的方法，用以達到彰明學術的目標，其中最重要的方法，則是「互著」與「別裁」兩者。

《校讎通義．互著第三》說：

> 古人著錄，不徒為甲乙部次計，如徒為甲乙部次計，則一掌故令史足矣，何用父子世業，閱年二紀，僅乃卒業乎！蓋部次流別，申明大道，敘列九流百氏之學，使之繩貫珠聯，無少缺逸，欲人即類求書，因書究學。至理有互通，書有兩用者，未嘗不兼收並載，初不以重複為嫌，其於甲乙部次之下，但加互注，以便稽檢而已。古人最重家

學，敘列一家之書，凡有涉此一家之學者，無不窮源至委，竟其流別，所謂著作之標準，群言之折衷也。如避重複而不載，則一書本有兩用而僅登一錄，於本書之體，既有所不全，一家本有是書而缺而不載，於一家之學，亦有所不備矣。

又說：

劉歆《七略》亡矣，其義例之可見者，班固《藝文志》注而已。《七略》於兵書權謀家有《伊尹》、《太公》、《管子》、《荀卿子》、《鶡冠子》、《蘇子》、《蒯通》、《陸賈》、《淮南王》九家之書，而儒家復有《荀卿子》、《陸賈》二家之書，道家復有《伊尹》、《太公》、《管子》、《鶡冠子》四家之書，縱橫家復有《蘇子》、《蒯通》二家之書，雜家復有《淮南王》一家之書，兵書技巧家有《墨子》，而墨家復有《墨子》之書。惜此外重複互見著，不盡見於著錄，容有散逸失傳之文，然即此十家之一書兩載，則古人之申明流別，獨重家學，而不避重複著錄明矣。

目錄部次，本在使書籍「繩貫珠聯」，使讀者「即類求書，因書究學」，然而一書之中，若其性質龐雜，「理有互通，書有兩用」者，則章學誠主張，必當運用「互著」之法，使書入兩類，俾使讀者，檢書之時，「無少缺逸」，因「書之易混者，非重複互注，無以免後學之牴牾，書之相資者，非重複互注之法，無以究古人之源委」，故「不知互注之法，則遇兩歧牽掣之處，自不覺其牴牾錯雜，百弊叢生」（見《校讎通義・互著》）。

至於別裁的方法，《校讎通義，別裁第四》說：

> 《管子》，道家之言也，劉歆裁其〈弟子職〉篇入小學，七十子所記百三十一篇，禮經所部也，劉歆裁其〈三朝記〉篇入論語。蓋古人著書，有採取成說，襲用故事者，其所採之書，別有本旨，或歷時已久，不知所出，又或所著之篇，於全書內自為一類者，並得裁其篇章，補苴部次，別出門類，以辨著述源流。至其全書，篇次具存，無所更易，隸於本類，亦自兩不相妨。蓋權於賓主輕重之間，知其無庸互見者，而始有裁篇別出之法耳。

章學誠以〈弟子職〉與〈孔子三朝記〉，為劉歆在《七略》中具有裁篇別出方法的例證，而

「別裁」的方法，主要在於「別出門類，以辨著述源流」，至於「別裁」與「互著」之不同，則在「別裁」之例，旨在「權於賓主輕重之間，知其無庸互見」，而方用「別裁」之法，因此「別裁」之法，實際上是作為「互著」的輔佐，而其目的，則與「互著」一樣，都是為了彰明學術的流變而已。

章學誠在《校讎通義》中提出「互著」與「別裁」兩種部次圖書、進而彰明學術的方法，這兩種方法，章學誠的說法，是從劉歆《七略》中得到啟示，以為《七略》之中，已經運用了那兩種方法，但是，劉師培對此，卻有不同的看法，他在《校讎通義箴言》中說：

> 互著別裁兩事，實亦迪緒鄭樵。❺

鄭樵對於目錄校讎之學的重要理論，具見於他的《校讎略》中，在《校讎略》中，鄭氏曾經說過：

> 古今編書所不能分者五，一曰傳記，二曰雜家，三曰小說，四曰雜史，五曰故事，凡此五類之書，足相紊亂。（〈編次之訛論〉）

又說：

《隋志》最可信，緣分類不考，故亦有重複者，《嘉瑞記》、《祥瑞記》二書，既出雜傳，又出五行。《諸葛武侯集誡》、《眾賢誡》、《曹大家女誡》、《正順志》、《娣姒訓》，凡數種書，既出儒類，又出總集。《眾僧傳》、《高僧傳》、《梁皇大捨記》、《法藏目錄》、《元門寶海》等書，既出雜傳，又出雜家。如此三種，實由分類不明，是致差互。（〈編次之訛論〉）

又說：

《隋志》於禮類有喪服一種，雖不別出，而於《儀禮》之後，自成一類，以喪服者，《儀禮》之一篇也。後之議禮者，因而講究，遂成一家之書，尤多於三禮，故為之別異，可以見先後之次，可以見因革之宜，而無所紊濫。（〈編次有敘論〉）

❺ 劉師培：《校讎通義箴言》，臺北，大通書局影印《劉申叔先生遺書》本。

對於鄭氏所說的前兩條，似乎可以解釋為：鄭氏提出的書籍不易分類，自然是書籍的性質比較複雜，以致難於指明它們該入那一部類；同時，書籍的重見兩類，自然是書籍的性質，與此兩類，多少皆有關聯，以致「分類不考」，重複出現。這種情形，似乎也可以說是，由側面提出了問題，提出了暗示，甚或由此啟發了章氏，因而創造了「互著」之法，以解決鄭氏提出的問題。

在前述〈編次有敘論〉那一條中，鄭氏所說的「自成一類」、「別出」、「為之別異」、「喪服者，儀禮之一篇」、「可以見先後之次，可以見因革之宜，而無所紊濫」等等，似乎也可以解釋為由側面給予暗示，因而啟發了章氏，以致引申出「別裁」之法，作為「互著」之輔。

劉師培所謂的「互著別裁兩事，實亦迪緒鄭樵」，或許便是這樣的「迪緒」法吧，也未可知。

平心而論，《七略》中書有重出的現象，也有別出的現象，章學誠所指出所謂「互著」的十種書，可能「別裁」的兩種書，這些例子，給予章學誠的啟發和暗示，是十分強烈的，鄭樵在《校讎略》中的某些理論，某些例證，對於章學誠的「互著」和「別裁」，應該也曾產生不少暗示的作用，因此，章學誠發明「互著」和「別裁」，如果他不自居為創作者的話，那麼，劉歆和鄭樵，對他可能都有著實質上的影響，只是，劉歆的影響較多，鄭樵的影響較少而已。

五、辨嫌方面

章學誠論著錄之法，以為編次錯謬，往往由於門類疑似，或一書兩名，故於分類著錄之時，必當詳辨嫌名，《校讎通義．辨嫌名第五》說：

> 編次錯謬之弊有二，一則門類疑似，一書兩入也，一則一書兩名，誤認二家也。欲免一書兩入之弊，但須先作長編，取著書之人與書之標名，按韻編之，詳注一書源委於其韻下，至分部別類之時，但須按韻稽之，雖百人共事，千卷雷同，可使疑似之書，一無犯複矣。

章氏此種取書名與人名，先作長編，按韻編排，以為稽檢之用，其與後世索引引得之法，頗相類似，章氏於三百年前，已知應用此法，真頗具卓識，《校讎通義．校讎條理第七》說：

校讎之始，宜盡取四庫之藏，中外之籍，擇其中之人名地號，官私書目，凡一切有名可治，有數可稽者，略仿《佩文韻府》之例，悉編為韻，乃於本韻之下，注明原書出處及先後篇第，自一見再見以至數千百見，皆詳注之，藏之館中，以為群書之總類。至校書之時，遇有疑似之處，即名而求其編韻，因韻而檢其本書，參互錯綜，即可得其至是。此則淵博之儒，窮畢生年力而不可究殫者，今即中才校勘，可坐收於几席之間，非校讎之良法歟！

章氏此節所論，與上節相同，皆就門類疑似，一書兩入而立論。至於有一書兩名，而誤認二家者，《校讎通義・辨嫌名第五》說：

至一書兩名，誤認二家之弊，則當深究載籍，詳考史傳，並當歷究著錄之家，求其所以同異兩稱之故，而筆之於書，然後可以有功古人而有光來學耳。

又說：

> 《太史公》百三十篇，今名《史記》，《戰國策》三十三篇，初名《短長語》，《老子》之稱《道德經》，《莊子》之稱《南華經》，屈原賦之稱《楚辭》，蓋古人稱名樸而後人入於華也，自漢以後，異名同實，文人稱引，相為弔詭者，蓋不少矣。《白虎通德論》，刪去「德論」二字，《風俗通義》，刪去「義」字，《世說新語》，刪去「新語」二字，《淮南鴻烈解》，刪去「鴻烈解」，而但曰《淮南子》，《呂氏春秋》有十二紀八覽六論，不稱《呂氏春秋》而但曰《呂覽》，蓋書名本全而援引從簡略也，此亦足以疑誤後學者已。鄭樵精於校讎，然〈藝文〉一略，既有《班昭集》，而復有《曹大家集》，則一人而誤為二人矣，晁公武善於考據，然《郡齋》一志，張君房《脞說》，而題為張唐英，則二人而誤為一人矣，此則人名字號之不一，亦開歧誤之端也。然則校書著錄，其一書數名者，必當歷注互名於卷帙之下，一人而有多字號者，亦當歷注其字號於姓名之下，庶乎無嫌名歧出之弊矣。

此則一書兩名，一人而多字號，易於混淆者，章氏以為，皆當加以互注，以清眉目，俾免於淆亂。

其實，章學誠所提到的避免嫌名的意思，鄭樵在南宋之時，已經加以留意及之，《校讎略・編次之訛論》說：

《唐志》於儀注類中有《玉璽》、《國寶》之書矣，而於傳記類中，復出此二書。

又說：

若迺陶弘景《天儀說要》，天文類中兩出，趙政《甲寅元歷序》，歷數中兩出，《黃帝飛鳥歷》與《海中仙人占災祥書》，五行類中兩出，庾季才《地形志》，地理類中兩出，凡此五書，是不校勘之過也。

以上所舉，則是鄭樵所說的「門類疑似，一書兩入」的例子，又如《校讎略・編次之訛論》說：

《太玄經》以諱故，《崇文》改為《太真》，今《四庫書目》分《太玄》、《太真》為兩家書。

以上所舉，則是鄭樵所說的「一書兩名，誤認一家」的例子，其實，不論是「一書兩入」也好，「一書兩名」也好，都是編纂圖書者「不校勘」之過也，又如《校讎略・不類書而類人論》說：

> 《唐志》以人置於書之上，而不著注，大有相妨，如管辰作《管輅傳》三卷，唐省文例去作字，則當曰《管辰管輅傳》，是二人共傳也。如李邕作《狄仁傑傳》三卷，當去作字，則當曰《李邕狄仁傑傳》，是二人共傳也。又如李翰作《張巡姚闓傳》三卷，當去作字，則當曰《李翰張巡姚闓傳》，是三人共傳也。

以上所舉，也是書名不清晰的例子，也應該是「不校勘」的過失，從這些「不校勘」的例子中，或許，章學誠得到編次圖書，為了避免嫌名相淆，必需加以「校勘」的觀念，所以，才思考出編次圖書之時「先作長編」，將書名與人名，「按韻編之」，而於本韻之下，詳注一書之源委本末，作為校書遇有疑難時的參考，而不致於再犯「不校勘」的錯失。

因此，在避規嫌名方面，章學誠所提出的方法，誠然進步精確，絕無差失，但是，鄭樵的意見，對章氏而言，畢竟也提供了一些參考思索的意見與影響。

六、結語

在中國目錄字學史上，出現過許許多多著名的目錄學家，但是，那些目錄學家，絕大多數只有目錄學工作的成果，卻很少有人提出目錄學的理論，在中國目錄學史上，正式提出目錄學為理論的，大約要數阮孝緒、鄭樵、祈承㸁，章學誠等人了，從這個角度去討論，如果我們說，鄭樵和章學誠是傳統目錄學史上的思想家、理論家，相信應該是可以被接受的。

鄭樵所撰的《校讎略》，曾經對於章學誠的《校讎通義》，產生過不少的影響，而章學誠的《校讎通義》，在某些理論上，也曾受到鄭樵《校讎略》的影響，這是可以承認的事情。

章學誠在《校讎通義》之中，最為推崇劉向劉歆父子，所以，《校讎通義》之中，〈原道第一〉之外，接著的便是〈宗劉第二〉，在《校讎通義》之中，雖然也有〈補鄭第六〉、〈鄭樵誤校漢志第十一〉，但是，章學誠撰《校讎通義》，除了深受劉向劉歆父子的影響之外，其所受到鄭樵《校讎略》的影響，也不在少，此文之作，即將章學誠《校讎通義》與鄭樵《校讎略》之關係，加以表出，以供參考之用。

（此文原刊載於淡江大學《章學誠研究論叢》民國九十四年二月出版）

貳拾壹、錢賓四《中國近三百年學術史》論析

一、引言

錢賓四先生於九一八事變以後，在故都北平，撰寫《中國近三百年學術史》一書，他目擊世亂，有感於心，在該書之中，除了敘述歷史、人物、學術之外，也不免別有感觸，寄寓在該書之中。

錢先生的書中，對於史料的選擇，對於人物事跡的敘述，對於學者學術的評判，都有其一貫的標準，在該書的〈自序〉中，錢先生曾經說道：「蓋有詳人之所略，略人之所詳，而不必盡當於著作之先例者。」因此，錢先生的《中國近三百年學術史》，在客觀的敘述中，

仍然兼有他自己的觀點和尺度，去加以說明。

本文之作，除將錢先生書中的大旨大例，加以說明之外，也希望將錢先生於該書之中，隱而未顯之寓義，加以著明，以探索錢先生撰寫該書時的另外一番用心。

二、論析

筆者閱讀錢先生《中國近三百年學術史》之後，略有所窺，記之如下：

(一)措意人物取捨

民國二十年秋天，錢先生在北京大學，開始為學生講授《中國近三百年學術史》，稍早於此，梁任公先生於民國十二年至十四年，於清華大學講授《中國近三百年學術史》，並於民國十八年，出版《中國近三百年學術史》一書。

梁任公的《中國近三百年學術史》，因為只敘說到清代初期為止，所以，在學者人物的敘述上，所列舉的主要學者，計有黃梨洲、顧亭林、閻百詩、王船山、朱舜水、萬季野、全謝山、張楊園、陸桴亭、陸稼書、王白田、顏習齋、李恕谷、王寅旭、梅定九、陳資齋等十

六人，又列舉了附論的學者，計有孫夏峰、李二曲、李穆堂、胡朏明、萬充宗、王崑繩、程綿莊、惲皋聞、戴子高等九人。❶

錢賓四先生的《中國近三百年學術史》，分為十四章，所敘說的學術，時間涵蓋了晚明至清末，所以，在學者人物的敘述上，份量自然較多，錢先生的書中，所列出的主要學者，計有黃梨洲、王船山、顧亭林、顏習齋、李恕谷、閻潛邱、毛西河、李穆堂、戴東原、章實齋、焦理堂、阮芸臺、凌次仲、龔定菴、曾滌生、陳蘭甫、康長素等十七人，又列出了附論的學者，計有陳乾初、潘用微、呂晚村、馬繡、姚立方、馮山公、程綿莊、胡東樵、顧宛溪、萬孺廬、王白田、朱止泉、全謝山、蔡元鳳、江慎修、惠定宇、程易田、袁簡齋、汪容甫、許周生、方植之、莊方耕、莊葆琛、劉申受、宋于庭、魏默深、戴子高、沈子敦、潘四農、羅羅山、朱鼎甫、朱子襄、廖季平、譚復生等三十四人。❷

試將錢先生之書，與梁任公之書，略作比較，可以發覺，梁先生書中收錄，而錢先生書中未加收錄的，約有三類學者，一是出亡海外，長居異地，學術影響僅止於他國的學者，如

---

❶ 見梁啟超：《中國近三百年學術史》，里仁書局，一九九五年二月。

❷ 見錢穆：《中國近三百年學術史》，臺灣商務印書館，一九九五年九月臺二版，下引此書，版本並同。

朱舜水。一是理學名儒，延承朱陸學說，而本身並無特殊新穎創發的學者，如張楊園、陸桴亭、陸稼書、孫奇逢、李二曲等人。三是科學專家，或推究天文星象，或研究古代曆法，或探討舊有數理，如王寅旭、梅定九等人。

至於梁先生書中未加收錄，而錢先生書中加以收錄的學者，由於梁先生之書，時代僅述及清代初期，而錢先生之書，時代述及整個三百年間，因此，所收錄的學者，人數自然較梁書為多，錢先生書中所收錄的學者，也都屬於每一時代具有代表性的人物，其中略有值得討論的，約有三點，一是收錄毛西河，而與閻潛邱合敘，此則主要在於，閻氏的主要著作為《古文尚書疏證》，而毛氏有《古文尚書冤詞》，兩相對照，一段公案，較易彰明真相。二是敘述晚清常州今文家言，不以莊方耕、劉申受為主，而以龔定菴領銜，常州經學，雖然莊劉二人，以《春秋》名家，但是，發為政論，關切時事，要以龔定菴之議論，最為駿切，故就其影響而言，寧取之龔定菴。三是乾嘉考據之盛，錢先生書中，雖然述及戴東原及惠定宇，而於段玉裁、王念孫、王引之以下之考據學專家，則一無論及，此則著眼重點，或有不同，故未加以討論。以上三點，推測錢先生的用意，或當如是。

(二)重視學術淵源

錢先生治學術史，向來注意學術流派之間的淵源關係、流變影響，研究中國近三百年學術史，錢先生不僅自晚明學術之影響開始，也上溯至宋代學術之影響，錢先生《中國近三百年學術史》於書前〈自序〉中曰：

> 竊謂近代學者每分漢宋疆域，不知宋學，則亦不能知漢學，更無以平漢宋之是非，故先之以〈引論〉，略述兩宋學術概要，又以宋學重經世明道，其極必推之於議政，故繼之東林。

錢先生《中國近三百年學術史》頁一曰：

> 治近代學術者當何自始？曰，必始於宋。何以當始於宋？曰，近世揭櫫漢學之名以與宋學敵，不知宋學，則無以平漢宋之是非，且言漢學淵源者，必溯諸晚明諸遺老。

錢先生以為，晚明遺老，自孫夏峰、黃梨洲、李二曲、王船山、顧亭林以下，無不寢饋於宋學，並以為，「漢學諸家之高下淺深，亦往往視其所得於宋學之高下淺深以為判」，故以為，「不識宋學，即無以識近代也」。研究清代學術淵源，錢先生以為當追根溯源，必當研究宋學，研究宋學，錢先生又上推其根源，以為宋學導源於唐代韓愈，錢先生《中國近三百年學術史》頁二曰：

韓氏論學雖疏，然其排釋老而返之儒，昌言師道，確立道統，則皆宋儒之所濫觴也。

錢先生以為，韓愈排斥佛老、昌言師道、確立道統，「此皆宋學精神也，治宋學者首昌黎，則可不昧乎其所入矣。」錢先生《中國近三百年學術史》頁二又曰：

言宋學之興，必推本於安定、泰山，蓋至是而師道立，學者興，乃為宋學先河。

頁四又曰：

蓋自朝廷有高平，學校有安定，而宋學規模遂建，後人以濂溪為宋學開山，或乃上推之於陳摶，皆非宋儒淵源之真也。

頁六又曰：

> 近世論宋學者，專本濂溪〈太極圖〉一案，遂謂其導源方外，與道、釋虛無等類並視，是豈為識宋學之真哉！

這是錢先生對於宋代學術淵源方面的闡明。

錢先生治學術史，不僅注意一個時代的學術與另外一個時代的學術之間，淵源流變的關係，同時，對於學派與學派之間，學者與學者之間，學術的淵源流變關係，也特別加以注意，例如討論到戴震的學術時，《中國近三百年學術史》頁三三九曰：

> 戴氏之學，其先來自江永。

江永擅長禮學，嘗著《禮書綱目》，又精深宋學，撰有《近思錄集注》一書，此書影響於戴震者頗深，戴震後來撰寫義理三書，由尊崇程朱而至反對程朱，也與此書不無關係。《中國近三百年學學史》頁三四七又引戴震〈與是仲明論學書〉，然後評之曰：

此為東原主從「道問學」一邊以達大道之理論，統觀全書，所論為學門徑及其趣解，全是江氏一派。

這也是討論戴震學術淵源於江永的部分。另外，在討論到曾國藩的學術淵源時，《中國近三百年學術史》頁六三二曰：

滌生為晚清中興元勳，然其為人推敬，則不盡在於勳績，而尤在其學業與文章。其為學淵源，蓋得之桐城姚氏，而又有聞於其鄉先輩之風而起者。

姚鼐雅擅文章，又嘗提出義理、辭章、考據之說，此對於曾國藩，皆有極大之影響，而湘人善化唐鑑，篤信程朱之學，嘗撰《清學案小識》一書，對於曾國藩的學術，影響也極深遠。

要之，錢先生撰寫《中國近三百年學術史》，不止是平面地敘述各家學術的面貌，對於學術與學術之間，學者與學者之間，彼此的淵源流變關係，也特別加以重視，加以闡發。

㈢闡明思想要義

錢先生撰寫《中國近三百年學術史》，對於所敘說的學者，於引述史料之外，又常能以精簡的詞語，闡明學者們思想中的要義，評斷學者們學術的得失，例如在討論到顧亭林之學術思想時，錢先生《中國近三百年學術史》頁一六〇曰：

蓋亭林之學，本懸二的，一曰明道，一曰救世，其為《日知錄》，又分三部，曰經術、治道、博聞，後儒乃打歸一路，專守其「經學即理學」之議，以經術為明道，餘力所匯，則及博聞，至於研治道，講救世，則時異世易，繼響無人，而終於消沉焉。若論亭林本意，則顯然以講治道救世為主，故後之學亭林者，忘其「行己」之教，而師其「博文」之訓，已為得半而失半，又於其所以為博文者，棄其研治道，論救世，而專趨於講經術、務博聞，則半之中又失其半焉。且所失胥其所重，所取胥其所輕，取捨之間，亦有運會，非盡人力，而近人率推亭林為漢學開山，其語要非亭林所樂聞也。

討論清代學術者，一般多認為顧亭林是清代漢學開山之祖，錢先生此文，分析亭林學術，有明道與救世兩端，而清代漢學所繼承於亭林者，則僅其明道中之博聞部分而已，豈能謂之為善學亭林，錢先生此段文字，將亭林治學精神，全盤揭出，而對於清代漢學之流弊，也加以貶斥，對於清代學術之評論，確實有其獨到之見解。

又如在討論到顏習齋之學術思想時，錢先生《中國近三百年學術史》頁一七七曰：

> 習齋，北方之學者也，早年為學，亦嘗出入程、朱、陸、王，篤信力行者有年，一日翻然悔悟，乃並宋明相傳六百年理學，一壁推翻，其氣魄之深沉，識解之毅決，蓋有非南方學者如梨洲、船山、亭林諸人所及者。

又頁一九八曰：

> 以言夫近三百年學術思想之大師，習齋要為巨擘矣，豈僅於三百年！上之為宋、元、明，其言心性義理，習齋既一壁推倒，下之為有清一代，其言訓詁考據，習齋亦一壁推倒，「開二千年不能開之口，下二千年不敢下之筆」，遙遙斯世，「前不見古人，後不見來者，念天地之悠悠，獨愴然而涕下」，可以為習齋詠矣。

對於顏習齋學術的精神面貌，氣魄理趣，錢先生所作的評論，確實給人一種壁立千仞、傲然不群的宏偉感覺，使人岸然想見此一代學人的豪邁作風。

又如在討論到章實齋的學術時，錢先生《中國近三百年學術史》頁四二〇曰：

> 實齋著述最大者，為《文史》、《校讎》兩通義，近代治實齋學者，亦率以文史家目之。然實齋著《通義》，實為針貶當時經學而發，此意則知者甚渺。

乾嘉時期，經學家如戴震等，多主張「道在六經」，因此，也就主張「通經」的目的在於「明道」，而章實齋主張「道」在人倫日用之間，不全在六經之中，這是章戴二人最大的不同，錢先生《中國近三百年學術史》頁四二六曰：

> 實齋與東原論學異同，溯而上之，即浙東學派與浙西學派之異同。其在清初，則為亭林與梨洲，其在南宋，即朱陸之異同也。

頁四三〇又曰：

浙西講經學，浙東重史學，實齋《文史通義》唱「六經皆史」之說，蓋所以救當時經學家以訓詁考覈求道之流弊。

錢先生以為，章實齋所謂「六經皆史」，主要認為，「古之所謂經，乃三代盛時，典章法度見於政教行事之實」（見章氏《文史通義・經解上》），因此，求道於六經，也當求之於當身事物，人倫日用，而不只是求之於訓詁考訂之中，這是章實齋學術的要旨，錢先生以上的這一段文章，將之闡發得十分清晰。

要之，錢先生敘說近三百年的學術流變，常能以最簡練的文字，闡發學者們思想的要旨，評斷學者們學術的是非，確實是宏觀卓識，目光如炬，燭照清晰。

㈣留心經世理想

晚明諸大儒，懍於滿清入關，家國沉淪，故力主經世致用，光復華夏，錢先生書中，在敘述此一歷史經過時，於晚明諸大儒之心志，也致力加以表彰，錢先生《中國近三百年學術史》頁三十六在討論到黃梨洲時曾曰：

> 梨洲父尊素，名隸東林，身死黨獄，平日教子，亦以留心時政為重，故梨洲政治興味，培養有素。明社既屋，興復之望既絕，乃始激而為政治上根本改造之空想，此亦明末遺老一種共有之態度，而梨洲對政治理想之貢獻，則較同時諸老為宏深，其議論備見於所為《明夷待訪錄》。

梨洲中年以後，漢人入關，晚明遺老，於現實政治，無所致力，乃轉而為思想之傳播，以留待後人之努力，實則也是一種萬不得已的行徑。

錢先生《中國近三百年學術史》頁一三三在討論到王船王時曾曰：

> 船山論治論學，旨多相通。惟論學極斥老莊之自然，而論治則頗有取於老莊在宥之意，此尤船山深博處，其取精用宏，以成一家之言者，至為不苟。其論宋儒流弊，頗與東原意見相似，而與其所謂「止爭一線」者不類，此皆船山之所由成其為博大而閎深也。船山有《噩夢》、《黃書》，專言經制，略似梨洲《待訪錄》，而《黃書》於種姓夷夏之防尤謹謹。

船山論治論學，皆希望能措之實用，見之施行，尤其希望能使國家社會至於長治久安之境地，故特別措心於大經大法之彰明，不止《噩夢》、《黃書》，船山其他書中，也多以此種態度，尚論經世理想。

錢先生《中國近三百年學術史》頁一四一在討論到顧亭林時曾曰：

亭林論史，尤重風俗，其意備見於《日知錄》卷十三，大意在重節義而輕文章，於東漢特斥蔡邕，於明末極詆李贄與鍾惺，本此而主嚴別流品，引獎厚重，倡耿介，貶鄉愿，而歸極於尚廉恥、立名教、振清議，故曰，匹夫之心，天下人之心也，而保天下者，匹夫之賤，與有責焉。

又曰：

蓋天下之治亂，本之風俗，風俗之盛衰，由於一二賢知之士，天下興亡，匹夫固宜有責，亭林所唱行己之教，大體如是。

亭林討論治道，最重風俗，以為風俗良窳，為國家治亂之所繫，《日知錄》卷十三中，也嘗以為，「天下風俗最壞之地，清議尚存，猶足以維持一二，至於清議亡而干戈至矣」，又嘗以為，「有亡國，有亡天下」，「易姓改號，謂之亡國，仁義充塞，而至于率獸食人，人將相食，謂之亡天下」，「保國者，其君其臣，肉食者謀之，保天下者，匹夫之賤，與有責焉耳矣」，亭林所謂之亡天下，實則為民族文化之沉淪，故亭林於經世之理想，措心極為高遠。

錢先生《中國近三百年學術史》頁一九〇在討論顏習齋時曾曰：

> 習齋所提倡習行有用之學，舉要言之，惟三端為習齋所常道，一曰兵，二曰農，三曰禮樂，其言農，則尤主於水利。

又頁一九三曰：

> 習齋治兵農，所以為富強，習六藝禮樂，所以為教化，內聖外王，胥於實事實行見之。而欲求習齋講禮樂之精意，則不可不及於其性善、性惡之辨。

又頁一九七頁曰：

然則習齋論學，雖徹頭徹尾重功利，而亦未嘗忽性道。性道事功，交融互洽，而會其歸於禮樂。禮樂者，內之為心性之所由導而達，外之為事功之所由依而立。

習齋論學，主張力行實踐，經世有用，他曾提到，「如天不廢予，將以七字富天下：墾荒、均田、興水利，以六字強天下，人皆兵、官皆將，以九字安天下，舉人才、正大經、興禮樂」（見《習齋年譜》），因此，留心於經邦濟世，措之實用，是習齋學說思想中的最高目標。

要之，晚明遺老，留心經世理想，注重實用精神，主要也在於力圖光復，再造河山，雖在異族統治之下，而仍然具有此一宏願在心，念念不忘。

(五)強調種族大義

滿清入關之後，高壓懷柔，兼而用之，晚明遺老，雖有光復之願，力圖振作，但也終難成就大事，錢賓四先生於《中國近三百年學術史》之〈自序〉中，曾經提到，「中華之受制於異族，有三期焉，一曰五胡元魏，再曰遼金元，三則滿清」，「滿清最狡險，入室操戈，深知中華學術深淺而自以利害為之擇，從我者尊，逆我者賤，治學者皆不敢以天下治亂為心，而相率逃於故紙叢碎中，其為人高下深淺不一，而皆足以壞學術、毀風俗而賊人才」，「而說者猶謂滿族入關，卒為我所同化，政權雖移，中華之文運依然，誠淺之乎其為論也」，錢先生的這一段話，對於晚明清初士人處境的艱辛，敘說得十分清晰。

晚明清初，士人的處境雖然艱辛，但是，懷抱種族之思、故國之念的士人，仍所在多有，雖不易一一見之於文字之記錄，但是，錢先生書中，於此類行徑，也展轉予以表揚，加以強調，庶幾不埋沒古人之用心，錢先生《中國近三百年學術史》頁九二引呂晚村《四書講義》曰：

> 君臣之義，域中第一大事，人倫之至大，若此節一失，雖有勛業作為，無足以贖其罪者。……看「微管仲」句，一部《春秋》大義，尤有大于君臣之倫為域中第一事者，故管仲可以不死耳，原是論節義之大小，不是重功名也。

呂晚村講解《四書》，至《論語·憲問篇》，子貢問「管仲非仁者與？」孔子答以「微管仲，吾其被髮左衽矣」，而引申以為，「一部《春秋》大義」，方為「域中第一事」，而可以「大于君臣之倫」。錢先生《中國近三百年學術史》頁九三曰：

晚村身為亡國遺民，於此雖耿耿，若骨之鯁之在喉，不吐不快，而終有所顧忌，不敢一吐為快者，故於論「微管仲」一節，獨表其意曰「《春秋》大義，尤有大於君臣之倫」者，此即夷夏也。而晚村又繼之曰「原是重節義，不是重功名」，蓋夷夏之防，定於節義，而搖於功名，人惟功名之是見，則夷夏之防終隳，人惟節義之是守，而夷夏之防可立。

晚村以亡國遺民之身，屈己於異族淫威高壓之下，而假藉講解古籍，以寄寓其一己之心志，其所用心，也極可悲憫，而錢先生書中，為之表白彰顯，使晚村之遺願，更加昭著於世，有功晚村，也有益於世教。錢先生《中國近三百年學術史》頁九二曰：

晚村良不愧清初講朱學一大師，於晦菴門牆無玷其光榮，而余觀其說，頗似梨洲《明夷待訪錄》所論，《待訪錄》成於康熙壬寅、癸卯間，而癸卯梨洲至語溪，館於晚村家，蓋當時交游議論之所及，必有至於是者，故梨洲著之於《待訪錄》，而晚村則見之《四書講義》。

錢先生以為，晚村與梨洲二人，議論所及，有相互影響之處，但也以為，「梨洲《待訪錄》，自晚清以來，極為一時傳誦，而晚村《四書講義》，則注意者渺」，「而外族淫威之深摧嚴抑，足以使學者精神長埋至於數百年而終不顯白，即觀於晚村之事，不足為論清初學術者一至可悲而可畏之例耶」。

錢先生《中國近三百年學術史》頁一三三引王船山《黃書・宰制》之言曰：

> 中國財足自億也，兵足自強也，智足自名也，不以一人疑天下，不以天下私一人，休養厲精，士佻粟積，取威萬方，濯秦患，刷宋恥，此以保延千祀，博衣弁帶，仁育義植之士甿，足以固其族而無憂矣。

船山論治術，極度不滿於秦代與宋代，主要是由於秦宋之君，以私心為政，危害天下，因此，船山甚至稱之為「孤秦陋宋」，加以貶謫，尤其是對於宋代君王，為了私心而削奪藩鎮的兵權，終至外族入侵，禍及而不可挽救，船山最重夷夏之辨，他甚至以為，中國的君位，「可禪可繼可革，而不可使異類間之」（《黃書·原極》），就是這種強烈的種族意識在主導。

錢先生《中國近三百年學術史》頁一七九引顏習齋《存學編·性理評》之言曰：

> 乃前有數十聖賢，上不見一扶危濟難之功，下不見一可相可將之材，兩手以二帝畀金，以汴京與豫矣；後有數十聖賢，上不見一扶危濟難之功，下不見一可相可將之材，兩手以少帝付海，以玉璽與元矣，多聖賢之世，而乃如此乎？噫！

又曰：

> 吾讀《甲申殉難錄》，至「愧無半策匡時艱，惟餘一死報君恩」，未嘗不悽然泣下也。至覽和靖祭伊川，「不背其師有之，有益於世則未」二語，又不覺廢卷浩歎，為生民愴惶久之。

宋代亡於元，明代亡於清，宋明皆亡於異族之手，亦亡於理學極盛之後，故習齋不免有此浩歎，錢先生《中國近三百年學術史》頁一七九曰：

> 宋儒高自位置，每以道德純備，學術通明，自負為直接堯、舜、孔、孟之傳，而漢、唐君相大儒，事功赫奕，宋儒輕之曰「雜霸」。習齋評量宋儒，則不從其道德、學術著眼，即從其所輕之事功立論，蓋宋儒之所輕，正即習齋之所重也。

錢先生討論習齋評議宋儒的意見，也從國家種族之存亡命脈著眼，所以，錢先生也以為，「為天下生民著想，究當孰重孰輕？憑諸儒良心之嘆，又究孰重孰輕乎？此不煩言而決矣」。

錢先生在《中國近三百年學術史》的〈自序〉中曾曰：「斯編初講，正值『九一八事變』驟起。五載以來，身處故都，不啻邊塞，大難目擊，別有會心。」錢先生處身巨變，尚論歷史，以古鑑今，別有會心，在《中國近三百年學術史》頁八〇中說道：「國命之不可一日中斷，政權之不可一日外移，否則，雖以白山黑水一小蠻族，尚足以高踞橫跨於我上，而宛轉及於二百數十年之久，其祚運且與漢唐比隆，而我亦淡焉忘之，習焉安之焉，此豈不至可悲而可惡之事耶！」要之，錢先生敘述近三百年學術史，有感者不止滿清之橫行暴虐，而日寇之侵陵日深，來日大難，方興未艾，亦當是錢先生所深加憂慮繫懷之心事。

(六)表彰風骨節操

明末清初，諸大儒者，身經亡國之痛，怵目屠戮之慘，故於種族大義，特為措心，而於立身行事，風骨節操，也特別加以留意，錢先生書中，對於此一方面，也特別加以表彰。《中國近三百年學術史》頁七七，記述呂晚村之事跡曰：

國變，先生年十六，散萬金結客，往來湖山間，備嘗艱苦，怨家以此訐先生，從子亮功竟自引服論死，先生幸存，不得已，易光輪名。

又曰：

戊午，清廷舉鴻博，浙省以先生為薦，誓死拒之，得免。庚申，郡守復欲舉隱逸，先生乃翦髮為僧，名耐可，字不昧。越三年癸亥，作〈祈死詩〉六篇，末章云：「作賊作曾何者是，賣文賣藥汝乎安。」竟卒。及雍正時，以曾靜之獄，剖棺戮屍，並殺其二子，著述皆禁燬。

呂晚村藉批點《四書》文以紓發其種族思想，身死之後，仍遭戮屍，著述禁燬，所受際遇，最為慘烈，錢先生於其書中，對於呂氏的行事，敘述得也特別詳細。

錢先生《中國近三百年學術史》頁一〇五記述王船山之事跡曰：

張獻忠陷衡州，招先生，執其父為質，先生引刀自刺，為重創狀，舁往易父，賊見其偏創，不能屈，遂父子以計俱得脫。時先生年二十五。清師下湖南，先生舉兵衡山，戰敗，軍潰，遂至肇，瞿式耜薦之桂王，為行人司行人，時年三十一。以劾王化澄，化澄將構大獄陷之死地，會降帥高必正救之，得免，遂至桂林依瞿式耜，清兵克桂林，式耜殉難，先生間道歸楚，遂決計遯隱，時年三十三。嗣是棲伏林谷，隨地託跡，以至於歿。

王船山於抗清失敗，事無可為之後，歸隱山林，專意著述，志節堅卓，及至晚清道咸之間，遺書方逐漸得以面世，錢先生於其書中，對於船山的立身節操，也特別加以表彰。

錢先生《中國近三百年學術史》頁一三四記述顧亭林之事跡曰：

世僕陸恩，叛投里豪葉嵋初，先生歸，持之急，乃欲告先生通海，先生禽之，數其罪，湛之江，僕婿復投葉氏，以千金賄太守，求殺先生，不繫於曹而繫之奴之家，危甚，玄恭求救於錢牧齋，牧齋欲先生稱門下，玄恭知不可，而懼失援，私自書一刺與之，先生聞之，急索刺還，不得，列謁通衢自白，牧齋笑曰：「寧人之卞也」。

又頁一三八記顧亭林之事跡曰：

其在京，徐乾學兄弟嘗延夜飲，亭林怒曰：「古人飲酒，卜晝不卜夜，世間惟淫奔、納賄二者，皆夜行之，豈有正人君子而夜飲者乎！」

顧亭林稟性正直，風骨凜然，前述所記歸莊營救亭林，求之錢謙益而亭林拒之，以及亭林拒絕二甥徐乾學兄弟延請夜飲，皆可見亭林立身大節之不為苟且之事。

錢先生論述近代學術，既措意於表彰學者之人格節操，反之，對於學者們敗德亂行之作為，則也同樣加以貶謫批判，不遺餘力，例如《中國近三百年學術史》頁二四六記閻若璩與顧亭林之論學交往曰：

> 顧氏自稱《日知錄》乃採山之銅，而閻之考證則稱《碎金》，其氣魄精神之迥異，即此兩語可見。閻氏獲交亭林，不能挹其撥亂滌污之深情，顧乃以讀書人淺見，駁正小節，以為亭林之屈服，亦徵其自處之狹矣。

亭林《日知錄》，上篇經義，中篇治道，下篇博聞，體大思精，而閻若璩讀書細心，雖能駁正《日知錄》數條，亦屬小節，然而，遂因此即稱亭林「久乃屈服我」，則不免是閻氏不知自處之道。《中國近三百年學術史》頁二四七記閻若璩與黃梨洲之論學交往曰：

> 潛邱於黃氏書（案指《明夷待訪錄》），絕不能發揮其大義，或加以糾正，仍不過以讀書人見解自炫博辨，潛邱果未為能知黃氏之學者。且梨洲為潛邱序《疏證》，潛邱感念不忘，及其身後，自稱弟子，乃今《疏證》卷四，直呼黃太沖，並不正師弟之稱，

是自師之又自背之矣。尤有甚者，至拈其序文「『人心道心』十六字出《荀子》，為道學之蠹」一語，按之梨洲往日議論，謂：「〈大禹謨〉『人心道心』之言，豈三代下可偽為？」笑其先後互異，若藉此自誇其識解之遠出梨洲上者，而不悟其有乖往昔感激自稱弟子之意，且非學者襟度，方且見笑於通人也。

梨洲為閻若璩《古文尚書疏證》撰寫序文，推崇甚力，若璩感激而稱弟子，後為駁正梨洲之說，而笑其所見先後互異，此心術之乖違，最為錢先生所不恥。《中國近三百年學術史》頁二四八記閻若璩之事蹟曰：

潛邱雖自負，而失意於鴻博，乃暮齒心熱，不忘榮寵，歲癸未（原注：潛邱年六十八），玄燁（按指康熙帝名）巡河過山陽，問：「此中有學問人乎？」或以潛邱答，謂其長於考據，最為精核。隨傳旨召見，以御舟行速，不果。潛邱不勝拳拳，遂命其子詠恭呈〈萬壽詩〉八首（原注：今見《劄記》卷六），《四書釋地》一帙於暢春園，蒙恩見收，玄燁並語侍臣：「閻若璩學問甚優。」詠聞之感泣，馳書報父。潛邱因書屬詠曰：「皇上天章雲爛，草野布衣，皆得望見，汝且勿歸，為我老臣求之，我身若健，或當親來。」適玄燁自口外回京，詠跪迎石匣口山邊河干，懇乞御書。玄燁親問其父子姓名履歷，行數十步，澗水湍急，龍舟飛渡，不獲再奏。事聞於胤禛（按指後雍正帝名），遂以書召潛邱，書到，正值小恙，霍然而起，欣然告其子若孫曰：「吾績學窮年，未獲一遇，今賢王下招，古今曠典，乃斯文之幸也，其可勿赴！」遂以六十九歲力疾至京，竟以不起。

錢先生敘述閻若璩之學術思想，於閻氏之代表著作《古文尚書疏證》，僅於〈潛邱西河辨古文尚書真偽〉一節之內，枚舉其要略，而於〈潛邱之考據及其制行〉一節，詳述其熱衷之行事，實則不無微言要義，寓寄其中，（錢先生此書，記敘學者數十人，僅述及閻若璩，有「制行」一節）故錢先生乃曰：「大抵明末諸遺老，激於世變，力斥心性空談，認為禍殃，然其制行立節，實仍是宋明理學家矩矱，潛邱與亭林、梨洲，身世相接，而意氣精神，竟全不同，殆已不知亭林、梨洲一輩人為學真血脈所在，此種變遷，洵可歎也。」❸也已說明了錢先生對於表彰晚明清初學者人格精神的主要義趣。

❸ 見錢穆：《中國近三百年學術史》頁二四九。

三、結語

錢賓四先生的《中國近三百年學術史》一書，內容博大精深，所敘述的時代，上下達三百年之久，所記述的學者，也為數達數十人之多，在廣袤長久的空間和時間之內，在眾多的學者人物，學術思想之中，錢先生自然有他自己一貫的選擇標準，敘說目的。他在史料的選擇方面，有所取，有所不取，對於學者人物及學術思想的敘說方面，他也有所述，有所不述，自然有他自己的一貫目的。

在學術史的發展流衍上，錢先生主要的觀點，是強調清代學術，與宋明學術的關係，也強調了清代學術，在某些成份上，仍然延續了宋明學術的精神。他不贊成梁任公的意見，認為清代學術，是宋明學術的「反動」。

同時，錢先生在撰寫《中國近三百年學術史》一書之時，正值九一八事變發生不久，國難當前，巨變目擊，雖在故都，猶處邊塞，自然也有不少感懷之念，言外之義，藉著撰寫此書之時，而寄寓其旨意於過往三百年間的史事敘說之中，而有待於閱讀此書的讀者們去細心地抉發與闡釋。

筆者閱讀錢先生此書，略記其讀後之感，約為六項重點，前三點，似可目之為錢先生書中的大義，後三點，似可目之為錢先生書中的微言，只是，錢先生之書，內容豐富，義趣深宏，值得讀者們去再三閱讀，探索不盡，筆者所能窺見者，約略在此，只是不知能否有當於錢先生書中意旨的萬一，尚請喜歡閱讀錢先生此書的同好們，有以正之。

（此文原刊載於國立臺灣大學《紀念錢穆先生百歲誕辰論文集》，民國九十一年十二月出版）

貳拾貳、錢賓四對「清儒學案」之新構想

一、引言

民國三十年前後，正當抗戰極度艱困之際，政府仍然獎掖學術，擬重編宋元明清四朝學案，撰為簡編，頒行中外，推廣閱讀，前三朝學案，分聘學者，依據黃宗羲之《明儒學案》及黃宗羲全祖望之《宋元學案》，刪約為書，《清儒學案》，則邀聘錢賓四先生另行別撰，錢先生時任教於成都齊魯大學國學研究所，依約定字數，約定時間，撰寫完稿。

錢先生所撰之《清儒學案》一書，稿成之後，即付郵寄往重慶之國立編譯館，因抗戰期間，生活艱苦，是書也未克另鈔副本，時宋元明三朝學案之節本，尚未交稿，國立編譯館擬俟全稿交齊，始一併付印。

抗戰勝利，中樞還都，國立編譯館因將有關資料文獻，雇船運返南京，有數箱書，中途

沉沒於長江之中，錢先生所撰之《清儒學案》，也在其內，世人遂不獲得見是書，所幸錢先生所撰該書序目一篇，民國三十一年十一月，曾刊載於四川省立圖書館之《圖書集刊》第三期中❶，今就該書序目，尚可大約窺見錢先生對於《清儒學案》構想之內容大要。

二、錢氏《清儒學案》之內容

有關記述清儒學術之著作，其在清代，較早有江藩之《漢學師承記》及《宋學淵源記》，稍後，有唐鑑之《清學案小識》，迄至民國，又有徐世昌主纂之《清儒學案》。錢賓四先生在〈清儒學案序〉中指出，江藩之書，「僅迄乾嘉，又詳漢略宋，殊嫌不備」。唐鑑之書，「專重宋學義理，而篇末亦附經學，經學之名，復與漢學有別」，「分類之牽強，一望可知」，「唐書盡于道光季年，亦未窮有清一代之原委」。至於徐世昌之書，「全書二百八卷，一千一百六十九人，迄於清末，最為詳備，然旨在搜羅，未見別擇，義理考據，一篇之中，錯見雜出」，「幾成集錦之類書，於精於博，兩無取矣」。對於唐鑑與徐世昌之書，錢先生總括地說，「唐書陋狹，缺於閎通，徐書泛濫，短於裁別」❷，因此，錢先生既不滿於前人之書，才重新構思別撰《清儒學案》一書。

錢先生在〈清儒學案序〉中也提到，「國於天地，必有與立，吾國家民族文化綿歷，迄五千年不弊，厥有一中心力量焉為之潛持而默運者，則儒家思想是也。儒家思想淵源於上古，成熟於先秦，在西漢以迄隋唐則曰經學，在宋明以迄清季則曰理學」，錢先生以為，儒家思想，貫串於整個學術史中，而清代理學，當分四階段論之，一曰「晚明諸遺老」，二曰「順康雍」，三曰「乾嘉」，四曰「道咸同光」，「要之，有清三百年學術大流，論其精神，仍自沿續宋明理學一派，不當與漢唐經學等量並擬，則昭昭無可疑者」，錢先生既然主張，清代學術，仍然沿續宋明理學的精神，因此，當他別撰《清儒學案》之時，便特別指出，「本編所錄，一以講究心性義理，沿續宋明以來理學公案者為主，其他經考據，概不旁及，庶以附諸黃全兩家之後，備晚近一千年理學升降之全，此乃著書體例所關，非由抑漢揚宋，別具門戶私見也」，這一段話的意見，即是錢先生別撰《清儒學案》一書最主要的體例所在。

錢先生別撰的《清儒學案》中，一共收錄了六十四位學者，也分別撰寫了六十四個「學

❶ 錢穆：〈清儒學案序〉，收入錢穆：《中國學術思想論叢》第八冊，臺北，東大圖書公司，民國六十九年三月初版。

❷ 同注❶。

案」，其名目及案主如下：夏峰學案第一（孫奇逢）、梨洲學案第二（黃宗羲）、楊園學案第三（張履祥）、桴亭學案第四（陸世儀）、亭林學案第五（顧炎武）、船山學案第六（王夫之）、石莊學案第七（胡承諾）、程山學案第八（謝文洊）、二曲學案第九（李顒）、習齋學案第十（顏元）、乾初學案第十一（陳確）、萬庵學案第十二（張爾岐）、潛齊學案第十三（應撝謙）、燕峰學案第十四（費密）、潛庵學案第十五（湯斌）、稼書學案第十八（陸隴其）、西河學案第十七（毛奇齡）、恕谷學案第十八（李塨）、圃亭學案第十九（唐甄）、繼莊學案第二十（劉獻廷）、南畇學案第二十一（彭定求）、念魯學案第二十二（邵廷采）、餘山學案第二十三（勞史）、孝先學案第二十四（張伯行）、凝齋學案第二十五（楊名時）、止泉學案第二十六（朱澤澐）、穆堂學案第二十七（李紱）、雙池學案第二十八（汪紱）、榕門學案第二十九（陳弘謀）、翠亭學安第三十（雷鋐）、蘿谷學案第三十一（張秉直）、公復學案第三十二（韓夢周）、謝山學案第三十三（全祖望）、東原學案第三十四（戴震）、易疇學案第三十五（程瑤田）、大紳學案第三十六（汪縉）、尺木學案第三十七（彭紹升）、實齊學案第三十八（章學誠）、子居學案第三十九（惲敬）、次仲學案第四十（淩廷堪）、里堂學案第四十一（焦循）、芸臺學案第四十二（阮元）、鏡塘學案第四十三（姚學塽）、誨叔學案第四十四（潘諮）、鏡海學案第四十五（唐鑑）、四農學案第四十六（潘德輿）、儆居學案第四十七（黃式三）、心伯學案第四十八（夏炘）、生齋學案第四十九（方坰）、竹如學案第五十（吳廷棟）、強齋學案第五十一（李堂階）、默深學案第五十二（魏源）、通甫學案第五十三（魯一同）、羅山學案第五十四（羅澤南）、九江學案第五十五（朱次琦）、東塾學案第五十六（陳澧）、滌生學案第五十七（曾國藩）、筠仙學案第五十八（郭嵩燾）、霞仙學案第五十九（劉蓉）、融齋學案第六十（劉熙載）、儆季學案第六十一（黃以周）、香濤學案第六十二（張之洞）、古愚學案第六十三（劉光蕡）、東甫學案第六十四（鄭杲）。❸

以上錢先生所列出的六十四個學案，陳祖武教授在他所著的《中國學案史》中，曾取與徐世昌的《清儒學案》作出比較，並指出除了蘿谷學案第三十一，徐氏的《清儒學案》未曾著錄之外，其他各案，皆為徐書所有，「或改易原案名，或由附案獨立，無一不在徐書範圍之中。錢先生的意圖很清楚，無非因為他雅好理學，故而將其自重纂學案中突出出來罷了」❹，錢先生別撰《清儒學案》，特別表彰六十四位學者，除了「雅好理學」之外，同時，也是為了「體例所關」，以下，即就錢先生撰寫的《清儒學案》，及其書中所收錄的六十四個學案，嘗試著去作出一些分析。

❸ 同注❶。

❹ 陳祖武：《中國學案史》，臺北，文津出版社，民國八十三年四月初版。

三、從《明儒學案》體例作分析

錢先生在〈清儒學案序〉中曾說：「本編所錄，一以講究心性義理，沿續宋明以來理學公案者為主，其他經籍考據，概不旁及，庶以附諸黃全兩家之後，備晚近一千年理學升降之全，此乃著書體例所關，非由抑漢揚宋，別具門戶私見也。」黃宗羲先行撰成《明儒學案》，然後方著手撰寫《宋元學案》，因此，談到學案的體例，自應以《明儒學案》一書為準。

(一)「明儒」之意義

《明儒學案》凡六十二卷，上自明初方孝孺、曹端開始，下至劉宗周、孫奇逢為止，皆屬明代理學之重要學者，而理學之名，起源較晚，宋代以來，或稱道學（《宋史》有〈道學傳〉），自晚明以下，始稱理學（孫奇逢有《理學宗傳》），然而，黃宗羲於所撰之書，不稱之為道學、理學，而稱之為「儒學」，自必有其緣由，黃宗羲於所撰〈移史館論不宜立理學傳書〉一文中，曾經說道：

> 夫十七史以來，止有儒林，以鄒魯之盛，司馬遷但言〈孔子世家〉、〈孔子弟子列傳〉、〈孟子列傳〉而已，未嘗加以道學之名也，〈儒林〉亦為傳經而設，以處夫不及為弟子者，猶之傳孔子之弟子也，歷代因之，亦是此意，周程諸子，道德雖盛，以視孔子，則猶然在弟子之列，入之〈儒林〉，正為允當。今無故而出之為道學，在周程未必加重，而於大一統之義乖矣。統天地人曰儒，以魯國而止儒一人，儒之名目，原自不輕，儒者，成德之名，猶之曰賢曰聖也。〈道學〉者，以道為學，未成乎名也，猶之曰志於道，志道可以為名乎？欲重而反輕，稱名而背義，此元人之陋也。❺

在此文中，黃宗羲提到了兩項重要的意義，首先，他以為，儒是是「成德之名」，義與聖賢相當，學貫三才，「統天地人」，才可稱之為「儒」，同時，「〈儒林〉亦為傳經而設」，儒學之中，自然也涵攝了傳經之儒。其次，他以為，元人脫脫等修纂《宋史》，於傳統之〈儒林傳〉之外，別立〈道學傳〉，是不適當的作為，他以為，「道學」之名，不如「儒

---

❺ 黃宗羲：〈移史館不宜立理學傳書〉，載李善洪主編：《黃宗羲全集》第十冊，浙江古籍出版社，一九九四年六月。

學」允當，故建議史館，修纂國史之時，不宜再用「道學」之名，而即〈儒林傳〉之名，已足以包含「道學」中之人物。❻

不過，黃宗羲在《明儒學案》的〈發凡〉中曾說：

> 嘗謂有明文章事功，皆不及前代，獨於理學，前代之所不及也，牛毛繭絲，無不辨析，真能發先儒之所未發。❼

因此，黃宗羲在《明儒學案》中，雖然不用「理學」之名，而用「儒學」之名，但是，他卻強調了明代理學的興盛，加以《明儒學案》之中，所記述的，又都是理學家，因此，世人也便往往以為，《明儒學案》，即是專為「明代理學」而作。

㈡「學案」之意義

黃宗羲撰著《明儒學案》，「學案」之名，或者以為仿自劉宗周的《論語學案》，或者以為是仿自禪宗的「公案」，或者以為當上溯朱熹的《伊洛淵源錄》，或者以為更當遠溯於司馬談之論六家要指、《莊子・天下篇》之評論各家學說，❽但是，自從黃宗羲《明儒學案》成書之後，「學案」一名，遂成為敘述學術源流大要之專稱。

至於「學案」一辭之意義，陳祖武教授在所著之《中國學案史》中說道：「所謂學案，就其字義而言，意即學術公案，公案本佛門禪宗語，前哲釋作檔案、資料，至為允當。顧名思義，學案體史籍以學者論學資料的輯錄為主體，合其生平傳略及學術總論為一堂，據以反映一個學者、一個學派乃至一個時代的學術風貌，從而具備了晚近所謂學術史的意義。」❾，梁任公在《清代學術概論》也曾中說道：「《明儒學案》，中國之有學術史，自此始也。」❿如果說，「學案」的意義確實，與「學術史」相當那麼，明代學術，以理學為主，尤其更是以王陽明為代表之理學為主，則《明儒學案》以收錄理學家為主，正好是適當地反

❻《宋史》新立〈道學傳〉，收錄北宋之周敦頤、程顥、程頤、張載、邵雍，以迄南宋之朱熹、張栻、陳淳等人，至於孫復、石介、胡瑗、呂祖謙、陸九齡、陸九韶、陸九淵、葉適、陳亮等人，則又收錄於〈儒林傳〉中，黃宗羲謂「此元人之陋也」，於此也得見一斑。

❼黃宗羲：《明儒學案》，臺北世界書局，民國五十九年六月臺二版。

❽參陳祖武：《中國學案史》，阮芝生：〈學案體裁源流初探〉，載《史源》第二期，國立臺灣大學歷史系，民國六十五年。

❾同注❹。

❿梁啟超：《清代學術概論》，臺北，商務印書館，一九九四年二版。

映了明代學術的主流風貌，因此，提到明代，我們可以說，《明儒學案》、《明代理學史》、《明代學術史》，內容是相當的。

但是，如果提到清代，我們是否也可以說，《清儒學案》、《清代理學史》、《清代學術史》，內容也是相當的呢？

四、從錢氏《清儒學案》內容作分析

錢賓四先生在所撰的《清儒學案》中，一共收錄了六十四個學案，六十四位學者，雖然這六十四位學者，在錢先生而言，都是理學家，都是著重他們的理學造詣，才以之入於《清儒學案》之中，但是，我們仍然可以對於那六十四位學者的學術屬性，再行作出一些分析，當然，為學者的學術性格釐定屬性，極不容易，以下分析，也只能舉出一些較為明顯的例子而已。

㈠明顯為理學家者

例如像孫奇逢、黃宗羲、張履祥、陸世儀、應撝謙、費密、湯斌、陸隴其、李塨、張伯行、楊名時、李紱、陳弘謀、汪縉、彭紹升、唐鑑、潘德興、魯一同、羅澤南、朱次琦、曾國藩、劉蓉等人，其學術重心，很明顯地，都應該是理學，而可稱之為理學家。

㈡明顯為漢學家者

例如像顧炎武、張爾岐、毛奇齡、程瑤田、凌廷堪、阮元、黃式三、魏源、陳澧、黃以周等人，其學術重心，很明顯，都應該是漢學，其學術中之理學成分，頗不多見，而可稱之為漢學家。

㈢以漢學家而兼具理學家身分者

例如像王船山、胡承諾、陳確、邵廷采、全祖望、焦循、郭嵩燾、鄭杲等，其學術重心，仍在漢學，其理學成分，也較顯著者，或可稱之為漢學家而兼理學家。

㈣對宋明理學持反對態度者

例如顏元、戴震，對於宋明理家，抨擊極為嚴厲，就其學術重心而言，既未嘗延續宋明理學之精神，實不易稱之為理學家。

㈤實為理學家而未加以收錄者

錢先生在《清儒學案》中，收錄了六十四位理學學者，其中像謝文洊、朱澤雲、張秉直、吳廷棟、李棠階等人，在當時，聲名多不為人所知，而在理學上造詣頗巨，且又對當時影響頗深者，例如熊賜履、李光地、江永、倭仁等人，則未加收錄。

以上是對錢先生《清儒學案》中六十四位學者的分析，如果我們再取徐世昌所纂輯的《清儒學案》⑪作一比較，則像清代著名的經學家如閻若璩、胡渭、惠棟、莊存與、孔廣森、張惠言、劉文淇、孫詒讓，史學家如萬斯同、萬斯大、王鳴盛、錢大昕、邵晉涵、顧祖禹、顧棟高、洪亮吉，考據學家如段玉裁、王念孫、王引之、盧文弨、王筠、陳奐，科學家如梅文鼎、王錫闡、李善蘭等，錢先生書中，都未嘗收錄，而這些學者，也都是清代學術中的重要人物。清代學術，不止「理學」一途，理學在清代，較之經史考據等學，反而是較輕的一環，如果記述清代學術，只取理學，記述清代某些學者，只取其個人學術中的理學成分，則對於一代的學術而言，對於某些學者而言，則都不免有「取輕捨重」之憾。

五、結語

黃宗羲撰寫《明儒學案》、為「學案」的體例，建立了準則，但是，黃宗羲並未明言，「學案」之體，是專為記述「理學」而作，當然，他也未曾說明，「學案」之體，可以記述其他學術。

黃宗羲曾經強調，明代「理學，前代之所不及」⑫，理學為明代學術之主流，所以，他撰寫《明儒學案》，專門記述明代的理學，是很適當的事，但是，試作假設，假設黃宗羲也撰寫《清儒學案》，他是否仍然專門記述清代的理學呢？

關鍵是，「學案」之體，究竟是專記一代理學的流變？抑或是記述一代學術之風貌？究竟是「理學史」的專稱？抑或可以是「學術史」的通名？錢先生的《清儒學案》，立場自是同於前者，徐世昌的《清儒學案》，觀點可能採取後者，各具見解，很難說是孰是孰非。

民國五十八年，錢先生撰成《朱子新學案》一書，⑬內容分為「思想之部」與「學術之部」，思想之部，分為理氣與心性兩部分，學術之部，分為經、史、文學三部分，經學中又

---

⑪ 徐世昌：《清儒學案》，臺北，國防研究院影印徐世原刊本，民國六十五年十月臺初版。

⑫ 同注❼。

⑬ 錢穆：《朱子新學案》，臺北，三民書局，民國六十年九月初版。

分易、詩、書、春秋、禮、四書，用以記述朱子對於以上思想學術之見解，並於學術之部，附記朱子關於校勘、考據、辨偽、游藝格物等學之意見。

民國六十年左右，錢先生在為文化學院歷史研究所博士班學生講授《中國史學名著》時，曾經說道：

> 《明儒學業》也可說是一部中國的「學術史」。

又說：

> 當然，黃梨洲是一個講陽明之學的，他的《明儒學案》，只以陽明為中心，但我們也不得認為這是他的偏見，或是他的主觀，因明代理學本來是以陽明為中心，恰恰梨洲是這一派，他的書當然以陽明為中心，既非偏差，而由他寫來，也能勝任。如諸位研究清人的學案，那就一定該通經學考據，因清代學術最重要的成就便在此，你若不通經學考據，如何來講清代人的學問？所以《明儒學案》偏重王學，是應該的。⑭

錢先生的看法，已經與他早年的見解，略有差異，值得誦讀錢先生著述者，加以注意及之。

（此文原刊載於東吳大學《錢穆學術思想研討會論文集》，民國九十二年六月出版）

---

⑭ 錢穆：《中國史學名著》，臺北，素書樓文教基金會，民國九十年二月。

貳拾參、熊十力表彰〈儒行〉之時代意義

一、引言

熊十力（一八八五—一九六八）是當代著名的哲學家，清光緒十一年，出生於湖北省黃岡縣，民國五十七年，逝世於上海，享年八十四歲。

一九二〇年（民國九年），熊先生三十六歲，曾在南京支那內學院，從歐陽竟無潛習佛法，一九二二年（民國十一年），熊先生任教於北京大學，逐漸歸宗大《易》，講學會通儒佛，一九三二年（民國二十一年），出版《新唯識論》，一九三七年（民國二十六年）七月七日，蘆溝橋事變發生，抗日戰爭全面展開，次年，熊先生前往重慶，先後講學於馬一浮先生主持之復性書院及梁漱溟先生主持之「勉仁書院」。一九四五年（民國三十四年）抗戰末期，熊先生完成《讀經示要》一書，是年十二月，由重慶南方印書館出版。

在《讀經示要》之中，熊先生除了指示六經的要義之外，還特別表彰了《禮記》中的〈大學〉與〈儒行〉兩篇，〈大學〉曾被朱子收入《四書》之中，其重要性，自不待言，熊先生於表彰〈大學〉之外，特別表彰〈儒行〉，則應有特別的意義存在。

以下，即從社會背景與詮釋重點，分別探討熊先生表彰〈儒行〉的時代意義。

二、熊氏表彰〈儒行〉之社會背景

熊十力先生完成《讀經示要》，雖然已在一九四五年（民國三十四年），但是，在此之前的二、三十年之中，整個社會的文化風氣，卻必然會影響到熊先生撰述《讀經示要》時的心境，也影響到熊先生表彰〈儒行〉篇的用心。此種社會背景，可以從以下幾方向加以敘說。

㈠學術界盛行貶儒議論

晚清時代，西力東漸，國人震驚於西方船堅砲利之餘，競尚新學，傳統文化，多遭蔑棄，迄至民國，其勢未已，五四時期，倡導新文化，而反孔反儒之風，尤為熾盛，舉其要者而言，如：

一九〇〇年（光緒二十年），章太炎先生撰《訄書》，一九〇四年（光緒三十年），再版修訂，其中〈訂孔〉一篇，開始即引日人遠藤隆吉《支那哲學史》之言曰：「孔子之出於支那，實支那之禍本也。」❶然後評論孔子，以為「孔氏之聞望過情」，對於孔子自屬貶辭。

一九一〇年（宣統二年），章太炎先生撰《國故論衡》❷，其中有〈原儒〉一篇，依據《墨經》，將「名」分為達、類、私三者的說法，將「儒」區分為達名之儒、類名之儒、私名之儒，而達名之儒，則據《說文》，以為是「術士」之稱，又據《史記‧儒林傳》言「秦之季世阬術士」，以證術士即是儒生，儒生亦等同於巫祝之史。

一九三四年（民國二十三年），胡適之先生在中央研究院《歷史語言研究所集刊》中，發表了〈說儒〉❸一篇長文，文中主要的觀點，指出「儒是殷民族的教士，他們的衣服是殷服，他們的宗教是殷禮，他們的人生觀是亡國遺民的柔遜的人生觀」，他們是殷商亡國之後，「淪為奴隸，散在民間」的遺民，而儒者的職業是「治喪相禮」，他們是「殷禮的保存者與宣教師」。傳統的儒生學士，在胡適之先生筆下，淪為治喪相禮的術士。

❶ 章太炎：《訄書》，臺北，世界書局，一九七一年十一月。

❷ 章太炎：《國故論衡》，臺北，廣文書局，一九六七年十一月。

❸ 胡適：〈說儒〉，中央研究院《歷史語言研究所集刊》第四本第三分，上海，一九三四年。

一九三五年（民國二十四年），馮友蘭先生在《清華學報》第十卷第二期發表了〈原儒墨〉❹一文，主張「儒不必與殷民族有關」，「儒之起是起於貴族政治崩壞以後，所謂官失其守之時」，「他們散在民間，以為人教書相禮為生」，這一觀點，也與胡適先生的看法相同。至於一些「有知識的貴族，因落魄而亦靠其知識生活」，則是對於胡適先生的看法，稍作修正而已。

一九三七年（民國二十六年），郭沫若先生發表了〈駁說儒〉❺一文，針對胡適以「三年之喪為殷禮」的說法，指出由甲骨卜辭中所顯示的，殷代並無實行「三年之喪」的事實，郭氏此文，後來收入所著的《青銅器時代》之中。

從以上幾位當時極負盛名的學者的著作中，我們已可發現，從清末到民國，三十年間，學術界對於儒學與孔子的討論，負面的評論，已經成為論述的主題。

(二)社會上彌漫反孔氣氛

學術界貶儒貶孔的論述，既已如是，在一般社會文化方面，則更是彌漫著一股反孔反儒的風氣。

一九一五年（民國四年）九月十五日，陳獨秀所辦的《新青年》❻雜誌出版，內容的重點，強調了民主、反孔、及文學革命。

一九一六年（民國五年）八月一日及九月一日，於《新青年》第一卷第六號，易白沙發表〈孔子平議〉上下篇，以為孔子之學，不過是先秦九流之一，主張君權，漫無限制，易成為獨夫專制，孔子講學，不許問難，易成思想專制，孔子但重作官，不重謀食，易入民賊牢籠，孔子及其弟子，皆抱有帝王思想，故為獨夫民賊作百世之傀儡。

一九一六年（民國五年）十月一日，陳獨秀於《新青年》第二卷第二號發表〈駁康有為致總統總理書〉，反對康有為致書總統黎元洪、總理段祺瑞，欲立孔教為國教。

一九一六年（民國五年）十一月一日，陳獨秀於《新青年》第二卷第三號，發表〈憲法與孔教〉一文，反對干涉憲法，反對於憲法〈天壇草案〉中第十九條，附以尊孔之文。

一九一六年（民國五年）十二月一日，陳獨秀於《新青年》第二卷第四號，發表〈孔子之道與現代生活〉，主張孔教不適於現代的日用生活。

一九一七年（民國元年）一月一日，陳獨秀於《新青年》第二卷第五號，發表〈再論孔教

❹ 馮友蘭：〈原儒墨〉，載《清華學報》第十卷第二期，一九三五年四月。

❺ 郭沫若：〈駁說儒〉，載《青銅時代》，香港，明石文化國際出版公司，二〇〇四年。

❻ 《新青年》，上海書店影印，一九八八年。

問題〉，以為孔子不論生死，不語鬼神，並非宗教，故不可垂之憲法，定為國教。

一九一七年（民國六年）二月一日，吳虞於《新青年》第二卷第六號，發表〈家族制度為專制主義之根據論〉，批評儒家以孝弟二字為兩千年專制政治家族制度聯結之根幹，其流弊不減於洪水猛獸。

一九一七年（民國六年）三月一日，吳虞於《新青年》第三卷第一號發表〈讀荀子書後〉，以為「孔學之流傳於後，荀卿之力居多，孔教之遺禍於後世，亦荀卿之罪為大」，進而以為，中國專制之局，實由於秦始皇成之，李斯助之，荀卿啟之，孔子教之也。

一九一七年（民國六年）六月一日，吳虞於《新青年》第三卷第四號，發表〈儒家主張階級制度之害〉，以為孔子主張尊卑貴賤之階級制度，兩千年來不能剷除，故專制之威愈行愈烈，故人民不克享受平等自由之幸福。

一九一七年（民國六年）七月一日，吳虞於《新青年》第三卷第五號，發表〈儒家大同之義本於老子說〉，以為儒家大同思想，乃受老子學說之影響而來。

一九二一年（民國十年）六月十六日，胡適發表〈吳虞文錄序〉，提到「吳先生和我的朋友陳獨秀是近年來攻擊孔教最有力的兩位健將」，也提到「我給各位中國少年介紹這位四川省隻手打孔家店的老英雄——吳又陵先生」。

這些都是社會上文化界對於反儒反孔，配合著「打倒孔家店」、「打倒吃人的禮教」，所營造出來的氣氛和意見。

㈢抗戰進入艱苦階段

一八九四年（清光緒二十年），日本侵略中國，與北洋艦隊戰於黃海，清兵失敗，中日簽訂馬關條約，賠款之外，割讓臺灣、澎湖予日本。

一九三一年（民國二十年），日軍進攻瀋陽，侵佔東三省，是為「九一八事變」。

一九三七年（民國二十六年）七月七日，日軍進攻河北省宛平縣蘆溝橋，我軍奮起抵抗，是為「七七事變」，是為全面抗戰的開始。

八年抗戰，持繼進行，迄至一九三九年（民國二十八年）為止，中國當時所有的一百零一所大學，已有五十二所被日軍摧毀，已有十五所大學遷至西南大後方，華北許多學校，大規模地遷移，當時交通極為不便，運輸工具，極為簡陋，許多大中學生，由師長率領，間關萬里，徒步跋涉，前往後方，往往需要展轉幾個月的時間，沿途既要忍受饑寒疾病的痛苦，又要隨時防備日本飛機的轟炸，沿途犧牲的師生，不在少數（著名的目錄學家姚名達，即在遭遇日軍突襲時為保護學生，奮勇抵抗而犧牲），在那種艱辛的環境中，教師學生一有機會，仍然弦誦不輟，著述研究，也完成了許多不朽的著作，培育了許多優秀的學生，像熊十力的《讀經示要》、董作賓的《殷曆譜》、全岳霖的《論道》、錢穆的《國史大綱》、馮友蘭的《貞元六書》、楊樹達的《春秋大義述》，便都是撰成於抗戰的漫天烽火之中，而像楊振寧、李政道，也正是當年在戰爭威脅下刻苦力學的傑出學生。

一九三七年（民國二十六年），七七事變發生，七月八日，熊十力先生化裝成商人，離開北平，返回湖北黃岡，次年春天，進入四川。一九四四年（民國三十三年）年初，熊先生起草《讀經示要》，一九四五年（民國三十四年）九月三日，日本無條件投降，十二月《讀經示要》由重慶南方印書館出版，一九四七年（民國三十六年）春天，熊先生由重慶，乘船東下，返回北京大學。

綜計抗戰軍興，熊十力避寇入川，先後在四川居住了近十年之久，而撰寫《讀經示要》一書之時，正值抗戰進入晚期，日軍垂死反撲，國家處境最為艱困之際。熊先生經歷抗戰歲月，對於日寇之殘暴，國家之犧牲，親身目睹，在講學樂山復性書院時，且曾遭遇日本軍機的轟炸，書稿俱焚，幸僅傷及右膝。因此，熊先生在《讀經示要》書中，特別表彰〈儒行〉一篇，實則也有針對當時的社會環境，學術風氣，民族前途，而有其感慨激勵之用心存在。

三、熊氏闡釋〈儒行〉之內容重點

從清末到民國，社會上充滿了反傳統、反孔學的氣氛，及至日本侵華，抗戰軍興，熊先生間關千里，前往四川，所見所感，激起他對傳統文化力挽危難的用心，一九四四年（民國三十三年）底，他起草《讀經示要》，提出了「經為常道，不可不讀」的呼籲，同時，他在書中，提到「〈大學〉、〈儒行〉二篇，皆貫串群經，而撮其要最，詳其條貫，揭其宗旨，博大宏深，蓋皆以簡少之文，而攝無量義也。二三子讀經，從此入手，必無茫然不知問津之感。讀盡《六經》之後，又復迴玩二篇，當覺意思深遠，與初讀時，絕不相同」❼，因此，他在《讀經示要》之中，於《六經》之外，特別表彰了〈大學〉與〈儒行〉兩篇，在表彰〈大學〉時，熊先生表示「〈大學〉總括《六經》旨要」，「不會《六經》精神，讀〈大學〉可會其精神」，至於在表彰〈儒行〉時，熊先生所強調的重點，則大約有以下幾項：

㈠宏揚儒學剛健精神

❼ 熊十力：《讀經示要》，臺北，明文書局，一九九九年，九月。

在原始儒學中，本來即具有剛健的精神存在，像《周易．乾卦》說：「九三，君子終日乾乾，夕惕若，厲无咎」。又〈乾卦〉的〈象傳〉也說：「天行健，君子以自強不息。」便都是強調了君子的行為，當效法剛健的天道，在《論語．子罕》中，也提到：「三軍可奪帥也，匹夫不可奪志也」。提出君子當以尚志為主。《孟子．滕文公》也說：「居天下之廣居，立天下之正位，行天下之大道，得志與民由之，不得志獨行其道，富貴不能淫，貧賤不能移，威武不能屈，此之謂大丈夫。」也塑造了一種大丈夫的形象，作為儒者人格的典範。

〈儒行〉原是《禮記》的一篇，撰成的時代，大約在戰國末期，秦統一天下之前❽，〈儒行〉繼承了原始儒學積極的精神，也發揮了儒學中剛健一面的人格特質，例如〈儒行〉近人章云：

> 儒有不寶金玉，而忠信以為寶，不祈土地，立義以為土地，不祈多積，多文以為富，難得而易祿也，易祿而難畜也，非時不見，不亦難得乎，非義不合，不亦難畜乎，先勞而後祿，不亦易祿乎，其近人有如此者。

熊十力《讀經示要》云：

> 人人能不求土地，而立義以為土地，則侵奪之患可熄，世界大同，義理富於內，積天下之財，何以易此乎？難得，言其進德修業，皆得力於難也，《論語》「仁者先難兩後獲」是也。……《易》乾之初九，「潛龍勿用」，則非時不見也，德未成，不可以教人。見未正，不可遽持之以號召當世。乃至有所發明，而未經證實，不輕宣布。將改造治制，而群情未協，不可鹵莽以行破壞，皆非時不見義也。從來注家，專就個人出處言，殊失經義。❾

在詮解〈儒行〉此章時，熊先生特別強調「人人不求土地，而立義以為土地」的重要性，以及強調「將改造治制，而群情未協，不可鹵莽以行破壞」，都不免含有針對清末民國以來的政治改革運動，有所感而發的心情存在，而希望國人從事改革，要以審慎的態度對之。又如

---

❽ 參胡楚生：〈儒行〉考證，載《書目季刊》第十八卷第四期，「屈翼鵬院士逝世六週年紀念專號」，一九八六年四月。

❾ 熊十力：《讀經示要》，臺北，明文書局，一九九九年九月，下引並同。

〈儒行〉特立章云：

儒有委之以貨財，淹之以樂好，見利不虧其義，劫之以眾，沮之以兵，見死不更其守，鷙蟲攫搏，不程勇者，引重鼎，不程其力，往者不悔，來者不豫，過言不再，流言不極，不斷其威，不習其謀，其特立有如此者。

熊十力《讀經示要》云：

樂好之淹留，貨財之委屬，皆易使人醉利而忘義也，王念孫曰：「不程勇者，當作不程其勇，與下不程其力對文。」搏猛引重，不量勇力堪之與否，當之則往也，雖有負者，後不悔也，其所未見，亦不豫備，平行自若也，案此皆所以美勇氣，不可有一毫自餒處，天下之大勇，亦必於日常所觸險難，涵養得來。……不斷其威，謂當以威嚴自持也，不斷，謂不間斷，一念偶爾悠忽，即中無主，而威重失。不習其謀，謂勇於行義，故不習謀，習者數數也，謀之必周，而不可數數過計，過計，則利害之私，將炫於中，而不果於行矣。搏猛引重諸語，或以為害於義理，吾意不然，儒兼任俠，其平居所以養其勇武者固如是。

在詮解〈儒行〉此章時，熊先生特別強調「天下之大勇亦必於日常所觸險難處，涵養得來」，又強調「搏猛引重諸語，或以為害於義理」，然而「儒兼任俠，其平居所以養其勇武者固如是」，也都是表彰儒者本具有卓然特立的精神，果決勇敢之氣魄。又如〈儒行〉剛毅章云：

儒有可親而不可劫也，可近而不可迫也，可殺而不可辱也，其居處不淫，其飲食不溽，其過失可微辨，而不可面數也，其剛毅有如此者。

熊十力《讀經示要》云：

愚案人不能無過失，儒者能容人之微辨，則未嘗怙過而阻人之忠告也，面數則以盛氣凌人，意氣纔動，自有苛求過深處，有誣且辱之嫌，故儒者不受也。

在詮釋〈儒行〉此章時，熊先生強調「儒者能容人之微辨」，但不受人盛氣相凌之「面數」，以至有「誣且辱之嫌」，此則表彰儒者以義自防，有自治之勇，有剛毅之行也。又如〈儒行〉規為章云：

儒有上不臣天子，下不事諸侯，慎靜而尚寬，強毅以與人，博學以知服，近文章，砥厲廉隅，雖分國，如錙銖，不臣不仕，其規為有如此者。

熊十力《讀經示要》云：

博學，則易自恃以輕人，須知理道無窮，合古今中外學者之所得，其以測夫無窮者，終無幾何，而我一人之學，雖博，又幾何耶，前乎我者，有一長足以遺我，我受其恩，不敢不服，況其德慧純備，發明至道，精思妙悟，創通物理者乎，並乎我者，例前可知，夫學愈博，而愈見理道無窮，擇善不容稍隘也，故云知服，知服者，知服善也。妙哉此一知字，人之不服善者，唯其無知故也，寄跡世間，忘懷榮利，量超乎宇宙，德侔乎造化。

在詮解〈儒行〉此章時，熊先生強調儒者因能「博學」，知世俗「理道無窮」，故能有服善敬賢之心，且能不臣於天子，不事乎諸侯，而能「忘懷榮利」，其心胸度量，超然物外也。要之，〈儒行〉篇中所記儒者剛健之行為，最足以對治世間以「柔」釋「儒」之弊病，故熊先生於〈儒行〉此等處，格外予以表彰，而希望轉變世人對儒學之誤解。

㈡批評理學柔弱特質

熊十力先生表彰〈儒行〉，他的目的，在於「上追晚周儒風，以為來者勸」，相對地，他對宋明理學家之偏主內聖，近乎柔弱，則提出了強烈的批評，他說：

> 北宋諸老先生，竟未有表章〈儒行〉者，程伊川且甚排斥之，《遺書》卷十七云：「〈儒行〉之篇，並無義理，如後世游說之士，所謂誇大之說，觀孔子平日語言，有如是者否？」伊川為宋學宗師，其斥〈儒行〉如此。宜乎理學末流，貌為中庸，而志行畏葸，識見淺近，且陷於鄉愿而不自覺其惡也。

熊先生對於理學宗師程頤，尚且有所批評，對於理學末流，陷於鄉愿，自是極表痛心，他以為：

兩宋理學，大抵不脫迂謹，末流遂入鄉愿，近人詆程朱諸師為鄉愿，此無忌憚之談。但理學末流誠不佳，明儒變宋，則陽明子雄才偉行，獨開一代之風，然末流不免為狂禪，或氣矜之雄，卒以誤國。陽明教人，忽略學問與知識，其弊宜至此也。〈儒行〉首重夙夜強學以待問，又曰「博學不窮」，曰「博學知服」，陽明卻不甚注意及此，故不能無流弊。宋明諸儒，本無晚周儒者氣象，宜其不解〈儒行〉也。近時章太炎，嫉士習卑污，頗思提倡〈儒行〉，然只以高隱任俠二種視之，則其窺〈儒行〉，亦太淺矣。

《論語・子路》中記孔子之言說：「不得中行而與之，必也狂狷乎，狂者進取，狷者有所不為也。」中行固然是理想的行為，但稍有不慎，卻易陷入於鄉愿之途，「鄉愿，德之賊也」，「刺之無刺，舉之非舉，而不可入於堯舜之途」，故孔子勉人致力塑造人格，由狂狷起腳，較無流弊，而宋明理學家理想雖高，卻易於陷入偏弊，產生流弊，故熊先生以為，宋明諸儒，本無晚周儒者氣象，故於〈儒行〉此章之解，加以批評。熊十力先生又云：

> 十五儒，顯晦異跡，而行事皆出乎中正，不審伊川何故斥為迂誇也。今略舉其大者，如「夙夜強學以待問」，「聞善以相告，見善以相示」，即夫子己欲立而立人，己欲達而達人之旨。佛氏度眾之宏願，亦同〈儒行〉。「世治不輕，世亂不沮」，其經綸宇宙之弘規偉略，於是可見。「不臨深而為高，不加少而為多」，則所以察群變，通群情，而司其化者，可謂至矣。「同弗與，異弗非」，道並行而不相悖，萬物並育而不相害，可謂善體天地之化，自由之極則也。

因此，熊先生批評理學家，大抵不脫迂謹，末流遂入鄉愿，所以，對於程頤之排斥〈儒行〉，便深不以之為然，對於王陽明之心學，也以為「陽明教人，忽略學問與知識」，「末流不免為狂禪」，從整個思想史的發展來看，熊先生對宋明理學家的評論意見，要當不失為中肯的批判。

要之，熊先生深會孔孟思想，精熟宋明理學，因此，當抗日戰爭期間，目擊國難，感慨尤多，故對於理學家之流於纖柔，也格外能抉發其缺失。

㈢指陳社會風氣萎靡

滿清末年，政治腐敗，國勢大衰，外患頻仍，戰禍連年，引來許多列強的侵凌，訂立許多不平等條約，民心士氣，均大受影響，社會上的淳厚風氣，逐漸敗壞，至於辛亥革命以後，軍閥爭鬥，據地稱雄，黨同伐異，社會人民，受苦益深，風氣益加萎靡，熊十力先生對於這種現象，深加痛惜，也想從人心世道方面，加以挽救，他說：

> 今世衰俗敝，有過五季，貪污、淫靡、庸闇、污賤、浮誑、險猜，毫無人紀，吾為此懼，爰述〈儒行〉。

又說：

> 吾國民元以來，黨人如敦〈儒行〉，則不至以私欲比黨而禍國。

又說：

> 民國以來，黨禍至烈，使〈儒行〉脩明，當不至此。

熊先生目睹世道衰微，人心陷溺，風氣萎靡，因此，他希望藉著宣揚〈儒行〉，從而達到挽回沉淪，重振人心的目的。〈儒行〉憂思章云：

> 儒有今人與居，古人與稽，今世行之，後世以為楷，適弗逢世，上弗援，下弗推，讒諂之民，有比黨而危之者。身可危也，而志不可奪也，雖危起居，竟信其志，猶將不忘百姓之病也，其憂思有如此者。

熊十力《讀經示要》云：

> 儒者志氣高厚，與古之大人合，必不與並世愚賤者合，正義：「楷，法式也。」言儒者行事，以為後世楷模。儒者當昏亂之世，其志氣上同於天，其前識，遠燭未來，而知當世之所趨，孰為迷失道以亡，孰為開物成務而吉，其定力則獨挽頹流，而特立不懼，其大願，則孤秉正學，以爍群昏，百獸躑躅，而獨為獅子吼，雖所之與世左，「上弗援，下弗推」，儒者身窮而道不窮也。民德民智之未進，而相比黨，以圖政柄，則黠桀者為之魁，而無知之氓附之，相與顛倒是非，變亂黑白，諂行，而正士

危，古今所同慨，〈儒行〉一篇，其七十子後學當戰國之衰而作乎，憂患深矣。「身可危也，而志不可奪也，雖危，起居竟信其志」，鄭注：「起居，猶舉事動作，信讀伸。」言眾雖危亡，而行事舉動，猶能伸己之志謀，不變易也。「猶將不忘百姓之病也」，孟子所謂天下有飢溺，猶己飢溺之也，佛氏大悲眾生，亦此志。

在詮解〈儒行〉此章時，熊先生因為有感於當時社會風氣之萎靡，所以特別強調儒者面對此等情況，應該具備憂世濟民之志，「不忘百姓之病」，方能秉持素志，力求挽救沉淪。

要之，熊先生在抗戰時期，目睹當時社會情況，憂思極深，故於詮解〈儒行〉之時，作大海潮音獅子吼，希望有所匡濟，也是書生報國一番深心的表現。

(四)激勵國人承擔氣概

抗戰晚期，國事蜩螗，熊十力先生在闡釋〈儒行〉時，也特別激勵國人，鼓舞士子，刻苦力學，勇於承擔，從而對於拯救國家民族的危亡，貢獻一己的力量。〈儒行〉自立章云：

儒有忠信以為甲胄，禮義以為干櫓，戴仁而行，抱義而處，雖有暴政，不更其所，其自立有如此者。

熊十力《讀經示要》云：

暴亂之政，儒者必結合群策群力，以圖改革，不以險難而更其志操也。

在詮解〈儒行〉此章時，熊先生所強調的，是儒者具有以兼善天下為己任的氣概，雖遇艱難困苦，也當廣結志士，力謀改易，共挽危亡，以登民眾於衽席。又如〈儒行〉儒仕章云：

儒有一畝之宮，環堵之室，篳門圭窬，蓬戶甕牖，易衣而出，并日而食，上答之，不敢以疑，上不答，不敢以諂，其仕有如此者。

熊十力《讀經示要》云：

此節蓋言固窮高隱之儒，雖不任政，而國君時與咨詢政事，必盡直道，仕本訓學，不

> 必入官之謂仕也，此言貧而樂學也，若為小官，則無由為上所答矣。

在詮解〈儒行〉此章時，熊先生強調，儒生當國難之時，應當爭取機會，貢獻所學，繫心廣大，不為一己自身之謀，而應以國族安危為己任。又如〈儒行〉特立獨行章云：

> 儒有澡身而浴德，陳言而伏，靜而正之，上弗知也，麤而翹之，又不急為也，不臨深而為高，不加少而為多，世治不輕，世亂不沮，同弗與，異弗非也，其特立獨行有如此者。

熊十力《讀經示要》云：

> 天下有甚深之淵，謂潛伏之勢力也，從來政治社會等等方面，當某種勢力乘權，而弊或伏，則將有反動思想醞釀而未形，積久，則乘勢者不戒，而弊日深，於是反動之勢，益增盛而不可遏，故御世之大儒，常思天下之利，或失之於不均，而流極難挽，天下之巨禍，或伏於無形，而爆發可憂，故不可以我之足以臨乎其深潛之勢而制之，

> 遂自居高，以為無患也，當思危，而求均平之道耳，……世亂不沮，世亂，則人皆退沮，儒者早察亂源於無事無日，凡社會上經制之不平，政治上舉措之大過，儒者皆詳其理之所未當，勢之所必趨，流極之必至於已甚，故當亂之已形，恆奮其大勇無所怖畏之精神，率群眾以革故取新，《易》所謂開物成務是也，……古之所謂特立獨行者，出乎其類，拔乎其萃，不與時風眾勢俱靡，常能包通萬有，含弘光大，先天下而開其物，成其務者也，漢以來經師之學，解不及此，乃以偏至之行，或曲謹之節，說為特立獨行，則其狹小亦甚矣。

在詮解〈儒行〉此章時，熊先生強調了「御世之大儒」，當「常思天下之利」，也應「奮其大勇無所怖畏之精神，率群眾以革故取新」，才是〈儒行〉此章所謂儒者「特立獨行」，承擔大任的精神。

要之，熊先生身當抗日戰爭，國族阽危之際，表彰〈儒行〉，自然有激勵國人，勇敢承擔之心意在也。

四、結語

熊十力先生早年研究佛學，及講學北大，歸宗大《易》，會通儒佛，著《新唯識論》，至於年事漸長，更歷艱困，心有所感，乃著《讀經示要》，倡導讀經，他說：「夫《六經》廣大，無所不包通，而窮極萬化真源，則大道恆常，人生不可不實體之也。若乃群變無常，敷宣治理，莫妙於經。」又說：「立人極，奉天常，正性分，利群生，莫大乎經學，豈可一日廢而不講耶？」但是，《六經》浩繁，其旨深微，故熊先生於《讀經示要》中，提示《六經》要旨之外，也特別表彰〈大學〉及〈儒行〉兩篇，他說：「經旨廣博，〈大學〉為之總括，三綱八目，範圍天地，乾坤可毀，此理不易，續述〈儒行〉，皆人生之至正至常，詎可不力踐者。故經者常道，不可不讀。」又說：「〈大學〉、〈儒行〉二篇，皆貫穿群經，而撮其要最，詳其條貫，揭其宗旨，博大宏深，蓋皆以簡少之文，而攝無量義也。二三子讀經，從此入手，必無茫然不知問津之感。讀盡《六經》之後，又復迴玩二篇，當覺意思深遠，與初讀時，絕不相同。」

要之，熊十力先生於抗日戰爭晚期，有感於日寇侵略，國步艱難，社會萎靡，欲振興民族，激勵人心，故於所著《讀經示要》之中，提倡士子多讀經書之餘，又特別表彰〈大學〉與〈儒行〉兩篇，實有其特殊之時代意義在也。

貳拾肆、陳援庵《通鑑胡注表微》中「表微」之方法例釋

一、引言

北宋司馬光（一〇一九—一〇八六）所撰《資治通鑑》一書，凡二百九十四卷，編年記事，上起戰國三家分晉，下迄五代周世宗之征淮南，記述一千三百六十二年之史事，舉凡國家興衰之跡，生民休戚之事，其善可為法，惡可為戒者，皆一一為之著錄，誠編年史之鉅構也。

南宋胡三省（一二三〇—一三〇二），號身之，理宗寶祐中進士，宋亡之後，隱居不出，撰《資治通鑑注》，歷三十年，其稿三度遺失，而艱辛為之，終底於成，號稱精洽，《資治

稱賅備。

新會陳垣（一八八〇—一九七一）教授，號援庵❶，於抗日戰爭晚期，身居北平，讀《資治通鑑》，「因念胡身之為文（天祥）、謝（枋得）、陸（秀夫）三公同年進士，宋亡，隱居二十餘年而後卒，顧《宋史》無傳，其著述，亦多不傳，所傳僅《鑑注》及《釋文辨誤》，世以是為音韻之學，不之注意，故言浙東學術者，多舉深寧（王應麟）、東發（黃震），而不及身之。自考據學興，身之始以擅長地理稱於世。然身之豈獨長於地理已哉！其忠愛之忱見於《鑑注》者不一而足也。今特輯其精語七百數十條，為二十篇，前十篇言史法，後十篇言史事，其有微旨，並表而出之，都二十餘萬言，庶幾身之生平抱負，及治學精神，均可察見，不徒考據而已」❷，陳援庵教授所撰《通鑑胡注表微》一書，共有二十篇，計為〈本朝篇第一〉、〈書法篇第二〉、〈校勘篇第三〉、〈解釋篇第四〉、〈避諱篇第五〉、〈考證篇第六〉、〈辨誤篇第七〉、〈評論篇第八〉、〈感慨篇第九〉、〈勸戒篇第十〉、〈治術篇第十一〉、〈臣節篇第十二〉、〈倫紀篇第十三〉、〈出處篇第十四〉、〈邊事篇第十五〉、〈夷夏篇第十六〉、〈民心篇第十七〉、〈釋老篇第十八〉、〈生死篇第十九〉、〈貨利篇第二十〉。此二十篇，乃陳援庵先生針對胡三省《資治通鑑注》之內容，所歸納而得之重點，此二十篇，睹其名稱，略可識其各篇之要義，援庵先生，即就此二十篇中錄出之《通鑑》及《胡注》，尋覓胡氏所寄寓其中之微旨，分別加以表彰，而其「表微」之方法，綜合而言，則主要在於「陳古證今」，借用古代史事，以比喻推求後代之史事，而尤措心於南宋末年史事之隱喻，至於細為分析，則陳氏「表微」之方法，則可分析為六項重點：其一、於考據之外以意逆志而求之。其二、於胡氏感慨古今史事中求之。其三、於胡氏直指為某事者求之。其四、於胡氏深加鑒戒處求之。其五、於胡氏藉古人自況處求之。其六、於陳氏自身之感觸中求之。以下，即就上述六項重點，分別舉例，並加闡釋。

二、「表微」之方法

㈢於考據之外以意逆志而求之

❶ 陳垣字援庵，廣東新會人，為當代著名之史學家，與陳寅恪有史學二陳之稱，民國十八年至三十八年，任輔仁大學校長，民國三十七年，當選中央研究院第一屆院士。

❷ 見陳垣：《通鑑胡注表微》（以下簡稱《表微》），書前〈小引〉，臺北，洪氏出版社，民國六十九年十月，下引並同。

1.《資治通鑑》記曰：

（唐玄宗）開元十二年，命南宮說測南北日晷極星。

《胡注》曰：

溫公作《通鑑》，不特紀治亂之跡，至於禮樂歷數，天文地理，尤致其詳。讀《通鑑》者，如飲河之鼠，各充其量而已。（二一二）

《表微》曰：

《通鑑》之博大，特於此著明之。清儒多謂身之長於考據，身之亦豈獨長於考據已哉！今之表微，固將於考據之外求之也。❸

今案史學徵實，必資於考據，然而胡三省身遭亡國之痛，隱居注史，別具微旨，寓寄於《通鑑》注釋之中，不便顯白言之，故援庵先生，探索其隱微之意，又豈能以考據明白求證加以申張？故乃曰，「今之表微，固將於考據之外求之也」。

2.《資治通鑑》又記曰：

> 唐文宗太和八年，時李德裕、李宗閔各有朋黨，上患之，每歎曰：「去河北賊易，去朝廷朋黨難。」溫公論之曰：文宗苟患群臣之朋黨，何不察其所毀譽者為實為誣，所進退者為賢為不肖，其心為公為私，其人為君子為小人。乃怨群臣之難治，是猶不種不芸，而怨田之蕪也。

《胡注》曰：

> 溫公此論，為熙、豐發也。（二四五）

---

❸ 見《表微》，頁三一。

《表微》曰：

古人通經以致用，讀史亦何莫非以致用。溫公論唐事，而身之以為「為熙、豐發」，陳古證今也。昔孔子居衛，衛君據國拒父，冉有曰：「夫子為衛君乎？」子貢曰：「諾，吾將問之。」入曰：「伯夷叔齊何人也？」曰：「古之賢人也。」曰：「怨乎？」曰：「求仁而得仁，又何怨。」出曰：「夫子不為也。」不問衛事而問夷齊，賢夷齊兄弟讓國，即知其不為衛君父子爭國，此史學方法也。❹

今案熙寧、元豐，皆宋神宗之年號，熙寧二年，王安石執政為相，大行新法，迄熙寧九年，始罷相職，其間新舊黨爭不斷，《通鑑》記溫公論唐文宗事，而胡三省以為溫公之論，「為熙、豐發也」，援庵先生則逕指胡氏之注，乃「陳古證今」，乃「讀史」以「致用」之精神。

3.《資治通鑑》又記曰：

唐僖宗乾符五年，平盧軍奏節度使宋威薨。

《胡注》曰：

老病而死，固其宜也。史書威死，以為握兵玩寇不能報國之戒。（二五三）

《表微》曰：

書死者多矣，身之推論之如此，所謂「以意逆志」也。趙紹祖《通鑑注商》以為胡注多事，是使讀史者不能自由運用其心思也。❺

今案《通鑑》此條記「宋威薨」，胡三省之注，以為《通鑑》之記，意在「為握兵玩寇不能報國之戒」，而援庵先生逕指「身之推論之如此，所謂以意逆志也」，注釋古史，「以意逆志」，推而論之，「自由運用其心思」，故不以考據求證方法為之限制也。

❹ 見《表微》，頁三二。

❺ 見《表微》，頁三四。

4.《資治通鑑》又記曰：

晉孝武帝太元十二年，秦主登以乞伏國仁為大將軍、大單于苑川王。

《胡注》曰：

杜佑曰：「苑川在蘭州五泉縣，近大小榆谷。」余謂杜佑以意言之。（一〇七）

《表微》曰：

以意言之，不專恃考據，所以能成一家之言，此身之自道也。❻

今案「以意言之，不專恃考據」，為援庵先生表揚胡三省注釋中別寓微旨之方法，而「能成一家之言」，不僅為援庵先生稱許胡注之言，蓋亦援庵先生撰《表微》一書而深自期許之言也。

5.《資治通鑑》又記曰：

後晉高祖天福元年，石敬瑭表至契丹，契丹主大喜，白其母曰：「兒比夢石郎遣使來，今果然，此天意也。」

《胡注》曰：

自是之後，遼滅晉，金破宋，□□□□□□□□□□□□□□□□今之疆理，西越益寧，南盡交廣，至於海外，皆石敬瑭捐割關隘以啟之也，其果天意乎！（二八〇）

《表微》曰：

「金破宋」下，元本闕十六字，蓋刻板時剷去，陳仁錫本同。《日知錄》十九〈古文

❻ 見《表微》，頁六五。

未正之隱〉條言：「文信國〈指南錄序〉中『北』字，皆『虜』字也，後人不知其意，不能改之。謝皐羽〈西臺慟哭記〉，本當云『文信公』，而謬云『唐魯公』；本當云『季宋』，而云『季漢』，凡此皆有待於後人之改正者也。胡身之注《通鑑》，至石敬瑭以山後十六州賂契丹之事，『金破宋』下，闕文一行，謂元滅金取宋，一統天下，而諱之不書，此有待於後人之補完者也。」

亭林以為所闕者身之諱言，吾則以為所闕者鏤板時剷去。何也？蓋身之全書，立言謹慎，忠憤所發，不能已於言者，亦只有痛於宋，而無懟於元，觀〈感慨篇〉可知。一九三二年，北平廠肆發見舊鈔本《日知錄》，為滄縣張氏所得。《錄》中「本朝」、「國朝」字，今本悉改為「明朝」，見黃侃氏校記。「執柯伐柯，其則不遠」，亭林處境與身之同；清初之刻《日知錄》，亦與元末之刻《胡注》同。不過《日知錄》卷帙少，易於遍改；《胡注》卷帙繁，故但改前後耳。此條之闕文，蓋鏤板時偶檢點及此，認為有礙而去之，非身之諱而不書也。文津閣庫本《通鑑》，乃於「金破宋」下補十六字云：「南北分裂，兵連禍結，凡數百年，而定於元。」果如所云，又何必諱。且全注稱元皆曰「大元」，無單稱「元」者，與其妄補，毋寧仍史闕文之為愈矣。❼

今案陳援庵先生曾撰有《元典章校補釋例》一書，而綜舉校勘之法有四，曰對校、曰本校、曰他校、曰理校。以為理校之法，不憑本而憑理也。援庵先生於《通鑑胡注表微》一書〈校勘篇第三〉曾經指出，胡三省注《通鑑》，「名音注，實校注也」，「其所用之方法，以理校為多」，❽至於《通鑑》此條胡三省注，元本所闕十六字，顧亭林《日知錄》以為乃胡氏「諱之不書」，以為「此有待於後人之補完」，而援庵先生則以為，《通鑑》胡注「此條之闕文，蓋鏤板時偶檢點及此，認為有礙而去之，非身之諱而不書也」，故《通鑑》胡注此條闕文，援庵先生亦以「理校」之法論之，而不亟求考據之覓取實證也。

要之，援庵先生表揚胡三省寓於《通鑑注》中之微旨，其不能全憑考據之方法，文獻之實證，而別尋於考據之外，「以意逆志」以求之，亦不得已之事耳。

(二)於胡氏感慨古今史事中求之

1.《資治通鑑》記曰：

❼ 見《表微》，頁一六。

❽ 見《表微》，頁三七。

後周世宗顯德四年，蜀李太后以典兵者多非其人，謂蜀主曰：「以吾觀之，惟高彥儔太原舊人，終不負汝，自餘無足任者。」蜀主不能從。

《胡注》曰：

及孟氏之亡，僅高彥儔一人能以死殉國。至蜀主之死，其母亦不食而卒。婦人志節如此，丈夫多有愧焉者。（二九三）

《表微》曰：

此有感於宋楊太后之殉國也。新會崖山有大忠祠，祀宋丞相文天祥、陸秀夫、樞密使張世傑。又有全節廟，即慈元殿，祀楊太后。廟有陳白沙先生撰〈慈元廟碑〉，並書，文載《白沙子集》一。又有白沙弟子張詡撰〈全節廟碑〉云：「后，度宗之淑妃也。當胡兵直擣臨安時，帝后王臣，盡為俘虜，獨后負其子益王是與廣王昺，航海奔閩。于是群臣奉是即帝位，冊后為太后，帝崩，復立昺，奔崖山，依二三大臣陸秀夫輩，臥薪嘗膽，為宗社恢復圖。既而胡兵逼崖山，陸秀夫知事不可為，負帝昺赴海死。后聞之，撫膺大慟曰：『我間關至此者，為趙氏一塊肉耳，今無望矣。』亦赴水死。惟宋三百年后妃之賢，前稱高、曹，後稱向、孟，亦皆可以為難矣，然皆處常而能正者耳。至於流離患難，卓然能炳大義，一君亡，復立一君，而以身殉之，其死也為社稷死，為國家死，為綱常死，為謹內外辨華夷死，所謂死有重於泰山者也，其有功於世教也大矣。」文載道光《新會志》四，蓋極力發揮后死之有價值者。全謝山〈慈元全節廟碑跋〉云：「宋楊太后殉崖山之難，至明弘治中，布政劉公大夏始為之廟，陳先生獻章始為之碑。陳先生書法最工，其書〈慈元廟碑〉尤加意，予謁祠下，榻其碑而跋碑，而跋以詩曰：『高、曹、向、孟皆賢后，尚有芳魂殉落暉，一洗簽名臣妾辱，虞淵雙抱二王歸。』竊自以為工，足附陳先生之碑以傳也。」跋見《鮚埼亭集》卅八。曹、高、向、孟，為仁、英、神、哲四宗后。高、曹應作曹、高，謝山偶沿張詡碑而誤耳。楊太后之殉國，身之所謂「丈夫多有愧焉者」也。❾

---

❾ 見《表微》，頁三七九。

今案楊太后為宋度宗妃，元兵南下臨安時，帝后王臣，盡為俘虜，獨楊妃負其子益王是與廣王昺，航海至閩粵，群臣奉是即帝位，冊封楊妃為太后，帝崩，復立昺，奔崖山，為宗社圖恢復，元兵逼近崖山，陸秀夫知事不可為，負帝昺赴海死，后聞之，亦赴水死。《通鑑》記蜀主李太后之言，《胡注》言「蜀主之死，其母亦不食而卒，婦人志節如此」，而援庵先生則以為三省之注，「有感於宋楊太后之殉國」，此乃《表微》於感慨古今史事，藉古事以寓今事之例也。

2.《資治通鑑》又記曰：

（後周世宗）顯德三年，周兵圍壽春，唐齊王景達軍于濠州，遙為壽州聲援。軍政皆出陳覺，景達署紙尾而已。擁兵五萬，無決戰意。

《胡注》曰：

嗚呼！比年襄陽之陷，得非援兵不進之罪也！（二九三）

《表微》曰：

咸淳襄陽之陷，全注凡三述之，一見〈本朝篇〉，兩見本篇，身之之痛心此事可知矣。襄陽之陷，固由援兵不進，然援兵何以不進，則實當國者之徇私妬賢，好諛專斷，有以致之。《宋史》四二二載陳仲微封事曰：「誤襄者不專在於庸閫疲將也，君相當分受其責。宣布十年養安之往繆，深懲六年玩寇之昨非。或謂陛下乏哭師之誓，師相飾分過之言，甚非所以慰恤死義，祈天悔禍之道也。監之先朝，宣和未亂之前，靖康既敗之後，凡前日之日近冕旒，奴顏婢膝，即今日奉賊稱臣之人也；彊力敏事，捷疾快意，即今日叛君賣國之人也。為國者亦何便於若人哉！」此身之所為長太息者也！⑩

今案宋理宗寶祐五年，元兵大舉南下，朝廷重用賈似道，及理宗崩，似道立度宗，益專擅，時元兵圍襄陽，守將呂文煥數度求援，似道皆不之救，度宗咸淳九年，襄陽城破，呂文煥降

⑩ 見《表微》，頁一八〇。

元，《通鑑》此條，記後唐齊王景達救壽春事，「擁兵五萬，無決戰意」，而胡三省之注，乃言「比年襄陽之陷，得非援兵不進之罪也」，故援庵先生以為，此實胡氏藉古史以慨歎今事，「此身之所為長太息者也」。

3.《資治通鑑》又記曰：

梁武帝天監十三年，魏主命高肇等將步騎十五萬寇益州，游肇諫以為「今頻年水旱，百姓不宜勞役。往昔開拓，皆因城主歸款，故有征無戰。」

《胡注》曰：

不因薛安都、常珍奇、沈文秀，魏不得淮、汝、青、徐，不因裴叔業，魏不得壽陽。游肇之言，可謂深知當時疆事者。（一四七）

《表微》曰：

薛安都、常珍奇、沈文秀，宋守臣，裴叔業，齊守臣，皆先後降魏。身之則有感於景定以來，守臣之先後降元也。不因劉整、呂文煥，元不得瀘州、襄陽，不因陳奕、范文虎，元不得黃州、安慶。游肇之言，古今一轍，為可慨也。⓫

今案《通鑑》記游肇諫魏君伐益州事，言及往昔所以拓土開疆，皆因其地守臣輸誠所致，胡三省因而申論例舉，以為佐證，援庵先生，則引而以宋末史事言之，以為「古今一轍」，胡氏蓋有感而言之者也。

4.《資治通鑑》又記曰：

（秦昭襄王五十二年）周民東亡。

《胡注》曰：

⓫ 見《表微》，頁一四六。

義不為秦民也。(六)

《表微》曰：

《史記》注家多矣，「周民東亡」一語，周秦二〈紀〉皆載之，迄無注者，身之獨釋之曰「義不為秦民」。區區五言，非遇身之之時，不能為是注也。昔宋亡，謝皋羽撰〈西臺慟哭記〉及〈冬青樹引〉，語多不可解。明初張孟兼為之注，明亡，黃梨洲重注之，曰：「余與孟兼所遇之時不同，孟兼去皋羽遠，余去皋羽近，皋羽之言，余固易知也。」然則諸家不能注，而身之獨能注之者，亦以諸家去秦遠，身之去秦近耳！⓬

今案《通鑑》此條記秦昭襄王五十二年時，擴充武力，強掠疆土，而周地之民，大舉向東亡走，胡三省注，僅曰「義不為秦民」，蓋取魯仲連「義不帝秦」之義，而援庵先生以為，

⓬ 見《表微》，頁五八。

「非遇身之之時，不能為是注」，蓋胡氏當宋亡之際，注史遇相類之事，感慨獨深也，「諸家去秦遠，身之去秦近」，《史記》三家之注，裴駰、司馬貞、張守節，較諸胡氏，去秦非遠，胡氏在南宋末年，去秦非近，此所謂「近」，指心境言之也。

5.《資治通鑑》又記曰：

梁武帝天監六年，韋叡救鍾離，大敗魏軍於邵陽洲。

《胡注》曰：

此確鬪也。兩軍營壘相逼，旦暮接戰，勇而無剛者，不能支久。韋叡於此，是難能也。比年襄陽之守，使諸將連營而前，如韋叡之略，城猶可全，不至誤國矣。嗚呼痛哉！（一四六）

《表微》曰：

全注稱「嗚呼痛哉」者二，此其一也。⑬

今案宋代末年，元軍大舉南下，伯顏攻襄陽，呂文煥堅守數載，事繫存亡，而賈似道當權，不遣兵援救，終至城破，元軍趁勢，更無阻矣，然《通鑑》記梁韋叡大敗魏軍，與宋代襄陽之守，兩事無關，而胡三省注史至此，傷痛不已，其意自必有所指也。

要之，胡三省注釋《通鑑》，往往於古史之中，感慨今事，援庵先生所撰《表微》，輒為其指而明之，援庵先生嘗曰：「感慨者，即評論中之有感慨者也」，「或則同情古人，或則感傷近事，其甚者至於痛哭流涕」，「從來讀《胡注》者尚鮮注意及此也」，故此文略為表彰如上。

㈢於胡氏直指為某事者求之

1.《資治通鑑》記曰：

周赧王二十三年，楚襄王迎婦於秦。溫公論曰：甚哉秦之無道也，殺其父而劫其子；楚之不競也，忍其父而婚其讎。

《胡注》曰：

謂楚襄王父死於秦，是仇讎之國也，忍恥而與之婚。（四）

《表微》曰：

此有憾於宋高宗之忘讎也。宋高宗父死於金，忍恥而與之和。朱子《文集》七五序魏元履編次紹興八年〈戊午讜議〉曰：「君父之讎，不與共戴天，而為之說者曰，復讎可盡五世，則又以明夫苟未及五世之外，猶在乎必報之域也。雖然，此特庶民之事耳。若夫有天下者，承萬世無疆之統，則亦有萬世必報之讎，非若庶民五世則親盡服窮而遂已也。」此明為南宋君臣言之，身之之解釋，亦猶是耳。⑭

---

⑬ 見《表微》，頁一六七。

⑭ 見《表微》，頁五六。

今案《通鑑》此條記楚襄王迎婦於秦，司馬溫公以為其行實過而逕加斥責，胡三省之注釋，亦謂楚襄王父死於秦，又婚於仇讎之國，是恥之甚者，援庵先生則逕指胡氏之注，乃「有憾於宋高宗之忘讎也」，並引述朱子之言以論之，以見胡氏之意，亦猶是也。

2.《資治通鑑》又記曰：

周赧王四十九年，應侯使須賈歸告魏王曰：「速斬魏齊頭來，不然，且屠大梁！」

《胡注》曰：

屠，殺也。自古以來，以攻下城而盡殺城中人為屠城，亦曰洗城。（五）

《表微》曰：

屠城之義甚淺，而重言以釋之者，有痛於宋末常州之屠也。德祐元年十一月，元兵圍常州，知洲姚訔、通判陳炤、都統王安節，力戰固守，皆死焉。伯顏命盡屠其民。文文山《指南錄・常州詠》曰：「山河千里在，煙火一家無，壯甚睢陽守！冤哉馬邑屠！蒼天如可問，赤子果何辜？唇齒提封舊，撫膺三歎吁！」明丘濬《世史正綱》亦論之曰：「作《元史》者謂伯顏下江南，不殺一人。嗚呼！常州非江南之地邪？伯顏前此潛兵渡漢，固已屠沙洋矣。至是攻常州，忿其久不下，城陷之日，盡屠戮之，止有七人伏橋坎獲免。殘忍至此，而中國之秉史筆者，乃亦曲為之諱，至比之曹彬，豈其倫哉！或曰：所謂不殺，謂入臨安之時也。嗚呼！伯顏至皋亭，謝太后即遣使奉璽迎降，寂無一人敢出一語。當是之時，苟具人心者，皆不殺也，豈但伯顏哉！」丘濬生異代，猶為此論，文山、身之，接於耳目，其感愴為何如耶？⑮

今案應侯范睢使須賈告魏王，速斬魏齊，不然將屠大梁，應侯之言，意在恫嚇，則是時，猶未屠城，而胡三省之注，乃連言屠城洗城，以驚悚之，故援庵先生，乃直指為胡氏「有痛於宋末常州之屠也」，並引文天祥詩以證之，又引丘濬之言以論之，其意皆感愴而傷痛之也。

《資治通鑑》又記曰：

⑮ 見《表微》，頁五七。

後晉齊王開運二年，李彥韜少事閻寶為僕夫，後隸高祖帳下。高祖自太原南下，留彥韜侍帝為腹心，帝委信之，至於升黜將相，亦得預儀。常謂人曰：「吾不知朝廷設文官何所用，且欲澄汰，徐當盡去之。」

《胡注》曰：

嗚呼！此等氣習，自唐劉蕡已為文宗言之。李彥韜、史弘肇當右武之世，張其氣而奮其舌。以其人品，夫何足責，然非有國者之福也。雖然，吾黨亦有過焉，盍亦反其本矣。（二八四）

《表微》曰：

呂文煥之降也，元人以文煥為鄉導攻宋。謝太后遣使諭文煥，請息兵修好，文煥回書有曰：「因銜北命，乃擁南兵，視以犬馬，報以寇讎，非曰子弟，攻其父母，不得已也，尚何言哉！」文見《錢塘遺事》八。身之所謂「吾黨亦有過焉」者，指當時文士

之輕視武人也。⓰

今案《通鑑》記李彥韜輕視文士，因而有「吾不知朝廷設文官何所用」之妄言，至於胡三省之注釋，除歎息「此等習氣」，「非有國者之福」，注文之末，忽曰，「雖然，吾黨亦有過焉」，胡氏乃文士，非武人，轉而申論及此，故援庵先生逕以為胡氏之意，乃「指當時文士之輕視武人」，並以呂文煥之久守襄陽，援兵不至，被迫降元，以釋胡氏「吾黨亦有過焉」之論也。

4.《資治通鑑》又記曰：

（後晉出帝）開運二年，馮玉每善承迎帝意，由是益有寵。嘗有疾在家，帝謂諸宰相曰：「自刺史以上，俟馮玉出乃得除。」其倚任如此。玉乘勢弄權，四方賂遺，輻輳其門，由是朝政益壞。

⓰ 見《表微》，頁一七六。

《胡注》曰：

竇廣德有賢行，漢文帝以其后弟，恐天下議其私，不敢相也。馮玉何人斯，晉出帝昌言於朝，以昭親任之意。臨亂之君，各賢其臣，其此謂乎！史言晉亡形已成。（二八五）

《表微》曰：

此為賈似道言之也。《宋史・姦臣傳》，言：「似道以貴妃弟，賜第葛嶺。雖深居，凡臺諫彈劾，諸詞薦辟，一切事不關白不敢行。吏爭納賂求美職，其求為帥閫監司郡守者，貢獻不可勝計。一時貪風大肆」云云。亡國君臣所為，抑何相似也。⑰

今案《通鑑》此條記後晉出帝寵幸大臣馮玉之事，胡注謂「史言晉亡形已成」，兼舉漢文帝時竇廣德雖有賢德，而文帝因避嫌不敢任以為相之事，以反證之。而援庵先生，則逕指三省之注，「此為賈似道言之也」，蓋「亡國君臣所為，抑何相似」，此借古史以喻今事之例。

5.《資治通鑑》又記曰：

唐德宗元五年，瓊州自乾封中，為山賊所陷。

《胡注》曰：

瓊州在海中大洲上，中有黎母山，黎人居之，不輸王賦。所謂「山賊」，蓋黎人也。宋白曰：瓊州北十五里，極大海，泛大船使西南風帆，三日三夜到地名崖山門，入江，一日至新會縣。（二三二）

《表微》曰：

釋瓊州何為涉及崖山？崖山在新會，為宋丞相陸秀夫負少帝殉國處，書以誌痛也。崖

⑰ 見《表微》，頁四〇一。

山海中有奇石，張弘範磨崖大書「張弘範滅宋於此」，以自夸耀。明提學趙瑤詩：「鐫功奇石張弘範，不是胡兒是漢兒。」指此也。成化間御史徐瑁，始命工削去。事見《道光新會志》。張弘範刻石，身之未必知，都統蘇劉義等挾二王由浙入閩廣，終於崖山，《癸辛雜識》續集屢載之。胡、周同時，周既有所聞，胡不容不知也。⑱

今案《通鑑》此條僅言「瓊州」，而胡三省之注釋，乃兼言及崖山，兩地本不相涉，故援庵先生乃曰，「崖山在新會，為宋丞相陸秀夫負少帝殉國處」，胡氏之注，「釋瓊州何為涉及崖山」？蓋三省「書以誌痛也」。

要之，胡三省於《通鑑注》中，時有所釋史事，其義過遠，似不相涉者出現，其中隱微，經援庵先生逐一表出，其直指某事而言者，此即胡氏以古喻今，借古史以指示今事之例也。

㈣於胡氏深加鑒戒處求之

1.《資治通鑑》記曰：

晉武帝太康元年，孫皓與其太子瑾等，泥頭面縛，詣洛東陽門。詔遣謁者解其縛，衣服車乘，田三十頃，歲給錢穀綿絹甚厚。

《胡注》曰：

武王伐紂，斬其首懸於太白之旗。如孫皓之凶暴，斬之以謝吳人可也。（八一）

《表微》曰：

「賊仁者謂之賊，賊義者謂之殘，殘賊之人，謂之一夫。」此義漢以後不聞久矣，身之昌言之，蓋有鑒於金海陵之凶暴，僅遇害而未明正典刑也。⑲

⑱ 見《表微》，頁七四。

⑲ 見《表微》，頁一四二。

今案《三國志・吳書・孫皓傳》載其「麤暴盈驕，多忌諱，好酒色」，「淫刑所濫，隕斃流黜者，蓋不可勝數」⑳，而終至亡國，故胡三省之注，以為「如孫皓之凶暴，斬之以謝吳人可也」，而援庵先生，則以為胡氏之意，「蓋有鑒於金海陵之凶暴，僅遇害而未明正典刑也」，清人趙翼於所著《廿二史劄記》卷二十八〈海陵荒淫〉一條之中，記金主海陵王之凶行極多，又曰：「海陵荒淫，最為醜穢，身為帝王，採取美豔，何求不得，乃專於宗族親戚中，恣為姦亂，甚至殺其父殺其夫而納之，此千古所未有也」，又有〈海陵兼齊文宣隋煬帝之惡〉一條，亦曰：「海陵自將三十二總管，兵至瓜州，為其下所弒，與隋煬之被害，亦如出一轍」㉑，然孫皓在吳，海凌在金，相懸約九百年，至於南宋之亡，又後於海陵王約百年，故援庵先生以為，胡三省之注釋，明指孫皓，暗中實於金海陵之凶暴亡身發為鑒戒之意也。胡注《通鑑》此條曰「孫皓之凶暴」，援庵先生《表微》於此，亦曰「海陵之凶暴」，鑒戒之意，灼然明白。

2.《資治通鑑》又記曰：

> 後唐明宗天成元年，四月帝殂，李彥卿等慟哭而去，左右皆散。善友斂廡下樂器，覆帝尸而焚之。

《胡注》曰：

自此以上至是年正月，書「帝」者皆指言莊宗。莊宗好優而斃於郭門高，好樂而焚以樂器，故歐陽公引「君以此始，必以此終」之言以論其事，示戒深矣。（二七五）

《表微》曰：

上冠明宗年號，而下所書「帝」乃指莊宗，故注特揭之。歐公語見《五代史・伶官傳》，示戒不為不深。然南宋君相歌舞湖山之樂，曾未少輟。《武林舊事》十卷，記歌舞者殆居其半也。噫！[22]

今案《通鑑》此條記後唐莊宗之薨，胡三省注則言「莊宗好優而斃於郭門高，好樂而焚以樂

---

[20] 見陳壽：《三國志》卷四十八，臺北，鼎文書局，民國八十年四月，頁一一六二—一一八二。

[21] 見趙翼：《二十二史劄記》卷二十八，臺北，洪氏出版社，民國六十年十月，頁四〇〇—四〇三。

[22] 見《表微》，頁一九四。

器」，好優好樂，以此而始，亦以此而終，以示鑒戒之意，而援庵先生乃指陳胡氏之意，實在「南宋君相歌舞湖山之樂，曾未少輟」，以表顯胡氏深加鑒戒之微旨。

3.《資治通鑑》又記曰：

晉安帝義熙元年，尚書殷仲文以朝廷音樂未備，言於劉裕請治之。裕曰：「今日不暇給，且性所不解。」仲文曰：「好之自解。」裕曰：「正以解則好之，故不習耳。」

《胡注》曰：

英雄之言，政自度越常流，世之嗜音者可以自省矣。（一一四）

《表微》曰：

以劉裕為英雄，以其有滅慕容超、姚泓之功也。以嗜音為戒，懲南宋歌舞湖山之習也。[23]

今案晉安帝義熙元年，劉裕尚為晉臣，義熙六年，劉裕滅南燕，義熙十三年，劉裕滅後秦，故胡注以「英雄」稱之，義熙十四年，安帝薨，越二年，劉裕廢晉恭帝自立，是為宋武帝。《通鑑》記劉裕不好音律，本非要務，而胡三省之注，則稱許劉裕之言，「政自度越常流」，又進而申言「世之嗜音者可以自省矣」，故援庵先生則逕指胡氏之微意，乃在「懲南宋歌舞湖山之習也」。

4.《資治通鑑》又記曰：

> 唐武宗會昌三年，仇士良致仕，其黨送歸私第，士良教以固權寵之術曰：「天子不可令閑，常宜以奢靡娛其耳目，使無暇更及他事，然後吾輩可以得志。慎勿使之讀書，親近儒生，彼見前代興亡，心知憂懼，則吾輩疏斥矣。」其黨拜謝而去。

《胡注》曰：

㉓ 見《表微》，頁一八六。

觀仇士良之教其黨，則閹寺豈可親近哉！(二四七)

《表微》曰：

閹寺亦人耳，未必其性獨惡也。因為人主之左右近習，故易於為不善，人主所當戒避之。王深寧曰：「姦臣惟恐其君之好學近儒，非獨仇士良也。吳張布之排韋昭、鄭沖，李宗閔之排鄭覃、殷侑，亦士良之術。」語見《困學紀聞》十四。然則左右近習之欲蒙蔽其主，自昔而然，非獨閹寺。故凡有國有家及為人上者，皆不可不察也。㉔

今案《通鑑》此條記仇士良教其閹黨奢靡君王，勿令讀書之事，觀史至此，不禁令人浩歎，故胡三省之注，亦謂「閹寺豈可親近哉」，良用慨然，而援庵先生亦進而申論，以為「左右近習之欲蒙蔽其主，自昔而然，非獨閹寺」，「人主所當戒避之」也。

5.《資治通鑑》又記曰：

(後晉齊王開運三年)契丹入汴，帝與后妃相聚而泣，召翰林學士范質草降表，自稱

「孫男臣重貴」，太后亦上表稱「新婦李氏妾」。張彥澤遷帝於開封府，頃刻不得留，宮中慟哭。帝與太后皇后乘肩輿，宮人宦者十餘人步從，見者流涕。

《胡注》曰：

臣妾之辱，惟晉宋為然，嗚呼痛哉！

又曰：

亡國之恥，言之者為之痛心，矧見之者乎！此程正叔所謂真知者也，天乎人乎！（二八五）

《表微》曰：

㉔ 見《表微》，頁一九一。

「嗚呼痛哉」全注凡二見，此其二。尋常所謂晉宋，大抵指司馬氏、劉氏而言，今乃以石趙合稱，身之蓋創言之也。然同時《齊東野語》十八，已以開運、靖康相比，特未合稱晉宋云爾。德祐奉表稱臣事，《元史・世祖紀》較《宋史・瀛國公紀》為詳，蓋據《元世祖實錄》也。至元十三年正月十八日，伯顏軍次高亭山，宋主遣其臣奉降表。廿二日以其降表不稱臣，仍書宋號，遣程鵬飛、洪君祥偕來使往易之。廿五日張弘範、孟祺、程鵬飛賫所易宋主稱臣降表至軍前。二月四日，宋主率文武百僚詣祥曦殿，望闕上表，宋主祖母太皇太后亦奉表及牋。是日都督忙古帶、范文虎，入城視事。汪元量《湖山類稿・醉歌》曰：「侍臣已寫歸降表，臣妾僉名謝道清」，指此也。劉須溪評之曰：「忍見忍見！」其傷感與身之同。道清，謝太后名，《見宋史》本傳。程鵬飛者，宋都統制，守鄂州，咸淳十年十二月以城降，至是為元宣撫。范文虎者，宋殿前副都指揮使，知安慶府，德佑元年正月以城降，至是為元都督。孟子所謂「安其危而利其菑，樂其所以亡者」也。《左》哀十五年傳：「子貢謂公孫成曰：『子，周公之孫也，多饗大利，猶思不義，利不可得，而喪宗國，將焉用之。』」成曰：『善哉，吾不早聞命。』」杜氏注曰：「傳言仲尼之徒，皆忠於魯國。」人非甚無良，何至不愛其國，特未經亡國之慘，不知國之可愛耳！身之身親見之，故其言感

傷如此。㉕

今案《通鑑》此條記後晉出帝開運三年，契丹入大梁，執出帝而去，帝與太后上表，自稱「臣」、「妾」，胡三省之注，乃曰，「臣妾之辱，惟晉宋為然」，又曰，「亡國之恥，言之者痛心，矧見之者乎」，亡國之恥，胡氏所見，唯南宋耳，故注言「臣妾之辱，惟晉宋為然」，其所謂宋，非指劉宋，乃趙宋也，故援庵先生於胡氏注中所謂「嗚呼痛哉」之言，亦特為表彰其鑒戒用意之深切而沈痛也。

援庵先生嘗曰：「勸戒為史家之大作用，古所貴乎史，即取其能勸戒也。」又曰：「《胡注》於史事之可以垂戒者，每不憚重言以揭之曰：可不戒哉！可不戒哉！」㉖要之，胡氏於注釋古史之中，多取鑒戒之意，或以之引歸當身之事，以寄寓其感喟之微旨，而援庵先生，亦多為之表出也。

㈤於胡氏藉古人自況處求之

㉕ 見《表微》，頁一七七。

㉖ 見《表微》，頁一八一。

1.《資治通鑑》記曰：

漢質帝本初元年，自是遊學增盛，至三萬餘生。

《胡注》曰：

此鄧后臨朝之故智，梁后踵而行之耳。遊學增盛，亦干名蹈利之徒，何足尚也！或問曰：太學諸生三萬人，漢末互相標榜，清議此乎出，子盡以為干名蹈利之徒可乎？答曰：積水成淵，蛟龍生焉。謂其間無其人則不可，然互相標榜者，實干名蹈利之徒所為也。禍李膺諸人者，非太學諸生，諸生見其立節，從而標榜，以重清議耳。不然，則郭泰、仇香，亦游太學，泰且拜香而欲師之，泰為八顧之首，仇香曾不預標榜之列，豈清議不足尚歟？抑香隱德無能名歟？（五三二）

《表微》曰：

《癸辛雜識》後集，言：「南宋時三學之橫，雖一時權相如史嵩之、丁大全，亦末如之何。至賈似道作相，度其不可以力勝，遂以術籠絡，每重其恩數，豐其饋給，增撥學田，種種加厚。於是諸生啖其利而畏其威，雖目擊似道之罪，而噤不敢發一語。及賈要君去國，則上書贊美，極意挽留，今日曰師相，明日曰元老，今日曰周公，明日曰魏公，無一人敢少指其非。直至魯港潰師之後，始聲其罪。」嗚呼！此身之所謂「干名蹈利之徒」也。

東漢士林甚盛，身之於三君八顧之外，獨賞識一循吏仇香。此與胡明仲《讀史管見》五，謂「郭有道名在八顧，未若申屠蟠之以不見成德」，其意正同。迄今言浙東學術者，多舉厚齋、東發，而不舉身之；述台學統者，身之僅與於訓詁之末。身之亦隱德無能名者歟？抑不標榜不倚門戶之結果也？吾嘗於〈解釋篇〉真隱條詳論之。[27]

今案《後漢書・黨錮傳》記郭泰、宗慈、巴肅、夏馥、范滂、尹勳、羊陟八人，能以德行引人瞻視者，因名之曰「八顧」，而仇香不在「八顧」之列，胡三省之注，則以為，「太學諸

---

[27] 見《表微》，頁二七一。

生三萬人，漢末互相標榜，清議此乎出」，而仇香其人，「豈清議不足尚歟？抑香隱德無能名歟？」而援庵先生以為，「東漢士林甚盛，身之於三君八顧之外，獨賞識一循吏仇香」，則是「身之亦隱德無能名者歟？抑不標榜不倚門戶之結果也」。援庵先生以為，「身之宋亡後謝絕人事，凡二十六年而後卒」，「身之亦庶幾有跡無名之隱士也」㉘，「身之殆可謂真隱矣」㉙，故而逕指胡氏之注，乃以仇香自況也。

2.《資治通鑑》又記曰：

漢獻帝建安十年，秘書監侍中荀悅，作《申鑒》五篇奏之。

《胡注》曰：

荀悅《申鑒》，其立論精切，關於國家興亡之大致，過於彧、攸。至於揣摩天下之勢，應敵設變，以制一時之勝，悅未必能也。曹操姦雄，親信彧、攸，而悅乃在天子左右，悅非比於彧、攸，而操不之忌，蓋知悅但能持論，其才必不能辨也。嗚呼！東都之季，荀淑以名德稱，而彧、攸以智略濟，荀悅蓋得其祖父之彷彿耳。其才不足以

用世，其言僅見於此書。後之有天下國家者，尚論其世，深味其言，則知悅之忠於漢室，而有補於天下國家也。（卷六四）

《表微》曰：

一則曰悅未必能，再則曰其才必不能辨，三則曰其才不足以用世，身之之於悅，若有憾焉者。深味其言，然後知身之之自寓也。悅作《申鑒》五篇，身之注《通鑑》，復作〈江東十鑒〉。《袁清容集》十一，〈憶胡懷寧詩〉所謂「四城賦擬張衡麗，十鑒書同賈誼哀」是也。杜門著書，不忘故國，故曰「其才不足以用世」。今〈江東十鑒〉已佚，而《鑑注》獨附《通鑑》以傳，亦可曰「其言僅見於此書」也，此則身之之所不及料也。金仁山撰《通鑑前編》，其成亦在宋亡以後，其〈後序〉有曰：「荀悅《漢紀》、《申鑒》，志在獻替，而遭值建安之季。履祥末學，其生不辰，所以拳

㉘ 見《表微》，頁六六。

㉙ 見《表微》，頁二六六。

拳綴輯者，特不為憂悴廢業耳。」蓋亦以悅自況也。[30]

今案《通鑑》此條記漢獻帝時，荀悅作《申鑒》一書，而曹操挾持天子，信用荀彧、荀攸，而不親信荀悅，蓋以荀悅之「忠於漢室」也，而援庵先生則以為，「深味其言，然後知身之之自寓也」，然後舉胡三省評論荀悅之言，「其才不足以用世」，「其言僅見於此書」，蓋胡氏自寓其「杜門著書，不忘故國」，以及「《鑑注》獨附《通鑑》以傳」之意也。

3.《資治通鑑》又記曰：

陳宣帝太建十二年，周丞相堅執柳莊手，言當相與共保歲寒。

《胡注》曰：

孔子曰：「歲寒然後知松柏之後彫。」何晏注曰：「太寒之歲，眾木皆死，然後知松柏不彫傷。平歲眾木亦有不死者，故須歲寒而後別之。喻凡人處治世，亦自能修整與君子同，在濁世然後知君子之不苟容。」後之言保歲寒者，義取諸此。(一七四)

《表微》曰：

此眼前成語，《鑑》中屢見，何須注，而此獨詳引以釋之者，正以見保歲寒之不易也。《癸辛雜識》續集上，載：「陳宜中、曾唯、黃鏞、劉黻、陳宗、林則祖，皆以甲辰歲史嵩之起復上書，時人號為六君子。既貶旋還，時相好名，牢籠宜中為掄魁，餘悉擢巍科，三數年間，皆致通顯。及鏞知廬陵，文宋瑞起義兵勤王，百端沮之，遂成大隙。既而北兵大入，則如黃如曾，皆相繼賣降，或言其前日所為皆偽也，於是有為之語云：『開慶六君子，至元三搭頭。』宋之云亡，皆此輩有以致之。」按淳祐四年甲辰，上書論史嵩之不當起復者，是黃愷伯等，詳《宋季三朝政要》。陳宜中、黃鏞等，是寶祐四年丙辰上書攻丁大全被貶，開慶元年丁大全罷，六人放還，故稱開慶六君子。此誤記丁大全為史嵩之，又誤記丙辰為甲辰。六君子始皆負盛名，而其中一二人晚節不終，遂予人口實，歲寒之不易保如此，故身之特書以自儆。[31]

[30] 見《表微》，頁二七二。

[31] 見《表微》，頁二七六。

今案《通鑑》此條記陳宣帝時大臣周堅與柳莊相勉「共保歲寒」之事，而胡三省之注，於「歲寒」之義，詳加詮釋，並加申論，而援庵先生以為，胡氏蓋有鑒於身處亂世，晚節之不易終，「歲寒之不易保」，「故身之特書以自儆」也。

4.《資治通鑑》又記曰：

（周威烈王二十三年）初，智宣子將以瑤為後，至豫讓為智伯報仇。

《胡注》曰：

自智宣子立瑤，至豫讓報仇，其事皆在威烈王二十三年之前，故先以「初」字發之。溫公之意，蓋以天下莫大於名分，觀命三大夫為諸侯之事，則知周之所以益微，七雄之所以益盛；莫重於宗社，觀智、趙立後之事，則知君臣之義，當守節伏死而已；觀豫讓之事，則知策名委質者，必有貳而無貳。其為後世之鑑，豈不昭昭也哉！（一）

《表微》曰：

文、謝、陸三公之殉國，所謂「守節伏死，有實無貳」者也，故身之以此自勵。或疑身之〈鑑注序〉撰於至元二十二年乙酉，疊山被逼入燕而死，在至元二十六年己丑，身之何能預知？曰：身之卒於大德六年壬寅，書成後經十六七年而後卒，此十六七年中，自必續加修訂。光緒《寧海志》載身之子幼文所撰墓誌，言身之「舊注《通鑑》，中經散逸，購求他本為注，手自鈔錄，雖祁寒暑雨不廢，諸子以年高不宜為言，則曰：『吾成此書，死而無憾。』一日晨興，言笑自若，忽曰：『吾其止此乎！』寢至三日而歿，年七十有三。」若乙酉自序之年，僅五十六耳，未足為年高也。㉜

今案《通鑑》此條記戰國時晉智宣子立其子智伯，以及豫讓客於智伯，及韓趙魏三家分晉，趙襄子殺智伯，豫讓為智伯報仇之事，胡三省之注，以為「觀智、趙立後之事，則知君臣之義，當守節伏死而已」，「觀豫讓之事，則知策名委質者，必有實而無貳」，而援庵先生則曰，「文（天祥）、謝（枋得）、陸（秀夫）三公之殉國，所謂守節伏死，有實無貳者也，故身

㉜ 見《表微》，頁二〇。

之以此自勵」，乃逕指法效先賢，以此自勵，為胡氏之意旨所在也。

5.《資治通鑑》又記曰：

（唐高祖）武德二年，王世充令太常博士孔穎達造〈禪代儀〉，又以國子助教陸德明為漢王師，令玄恕就其家行束脩禮。德明恥之，服巴豆散，臥稱病。玄恕入跪床下，對之遺利，竟不與語。

《胡注》曰：

陸德明過孔穎達遠矣。（一八七）

《表微》曰：

唐孔陸兩經師之優劣，《鮚埼亭集》外編三八曾論之，曰：「有唐一代，絕少經師，求其博通諸經，不為專門之學者，祇孔陸二家。然仲達亦安敢望德明，仲達之在東都，為隋皇泰主太常博士，時有道士桓法嗣，獻〈孔子閉房記〉，以為王世充受命之符，世充即命仲達與其長史韋節、楊續撰〈禪代儀〉。仲達此事，可以比〈美新〉之大夫矣。其時德明亦為國子助教，世充遣其子玄恕師之，德明竟不與語，斯其人視仲達為何如，果誰得為聖人之徒歟？且世充暴人也，徐文遠為其師，猶拜伏見之，德明以一國子先生拒之，可謂大勇矣。」謝山此文，蓋即本之《胡注》。因孔穎達為王世充造《禪代儀》事，不見兩《唐書》〈穎達傳〉，而唯見於《通鑑》，謝山蓋讀《通鑑》而得《胡注》之啟示者也，誰謂讀史僅知考證而已！㉝

今案《通鑑》此條記王世充令孔穎達造〈禪代儀〉、陸德明「為漢王師」之事，而胡三省之注，乃言「陸德明過孔穎達遠矣」，至援庵先生，則以為胡氏之意，在較論「唐孔陸兩經師之優劣」，以為孔穎達之造〈禪代儀〉，可方之於揚子雲之作〈劇秦美新〉，諂諛王莽，而陸德明之不願「為漢王師」，其德行品格，「過孔穎達遠矣」，孔陸二人相較，「果誰得為聖人之徒歟？」蓋即逕指胡氏之以陸德明自況也。

㉝ 見《表微》，頁二八〇。

援庵先生嘗曰：「出處於人大矣，迫於饑寒，怵於威力，炫於榮利，皆足以失其所守也，故身之注《通鑑》，於出處之節，三致意焉」，「即身之生平出處，亦可於此見之」㉞，《通鑑》所記古史，多見古人之出處，《胡注》所論古事，則亦可見胡氏之出處，蓋即援庵先生所指，胡氏藉古人以自況也。

(六)於陳氏自身之感觸中求之

陳援庵先生於民國六年，任北京大學研究所國學門導師，民國十八年，任輔仁大學校長，民國二十六年，盧溝橋事變，平津相繼淪陷，援庵先生以主持輔仁校務，留居北平，雖屢遭敵偽威脅，終不為所動，閉門閱《資治通鑑》，表彰胡三省注，撰成《通鑑胡注表微》一書，「眷懷故國，言多所指，蓋以自勵」㉟，因之，《表微》書中，亦不時有援庵先生感觸寄寓之情在焉。

1.《資治通鑑》記曰：

> 晉穆帝永和五年，冉閔之篡石趙也，下令城中曰：「今日已後，與官同心者留，不同者各任所之。」於是趙人百里內悉入城，胡羯去者填門。閔知胡之不為己用，班令內

外趙人，斬一胡首者，文官進位三等，武官悉拜牙門。一日之中，斬首數萬。或高鼻多須，濫死者半。

《胡注》曰：

趙人謂中國人也。高鼻多鬚，其狀似羯胡，故亦見殺。（九八）

《表微》曰：

此有感於金末種人被害之慘也。趙為石氏國號，而身之釋之曰「中國人」，蓋國號雖易，而民族不改，名為趙人，實皆中國人，猶之金據河北，國號曰金，其民皆中國人也。及其既衰，乃有石氏同樣之變。事見《元遺山集》，而《金史》不載，《廿二史

㉞ 見《表微》，頁二六六。

㉟ 見何廣棪：〈陳垣〉，載《民國人物小傳》第二冊，臺北，傳記文學出版社。

劄記》曾揭出之，《遺山集》二十八，〈臨淄令完顏懷德碑〉云：「貞祐二年，中夏被兵，盜賊充斥，鮭擬地之酷，睚眥種人，期必殺而後已。若營壘，若散居，若僑寓託宿，群不呈鬨起而攻之，尋蹤捕影，不遺餘力，不三二日，屠戮淨盡，無復噍類。至於發掘墳墓，蕩棄骸骨，在所悉然」云。嗚呼！何其酷耶！中國人雅愛和平，非積怨深仇，不應若是，金時虐政，慨可知矣。石氏之變，猶是冉閔率之，貞祐之變，則人自為之也。身之特標出趙人為中國人者，明中國人雖愛和平，然不可陵暴之至於忍無可忍也。㊱

今案《通鑑》此條記冉閔之篡石趙，知胡羯之不為己用，乃獎令趙人斬之，濫死者多之事，胡三省之注曰：「趙人，謂中國人也。」援庵先生乃申論曰：「身之特標出趙人為中國人者，明中國人雖愛和平，然不可陵暴之至於忍無可忍也。」甲午戰爭之後，以迄九一八事變，以至七七事變，日寇之陵暴，豈非令中國人忍無可忍乎！中國人雖酷愛和平，至是，亦不得不起而全面抗戰矣，援庵先生，身居北平，感受敵寇陵暴之行多矣，言雖指陳胡氏之注，心中豈無身世國族之感在乎！

2.《資治通鑑》又記曰：

晉成帝咸康五年，南昌文成公郗鑒疾篤，以府事付長史劉遐，上疏乞骸骨，且曰：「臣所統錯雜，率多北人，或逼遷徙。」

《胡注》曰：

謂中原之人，有戀土不肯南渡者，以兵威逼遷之也。（九六）

《表微》曰：

安土重遷，人之恒情。然太王去邠，從之者如歸市；劉玄德江陵之行，荊楚從之者十餘萬人，固不以兵威逼遷之也，視其平日能否得民耳！㊲

㊱ 見《表微》，頁三一〇。

㊲ 見《表微》，頁二〇〇。

今案《通鑑》此條，記晉室東渡，北地之人，或為逼迫而遷徙江左者，胡注之言，陳述亦益加明白，援庵先生於此，乃反言「不必以兵威逼遷之也，視其平日能否得民耳」，蓋八年抗戰，政府西遷，數千萬民眾，間關萬里，展轉相從於西南天地之間，唯求不願於敵寇鐵蹄下作順民而已，援庵先生此言，豈非有感於華夏民族大規模遷徙避寇之悲壯情況乎！

3.《資治通鑑》又記曰：

康德宗建中四年，陸贄奏：「況其餘眾，蓋並脅從，苟知全生，豈願為惡！」

《胡注》曰：

史炤曰：「書云：『脅從罔治。』孔穎達疏云：『謂彼脅從而距王命者。』」余謂脅從者，為威力所迫脅，不得已而從逆，非同心為逆者也。」（二二八）

《表微》曰：

> 當地方淪陷之秋，人民或死或亡，或隱或仕，不出斯四者。奮勇殺賊，上也；褰裳去之，次也；杜門用晦，亦其次也；靦顏事敵，是謂從逆，從逆則視其為威力所迫脅，抑同心為逆，而定之罪，可矣。[38]

今案《通鑑》此條記唐代名臣陸贄論附逆者受脅而從之事，胡三省之注，則依文而作疏釋，援庵先生乃進而申論，言當地方淪陷之秋，人民處境，不出四途，其意蓋援庵先生自況其處境也，當日寇陵暴，國土淪陷之日，「奮勇殺賊，上也」，「褰裳去之，次也」，先生自不能為，「杜門用晦，亦其次也」，先生則為之，「靦顏事敵，是謂從逆」，先生自不屑為，然於淪陷區中或有「從逆」者，先生亦願國人「視其為威力所迫脅，抑同心為逆，而定之罪，可矣」，蓋抗戰時期，「漢奸」一名，為辱人最甚之語，一旦加身，親人蒙羞，此則援庵先生，宅心忠厚，而期盼國人能明辨其疑似分別也。

4.《資治通鑑》又記曰：

38 見《表微》，頁二一一二。

魏文帝黃初二年，初，帝欲以楊彪為太尉，彪辭曰：「嘗為漢朝三公，值世衰亂，不能立尺寸之益，若復為魏臣，於國之選，亦不為榮也。」帝乃止。冬十月己亥，公卿朝朔旦，並引彪待以客禮，拜光祿大夫，秩中二千石，朝見位次三公。年八十四而卒。

《胡注》曰：

楊彪有愧有龔勝多矣。（卷六九）

《表微》曰：

龔勝不仕王莽死，時亦七十九矣。高年碩望，每易為人所利用，非必其人本意也，故身之為楊彪惜之。㊴

今案《通鑑》此條記漢末楊彪仕曹魏之事，胡三省之注，則以漢臣龔勝不仕王莽，與之相比，而曰「楊彪有愧於龔勝多矣」，援庵先生於此，藉龔勝、楊彪二人，皆享高齡為喻，而申言「高年碩望，每易為人所利用，非必其人本意也」，蓋抗戰時期，淪陷區中，失節附寇，為敵作倀者，有其人矣，細加推尋，援庵先生之意，此當為周作人言之，北平淪陷，日寇盤踞，北京大學愛國師生，多隨學校西遷，而於雲南昆明，與清華大學、南開大學，成立西南聯合大學，少數師生，留居北平，無力遷徙者，日寇悉令復校上課，而任命周作人為偽北大校長，援庵先生時同在北平，親眼目睹，而曰，「高年碩望，每易為人所利用」，豈非深為周氏惋惜者乎！迨及抗戰勝利，周氏亦以「漢奸」之名論罪焉。

5.《資治通鑑》又記曰。

> 晉孝武帝太元八年，謝安得驛書，知秦兵已敗，時方與客圍棋，攝書置床上，了無喜色，圍棋如故。客問之，徐答曰：「小兒輩遂已破賊。」既罷還內，過戶限，不覺屐齒之折。

㊴ 見《表微》，頁二二四。

《胡注》曰：

言其喜甚也。史言安矯情鎮物。人臣以安社稷為悅者也，大敵壓境，一戰而破之，安得不喜乎！屐齒之折，亦非安之뢰也。（一〇五）

《表微》曰：

肥水一役，為吾國歷史上有名外戰。聞勝而喜，國民心理所同然，豈獨謝安，固將舉國若狂也，安特其代表焉耳！㊵

今案《通鑑》此條記肥水之戰，晉軍大勝，符堅失敗，謝安得捷報，其先了無喜色，及客去，急還內庭，過戶限，屐齒為折之事，胡三省之注，乃曰「言其喜甚也」，「大敵壓境，一戰而破之，安得不喜乎！」援庵先生則曰，「肥水一役，為吾國歷史上有名外戰。聞勝而喜，國民心理所同然，豈獨謝安，固將舉國若狂也」，其論晉代史事，而筆下乃言「吾國」、言「外戰」，豈非別有寄寓者在？援庵先生此書，初寫於民國三十一年，敵氛方熾之時，撰成於民國三十四年七月[41]，當是時也，「聞勝而喜」，誠屬先生久蓄心中之期望，而不逾一月，日寇投降，勝利到來，人人欣喜，「舉國若狂」之境，真現眼前，援庵先生恐亦當有「劍外忽傳收薊北，初聞涕淚滿衣裳」[42]之感觸在懷也。

三、結語

胡三省為文天祥、謝枋得、陸秀夫同年進士，宋亡不仕，發憤著書，務伸亡國之殷鑒、民族之氣節於其《通鑑注》中，則其好學愛國感發後人者，又何異於文、謝、陸三公之所為乎？顧世之論胡氏書者，或服其擅長考據，或推其明於地理，獨其微言大義索解人而不得，陳援庵先生於抗戰中處三省之境，體悟三省之心情，展卷重讀《通鑑》及《胡注》之書，遂得盡發其覆，因著《表微》二十卷七百數十則，前十卷論史法，後十卷論史事，凡三省家國

---

[40] 見《表微》，頁三三八。

[41] 見《表微》書前〈小引〉、書末〈重印後記〉。

[42] 見杜甫：〈聞官軍收河南河北〉詩，載楊倫：《杜詩鏡銓》卷九，頁四三三，臺北，華正書局，民國七十五年五月。

之隱痛，及治學之精神，均賴以察見。[43]

援庵先生嘗曰：「夷夏者，謂夷與夏之觀念，在今語為民族意識。」又曰：「當國家承平及統一時，此種意識不顯也；當國土被侵陵，或分割時，則此種意識特著，身之生民族意識顯著之世，故能了解而發揮之，非其世，讀其書，不知其意味之深長也。」[44]又曰：「《鑑注》誠未易讀，不諳身之當時背景，不知其何所指也。」[45]援庵先生飽飫史乘，嫻熟《通鑑》，抗戰時期，陷居北平，處三省之境遇，讀三省之注，別有體悟會心，故能於胡注陳述之史事及感慨中，彰顯其針對宋末史事而發之微旨[46]，故援庵先生之書，「書名《表微》，非微何必表也？」[47]

夫胡三省於宋亡之後，年五十時，始撰《通鑑》之注，迄於五十六歲，方始脫稿，繼而時復修訂，以至七十三歲，卒時方休。然而，「《鑑注》成書，至今六百六十年，前三百年沉埋於若無若有之中，後三百年掩蔽於擅長地理之名之下」[48]，不遇援庵先生，則三省之書，胡氏之微旨，猶將長期沉埋，而不為世人所知也邪！則援庵先生之於《通鑑》胡注，其表彰之功，亦云大矣。至於所表彰者，容或不免有逾實之處，要亦無損於陳書之價值也。[49]

（此文原刊載於《興大人文學報》第三十八期，民國九十六年七月出版）

㊸ 見楊師家駱教授為《通鑑胡注表微》所撰之〈要指〉，載《仰風樓文集》，臺北，楊門同學會輯印。

㊹ 見《表微》，頁三〇七。

㊺ 見《表微》，頁一四四。

㊻ 陳垣：《表微》書末之〈重印後記〉曰：「胡三省親眼看到宋朝在異族的嚴重壓迫下，政治還是那麼腐敗，又眼見宋朝覆滅，元朝的殘酷統治，精神不斷受到劇烈的打擊。他要揭露宋朝招致滅亡的原因，斥責那些賣國投降的敗類，申訴元朝橫暴統治的難以容忍，以及自己身受亡國慘痛的心情，因此，在《通鑑注》裡，他充分表現了民族氣節和愛國熱情。」又曰：「我寫《胡注表微》的時候，正當敵人統治著北平；同胞在極端黑暗中過活，漢奸更依阿苟容，助紂為虐。同人同學屢次遭受迫害，我自己更是時時受到威脅，精神異常痛苦，閱讀《胡注》，體會了他當日的心情，慨歎彼此的遭遇，忍不住流淚，甚至痛哭。因此決心對胡三省的生平、處境，以及他為什麼注《通鑑》和用什麼方法來表達他自己的意志等，作了全面的研究，用三年時間寫成《通鑑胡注表微》二十篇。」

㊼ 見《表微》，頁九八。

㊽ 見《表微》，頁六九。

㊾ 參張元〈胡三省史學新探：簡論《通鑑胡注》與《胡注表微》〉，載《宋史研究集》第二十八輯，臺北，國立編譯館，民國八十七年。

貳拾伍、柳翼謀《國史要義》中「春秋學」之成分及其特質

一、引言

柳詒徵（一八八〇—一九五六）字翼謀，晚號劬堂，江蘇省丹徒縣人，年幼時，父早卒，由母親課讀，十歲，讀畢《詩》、《書》、《易》三經，十二歲，讀《禮記》、《左傳》，十四歲，讀《說文》、《爾雅》，旁及詩詞古文。

光緒二十五年（一八九九年），柳氏年二十歲，應科考，列一等第三名，一九〇一年，至南京江楚編譯局任編輯，編撰教科書，並師事編輯局總纂繆荃孫，學問乃日益進步。

光緒三十四年（一九〇八年）以後，柳氏歷任兩江師範學堂、南京高等師範學校教師。民

國成立，柳氏歷任東南大學，中央大學等校教授，江蘇省立國學圖書館館長，抗日軍興，柳氏赴重慶，任教中央大學，並擔任中國史學會會長。勝利後，返南京，復任江蘇省立國學圖書館館長。

民國三十七年（一九四八年），柳氏當選為中央研究院第一屆院士。

柳氏著作等身，所著《歷代史略》、《中國教育史》、《中國商業史》、《首都志》、《中國文化史》、《明史稿校錄》、《國史要義》等共數十種，其中以《中國文化史》及《國史要義》，最為重要。❶

柳氏所著《國史要義》一書，原是民國三十一年（一九四二年）避寇入川，在重慶中央大學，為文學院研究生主講史學理論之講義，其書主要是針對中國古代的史學理論，作出綜合性的全面探討，他以儒家文化思想為主體，闡發傳統史學的精神，在唐代劉知幾《史通》、及清代章學誠《文史通義》的基礎上，補偏救弊，推陳出新，提出不同的見解，同時，兼采西方史學的學說，從而建構出國史理論的新面貌。

《國史要義》於民國三十七年（一九四八年）由中華書局出版❷，全書分為十篇，每篇討論國史中一項重要的理論。只是，其書出版之際，適逢抗戰勝不久、國共內戰又熾，是以當時並未引起學術界太多的注意。

以下，先將柳氏書中的十篇重點，略加敘述於后：

1.〈史原第一〉——論述國史的起源問題。
2.〈史權第二〉——論述史官的權力及地位。
3.〈史統第三〉——論述國史中的正統觀念。
4.〈史聯第四〉——論述史書記事中的相互聯繫。
5.〈史德第五〉——論述撰史者的道德修養。
6.〈史識第六〉——論述撰史者的識見眼光。
7.〈史義第七〉——論述歷史記述中的義理思想。
8.〈史例第八〉——論述歷史撰述的凡例常制。
9.〈史術第九〉——論述讀史的效益用處。
10.〈史化第十〉——論述歷史變化的因革情形。

---

❶ 參宋晞：〈柳詒徵先生傳略〉（臺北，《國史館現藏民國人物傳記史料彙編》十五輯，一九九六年），頁一九四。孫永如：《柳詒徵評傳》（南昌，百花洲文藝出版社，一九九三年六月）。柳曾符、柳佳：《劬堂學記》（上海書局，二〇〇二年）。

❷ 本文所據者為，柳詒徵：《國史要義》（臺灣中華書局，一九五七年七月）。

柳先生自幼嫻習經史，因此，在《國史要義》之中，柳先生也是以儒學的文化思想，作為全書理論的主幹，而且，在全書的十篇之中，或多或少都曾引述了許多「春秋學」方面的著述，包括《左傳》、《公羊傳》、《穀梁傳》及其他有關《春秋》的著述，作為討論傳統「國史」中「要義」的資料，從而也闡釋了「國史」中有關「春秋學」的精神。

本文之作，目的即在將柳先生《國史要義》中引述「春秋學」的成分，及其在《國史要義》書中的特質，加以分析討論，以見「春秋學」精神在柳先生《國史要義》中所居的地位。

二、分論

以下，即就柳先生《國史要義》中與「春秋學」有較為密切關係的七篇，先加分析❸。

(一)史原第一

柳先生在本篇之中，以為國史的初興，是由文字的記載，因此，在文字發明之後，方才有歷史的記錄。但是，我國歷史，在起源之時，即已擁有兩項較為特殊的性質，第一，由於書寫記錄，多採取竹簡木版作工具，而竹簡木版之方策，形勢不免短狹，不能大量書寫文字，因此，我國古史，限於工具，其記述類多扼要簡略。第二，由於我國古代早已設置史官，而史官的作用，不僅記錄歷史，同時，掌管累世相傳的政書，目的則在於以歷史教訓，襄贊人君，治理國政，以至於「限制君權」，防止人主濫權。因此，史官所掌守的，即是國家的典禮制度，這種禮制，也即是後世史法史例產生的根源，而「禮制」根源於倫理，依本於人性，特別注重「正名」、「辨分」、「道名分」，從而使得史官，能夠明確分辨是非，使得讀史之人，從而能夠了解善惡，所以，柳先生特別強調，「禮者，吾國數千年全史之核心也」❹。

在討論史官特別重視「禮制」，歷史記錄特別重視「正名」的論述中，柳先生除了引述許多文獻，諸如《尚書》、《國語》、《禮記》、《大戴禮記》、《呂氏春秋》等作為例證之外，他還大量地引述了「春秋學」中的資料，去闡釋此一傳統，例如他引述《左傳》僖公二十八年所記，晉文公召請周襄王與諸侯相會於溫地，以商議討伐不順服的國家，而又記錄

❸ 本文討論，凡柳先生《國史要義》中徵引之典籍文獻，本文皆直接加以陳述，而不再一一注明其版本。

❹ 柳詒徵：《國史要義》（臺灣中華書局，一九五七年七月），頁九。

了孔子的評論之語說：「以臣召君，不可以訓。」故孔子於《春秋》改書曰「天王狩於河陽」，即是強調了晉文公的不識禮制，故《春秋》為之正名定分的書法。又如《左傳》隱公元年所記，鄭莊公討伐其弟共叔段，《春秋》記載說，「鄭伯克段於鄢」，《左傳》說：「段不弟，故不言弟，如二君，故曰克，稱鄭伯，譏失教也。」便是強調了共叔段的狂妄亂作，既有失為弟者的謙遜之禮，而鄭莊公蓄意養成其弟之惡，同樣都是弟既不弟，兄也不兄的不當行為，故《春秋》為之正名定分，書寫「鄭伯克段於鄢」，用以譏刺二人。又如在《左傳》僖公五年，記載晉獻公受驪姬之惑，使太子申生自殺，《春秋》書曰，「晉侯殺其世子申生」，《公羊傳》說：「曷為直稱晉侯以殺？殺世子母弟，直稱君者，甚之也。」《公羊傳》以為，晉獻公逼使申生自殺，是以父殺子，如同鄭莊公殺共叔段，是以兄殺同母之弟，都是不顧骨肉情誼的殘酷行為，故此處直稱「晉侯」，用以譏刺，也是強調「正名」的書法記錄。

在〈史原第一〉篇中，柳先生一共引述了六十九條文獻史料，用以佐證史官制度的起源，在六十九條文獻之中，即有二十三條（約佔本篇引述文獻的三分之一），是屬於「春秋學」方面的資料，用以去闡釋傳統史官特別注重「禮制」、注重「正名」的立場，因此，在此篇之中，柳先生也特別說明，《春秋》之作，「其文極簡，而示禮極嚴，執名分以治人，而人事悉括於其中，而無所遁」，故「史義相承，仍必謹於名分」❺，都是強調了「春秋學」在〈史原〉篇中的重要作用。

(二)史權第二

柳先生在本篇之中，以為春秋時期，我國史官已經具有「秉筆直書」的權力，又已經具有共同遵守的兩項法規，其一是「君舉必書」，其二是「德刑禮義，無國不記」，所以一國君臣的大事，其他國家的史書，也都加以記錄，其他國家的史官，也都遵守共同的書法，共同的凡例。

在討論史官「秉筆直書」，不畏威勢的時候，柳先生舉出《左傳》宣公二年太史所記「趙盾弒其君」，以及襄公二十五年太史所記「崔杼弒其君」的例子，以為歷代史家稱揚之「秉筆直書」，最能表彰史官之權威。柳先生以為，董狐之為良史，其遠源蓋出於晉之史官「辛甲」，進而說明，「古史之職，以書諫王，其源甚古，不必始於周代，其原則實在天子不得為非一語，使一人肆於民上，以從其淫，其禍至烈，而吾族聖哲，深慮預防之思想，乃

❺ 同注❹，頁一六。

以典禮史書，限制君權」❻，故我國古代，「史權高於一切」，有如後世司法獨立之精神。

在討論「君舉必書」的法守時，柳先生引述《左傳》莊公二十三年所記，莊公前往齊國，觀看閱兵的祭典，而曹劌加以諫勸，以為諸侯除非有天子的命令，征伐的大事，則不應遠出國境之外，因而提到，舉凡有關國君的大事，史官依據「君舉必書」的原則，都應加以記錄，以備後世得以觀察國君的是非。

在討論「德刑禮義，無國不記」的法守時，柳先生引述《左傳》僖公七年所記，諸侯會盟於寧母，以謀共同伐鄭之事，而管仲諫勸齊桓公，以為「夫合諸侯，以崇德也，會而列姦，何以示後嗣」，又以為「諸侯之會，其德刑禮義，無國不記」，因此，管仲希望桓公秉持正義，勿輕許鄭國太子子華私自邀齊伐鄭的詐謀建議，以免輕舉妄動，為各國史官加以記錄，而為各國諸侯加以恥笑。作為各國史官，於諸侯大事，「無國不記」的例證。

柳先生又引述了《周禮》、《國語》、《大戴禮記》等多種文獻，說明在西周時代，太史、小史、內史、外史、御史等各自掌守的職權，從而說明，「周之太史，所掌典則法制，既與冢宰（宰相）相同，而王者馭臣出治之八枋，悉由內史所詔，國法國令之貳，咸在史官」，進而說明，「周官之制，相權最高，而太史內史執典禮，以相匡弼，法意之精，後世莫及，秦漢不知禮意，而以丞相總大政，御史大夫貳之，猶存周制於十一」❼，以彰明自古以來，我國史官職權之重要性。

在〈史權第二〉篇中，柳先生一共引述了六十三條文獻，去對「史權」一事，作為佐證，加以論述，而在六十三條文獻之中，有關「春秋學」方面的資料，即佔了二十五條之多，接近所引資料的半數，則其對「春秋學」的注重，可見一斑。

㈢史聯第四

在本篇之中，柳先生以為，歷史記載，其時間、地域、人物，多有相互之聯繫，像正史中採用本紀、列傳、表、志等體裁，其記述人事，彼此之間，也有相互之聯繫，而某一時代，又往往有其時代之中心人物。

例如《史記》之中，記載孔子之事蹟，既見於〈孔子世家〉，又見於〈魯世家〉，而〈周本紀〉、〈秦本紀〉、〈吳太伯世家〉、〈齊太公世家〉、〈燕召公世家〉、〈管蔡世家〉、〈陳杞世家〉、〈衛康叔世家〉、〈宋微子世家〉、〈晉世家〉、〈楚世家〉、〈鄭世家〉，皆曾記錄孔子之事蹟，正所以見出司馬遷撰著《史記》，各體之中，旁見側出，別

❻ 同注❹，頁二七。

❼ 同注❹，頁三四。

裁互著，錯綜聯繫之微妙，而顯現出以孔子為中心人物之觀點。

又如陳壽《三國志》，在《蜀書》之中，對諸葛亮之言行，記錄最多，而〈出師表〉一文，既載於諸葛亮之本傳，而於董允、向寵傳中，又加以節錄記載，不避複見，也正所以見出陳壽隱然以諸葛亮為蜀漢中心人物之觀點。

因此，柳先生以為，「史之為義，人必有聯，事必有聯，空間有聯，時間有聯，紀傳表志之體之善，在於人事時空，在在可以表著其聯絡」❽，至於「史有同一性質，而有數十百事者，著之紀傳，則不可勝載，略之則不賅不備，表以列之，志以詳之，則相得益彰焉」❾，可以充分說明史書各體聯繫的重要性。

柳先生論正史記事之多方聯繫，又以為，其體例之根源，實可上推於《左傳》之記事，例如《左傳》隱公三年，記衛莊公娶於齊國太子東宮得臣之妹，曰衛姜，美而無子，衛人惜之，「衛人所為賦〈碩人〉也」，今〈碩人〉之詩，在《詩經・衛風》之中。又如《左傳》閔公二年，記衛人立戴公以廬於曹，「許穆夫人賦〈載馳〉」，今〈載馳〉之詩，在《詩經・衛風》之中。閔公二年，又記鄭國國君厭惡其大夫高克，鄭君使其帥師於外，久不召回，軍隊潰散，高克因畏罪而奔往陳國，鄭君除去高克之目的雖達，鄭國民眾卻惋惜高克，「為之賦〈清人〉」，今〈清人〉之詩，在《詩經・鄭風》之中。據上述三例，柳先生以為，此即史家撰史注重聯繫體例之開端。

另外，柳先生以為，《左傳》雖是編年為史，記事理當不應重複，但是，例如《左傳》桓公六年，記載北戎伐齊，齊侯派使臣向鄭國乞師，鄭君派太子忽帥師救齊，大敗戎師，立下大功，此一事件，《左傳》於桓公十年，又加重複記載。又如《左傳》於閔公二年，記載「僖之元年，齊桓公遷邢于夷儀，二年，封衛于楚丘」，此一事件，《左傳》於僖公二年，又記載「諸侯城楚丘而封衛焉」。柳先生以為，這都是《左傳》在記事方面，有意重複互著，相互印證聯繫的例子。

另外，《左傳》編年記事，始於魯隱公元年，但是，在隱公元年，卻記載了「惠公之季年，敗宋師于黃」，在桓公二年，也記載了「惠公二十四年，晉始亂，故封桓叔于曲沃」，「惠之三十年，晉潘父弒昭侯而納桓叔，不克」，「惠之四十五年，曲沃莊伯伐翼，弒孝侯」等事件，魯惠公是魯隱公及魯桓公的父親，《春秋》及《左傳》記事，始於魯隱公元年，而在隱公元年及桓公二年的記事中，卻上溯記載了隱公桓公以前有關惠公的一些事蹟，柳先生以為，這也是編年體記事，有時仍然需要記錄超越當年之前的事件，以作聯繫，因

---

❽ 同注❹，頁七七。

❾ 同注❹，頁七五。

此，對於「史聯」方式的起源，柳先生以為，應該是肇始於《左傳》記事的體例。

在〈史聯第四〉篇中，柳先生一共引述了四十六條文獻資料，以論述「史聯」的體例及其功用，而在四十六條文獻資料中，《左傳》卻被引述了十一次，數量並不在少。

㈣史德第五

在本篇中，柳先生由劉知幾《史通》論史家才學識三長，進而討論章學誠在《文史通義》中所主張的「史德」，章氏說：「德者何？謂著書者之心術也。」柳先生以為，劉咸炘在《治史緒論》中釋史德為「敬恕」、梁任公在《中國歷史研究法補編》中釋史德為「忠實」，皆未能真得章氏的心意。柳先生以為，治史而言修德，必究德之所由來。

柳先生以為，人類的道德，稟於天賦之靈明，而其靈明之啟發，則基於經驗之累積，經歷利害得失，推闡其因果之關係，以前事為後事之師，以畜其德，方能形成「道德」，所以，「以前人之經驗，啟發後人之秉彝，惟史之功用最大」❿。所以，柳先生以為，「吾國聖哲，深於史學，故以立德為一切基本，必明於此，然後知吾國歷代史家所以重視心術端正之故」⓫，因此，自古以來，「言德，不專為治史，而治史之必本於德，則自古已然」⓬。

在討論「史德」的意義及功用之後，柳先生又以為，本此「史德」，以撰述歷史，故自古以來，「史尚忠實」、「史職重信」，則是歷史記錄最關緊要之工作，在闡釋這一方面的意義時，柳先生首先引用《春秋》桓公五年所記，「春，正月，甲戌，己丑，陳侯鮑卒」的事件，作為例證，陳侯鮑即陳桓公，其異母弟名佗，乘桓公病危之際，殺桓公太子，而取得嗣位，《穀梁傳》解釋說：「鮑卒，何為以二日卒之？《春秋》之義，信以傳信，疑以傳疑，陳侯以甲戌之日出，己丑之日得，不知死之日，故舉二日以包之也。」因陳桓公卒後，朝政混亂，百官逃散，故先有甲戌之日赴告於天子，後又有己丑之日赴告於天子，以致史官也無法確定桓公之卒的時間，因此，便將兩種日期都記錄下來，所以說是「信以傳信，疑以傳疑」，疑不能定，故兩存其日期而保留懷疑之情，《穀梁傳》此條的記事，范寧注云：「明實錄也。」史官記事，於可信者信之，於可疑者疑之，也是一種「實錄」而取「信」重「信」的精神。

又如柳先生於《春秋》隱公元年所記「元年春，王正月」下，引述《穀梁傳》的解釋說：「《春秋》貴義而不貴惠，信(伸)道而不信(伸)邪，孝子揚父之美，不揚父之惡，先

❿ 同注❹，頁八六。

⓫ 同注❹，頁八八。

⓬ 同注❹，頁八九。

君之欲與桓，非正也，邪也，雖然，既勝其邪心，以與隱矣，已探先君之邪志，而遂以與桓，則是成父之惡也，兄弟，天倫也，為子受之父，為諸侯受之君，已廢天倫而忘君父，以行小惠，曰，小道也，若隱者，可謂輕千乘之國，蹈道則未也。」魯隱公與魯桓公，都是魯惠公之子，為異母兄弟，惠公喜桓公，欲立之為世子，但未及廢隱，即卒，隱公欲完成其父之志，故未行即位之禮，自己居攝，欲以嗣君之禮事桓公，《穀梁傳》對此事的解釋是，惠公欲立桓公，是邪而非正的行為，隱公了解惠公之志，而欲立桓公為君，則是成就了其君其父惠公的不當意願，作為人臣人子的隱公，不但傷害了父子兄弟之間的天倫，而且，想要棄千乘國君之位，讓位給桓公的行為，卻又引來了桓公的弒君殺兄，實在只是一種小道小惠而已，實在算不上是正道正義的行徑。對於《穀梁傳》的解釋，「《春秋》貴義而不貴惠，信(伸)道而不信(伸)邪」的立場，柳先生認為，那才是史家「愛而知其惡，憎而知其善」的真正「史德」的表現，最為可貴，因此，柳先生對於《左傳》成公十五年中所載「《春秋》之稱，微而顯，志而晦，婉而成章，盡而不污，懲惡而勸善」，以為《春秋》之作，辭雖微妙而其義則明顯，其記錄雖隱約而義卻不晦澀，又能婉轉成篇，曲盡其事之情而無所污遠，其功能則可勸善而懲惡，同樣也才是史家「史德」的最高表現。

在〈史德第五〉篇中，柳先生引述了《國語》、《禮記》、《宋史》、《近思錄》等文獻資料一共有三十五條之多，其中引述「春秋學」方面的資料，只有三條，成份雖然不多，但在佐證「史德」的意義上，卻居有關鍵性的作用。

㈤史識第六

在本篇之首，柳先生提到，史識之說，雖然是由劉知幾首先提出，但是，後世的一些學者們，對於劉氏史識的意義，卻有不同的詮解，劉氏所謂的史識，主要在於「好是正直，善惡必書，使驕君賊臣知懼」（見《舊唐書．劉子玄傳》），而章學誠在《文史通義．史德》之中，已經將劉氏所說之「有學無識」，誤指為「有學無才」，以致才識不分，與劉氏原意不同，至於近代，梁任公在《中國歷史研究法續編》之中，指「史識」即是史家的「觀察力」，劉咸炘在《治史緒論》中，則指「史識」是史家「觀史跡之風勢」，也都與劉氏的原意不符，而且四家所說，也彼此互異。

柳先生以為，史家之所以能有見解識力，產生於心中，一方面是本於天賦，另一方面則是依靠廣稽史事，因此，「學者識力，大都出於讀史」⓭，儲積前人著述中之經驗，用以培

⓭ 同注❹，頁一〇九。

養自己的識力，柳先生曾經引述了劉咸炘在《治史緒論》中的話說：「讀史有出入二法，觀事實之始末，入也。察風氣之變遷，出也。」因此，史家著史之見解，不僅需要「明撰著之義法」，尤當需「求人群之原則」，如近代所謂「歷史哲學」所從事者，方為良善，柳先生也以為，「歷史哲學，吾國古代亦無此名，而其推求原理，固已具於經子」，所以，柳先生也強調，「吾人治中國史，仍宜就中國聖哲推求人群之原理，以求史事之公律」⓮。

在本篇中，柳先生引述了許多「春秋學」的文獻，用以說明史家史識培養的例證，他說：「吾國古無所謂歷史研究法，然三傳之於《春秋》，各有師說，以解析《春秋》之義法，則世之有史學研究法者，莫先於吾國矣。」他以為，「《左傳》所載史事，多出於《春秋》之外，然左氏不以其所見史料之富，而斥《春秋》之簡略，且推究《春秋》所以不書之故，而歸於禮經之凡例」⓯。

柳先生舉出《左傳》隱公十一年所記「凡諸侯有命，告則書，不然則否，師出臧否亦如之，雖及滅國，滅不告敗，勝不告克，不書于策」，莊公二十九年所記「凡物不為災，不書」，僖公二十三年所記「凡諸侯同盟，死，則赴以名，禮也，赴以名則亦書之，不然則否，辟不敏也」，文公七年所記「凡會諸侯，不書所會，後也，後至不書其國，辟不敏也」，文公十四年所記「凡崩薨不赴，則不書，禍福不告，亦不書，懲不敬也」，文公十五年所記「凡諸侯會，公不與，不書，諱君惡也，與而不書，後也」，從以上六條資料中，即可以了解《左傳》推究《春秋》對於史事所以記載或不加記載的原因，用以彰明《春秋》的「凡例」，柳先生以為，從這些史事的「書」或「不書」之中，即可以「衡物異之重輕，視人事之敬惰」，同時，「已可啟發史識」⑯，培養史家自己的見解。

另外，柳先生又從《左傳》中不明言「凡例」，而從記事的敘述中，舉出了十九條例證，例如《左證》僖公九年所記「齊侯以諸侯之師伐晉，及高梁而還，討晉亂也，令不及魯，故不書」（《春秋》於此事未加記載，《左傳》以「令不及魯」解釋））。文公十七年所記「晉荀林父、衛孔達、陳公孫寧、鄭石楚，伐宋，討曰，何故弒君，猶立文公而還，卿不書，失其所也」（《春秋》於此事只記載「晉人、衛人、陳人、鄭人，伐宋」，《左傳》則解釋為四國大夫對此事處理不當，故《春秋》不書各國卿大夫之名）。襄公二十六年所記「六月，公會晉趙武、宋向戌、鄭良霄、曹人，於澶淵以討衛，疆戚田，取衛西鄙懿氏六十以與孫氏。趙武不書，尊公也，向戌不書，後也」（《春秋》於此事只記載「公會晉人、鄭良霄、宋人、曹人，于澶淵」，於晉於宋，不書趙

⑭ 同注④，頁一二七。

⑮ 同注④，頁一一一。

⑯ 同注④，頁一一一。

武、向戍之名，原因各異）。從這一類的例子中，柳先生以為，「同一會盟，而卿之名，有書有不書。同一人，而有書有不書，同一不書，而各有其故，其剖析之細密也若是，慎位重信，大義凜然，所謂讀書得間者，即從此等無文字處得之也」⓱，所謂「讀書得間」，正是史家「識力」所到之處，也正是用以培養史家「識力」的途徑。

此外，《公羊傳》與《穀梁傳》，雖是以解釋《春秋》經文為主，不是以記事為主，但是，柳先生以為，《公羊》與《穀梁》兩傳，用屬辭比事的方法，也解釋了《春秋》所以「書」或「不書」的原因，其目的，都在於「正君臣父子兄弟之倫」之大者，因此，《春秋》三傳，其記事解經的書法，正可以養成史家撰史時「慎始知幾」、「價值判斷」的「識力」。

在〈史識第六〉篇中，柳先生引用了一百四十三條文獻資料，來說明史家的「史識」，而其中有關「春秋學」的資料，卻佔了八十五條，超過所引述的資料一半以上，可見柳先生以為「春秋學」在討論「史識」時的重要意義。

㈥史義第七

在本篇之中，柳先生首先依據《孟子．離婁下》所說的「王者之跡息而《詩》亡，

《詩》亡然後《春秋》作，晉之《乘》，楚之《檮杌》，魯之《春秋》，一也，其事則齊桓晉文，其文則史，孔子曰，其義，則丘竊取之矣」，指出歷史的三要素，曰事曰文曰義，指出孔子治史，重在義理，尤其注重義理在倫理、在人道、在政治上的功能，進而論及六藝六經，其義理、其功能，也都在於倫理、人道、政治方面的運用，並認為，這才是「中國史學之根本」，也才是「中國一切學術之根本」⑱。

柳先生再依據《史記・司馬相如傳・贊》所說的「《春秋》推見至隱，《易》本隱以之顯」，指出《周易》之作用在由抽象的原理以反映人事的現象，而《春秋》的作用在經由繁複的人事情況中顯示抽象的律則。在《周易》方面，柳先生舉出〈乾卦〉上九「亢龍有悔」及〈坤卦〉初六「履霜堅冰至」，作為教人讀《易》時見微知著的例子。在《春秋》方面，柳先生舉出《史記・董仲舒傳》中〈賢良策〉所說的「孔子作《春秋》，上揆之天道，下質諸人情，參之於古，考之於今，故《春秋》之所譏，災害之所加也，《春秋》之所惡，怪異之所施也」，以及董仲舒《春秋繁露・玉杯》所說的「人受命於天，有善善惡惡之性，可養而不可改，可豫而不可去」，從而說明《春秋》之精神，在於稟持人生天賦的本性，對於歷

---

⑰ 同注④，頁一一三。

⑱ 同注④，頁一三四。

史上的種種人事行為，作出善則善之，惡則惡之的道德評斷，產生警惕的作用，從而建立起撰著歷史的價值標準，產生勸善懲惡的作用，同時，也使得後世讀者，能夠藉此了解是非，分辨善惡，發揮見賢思齊，見不賢而內自省的功用。

柳先生又提到，「《易》義有恆有變，史義亦有正有變，知其變，方能識其正」⑲，他先舉出許多《穀梁傳》的例子，例如《春秋》僖公四年所記，「公會齊侯、宋公、陳侯、衛侯、鄭伯、許男、曹伯，侵蔡，蔡潰，遂伐楚，次于陘」，《穀梁傳》解釋說：「潰之為言，上下不相得也，侵，淺事也，侵蔡而蔡潰，以桓公知所侵也，不土其地，不分其民，明正也。」齊桓公以諸侯之師侵蔡，蔡人潰散，而桓公不佔據蔡國土地，不分割蔡國人民，並藉此繼續攻伐南方的楚國，因此，《春秋》許以為是正當的行為。又如襄公二十九年所記，「仲孫羯會晉荀盈、齊高止、宋華定、衛世叔儀、鄭公孫段、曹人、莒人、邾人、滕人、薛人、小邾人，城杞」，《穀梁傳》解釋說：「古者天子封諸侯，其地足以容其民，其民足以滿城以自守也，杞危而不能自守，故諸侯之大夫，相帥以城之，此變之正也。」古代天子分封諸侯，其土地應足以容納民眾，其民眾也足以自守其城池，但杞子卻無力自守其地，而諸侯之大夫自動前往為杞君建築城池，雖無天子之命，並不正當，但扶危濟傾，幫助危弱，也是可取的行為，所以，《春秋》許以為是知變而正當的事情。由此，柳先生生以為，《穀梁傳》特別強調了「《春秋》貴義而不貴惠，信（伸）道而不信（伸）邪」（隱公元年）的理想，也往往藉著種種不正之事，反示其正義之所在，這即是「《春秋》以道義」（《史記・太史公自序》）的精神，另外，也舉出了《左傳》及《公羊傳》的例子，以彰明《春秋》中正義變義，相反相成，使讀者叩其兩端，由正知反，由反顯正，因時制宜的要旨。

柳先生在本篇之中，一共引述了八十條文獻，作為佐證其闡釋「史義」的資料，而在八十條文獻之中，關於「春秋學」的資料，即佔了四十三條，超過了全部引述資料的一半以上，可見「春秋學」的文獻，在柳先生討論「史義」時的重要性。

(七)史例第八

在本篇中，柳先生以為，古籍著述，其有凡例，始於《易》之爻辭，《周易》每卦六爻，爻象徵陰陽，以九及六稱之，此即《周易》全書之通例，而〈乾卦〉及〈坤卦〉六爻之後，各加一則，以示「用九」及「用六」之例，此即群書之有凡例的開始，而凡例的作用，則在於執簡馭繁，使讀者掌握全書之綱領。

⑲ 同注❹，頁一三七。

柳先生又以為，在周代，史為官書，所作記事記言，也必有共同遵守之規律，及至《左傳》，記事發凡，計有五十則，後人遂謂之為「春秋五十凡」，杜預在〈左傳序〉中，綜而論之曰：「其發凡以言例，皆經國之常制，周公之垂法，史書之舊章，仲尼從而修之，以成一經之通體，其微顯闡幽，裁成義類者，皆據舊例而發義，指行事以正褒貶。」雖然，後世學者，有人懷疑杜預之說，像廖平在《左傳杜氏五十凡駁例箋》中，更舉出了不少的反證，以為《左傳》言凡與不言凡者，皆出於孔子筆削《春秋》之後，以為孔子之前，不應有此凡例，但是，柳先生卻以為，如果「孔子以前，史官記事，皆漫無定例，何以屬辭」，「不必因推尊孔子，遂謂《春秋》以前無史例也」[20]，他對杜預及廖平的意見，都不全然同意，也認為孔子以前，史官撰著史書，已自有其史例之存在，但是，對於杜預的《春秋釋例》，仍然加以肯定，以為「言史例者，不可不先從事此一家之學」[21]，即使《釋例》全書已不可見，但輯自《永樂大典》的輯本，猶可得其十之七八。

柳先生也以為，「言《春秋》之例者，《公羊》廣而《穀梁》精」，關於《公羊》之學，柳先生敘述自胡母生作〈條例〉，何休作〈文謚例〉，提出「三科、九旨、二類、七等、七缺」等說法，徐彥作《注疏》，以至清儒劉逢祿等，加以發揮推闡，至康有為，遂以《春秋》改制之義，倡導變法，而在政治上產生絕大的影響，更是其他國家史籍絕無僅有的事情。柳先生並特別推崇清人王代豐所著的《春秋例表》，足為《公羊》言例之代表，王氏書〈自序〉中所說的「《春秋》者禮也，禮者例也」，更是掌握了《春秋》的要旨。

關於《穀梁》之學，柳先生引述陳澧《東塾讀書記》之說，以為范甯於注解《穀梁傳》之外，並曾撰有《穀梁略例》，其《略例》皆無穿鑿迂曲之病。柳先生又以為，「《穀梁》時月日之例，視《公羊》尤精」㉒，並舉出其叔祖柳興恩先生所撰之《穀梁大義述》，以為該書「首述日月例，其推勘各例之所從來，及其相互相反之義，范《注》楊《疏》，皆不逮也」，柳先生又以為，「史例經例，皆本於禮，禮必準情度理，非可以意為之」，因此，「研究《春秋》時月日例，亦以人情事理相推之而已」，而「《穀梁大義述》得此要旨，故於諸以時月日見義者，皆以諸侯卒葬之正變推之，以卒葬之日時最易解，而其相反之義亦特明」，因此，柳先生以為，《穀梁大義述》一書，「由此類推，則準情度理，褒貶予奪，皆有至理，而諸例迎刃而解矣」㉓。

---

⑳ 同注❹，頁一六六。

㉑ 同注❹，頁一六六。

㉒ 同注❹，頁一六八。

㉓ 同注❹，頁一六八。

柳先生在〈史例〉篇中，特別詳述《春秋》三傳之凡例，主要以為，《春秋》雖是經書，實則源出史書，推尋其凡例，可以明經例，兼亦可以明史例，且後世史書，多未自言其凡例，究心經例，正可以推尋史例，蓋「為史者亦講求著述之例，此非偶然相類，實學術相沿之塗轍也」㉔。

柳先生又舉出後世史學著述，如歐陽修之《五代史記》，朱熹之《通鑑綱目》，於史例方面，雖多自行論說，實則仍屬效法《春秋》之義例者。至於司馬光之《資治通鑑》，自定凡例，似與《春秋》關涉較少，此則由於《春秋》記述二百四十二年間之史事，所用文字，極為簡略，又於時君世主，多所忌諱，故乃於褒貶善惡方面，多所措心，而《通鑑》記述一千三百六十二年間之史事，所用文字極繁，自不必於尋常一二薨卒之例，示其差別等第褒貶善惡，故其與《春秋》之關涉，也相對減少。

柳先生在本篇之中，一共引述了九十七條文獻，以闡釋傳統史書中有關「史例」的要旨，其中涉及「春秋學」的資料，即佔了五十六條之多，超出全部引述資料的一半以上，其重要性，由此可見。

以上所論，乃針對柳先生《國史要義》中與「春秋學」關係較為密切之七篇，作出詳細之分析。以下，則再對《國史要義》中與「春秋學」關係較為疏遠之三篇，作出簡略之分析。

(八)史統第三

在本篇之中，柳先生討論國史中的正統觀念，以為國史正統之論，必以道德為評斷，而不必拘於一姓之私，他引述了劉知幾《史通・探賾篇》、歐陽修《正統論》、鄭所南《心史・古今正統大論》、方孝孺《後正統論》等文獻，作為抒發議論的佐證，但是，一般來說，正統之論，與「春秋學」的關係，極為密切，《春秋》隱公元年記曰：「元年春，王正月。」《公羊傳》曰：「何言乎王正月？大一統也。」㉕應該是正統論最為重要的依據，柳先生同時在〈史統第三〉篇中也曾提到，「吾族由大一統而後有所謂正史，由正史而後有所謂通史集史，而編年與紀傳之體雖分，要皆必按年記錄，雖史才之高下不同，而必持義之正，始足以經世而行遠」㉖，但是，在此篇之中，柳先生卻不曾引述到《公羊傳》的此條文獻，卻只引述了《春秋繁露・三代改制質文篇》去作佐證，不免令人費疑。當然，像歐陽修等人的著

㉔ 同注❹，頁一七二。

㉕ 《公羊傳注疏》（臺北，藝文印館，一九九三年），頁九。

㉖ 同注❹，頁六五。

述，對正統論的義旨發揮較為詳密，也是事實。

柳先生在本篇之中，一共引述了四十三條文獻資料，以闡述傳統史學中的「正統」觀念，而其中有關「春秋學」的資料，僅佔一條，比率委實太少。

(九)史術第九

在本篇中，主要討論讀史的效用問題，柳先生以為，讀史之益，可以使人獲得持身處事之術，可以使人關切國家天下之事，進行了解歷史發展治亂興衰的因果，同時，閱讀歷史，也應該以遠大之眼光求之，方能夠觀其會通。

在本篇之中，柳先生一共引述了六十條文獻，作為佐證「史術」的資料，但是，在六十條文獻中，僅只引述了《公羊傳》與《穀梁傳》各一條資料，並且，也都不是應用在重要的關鍵問題之上。

(十)史化第十

在本篇之中，柳先生討論歷史中之必有變化，但變化中也有承襲，但是，歷史變化之中，必有不可改變的因素存在，像親親、尊長，道德倫常，都是不可變革的重心，由此，人們閱讀歷史之時，也必以教化禮義為先，然後可以轉移世風，導正習俗。

在本篇之中，柳先生引述了六十二條文獻，作為佐證「史化」的資料，在六十二條文獻中，僅只引述了一條《公羊傳》的資料，所佔的比率極低。

以上所論，乃針對柳先生《國史要義》書中十篇內容，分析其採用「春秋學」的成分，以及「春秋學」在各篇中所發揮的作用。

三、綜論

繼前節「分論」之後，在本節之中，將對柳先生的《國史要義》，作出兩項綜合的討論。

㈠《國史要義》的理論體系

1. 組織內容

柳先生《國史要義》一書，一共分為十篇，在前文中，筆者曾針對取其中與「春秋學」有密切關聯者七篇，以及關係稍為疏遠者三篇，進行分析，以下，則再就柳書十篇中的理論體系，加以綜合說明。

在〈史原第一〉篇中，柳先生論述國史的起源，在於文字發明之後，史官記錄史事於竹簡方策之上，並以歷史教訓，襄贊人君，治理國政，形成禮制，而特重「正名」、「辨分」，進而影響到後世《春秋》「道名分」的精神。

在〈史權第二〉篇中，柳先生論述史官的權力所在，在於「秉筆直書」，無所隱晦，在於「君舉必書」，用以限制君權，而此種事例，《春秋》及《左傳》記載頗多。

在《史統第三》篇中，柳先生論述國史中正統觀念之起源，源於史書所記，尤為重視主持正義，以道德為評斷治統的標準，而不必拘於一姓之私，其君其國，若無道者，雖霸有九州，也不得列於正統。

在〈史聯第四〉篇中，柳先生論述國史中的記事，在各種體裁之中，在人、事、時、地方面，往往互有聯繫，而隱然形成以某一重要人物為中心之情況。

在〈史德第五〉篇中，柳先生論述人之需有道德，本來不專為治史而發，而治史者尤必本於道德之修養，方能居敬窮理，發為信史。

在〈史識第六〉篇中，柳先生論述史家之所以能有遠見卓識，大都出於讀史而得，而《春秋》及三傳中凡有「書」與「不書」的所在，正所以見出史家眼光之遠大，見出史家著史之義法。

在〈史義第七〉篇中，柳先生論述歷史顯現之意義，而特別引述了《周易》與《春秋》，說明其特質，並據《孟子》，強調《春秋》中有事有文有義，而其義理，尤為傳統史學所注重。

在〈史例第八〉篇中，柳先生論述史書凡例的體制，以為史例乃是史官記言記事時需要遵守的規律，而凡例的起源，雖可以上推至《周易》，但卻在「春秋學」中，應用得最為精確，影響於後世史家史書，也最為深遠。

在《史術第九》篇中，柳先生論述到讀史的效益，小至於個人的修己立品，持身涉世，大至於謀國用兵，關繫天下的安危，都可以從歷史中獲得教訓，培養遠見，理解因果。

在〈史化第十〉篇中，柳先生論述歷史教化的影響，在於使人們學習歷史之經驗，形成社會上善良的風氣，以改革俗弊，導正人心。

綜合而言，柳先生在《國史要義》之中，由論述國史的起源，史官的權力，到國史中的正統觀念，史書中記言記事的的相互聯繫，撰史者的道德修養，史家的識解遠見，歷史記述的意義，撰著史書時的凡例，以至於讀史時所能獲得的效益，以及社會所能獲取移風易俗的功能。十篇論述，由國史的起源，到國史的原理，到著史的體制，史學的效用，十篇論述，篇篇貫聯，環環相扣，有體有用，形成一個完整而詳密的體系，確實是體大思精，難能可貴的撰著。

2.「春秋學」的精神

柳先生的《國史要義》，與他的另一部名著《中國文化史》一樣，都是採取綱目體的寫作方式，這種方式，先以自己的文字，書寫正文，作為提綱，然後再廣引文獻史料，作為佐證己說的資料，這種寫作方式，綱與目之間，涇渭分明，清晰易辨，既可以充份發抒己見，也能夠言而有證，取信於人，同時，這種綱目之體，對於佐證文獻的引述多寡，也易於統計，易於見出作者對於文獻重視的立場與態度。

在《國史要義》之中，像〈史原第一〉、〈史權第二〉、〈史聯第四〉、〈史德第五〉、〈史識第六〉、〈史義第七〉、〈史例第八〉等七篇，都引述了許多「春秋學」的文獻，去闡明去佐證國史的要旨。而在其他〈史統第三〉、〈史術第九〉、〈史化第十〉等三篇之中，則引述了少數「春秋學」的文獻，去作為闡釋國史要旨的資料。

經過約略的統計，在《國史要義》的十篇之中，一共引述了六百九十八條文獻，其中有關「春秋學」的資料，即佔了二百五十條之多，已經超過了全部引述資料的三分之一以上，這種情形，一方面，可以見出柳先生論述國史時對於「春秋學」重視的程度，另一方面，也可反映出柳先生表彰了「春秋精神」在國史中所居的重要地位。

所謂的「春秋精神」，用「春秋學」的術語說，便是「正名、定分、寓褒貶、明是非、別善惡、賢賢、賤不肖」，用更通俗的話語說，便是：希望藉著歷史的書寫，去反映出人倫的常規，去遵守道德的理想，去釐定價值判斷的標準。所以，柳先生在〈史例第八〉中曾經說道：「《春秋》道名分，尤為抉擇史事去取既定之後所當注意者。」㉗又在〈史義第七〉中說道：「近人講史學，不知推本《春秋》，漫曰《春秋》是經非史，而中國史學之根本不明。」㉘

在柳先生的《國史要義》之中，很明顯地，是以傳統儒家文化思想作為主幹，從而去發揮史學的作用，而在儒家文化思想的要素內，「春秋精神」在《國史要義》之中，委實也居於十分重要的地位。

㈡與其他史學理論著述作比較

㉗ 同注❹，頁一七五。

㉘ 同注❹，頁一三六。

在《國史要義》之中，柳先生時常提到的史學理論著述，有劉知幾的《史通》、章學誠的《文史通義》、及梁任公的《新史學》等。在本節中，我們也試將柳先生在《國史要義》中的史學理論，尤其是理論中的「春秋學」特質，與前述三家史著中對「春秋學」的看法，作一比較，也用以襯托出柳先生史學理論的特色。

1.與劉知幾《史通》之比較

唐代劉知幾（六六一—七二一）字子玄，江蘇徐州人，生於唐高宗龍朔元年，卒於玄宗開元九年，年六十歲，劉氏一生，擔任史官之職，近三十年，著述極多，所撰《史通》一書，是我國歷史上第一本全面討論史學理論的重要著作。

《史通》一書，共二十卷，分為內外兩篇，內篇三十九篇，外篇十三篇，其中內篇的〈體統〉、〈紕繆〉、〈弛張〉三篇亡佚，故至今只剩四十九篇。在內篇之中，大抵討論唐代以前史書的源流、史書的體制、撰史的方法，外篇之中，大抵討論史官的建置、史書的得失，並對儒家經典的記事，作出了批判的意見。

要之，劉知幾的史學理論，基本上，是以求真為目的，以實錄為理想，注重史料，博求徵信，提出史家才學識之三長，主張史書記載，不掩惡、不虛美，務求善惡必書，以期彰善而貶惡。

作為一部史學理論的專著，劉知幾在《史通》之中，對於古代的載籍史料，自然是儘量的搜羅，多方的論述，因此，對於傳統儒家的經典，也曾加以討論。在《史家・六家》篇中，劉氏提出了「尚書家」、「春秋家」、「左傳家」、「國語家」、「史記家」、「漢書家」等六種史書，分別作為記言、記事、編年、分國、通史紀傳、斷代紀傳等六種體裁的源頭及代表。

在《史通・六家》篇中，劉氏對於「春秋家」的評論說：「逮仲尼之修《春秋》也，乃觀周之舊法，遵魯史之遺文，據行事，仍人道，就敗以明罰，因興以立功，假日月而定曆數，藉朝聘而正禮樂，微婉其說，志晦其文，為不刊之言，著將來之法，故能彌歷千載，而其書獨行。」㉙對於孔子作《春秋》的性質，以及《春秋》編定的體例，記事書寫的功用，都作出了確切的說明。

劉氏對於「左傳家」的評論說：「《左傳》家者，其先出于左丘明，孔子既著《春秋》，而丘明受經作傳，蓋傳者轉也，轉受經旨，以授後人。或曰傳者傳也，所以傳示來世。按孔安國注《尚書》，亦謂之傳，斯則傳者亦訓釋之義乎！觀《左傳》之釋經也，言見

㉙ 劉知幾撰、浦起龍釋：《史通通釋》（臺北，里仁書局，一九九三年），頁七。

經文而事詳傳內，或傳無而經有，或經闕而傳存，其言簡而要，其事詳而博，信聖人之羽翮，而述者之冠冕也。」㉚對於《左傳》解釋《春秋》的體例，《左傳》記事的功能，也給予了高度的評價，否則，僅有《春秋》經文，而無《左傳》「詳而博」的記事，則孔子在《春秋》中的褒貶是非，必難於因之而明。

在《史通・二體》篇中，劉知幾說：「丘明傳《春秋》，子長著《史記》，載筆之體，於斯備矣。」㉛由此，他指出「編年」與「紀傳」兩種體裁，較為完備，後世史書，才採用最多，而行之久遠，影響最大。對於《春秋》及《左傳》的編年記事，劉氏說：「夫《春秋》者，繫日月而為次，列時歲以相續，中國外夷，同年共世，莫不備載其事，形於目前，理盡一言，語無重出，此其所以為長也。至於賢士貞女，高才儁德，事當衝要者，必盱衡而備言，迹在沉冥者，不枉道而詳說，如絳縣之老，杞梁之妻，或以酬晉而獲記，或以對齊君而見錄，其有賢如柳惠，仁若顏回，終不得彰其名氏，顯其言行，故論其細也，則纖芥無遺，語其粗也，則丘山是棄，此其所以為短也。」㉜劉氏對於《左傳》編年依時的記事方式，提出了有長有短的批評，並在〈二體〉篇中，取與《史記》紀傳體裁的記事方式，兩相比較，認為是「考茲勝負，互有得失」。

在《史通》內篇的〈六家〉、〈二體〉篇中，劉知幾對於《春秋》及《左傳》，似乎頗有稱許之意，但是，在《史通》的外篇之中，劉知幾卻持有不同的觀點，在《史通》的〈惑經〉篇中，劉知幾卻針對《春秋》之義，提出了十二件「未諭（喻）」的疑惑，對於《春秋》的記事及「書法」，表達了強烈的懷疑。

例如在「未諭三也」[33]條中，劉氏提出《春秋》魯閔公二年記載：「狄入衛」。其實是狄人滅衛，其實是齊桓公不能攘拒夷狄，保護華夏民族，又如《春秋》僖公二十八年記載：「天子狩于河陽。」其實是晉文公會合諸侯，以臣召君赴會，但是，《春秋》卻「為賢者諱」，為齊桓公晉文公之賢而諱稱其事，劉氏認為是失去了史官求真的精神，他以為，史官記事，應該是「善惡必書，斯為實錄」。因此，劉氏除了對《春秋》提出了以上類似的十二件未諭的事項之外，並且說，「凡所未諭，其類尤多，靜言思之，莫究所以」[34]。

另外，在〈惑經〉[35]篇中，劉知幾還針對世人推崇《春秋》功能的看法，而提出了五項

---

[30] 同注[29]，頁一〇。
[31] 同注[29]，頁二七。
[32] 同注[29]，頁二七。
[33] 同注[29]，頁四〇二。
[34] 同注[29]，頁四一〇。
[35] 同注[29]，頁三九七。

「虛美」的批評，像孟子所說的「孔子成《春秋》，亂臣賊子懼」，司馬遷所說的「游夏之徒，不能贊一辭」，班固所說的「仲尼沒而微言絕」，劉氏都認為是誇張不實的美化言語。

除了對於《春秋》的批評之外，對於三傳，則劉知識比較稱許《左傳》，而比較責難《公羊傳》與《穀梁傳》，在《史通》外篇的〈申左〉篇中，劉氏提出了《左傳》之義有「三長」，而《公羊傳》及《穀梁傳》卻有「五短」，劉氏所謂《左傳》的「三長」，是指左丘明「傳孔子教，故能成不刊之書，著將來之法，其長一也」，「其傳廣包它國，每事皆詳，其長二也」，「上詢夫子，下訪其徒，凡所採摭，實廣聞見，其長三也」㊱。

至於劉知幾所謂《公羊傳》及《穀梁傳》的「五短」，其一，是指二傳的記錄者，在時間及空間上，都與孔子相距甚遠，不如左丘明之親見夫子。其二，是二傳的記載，「語乃齟齬，文皆瑣碎」。其三，是二傳釋經，「理甚迂僻，言多鄙野」。其四，是二傳釋經，「重述經文，無所發明」。其五，是二傳釋經，時時有「違夫子之教，失聖人之旨」。所以，劉氏在比較了三傳的得失之後，明確地提出，「以彼三長，校茲五短，勝負之理，斷然可知」㊲。

劉知幾撰寫《史通》，主要是討論史學的理論，尤其討論到史書的起源時，他不得不提及《春秋》及三傳，其實，他對於《春秋》，並不曾具備太多的好感，主要是因為，《春秋》是經，而不是史，《春秋》中又有許多的書法及義例，也不為劉氏所欣賞，至於三傳，劉氏比較稱許《左傳》，而不甚稱許《公羊傳》及《穀梁傳》，原因也在，《左傳》偏重記事，以史為主，二傳偏重解經，以義為主，基本立場，有此不同。

劉知幾在《史通》之中，除了前述的〈六家〉、〈惑經〉、〈申左〉等篇之外，在其他的篇章之中，也曾引述了不少《春秋》及三傳的文獻，去作為他印證史學理論的資料[38]。但是，這些資料印證的作用，無論是正面的或是負面的，卻絕大多數與《春秋》的基本精神，諸如寓褒貶、明是非等，並無多少直接的關係，因此，「春秋學的精神」，在《史通》之中，是並不明顯的。

2. 與章學誠《文史通義》之比較

章學誠（一七三八—一八〇一）字實齋，浙江會稽人，生於清乾隆三年，卒於嘉慶六年，

---

36 同注29，頁四一八。

37 同注29，頁四二〇。

38 張三夕：《批判史學的批判——劉知幾及其史通研究》（臺北，文津出版社，一九九二年九月），曾統計《史通》引用之文獻，在「春秋學」方面，計有《春秋》一一二條，《左傳》一〇〇條，《公羊傳》二十五條，《穀梁傳》十五條，《鄒氏》二條，《夾氏傳》二條。劉氏引用《左傳》，多於《公羊》、《穀梁》二傳，也以《左傳》於三傳之中，較近於史著。

年六十四歲。章氏為清代著名的史學家，著述宏富，所著《文史通義》、《校讎通義》，最為重要。

章氏的史學理論，主張古今史書，究其內容，可分為撰述與記注兩類，以為撰述應求「圓而神」，記注應求「方以智」，而史家著史，尤需具備史德的條件，培養「別識心裁」的「史意」，才能發揮史書記載的功能。

章氏論學，又以「六經皆史」之說，最受矚目，在《文史通義・原道》篇中，章氏說：「《易》曰，形而上者謂之道，形而下者謂之器。道不離器，猶影不離形。」㊴章氏以為，道是抽象的原理原則，器是具體的存在事物，而抽象的原理原則，卻必需籍著具體的事物才能顯現，章氏由此，而引申出他那「道器合一」、「即器明道」的基本原理，他以為「道器」既然必需合一，則「即器」才能「明道」，「即事」才能「顯理」。

章學誠在《文史通義》外篇卷三〈與陳鑑亭論學書〉中曾說：「故知道器合一，方可言學，道器合一之故，必求端於周孔之分，此實古今學術之要旨，而前人於此，言議或有未盡也。」㊵章氏自述他「道器合一」的觀點，是得自於他對周公孔子所持看法之異而獲致的，因為，自從孟子提出了孔子「集大成」㊶的論斷，孔子便一直是傳統文化史上最受尊重的偉人，但是，章氏的看法，卻與傳統的觀點不同，章氏在《校讎通義》內篇〈原道第一〉中說：「六藝非孔子之書，乃周官之舊典也。」[42]在《文史通義》內篇〈經解下〉中說：「六藝皆周公之政典，故立為經。」[43]又在《文史通義》內篇〈原道中〉說：「夫子盡周公之道而明其教於萬世，夫子未嘗自為說也，表章六籍，存周公之舊典，故曰，述而不作，信而好古。」又說：「後世服夫子之教者自六經，以謂六經載道之書也，而不知六經皆器也。」[44]章氏以為，六藝是後世學術的根源，但六藝卻並非孔子之書，而是周公制太平的舊典，而是周代官吏所掌守的政典，用以為治，孔子不過藉著周公之舊典而寄存其教化理想，孔子只是「述而不作」而已，因此，章氏也才引申出周公才是「集大成」的說法，認為周公才是古代文化思想的代表人物，並以為孔子有德無位，「不得列於一成，安有大成可集」。

章學誠又以為，古無文字，上古結繩為治，及至文字發明，典籍出現，周公用以治理天

---

[39] 章學誠：《文史通義》（臺北，漢聲出版社，一九七三年四月），頁三九。

[40] 同注[39]，頁三一〇。

[41] 《孟子注疏》於〈萬章下〉云：「孔子，聖之時者也，孔子之謂集大成。」（臺北，藝文印書館，一九九三年），頁一七六。

[42] 章學誠：《校讎通義》（上海，古籍出版社，一九五六年一月），頁一。

[43] 同注[39]，頁三一。

[44] 同注[39]，頁三八。

下，而為之立官分守，所以，周公當時，百官掌守典籍，既為「治民」之官，又掌「教民」之職，所以，在周公之時，「官」與「師」是合而為一的，民間並無私人著述之事，因此，章氏「官師合一」、「政教合一」的說法，才由是形成。㊺

章學誠《校讎通義・原道第一》說：「《易》掌太卜，《書》藏外史，《禮》在宗伯，《樂》隸司樂，《詩》領於太師，《春秋》存乎國史。」㊻他以為，在周公之時，六藝自然也都掌守在官吏手中，他也以為，六藝之書，初無經名，及有經名，其時也不為尊稱，在《文史通義》內篇〈經解下〉中，他說：「六經初不為尊稱，義取經論為世法耳，六藝皆周公之政典，故立為經。」㊼他對「經」的解釋，取經綸世法之義，以與周公之事業作配合，而否定了孔門後學「經為常道」的看法，因此，在《文史通義》內篇〈經解上〉中，他才說：「夫子之時，猶不名經」，「六經之名，起於孔門弟子。」㊽

章學誠既然認為「六藝」是「經綸世法」之書，掌之周官之手，而太卜、外史、宗伯、太師、司樂、國史等官吏之名，又確曾見於在後世出現的《周禮》（或稱《周官》）一書之內，廣義地說，這些官吏，都可稱為史官，《周禮》一書，也可視之為史，因此，這樣便很自然地引申出章氏的主張，「古無經史之別，六藝皆掌之史官，不特《尚書》與《春秋》也」㊾，「古無經史之分，聖人亦無私自作經，以寓道法之理，六藝皆古史之遺，後人不盡覺其淵源，故覺經異於史耳」[50]，也因此，章氏從周公之時，從推尋經史的源頭上，自然便順理成章地帶出了「六經皆史」的命題。[51]

章學誠在《文史通義》內篇之中，曾有〈易教〉上中下三篇，〈書教〉上中下三篇，〈詩教〉上下兩篇，〈禮教〉一篇，其內容，其用意，都是在闡明「六經皆史也」、「六經皆先王之政典也」（〈易教〉上）的目標。但是，《文史通義》之中，卻獨缺〈春秋教〉。（《樂經》早亡，〈樂教〉自無從作起。）

章學誠《文史通義》書中，已經充分地闡擇了《易》、《書》、《詩》、《禮》四經皆「史」的說法，為什麼卻又對於《春秋》經，不加闡釋其亦為「史」呢？

---

45 參胡楚生：〈校讎通義「道器說」述評〉（新加坡《南洋大學學報》第七期，一九七三年六月），頁五六。

46 同注42，頁一。

47 同注39，頁三一。

48 同注39，頁三八。

49 同注42，頁八〇。

50 章學誠：《章氏遺書》外篇〈丙辰劄記〉（劉承幹編刻本，一九二一年），頁三一八。

51 參胡楚生：〈章實齋「六經皆史說」闡義〉，臺北，國立師範大學國文研究所《中國學術年刊》第六期，一九八四年六月，頁八一。

對於章學誠《文史通義》中獨缺〈春秋教〉的問題，當代的學者們，發表了不少的討論意見，例如周啟榮先生在〈史學經世：試論章學誠《文史通義》獨缺〈春秋教〉的問題〉[52]一文中，討論尤為詳細。

另外，賴哲信君在〈章實齋對周官的論定〉[53]一文中，特別強調，章學誠主張《周官》是周公所製，以為《周官》是周公因應世變以遺後世的行政要典，主張群經也統領於《周官》之下，因此，《周官》理論是章氏「所有學說的基原觀念」，然後由「周官說」為中心，而引申出了「六經皆史」，《春秋》自然也是「史」的說法。賴君又強調，章氏「對於《周官》性質的論定，實在失諸粗糙」，但是，章氏「本來就只是藉著周官說作建構自己學說的跳板」，「他的系列說法不會因為《周官》已被斷定為戰國時期的作品而動搖」[54]。至於《周官》一書，是真是偽，是否絕對可信可據，則似乎不是章氏多加措意的事情。[55]

以筆者所見，這個問題，余英時先生分析得最清晰，余先生在《論戴震與章學誠》一書中說道：「實齋六經皆史之說，實為針對東原道在六經的基本假定而發。」[56]又說：「通過方志和《史籍考》的編纂，他逐漸建立以史概經，以今代古的理論根據，這個理論，最後則凝聚在六經皆史這一中心命題之中。」[57]又說：「所不同者，東原的最後依據在六經，而實齋的學術基地則在歷史耳。」[58]在〈章學誠文史校讎考論〉一文之中，余先生也說道：「章學誠是以文史校讎之學，也就是由釐清古今著作的源流，進而探文史的義例，最後則由文史以明道，來對抗當時經學家所提倡的透過對六經進行文字訓詁以明道之學。其目標則是要奪六經之道以歸之於史。」59又說：「章氏撰《文史通義》，其中存在著與經學家（特別是戴

---

52 周啟榮：〈史學經世：試論章學誠《文史通義》獨缺〈春秋教〉的問題〉，臺北，國立臺灣師範大學《歷史學報》第十八期，一九九〇年六月，頁一六九。

53 賴哲信：〈章實齋對周官的論定〉，臺北，輔仁大學《王靜芝先生八秩壽辰論文集》，一九九五年六月，頁二〇五。

54 同注53，頁二二六。

55 關於《周禮》的作者與成書時代，自古即有許多不同的說法，例如，在東漢，鄭玄以為《周禮》是周公所作（見《周禮注》，何休以為是「六國陰謀之書」（引見賈公彥《周禮注疏》），其後，洪邁《容齋續筆》，康有為《新學偽經考》，都以為是劉歆偽造。至於近代，錢穆先生〈周官著代時代考〉，主張《周禮》著成於戰國末期，史景成教授〈周禮成書時代考〉（載《大陸雜誌》三十五卷五至七期，主張《周禮》成書時代，在《呂氏春秋》出現之後，秦始皇統一之前，徐復觀教授《周官成立之時代及其思想性格》，也主張《周官》成於王莽、劉歆之手。

56 余英時：《論戴震與章學誠》（香港，龍門書店，一九七六年九月），頁五二。

57 同注56，頁五三。

58 同注56，頁四一。

59 余英時，〈章學誠文史校讎考論〉（臺北，中央研究院《歷史語言研究所集刊》第六十四本第一分，一九九三年三月），頁二〇五。

震）爭道統的潛意識。」[60]

章學誠提出「六經皆史說」的目標，既然是想要「以史概經」，以史學涵攝經學，以史學傳統涵攝經學傳統，那麼，在「六經皆史」的前提下，《易》、《書》、《詩》、《禮》，已自是「史」，已可為「史」之教，至於《春秋》，如果說是魯國《春秋》的舊文，自然是史書，何需再加強調？但如果說，《春秋》是指經過孔子筆削，已具有微言大義之書，則自然是「經」，而不再是「史」，則再以《春秋》為「史」之「教」，便使人致疑而不易取信於大眾了，這種情況，自然不是章氏希望看到的現象，這恐怕是《文史通義》中〈春秋教〉獨缺的主要原因。

《孟子．滕文公下》曰：「世衰道微，邪說暴行有作，臣弒其君者有之，子弒其父者有之，孔子懼，作《春秋》，《春秋》，天子之事也，是故孔子曰，知我者其惟《春秋》乎！罪我者其惟《春秋》乎！」[61]《史記．孔子世家》曰：「子曰，弗乎弗乎，君子病沒世而名不稱焉，吾道不行矣，吾何以自見於後世哉！乃因史記作《春秋》。」[62]《春秋》既然是孔子所作，在六經之中，《春秋》一書，「經」的屬性也最強，對主張「六經皆史」的章學誠而言，他自然希望《春秋》是「史」而非「經」，自然不接受《春秋》是「經」而非「史」的觀點，因此，〈春秋教〉又要他如何去著筆呢！

章學誠是史學理論的大家，在他的《文史通義》之中，未見〈春秋教〉一篇，既是事實，在他的史學理論中，並未對於「春秋學」加以強調，也是事實，這也是章學誠《文史通義》與柳翼謀先生《國史要義》頗為不同的地方。

3. 與梁任公《新史學》之比較

梁啟超（一八七三—一九二九）字任公，廣東新會人，生於清同治十二年，卒於民國十八年，年五十七歲。梁任公為當代著名的史學家，早年從事政治活動，與其師康有為推動憲政，致力戊戌變法，晚年絕意政治，專心學術，講學清華研究院，著書立說，於史學方面，融會西方新知，評論傳統舊說，成就益為卓越。

梁任公於光緒二十八年（一九〇二年），撰寫《新史學》一書[63]，此書分為六章，計為〈中國之舊史〉、〈史學之界說〉、〈歷史與人種之關係〉、〈論正統〉、〈論書法〉、〈論紀年〉。在首章〈中國之舊史〉中，梁氏批評傳統史學，有四項基本缺失，一是「知有

---

60 同注59，頁二二一。

61 同注41，頁一一七。

62 司馬遷：《史記》（臺北，鼎文書局）。

63 梁啟超：《新史學》（臺北，里仁書局，一九八二年一月）。

朝廷而不知有國家」，二是「知有個人而不知有群體」，三是「知有陳跡而不知有今務」，四是「知有事實而不知有理想」。由於這四項基本缺失，而更產生兩種流弊，其一是「能鋪敘而不能別裁」，其二是「能因襲而不能創作」，因此，對於傳統史籍之多，史家之眾，任公先生只推崇司馬遷、杜佑、鄭樵、司馬光、袁樞、黃宗羲等六人，為稍有創作之才華。

在《新史學》的〈論正統〉章中，任公先生以為「統」字一詞，濫觴於《春秋》，《春秋公羊傳》曰：「何言乎王正月？大一統也。」此即後世儒者討論正統的依據，梁氏以為，《春秋》所謂的「大一統」，實對於「三統」而言，《春秋》有所謂「通三統」，「正以明天下為天下人之天下，而非一姓之所得私有，與後儒所謂統者，其本義既適相反對」64，故梁氏論撰述歷史，並不贊成「正統」之說，以為持正統論者，則不過是「一家之譜牒，一人之傳記，而非可冒全史之名」65，他反而稱贊「泰西之良史，皆以敘述一國國民系統之所由來，及其發達、進步、盛衰、興亡之原因結果為主，誠以民有統而君無統也」66，因此，梁氏以為，「以國之統而屬諸君，則固已舉全國之人民，視同無物，而國民之資格，所以永墜九淵而不克自拔，皆此一義之為誤也」67。

梁先生以為，正統論在歷史上所以會形成，主要的原因有二，其一是「當代君臣，自私本國」68，像《資治通鑑》卷十九所載，南北朝時代，南人謂北方為「索虜」，北人指南方為「島夷」，就是這種情形。其二是「陋儒誤解經義，煽揚奴性」69，像後唐的朱溫與明代的燕王朱棣，史書開始稱之為叛，繼而稱之為盜，後又稱之為某祖某帝，像金代的兀朮、完顏亮，在《宋史》稱之為賊、為虜、為仇，在《金史》則稱之為某祖某帝，就是這種情形，由是，梁先生以為，在國史上，既然是，「夷狄不可以為統」、「篡奪不可以為統」、「盜賊不可以為統」，則「不論正統則亦已矣，苟論正統，吾敢翻數千年之案而昌言曰，自周秦以後，無一朝能當此名者也」70。因此，梁先生以為，必不得已，寧願像英國、日本等國家，以憲法而定君位之繼承，反而更近於「正統」的意義。

對於梁任公先生反對正統論的說法，柳先生在《國史要義・史統第三》中說：「史之所重，在持正義」，「其實不予夷狄、篡奪、盜賊，即吾史數千年相承之義」71，他以為，梁氏並

---

64 同注63，頁二六。

65 同注63，頁二七。

66 同注64，頁二六。

67 同注64，頁二七。

68 同注63，頁二九。

69 同注63，頁三〇。

70 同注63，頁三二。

71 同注4，頁五九。

未能於傳統學說之外，有所發明。

在〈論書法〉章中，梁先生以為，史家書法的興起，也是原本於《春秋》之義，目的則在「明正邪，別善惡，操斧鉞，褒貶百代」⑫，但是，梁先生以為，「《春秋》之作，孔子所以改制而自發表其政見」，因為，孔子「生於言論不自由時代，政見不可以直接發表，故為之符號標識以代之」⑬，例如《春秋》隱公三年記載：「夏，四月，辛卯，尹氏卒。」尹氏是周天子的大夫，《春秋》對別國大夫之卒，依例不記其卒，《春秋》於此記尹氏之卒，主要是譏貶尹氏，父死子繼，世世為卿，違反了公卿大夫，選賢而用的原則。又如《春秋》定公六年記載：「冬，城中城，季孫斯、仲孫忌，帥師圍運。」魯國在冬天修築內城，又派遣二大夫領軍包圍運邑，仲孫忌本名仲孫何忌，姓仲孫名何忌，《春秋》以為大夫之名，應以一字為宜，二字為名，則不合禮制，故於此處，稱仲孫忌，而不稱公孫何忌，正是用以譏貶之意。

像前述的這種「書法」，梁先生以為，「《春秋》，經也，非史也。明義也，非記事也」⑭，《春秋》是經，並非是史，經乃明義之書，非記事之書，所以，《春秋》可以有「書法」，而史書則不必斤斤計較於「書法」的有無，因為，歷史「非紀一人一姓之事也，將以一述民族之運動、變遷、進化、墮落，而明其原因結果也。故善為史者，必無暇斷斷焉褒貶一二人，亦決不肯斷斷焉褒貶一二人」[75]，所以，梁先生也以為，史書不必盡廢書法，但史書如有書法，也「當如布爾特奇之《英雄傳》，以悲壯淋漓之筆，寫古人之性行事業，使百世以下，聞其風者，贊歎舞蹈，頑廉懦立，刺激其精神血淚，以養成活氣之人物」，也「當如吉朋之《羅馬史》，以偉大高尚之理想，褒貶一民族全體之性質，若者為優，若者為劣，某時代以何原因而獲強盛，某時代以何原因而致衰亡，使後起之民族讀焉，而因以自鑑」[76]，這才是史家「書法」的價值所在。

梁任公先生在晚清之際，與其師康有為，推動立憲運動，而康氏立憲之基本理論，即在於《春秋公羊傳》所持據亂、昇平、太平之三世進化學說，並結合《禮記‧禮運》篇中「小康」、「大同」，作為君主立憲、逐步進化之理據。因此，梁先生對於「春秋學」的學說，自然是熟習不過，但是，在前述《新史學》的書中，梁先生卻不贊成「正統」、「書法」等

[72] 同注[63]，頁三三。

[73] 同注[63]，頁三三。

[74] 同注[63]，頁三三。

[75] 同注[63]，頁三四。

[76] 同注[63]，頁三六。

有關「春秋學」的學說，這與柳先生在《國史要義》中所討論的，頗有不同。

對於梁先生不贊成「褒貶一二人」之「書法」，柳先生在《國史要義・史統第三》說道：「天下為公，不私一姓，而前史之斷斷於一家傳統者，非第今不必爭，亦為昔日所不取。而疆域之正，民族之正，道義之正，則治史者必先識前賢之論斷，而後可以得治亂之總因，疆域不正則恥，民族不正則恥，推此二恥之所由來，則自柄政者以至中流士大夫全體民眾，無不正有責焉，吾史之不甘為偏隅，不甘為奴虜，不甘為附庸，非追往也，以詔後也。」[77]歷史著述所以鑑往惕來才是「書法」的主因所在。

梁任公先生在《新史學》中，不採用「正統」、「書法」等有關「春秋學」的說法，首先是他接觸了不少西方學術的理論，其次，是他那求新求變，「不惜以今日之我，與昨日之我挑戰」的精神，再則，時代的因素，也許確有影響，《新史學》撰於光緒二十八年（一九〇二年），而戊戌變法的失敗，在光緒二十四年（一八九八年），八國聯軍之役，在光緒二十六年（一九〇〇年），數年之間，梁先生的思想，已有變化，梁先生在海外，已蘊育了革命的思想，對於「正統」的觀念，自然希望加以破除。而柳先生撰《國史要義》時，正值日本侵略我國，為禍極烈，又亟行扶植汪偽政權之際，故柳先生在書中強調了「史統」、「正統」之說，也是可以理解的。[78]

其實，筆者認為梁任公先生與柳翼謀先生二人，在此一問題上，觀念有所不同，主要是梁先生以為，經史理應分途，而柳先生以為，經史可以互濟。梁先生在民國十年（一九二一年），在天津南開大學演講《中國歷史研究法》時，一再提到，「孔子作《春秋》，別有目的，而所記史事，不過借作手段，此無可疑也」，「漢代今文經師，謂《春秋》乃經而非史，吾儕不得不宗信之」，「《春秋》在他方面有何價值，此屬別問題，若作史而宗之，則乖莫甚焉」[79]，可以作為此一看法的佐證。

四、結語

綜合前文的討論，尚可枚舉數點意見，作為結語。

1.柳先生的國學基礎札實，功力深厚，熟讀史乘，嫻習經籍，因此，他對於傳統史學理論方面的敘述與討論，也往往具有精闢的見解。他的見解，上承劉知幾、章學誠、梁啟超等

[77] 同注[4]，頁六五。

[78] 參孫永如：《柳詒徵評傳》（南昌，百花洲文藝出版社，一九九二年六月），頁一七七。

[79] 梁啟超：《中國歷史研究法》，第三章〈史之改造〉（臺北，里仁書局，一九八二年一月）。

人的成果，卻不時有異於三人，以至超越三人的看法，而能抉發傳統史學的幽隱，具有更加宏觀的見解，更加精微的意念，從而在劉知幾、章學誠、梁啟超之後，建立了一套新的國史理論。[80]

2.《國史要義》一書，分為十篇，從史原、史權、史統、史聯、史德、史識，一直到史義、史例、史術、史化，對於傳統史學的起源到方法，觀念到功能，節節貫聯，環環相扣，組織成一套綿密的理論體系，在這套理論體系中，其中主要的骨幹，是儒家的文化思想，在儒家的文化思想中，又引述了大批「春秋學」的資料，融會了不少「春秋學」的精神。因此，在柳先生的觀念中，如果要了解「國史」的全貌，仍然不能完全拋開「春秋學」的成分而不顧。

3.《國史要義》是採用綱目體寫成，綱目體的寫作方式，是以正文為提綱，由作者以自己的文字意見書寫，然後廣泛地引述文獻為細目，用以佐證自己的觀點。在綱目體的著作中，引述的文獻資料，作為佐證之用，雖然，其功能也並不一致，有些文獻可以作為主證，有些則只能作為副證或旁證，但是，文獻引述的多寡，仍然可以作為表示作者基本思想的一項功能的指標。

4.柳先生在《國史要義》之中，一共引述了六百九十八條文獻，去作為理論的佐證，而在這些文獻中，有關「春秋學」的資料，佔了二百五十條，已經超過了全部引述資料的三分之一以上。

5.柳先生在《國史要義》之中，一共引述了二百五十條有關「春秋學」的文獻，去對於國史的理論，作出佐證，在這二百五十條文獻之中，屬於《左傳》的，佔一百二十條，屬於《公羊傳》的，佔五十八條，屬於《穀梁傳》的，佔五十四條，屬於董仲舒《春秋繁露》的，佔七條，屬於其他有關「春秋學」的，如杜預《左傳序》、胡安國《春秋傳》、顧棟高《春秋大事表》一類著作的，佔十一條。由這些資料引述的多寡，也可見出柳先生書中對於這類資料重視的差異程度。（見附表）

6.在《春秋》三傳中，《公羊傳》及《穀梁傳》，以解釋《春秋》為主，經的屬性自無可疑，《左傳》以記載春秋時事跡為主，兼亦解釋《春秋》，可經可史，但柳先生在《國史要義》之中引述《左傳》時，仍然強調了《左傳》解經的特色，例如肯定《春秋》五十凡例

---

⑩ 蘇淵雷：〈柳詒徵史學論文集・序〉（柳曾符、柳定生選編：《柳詒徵史學論文集》，上海古籍出版社，一九九一年十二月）云：「《國史要義》一書，節節聯貫，節節依持，信為先生文史學之晚年定論，於劉（知幾）、章（學誠）、梁（啟超）、劉（咸炘）諸氏之作，皆有所突破。」

等，可見一斑。此與劉知幾在《史通》中雖然也引述了《左傳》一百條之多，81主要卻在以「史」視之的情況，大不相同。

7.柳先生在「國史」中，強調了不少「春秋學」的精神，似乎是融「經」入「史」，似乎是以史學去涵攝經學，但是，他的觀點，與章學誠「六經皆史」之說，並不相同，章氏以為六藝六經的起源，是周代官吏所掌守的政典，是周公經綸世務的依憑，都只是「史」。柳先生則是強調，「國史」著述之中，本來就融會貫串了「春秋學」的精神，像正人倫、明是非、寓褒貶、善善惡惡、賢賢賤不肖等等的特質，因此，他以為經史是相互並濟、相互為用的，並不是截然分途，不相聞問。而在傳統的「國史」之中，受到不少「春秋學」的影響，也是不爭的事實。至於劉知幾在《史通》中，梁任公在《新史學》中，對於史學與經學關係的看法，則以為兩者的關係，理當較遠，甚且以為，兩者的關係，應該是離則雙美，合則兩傷。

8.近世西方史學理論興盛，大約可分為兩大派別，其一是十九世紀初蘭克（Leopold Von Ranke, 1795-1886）所代表的史料學派，以追尋往史的真相為目的。另一則是以史賓格勒（Oswald Spengler, 1880-1936）、湯恩比（Arnold Joseph Toynbee, 1889-1975）所代表的歷史哲學學派，以解釋歷史發展的脈絡為目的。這兩派的學說，在引進中國之後，則是以史料學派最受重視，所以史學界也強調了「史學就是史料學」，強調蒐尋史料，以重建古代的信史。但是，接觸西方史學理論的學者，不論是那一派別，其面對國史時，所希望的，多數是利用現代西方史學的觀念與方法，去審視舊有的典籍，去尋覓其新義，而希望將其納之於世界史學的潮流之中，因此，如果立足在此一觀點之上，對於柳先生在《國史要義》中所強調的儒家文化及「春秋學」精神的觀點，也許，便不見得會抱持全盤同意的看法，馴至新史學新史書的撰著，也不見得會再行接受「春秋學」理念的拘束。

9.從回顧過往的立場而言，我們當然應該檢視柳先生此書，是否確實能夠闡釋出國史理論的真相與要義，從而予以正確的評價。另外，從瞻視未來的立場而言，我們也需要檢視柳先生此書，是否能夠為未來的新史學、新國史，提供某些可以應用的成分與價值，包含在新史學中，「春秋學」是否仍然可以居於一個適當的位置，仍可以發揮其適當的功能。

（此文原刊載於《興大人文學報》第四十期，民國九十七年三月出版）

---

81 參注38。

附表《國史要義》引述文獻分析表

篇名	左傳	公羊傳	穀梁傳	董仲舒	春秋學相關資料	其他資料	總計	春秋學所佔之比率
史原第一	八	九	五	一		四六	六九	二三：六九
史權第二	二〇	一	二	一	一	三八	六三	二五：六三
史統第三				一		四二	四三	一：四三
史聯第四	一一					三五	四六	一一：四六
史德第五			三			三二	三五	三：三五
史識第六	二五	三七	二一		二	五八	一四三	八五：一四三
史義第七	六	七	二一	四	五	三七	八〇	四三：八〇
史例第八	五〇	二	一		三	四一	九七	五六：九七
史術第九		一	一			五八	六〇	二：六〇
史化第十		一				六一	六二	一：六二
總計	一二〇	五八	五四	七	一一	四四八	六九八	二五〇：六九八

註：1.「春秋學相關資料」，指杜預、胡安國、王代豐、顧棟高、王闓運、廖平等人之春秋學著作。

2.「其他資料」，指與春秋學無關之論著資料。

3.「總計」，指《國史要義》每篇中引述文獻之數量。

貳拾陸、蔣慰堂對圖書館事業與圖書館學術之貢獻

一、引言

蔣復璁先生字美如，號慰堂，浙江省海寧縣人，生於清光緒二十四年，卒於民國七十九年，當西元一八九八年至一九〇〇年，享年九十三歲。

先生曾祖生沐公，諱光煦，性好學，嗜藏書，曾從學於當時大儒錢警石及李富孫，而榜其書齋曰「別下齋」，嘗輯刻罕見書籍五十餘種，命為《別下齋叢書》，有名於世。

慰堂先生早年在杭州讀書，年十六，至青島，入特別高等學校初等班，年十七，赴天津，入德商所設之德華中學，繼續攻讀，年二十，考入北京大學預科德文班，民國八年，先

生二十二歲，升入北京大學本科哲學系，民國九年，梁啟超先生與先生堂叔蔣百里先生創辦讀書俱樂部（後改組為「松坡圖書館」），命先生助編德文圖書，是為先生與圖書館產生淵源之始，也是他步上圖書館事業的重要原因。

民國十二年，先生畢業於北京大學。

民國十四年，中華圖書館協會成立，梁啟超先生擔任董事長，袁同禮先生擔任執行部長，慰堂先生擔任執行部幹事。

民國十五年，北京圖書館成立，梁啟超先生擔任館長，袁同禮先生擔任圖書部主任，慰堂先生負責中文圖書編目。

民國十九年，慰堂先生赴德國，入柏林大學哲學系就讀，並在普魯士邦立圖書館實習，民國二十一年十一月，先生返國。

民國二十二年，教育部派令慰堂先生為國立中央圖書館籌備處主任，推動籌備事項。

民國二十六年，抗日戰爭發生，慰堂先生即進行疏運中央圖書館籌備處圖書，展轉運至重慶，艱苦備嚐。

民國二十九年八月一日，中央圖書館正式成立，政府任命慰堂先生為第一任館長。

民國三十四年，抗戰勝利，三十五年，中央圖書館正式還都。

民國三十七年，慰堂先生奉命開始疏運中央圖書館善本圖書來臺。

民國四十三年，政府命令中央圖書館在臺復館，慰堂先生仍任館長原職。

民國五十四年，故宮博物院成立，行政院聘慰堂先生擔任首任院長。

民國五十五年，慰堂先生年六十九歲，辭中央圖書館館長兼職獲准，溯自民國二十二年，先生擔任館長以來，慰堂先生服務於中央圖書館，工作已達三十三年之久。

民國六十三年，慰堂先生當選為中央研究院院士。

民國七十二年，慰堂先生年八十六歲，故宮博物院院長任期屆滿退休。

民國七十九年，慰堂先生卒於臺北，享年九十三歲。❶

慰堂先生早年學習哲學，中年之後，又精研宋史，所撰〈莊子考辨〉、《宋史新探》等書，都是極為重要的學術論著，但是，慰堂先生一生，長期服務於圖書館及博物院，他的著述，自然也以關於圖書館及博物院者為多。

本文之作，僅就慰堂先生推展圖書館之事業，以及研究圖書館之學術方面，擇其尤為重

❶ 參昌彼得：〈蔣慰堂先生年表〉，載《蔣復璁先生百歲誕辰紀念文集》，中國圖書館學會，民國八十七年。
黃克武：〈蔣復璁先生年表〉，載《蔣復璁口述回憶錄》，中央研究院近代史研究所史料叢刊之四十二。

要者，加以敘述，期以彰明慰堂先生對於此兩者之貢獻。

二、對於圖書館事業方面之貢獻

蔣慰堂先生早年服務於松坡圖書館與北京圖書館，那是他一面工作一面學習的階段，後來留學德國，在圖書館中實習，才充實了更多的現代圖書館的經營理念，一直到民國二十二年，他三十六歲擔任中央圖書館籌備處主任之時，才正式開始他推展圖書館事業之經營，在長達三十多年的館長生涯中，對於圖書館的事業，投入了全付的心力，建樹良多，不勝縷述，但是，至少有幾件事情，是應該特別加以記述表彰的：

(一)在南京籌備中央圖書館

民國二十二年一月，教育部任令慰堂先生為中央圖書館籌備委員，旋又改任為籌備處主任，當時並未編列開辦經費，僅由交通部每月津貼中央圖書館二千元，由教育部補助四千元，在此艱困的情形之下，四月二十一日，中央圖書館即在南京沙塘園七號開始辦公。其後，中英庚款董事會通過補助一百五十萬元，作為中央圖書館的建館費用，二十四年，即用建築費八萬元購置南京成賢街館舍，二十五年，正式開放閱覽。❷中央圖書館正式開館以後，慰堂先生即提出三項目標，第一，「集藏全國文獻」，第二，「購備各國重要典籍」，第三，「建設全國示範的圖書館」❸，同時，也立即推動下列幾項工作重點：

1. 購買國外參考書——如大英百科全書，美、法、德、義各國的百科全書，以奠定基礎。
2. 搜集國內善本書——歷代許多善本圖書，往往流入書肆，則儘可能注意徵集。
3. 徵集官方文書公報——接受胡適之先生的建議，廣收各種政府機構出版的官方文書及公報，奠定史科收藏基礎。

在南京建館伊始，館務繁多，慰堂先生所推動的工作，至少有以上三項重點。❹

(二)在重慶設立中央圖書館分館

❷ 參蔣慰堂：〈我與中國的圖書館事業〉，載《珍帚齋文集》卷二，臺北，商務印書館，民國七十四年。下引此書，版本並同。

❸ 見蔣慰堂：〈國立中央圖書館的意義與回顧〉，載《珍帚齋文集》卷二。

❹ 參蔣慰堂：〈我與中央圖書館〉，載《珍帚齋文集》卷二。

民國二十六年七月，蘆溝橋戰事發生，慰堂先生即奉政府命令將中央圖書館重要藏書運往四川，至民國二十七年二月，已自南京運出圖書一百三十餘箱，溯江而上，抵達重慶，並在川東師範學校借得大禮堂，設置辦公室及參考閱覽室，開放閱覽，隨即推展各項工作，並報請教育部核准動用中英庚款董事會補助建築經費部分款項興建中央圖書館重慶分館，並在上清寺附近租屋供出版品國際交換處辦公，又特設「抗戰文庫」，供戰時文獻，供民眾閱覽，民國二十八年，重慶遭受大轟炸，無法工作，慰堂先生乃將辦公室及閱覽室遷往江津縣之白沙鎮，繼續工作。

民國三十年二月，中央圖書館重慶分館建築落成，正式開放閱覽，該建築物擁有可以藏書三十萬冊之書庫，也具有四百個座位之閱覽室，不僅可供民眾閱讀書籍，而且也提供作為戰時陪都文化活動的中心場地，對於鼓舞戰時的民心士氣，作出了不少的貢獻。

抗戰勝利，中央圖書館還都，而將普通本中西文圖書移交給重慶分館收藏。❺

(三)在臺北恢復中央圖書館建制

民國三十七年二月，教育部曾組織文化宣慰團，令慰堂先生擔任團長，邀集中央圖書館、中央博物院籌備處，以及滬上收藏名家，組團訪問臺灣（團員中有名學者錢鍾書等人），選擇所藏圖書文物精品，運抵臺灣，在省立博物館舉行文物展覽，為期三週後，返回南京。

民國三十七年十二月，慰堂先生奉政府命令，將館中所藏善本圖書一萬一千一百六十二部，十四萬冊，共六十箱，運抵臺灣，暫貯於楊梅鎮倉庫，民國三十八年元月，又將館藏善本圖書文物三百九十八箱，運抵臺灣，暫貯臺中糖廠倉庫。❻

民國四十三年八月，教育部令中央圖書館在臺復館，仍令慰堂先生擔任館長，並擇定臺北市南海路日據時代之神社舊地，進行工作，對於中央圖書館，在慰堂先生而言，「已經是第三次從頭做起」，在工作伊始，慰堂先生提出幾項工作重點，第一，計畫要闊大，要完備，第二，增加圖書，要先在來源上增加，第三，將國際交換轉變作國際文化宣傳工作，第四，與大學合作，培養圖書館人才。❼

民國五十五年，慰堂先生辭去中央圖書館館長的職務，自民國二十二年算起，他擔任館長的工作，已經歷時三十三年之久，對於館務的推展，貢獻良多。

❺ 參蔣慰堂：〈我與中國圖書館事業〉、〈我與中央圖書館〉，載《珍帚齋文集》卷二。

❻ 參蔣慰堂：〈我與中國圖書館事業〉，載《珍帚齋文集》卷二。

❼ 同注❻。

㈣推動出版法之修訂公布

民國成立後，教育部即訂有「出版新書呈繳規程」，規定當時所有出版品皆需呈繳四份給各地區主管教育的機構。

民國二十四年，慰堂先生代表教育部出席行政院修改出版法的審查會，即席建議，「凡出版商所出書刊，應繳送國立中央圖書館一份，否則，可函請內政部予以行政處分」，此項建議，獲得通過，正式列入出版法中，公布實施，此一法案通過之後，不僅中央圖書館徵集新書出版，其地位乃與歐美各國之國立圖書館相等，而中央圖書館採集國內新書，也節省了大批的公帑。

㈤影印《四庫全書》

《四庫全書》是清代乾隆年間編纂完成的空前鉅著，當時僅只抄寫了七部，分別貯藏在全國南北重要地區，經過戰亂的損毀，迄至民國，已經只有三部，尚稱完備。

民國二十年以前，倡議影印《四庫全書》，以廣流傳的已經共有四次，首先是民國初年，北京政府時代，徐世昌總統擬加影印，其次是民國十三年，商務印書館三十週年，擬加影印，第三次是在章士釗任教育部長、葉恭綽任交通部長時，擬加影印，第四次是東三省長官張學良，擬加影印。但這四次計畫影印《四庫全書》的工作，卻都未能付諸實現。

民國二十二年，慰堂先生擔任中央圖書館館長之後，為了與歐美各國交換書籍，以充實館藏，乃建議政府影印《四庫全書》，於獲得政府同意之後，即親往北平故宮，調查文淵閣《四庫全書》，加以選印，並於民國二十四年，由商務印書館負責承印，印成了《四庫全書珍本初集》共二千冊，計二百三十一種，並計畫陸續影印出版二集三集等等，因「七七事變」發生而告中止，影印《四庫全書》，中央圖書館獲得一百部作為版稅，用以展開國際交換，從而得到不少西文書，也建立了中央圖書館在國際間的聲譽。❽

民國五十七年，商務印書館在臺重印《四庫全書珍本初集》，又續印二、三、四、五等集，民國七十二年，商務印書館籌印文淵閣《四庫全書》，慰堂先生時任故宮博物院院長，乃即提供院藏文淵閣《四庫全書》，以供影印，終於使得此一巨著，化身千萬，分別貯藏於海內海外，宣揚文化，而慰堂先生實居有推動襄助之功。

㈥搜購善本圖書

❽ 參黃克武：《蔣復璁口述回憶錄》頁五四，中央研究院近代史研究所史料叢刊之四十二。

抗戰期間，因為戰爭的關係，許多藏書家擔心珍本書籍損毀，難以保全，因此，往往大量出售，此在江浙上海，人文薈萃之地，尤為明顯，當時寓居上海的不少文人學士，憂心國寶散失，分別致電重慶政府官員搶購，教育部長陳立夫先生及中英庚款董事會董事長朱家驊先生，乃命令慰堂先生以中英庚款補助中央圖書館的建館餘款一百二十萬元，以及教育部支助的二百萬元，從事搜購。

民國二十九年，上海已經淪陷於日本軍隊佔領之下，慰堂先生化名蔣明叔，自重慶潛赴上海，得到上海的學者張元濟、鄭振鐸、何炳松、張壽鏞及在香港的學者葉恭綽等人的協助，秘密搶購珍本圖書，此一工作，自民國三十年起，至民國三十二年，一共收購了四、五萬冊圖書，其中如適園張氏、嘉業堂劉氏、江寧鄧氏、番禺沈氏的藏書，都是當時著名的藏書名家及善本珍藏。

慰堂先生在上海收購得到的珍本圖書，陸續用郵包寄至香港大學暫存，本擬包機運往重慶，因運費過高，未能多運，又曾請當時駐美大使胡適之先生協助，運往美國，寄存在國會圖書館，民國三十年十二月八日，珍珠港事件發生，二十五日，日軍攻陷香港，存於香港大學的百餘箱善本圖書，遂為日軍掠去，藏於東京帝國圖書館，該批圖書，抗戰勝利之後，經顧一樵先生的搜訪，及中華民國駐日軍事代表團何世禮團長的協助，方始退還我國，運回南京，又展轉運來臺北，民國五十二年，寄存美國國會圖書館的善本圖書，也全部運返臺北，中央圖書館在臺出版的《國立中央圖書館善本書目》三冊，就是記錄了當年慰堂先生潛赴上海秘密搶購的收穫。❾

蔣慰堂先生服務於中央圖書館三十多年，不僅對於中央圖書館貢獻良多，對於我國圖書館事業的推動，也貢獻良多，本文僅能就其中較為重要的幾件事項，加以敘述。❿

三、對於圖書館學術方面之貢獻

蔣慰堂先生終生奉獻於圖書館事業，在繁忙的事務之外，慰堂先生在學術方面，也有精深的鑽研，即以圖書館學而言，像傳統圖書館的歷史，書籍的流傳，以及目錄、版本等問題，他都有不少精闢的見解，以下即分別加以敘述：

---

❾ 參蔣慰堂：〈我與中國的圖書館事業〉，載《珍帚齋文集》卷二。蘇精：〈抗戰時秘密搜購淪陷區古籍始末〉，載《傳記文學》三十五卷五期，臺北，傳記文學社，民國六十八年十一月。那廉君：〈冒險救出國寶的蔣復璁〉，載《蔣復璁先生百歲誕辰紀念文集》。

❿ 參王振鵠：〈蔣慰堂先生對圖書館事業的貢獻〉，載《蔣復璁先生百歲誕辰紀念文集》。

㈠有關圖書館源流發展方面

慰堂先生著述之中，有關圖書館源流發展方面的作品，較重要者，有以下幾種：

1.〈漢代的圖書館〉——此文發表於民國五十二年，在此文中，慰堂先生從殷虛小屯發掘第十三次報告，知道商代已有書庫的設備，已有典藏的法則，然後徵引史料，敘說漢代圖書館內校書藏書的狀況，以及西漢時代的天祿閣、石渠閣、東漢時代的辟雍、東觀、蘭臺、宣明殿、鴻都門、白虎觀等藏書之所的情形，對於漢代的圖書館，及其經營的規模制度，這是一篇極為精闢的考證論述。⓫

2.〈國立圖書館的起源與使命〉——此文發表於民國五十二年，主要敘說「國立圖書館」的名稱起於一七九二年，法國大革命時，將「皇家圖書館」改稱為「國立圖書館」，文中並指出國立圖書館是國家最高的圖書館，負有集中圖書的任務，分析起來，可以涵概「民族文化的集中」、「世界知識的集中」、「各科學術的集中」等三項任務，對於近代國立圖書館的意義，有明確的闡釋。⓬

3.〈學術圖書館的意義及任務〉——此文發表於民國四十一年，主要敘說學術圖書館的意義，在供給學者研究的便利，因此，學術圖書館的任務，主要也在於編纂各種專科的目錄，提供學術研究的資料，而與一般民眾圖書館有別。後來，國內有些大學設置了研究圖書館，可能也曾受到此文的啟發。⑬

㈡有關中國目錄起源及分類方面

慰堂先生著述之中，有關中國目錄起源及分類方面的作品，較重要者，有以下幾種：

1.〈中國目錄的起源〉——此文發表於民國五十年，主要敘說中國目錄中書目的起源，可以遠溯於《周禮．春官》所記外史「掌四方之志，掌三皇五帝之書，掌達書名于四方」，因而推定其時的圖書已經著錄編目，至於劉向《別錄》中敘說一書之「提要」，慰堂先生則以為大略仿自《史記》列傳，而劉歆《七略》中敘說一家學術之「小序」，慰堂先生則以為大略仿自《莊子．天下篇》、《荀子．非十二子篇》、《韓非子．顯學篇》、《史記．太史公自序》，此文考證精詳，足資信驗。⑭

⑪ 參蔣慰堂：〈漢代的圖書館〉，載《大陸雜誌》二十七卷八、九、十期。又收入《珍帚齋文集》卷二。

⑫ 參蔣慰堂：〈國立圖書館的起源與使命〉，載《中國圖書館學會會報》十五期。又收入《珍帚齋文集》卷二。

⑬ 參蔣慰堂：〈學術圖書館的意義及任務〉，載《大陸雜誌》特刊一輯之下。又收入《珍帚齋文集》卷二。

⑭ 參蔣慰堂：〈中國目錄的起源〉，載《中國圖書館學會會報》十一期。又收入《珍帚齋文集》卷二。

2.〈中國圖書分類問題之商榷〉——此文發表於民國十八年，此文首先敘述中國舊有之圖書分類法，大抵不外以《漢書・藝文志》為代表之七分法，及以《隋書・經籍志》為代表之四分法，又敘述晚清以來，則多數採用杜威之十進分類法，但此新舊兩種圖書法，卻都各有缺點，慰堂先生以為，「今日編中籍之少成功者，皆因圖簡便，不將書籍重新分析，於舊籍則未脫四庫束縛，仍變相的存在；於新籍則為杜法所敝，僅冠以皮毛之名詞，是故非徹底拋去從前一切之分類，另立基礎不可」，因此，在此文之末，慰堂先生提出「吾所希望之分類」，舉出分類必需遵守之原則，「工作之方法，在周知書籍之內容，故入手先須調查中國存書共有若干，性質若何，以科學方法編輯，合乎近代知識之分野，共得若干類，類數確定後，乃可從事分析」，「故第一步，先以耳目所及，按知識分野，假定若干大類，大類之下，又有若干小類，先將小類者，盡力之所及，按類蒐集，蒐集後，再加分析，用歸納方式，合小類而成大類，如搜集分析之結果，假定之類名及範圍，有不妥者，即加更正」，慰堂先生所「希望」的圖書分類法，與前人不同之處，最主要的，是就現有的圖書，先行歸類，自小類而至大類，逐步修正而成，而不似前人僅據舊有或西方已有之分類法，去部次圖書。因此，前人是依據既有的分類法，將圖書填入其中，慰堂先生所「希望」的，卻是依據既有的圖書，從圖書本身性質，去歸納而得出分類法，一是從上而下，一是由下而上。慰堂先生的意見，不僅符合原初圖書分類的根本原則，也更是徹底修訂新分類法的必要原則與必要辦法，在整個中國圖書分類的歷史上，這確是一個返本還原的重要見解，而早在民國十八年，慰堂先生即已加以研究提出。⑮

㈢有關傳統版本刻印方面

慰堂先生著述之中，有關傳統刻印起源及版本優劣的作品，較重要者，有以下幾種：

1.〈中國圖書版刻的起源問題〉——此文發表於民國五十四年，關於中國圖書版刻的起源時間，學者討論，意見多不相同，如莫伯驥主張起於東漢，島田翰主張起於六朝，孫毓修主張起於隋代，斯坦因也主張起於隋代，慰堂先生以為各家所言，證據皆嫌不足，唯明代陸深《河汾燕閒錄》據宋代磧砂藏經所載費長房《歷代三寶記》中記載隋開皇十三年十二月八日隋文帝之言有云，「周代亂常，侮蔑聖跡，塔宇毀廢，經像淪亡，無隔華夷，掃地悉盡」，「弟子繼藉三寶因緣，今膺千年昌運，作民父母，思拯黎元，重顯尊容，再崇神化，頹基廢跡，更事莊嚴，廢像遺經，悉令雕撰」，以為其中「廢像遺經，悉令雕撰」兩句，即

⑮參蔣慰堂：〈中國圖書分類問題之商榷〉，載《圖書館學季刊》三卷十二期。又收入《珍帚齋文集》卷二。

是有版刻印書之始，較為可信。慰堂先生徵引史料，多方論辨，主要依據唐人馮贄《雲仙雜記》所引《僧園逸錄》，記載「玄奘以回鋒紙印普賢像」，以及唐代僧人惠立《慈恩大師傳》，記載玄奘大師以天子賞賜所得，「為國造塔，及營經像」，用以佐證費長房《歷代三寶記》之「廢像遺經，悉令雕撰」，以為兩相印證，實可證明隋代已有版刻印刷。⑯

2.〈文選版本的講述〉——此文發表於民國七十四年，主要敘述《昭明文選》之版本，分為「李善注」及「六臣注」兩類，於「李善注」之《文選》，列舉北宋刊本、宋淳熙辛丑年尤延之貴池刊本、元池州同知張伯顏刊本、明成化丁未二十三年唐藩翻刻張伯顏本、明嘉靖元年金臺汪諒覆刊元張伯顏本、明嘉靖六年晉藩養德書院刊本、明毛氏汲古閣刊本、清嘉慶十四年胡克家刊本，共計八種刊本。於「六臣注」之《文選》，則列舉宋廣都裴氏刊配明袁氏覆刊裴氏本、宋紹興十八年明州刊本、宋紹興間贛州州學刊本。以上兩類刊本，皆詳細說明其行款、格式、字數及著錄情形。⑰

3.〈古今圖書集成的前因後果〉——此文發表於民國五十三年，主要在於敘述《古今圖書集成》的編纂經過、內容、版本。在編纂經過方面，兼也考證該書之編纂者應為陳夢雷。在內容方面，則敘述該書分為六彙編，三十二典，六千一百零九部，共一萬卷，當有一萬萬字。在版本方面，則敘說該書共有清雍正六年銅模字本、清光緒間石印本、清光緒十年鉛印本、及民國時上海中華書局縮印本等四種。此文之末，對於《古今圖書集成》之價值，也特加稱揚。⑱

(四)有關書籍流通方面

慰堂先生的著述中，有關書籍流通方面的作品，較重要者，有下列幾種：

1.〈臺灣藏書的鳥瞰〉——此文發表於民國四十三年，當時政府遷臺不久，中央圖書館及中央研究院、故宮博物院等單位，都曾搶運不少圖書抵臺，慰堂先生即撰為此文，敘說了當時臺灣所藏善本圖書的概況，文中指出前述三個單位當時運抵臺灣的圖書，總計約五十餘萬冊，其中善本約居三分之二，慰堂先生以為，「這些運臺的善本圖書，從我國文字圖書發展史看，是一完整的集藏，從板本學講，是各種板本的彙萃，從民族文化看，那無疑是我們先民智慧之所寄的」，因此，他希望，「我們不僅僅要保守，且要發揚光大，藉祖先文化的

⑯ 參蔣慰堂：〈中國圖書版刻的起源問題〉，載《陳百年先生執教五十周年暨八秩大壽文集》。又收入《珍帚齋文集》卷二。

⑰ 參蔣慰堂：〈文選板本的講述〉，載《珍帚齋文集》卷二。

⑱ 參蔣慰堂：〈古今圖書集成的前因後果〉，載《文星》十四卷五期。又收入《珍帚齋文集》卷二。

遺產，以完成中華民族的復興大事業」。⑲

2.〈中日書緣〉——此文發表於民國四十四年，文分三節，首節論「刊板的傳習」，以為日本印板的起源，或說由日本所創造，或說傳自中國，以為隋唐之際，日本屢派學生留學中國，雕板之法，當亦在傳習之列，而日本的刊板技術是由中國傳入的。次節論「經籍的保存」，以為中國經籍，散入鄰邦，以日本為最多，亦惟日本保存的中國經籍，能補充吾人所不足，三節論「藏書的流通」，以為昔年楊守敬赴日搜購珍本漢籍，日人悔之，而陸心源的皕宋樓藏書為日人購往，國人惜之，而楊氏藏書已隨故宮文物運來臺灣，「故今日吾人赴日，可見陸氏之書，而日本來賓，如遊臺中，亦可見楊氏舊藏」，「也可以說是中日溝通文化的事實」。⑳

3.〈中韓書緣〉——此文發表於民國四十四年，文分三節，首節論「中韓圖書之相互裨益」，敘述中國傳入韓國之圖書，以及韓國傳入中國之圖書，次節論「中韓板刻之相互傳授」，敘述李朝以前儒書之刊刻，高麗藏經之雕造，以及韓國銅活字之發明，三節論「韓國板刻之優勝」，以為韓國藏本之善，也由於宋元時代，得到中國珍本的原因。文末，慰堂先生也希望中韓兩國，對於珍本圖書，「相互保存，相互傳授，而促進近千餘來漢文化之發展」。㉑

四、結語

慰堂先生長期服務於中央圖書館，推動圖書館之事業，歷時既久，備極辛勞，研究圖書館之學術，著述宏富，多具創意，對於國家社會，文化學術，都有極為重要的貢獻。

慰堂先生晚年，曾撰有自輓聯一幅，曰：「碌碌無能，一生只做一樁事，嘗盡甜酸苦辣；勞勞不息，終歲難偷半日閒，渾忘喜怒哀愁」，慰堂先生所說的「一樁事」，自然是指圖書館的工作而言，其中包含了圖書館的事業，與圖書館的學術兩項重點。圖書館的經營，是一件艱苦的服務工作，在這一方面，慰堂先生扮演了一種「火炬」的角色，「燃燒自己，照亮別人」。在圖書館的學術研究方面，慰堂先生又扮演另外一種「指路明燈」的角色，為圖書館的學術研究，展示了一種指標性的方向。因此，他的聯語，其中雖有謙辭，但也確實道盡了慰堂先生自己克盡職守，公而忘私，遍嚐艱辛的心路歷程。[22]

---

[19] 參蔣慰堂：〈臺灣藏書的鳥瞰〉，載《大陸雜誌》八卷二、三期。又收入《珍帚齋文集》卷二。

[20] 參蔣慰堂：〈中日書緣〉，載《教育與文化》八卷十一期。又收入《珍帚齋文集》卷二。

[21] 參蔣慰堂：〈中韓書緣〉，載《中韓文化論集》卷二。又收入《珍帚齋文集》卷二。

[22] 參黃克武：〈訪問昌彼得先生〉，載《蔣復璁口述回憶錄》附錄之一。

筆者於民國五十年至五十一年間，曾從慰堂師學習版本之學，回首前塵，迄今已四十年，追懷教澤，感激無已，此文之作，略述慰堂先生對於圖書館事業及圖書館學術之貢獻，不知能否有當於百一也，尚祈先進賢達，多加賜正為幸。

（此文原刊載於東吳大學《二十世紀人文大師的風範與思想：中葉》，民國九十六年一月出版）

國家圖書館出版品預行編目資料

中國學術史研究

胡楚生著. – 初版. – 臺北市：臺灣學生，2009.09

面；公分

ISBN 978-957-15-1469-7 (平裝)

1. 學術思想 2. 中國哲學 3. 文集

112.07　　98013379

中國學術史研究

著作者：胡楚生
出版者：臺灣學生書局有限公司
發行人：盧保宏
發行所：臺灣學生書局有限公司
臺北市和平東路一段一九八號
郵政劃撥戶：〇〇〇二四六六八號
電話：(〇二)二三六三四一五六
傳真：(〇二)二三六三六三三四
E-mail: student.book@msa.hinet.net
http://www.studentbooks.com.tw

本書局登記證字號：行政院新聞局局版北市業字第玖捌壹號

印刷所：長欣印刷企業社
中和市永和路三六三巷四二號
電話：二二二六八八五三

定價：平裝新臺幣七八〇元

西元二〇〇九年九月初版

11213

ISBN 978-957-15-1469-7 (平裝)

臺灣學生書局出版

經學研究叢刊

❶	三國蜀經學	程元敏著
❷	書序通考	程元敏著
❸	東漢讖緯學新探	黃復山著
❹	經學研究論集	胡楚生著
❺	朱熹經學志業的形成與實踐	陳志信著
❻	經學研究續集	胡楚生著
❼	白虎通暨漢禮研究	周德良著
❽	中國學術史研究	胡楚生著

臺灣 學生書局 出版

中國哲學叢刊

❶ 孔子未王而王論 羅夢冊著
❷ 管子析論 謝雲飛著
❸ 中國哲學論集 王邦雄著
❹ 王陽明傳習錄詳註集評 陳榮捷著
❺ 江門學記 陳郁夫著
❻ 王陽明與禪 陳榮捷著
❼ 孔孟荀哲學 蔡仁厚著
❽ 生命情調的抉擇 劉述先著
❾ 儒道天論發微 傅佩榮著
❿ 程明道思想研究 張德麟著
⓫ 儒家倫理學析論 王開府著
⓬ 呂氏春秋探微 田鳳台著
⓭ 莊學蠡測 劉光義著
⓮ 先秦道家與玄學佛學 方穎嫻著
⓯ 韓非子難篇研究 張素貞著
⓰ 商鞅及其學派 鄭良樹著
⓱ 陽明學漢學研究論集 戴瑞坤著
⓲ 墨學之省察 陳問梅著
⓳ 中國哲學史大綱 蔡仁厚著
⓴ 儒家政治思想與民主自由人權 徐復觀著
㉑ 道墨新詮 光　晟著
㉒ 中國心性論 蒙培元著

㉓ 管子思想研究　徐漢昌著
㉔ 譚嗣同變法思想研究　王　樾著
㉕ 明清之際儒家思想的變遷與發展　林聰舜著
㉖ 張載哲學與關學學派　陳俊民著
㉗ 明末清初學術思想研究　何冠彪著
㉘ 道教新論　龔鵬程著
㉙ 儒釋道與中國文豪　王　煜著
㉚ 帛書老子校注析　黃　釗著
㉛ 中國古代崇祖敬天思想　王祥齡著
㉜ 黃老學說與漢初政治平議　司修武著
㉝ 近思錄詳註集評　陳榮捷著
㉞ 老莊研究　胡楚生著
㉟ 莊子氣化論　鄭世根著
㊱ 韓非之著述及思想　鄭良樹著
㊲ 儒家的生命情調　戴朝福著
㊳ 中國文化哲學　馮滬祥著
㊴ 朱子學與明初理學的發展　祝平次著
㊵ 明末清初理學與科學關係再論　張永堂著
㊶ 中華文化的省思　戴朝福著
㊷ 老子新校　鄭良樹著
㊸ 孔子的生命境界——儒學的反思與開展　蔡仁厚著
㊹ 仁學　譚嗣同著，湯志鈞・湯仁澤校注
㊺ 荀子集釋　李滌生著
㊻ 劉宗周及其愼獨哲學　黃敏浩著
㊼ 燕園耕耘錄——朱伯崑學術論集(上册)　朱伯崑著
㊽ 燕園耕耘錄——朱伯崑學術論集(下册)　朱伯崑著

㊾ 體用與心性：當代新儒家哲學新論 賴賢宗著
㊿ 哲學史與儒學論評：世紀之交的回顧與前瞻 蔡仁厚著
51 歷代聖哲所講論之心學述要 朱維煥述要
52 老子道德經闡釋 朱維煥著
53 儒學反思錄 龔鵬程著
54 全體大用之學：朱子學論文集 朱榮貴著
55 儒學與儒學史新論 郭齊勇著
56 周易神話與哲學 李霖生著
57 良知學的展開——王龍溪與中晚明的陽明學 彭國翔著
58 道的錯置：中國政治思想的根本困結 林安梧著
59 儒家思想中的具體性思維 林啓屏著
60 張載易學與道學：以《橫渠易說》及《正蒙》爲主之探討 胡元玲著
61 新儒家與新世紀 蔡仁厚著
62 儒學轉向：從「新儒學」到「後新儒學」的過渡 林安梧著
63 從逆境中靈修——中西逆境哲學 馮滬祥著
64 中國政治哲學 馮滬祥著
65 方東美先生的哲學典型 馮滬祥著
66 人生哲學名言論集 馮滬祥著
67 中國哲學史 蔡仁厚著